Beck'sche Reihe
BsR 390

Nach den *Streifzügen* durch die Jahrhunderte und durch das Mittelalter ist dieser Band der Antike gewidmet. Aus der reichhaltigen Literatur über die Antike, die der Verlag C.H. Beck anbietet, wurde ein historisches Lesebuch zusammengestellt, das den Leser die zweieinhalbtausendjährige Geschichte der Griechen und Römer miterleben läßt. Von der Einwanderung der Griechen um 2000 v. Chr. bis zur Eroberung Roms durch die Germanen im Jahre 410 n. Chr. werden die Hauptepochen des Geschehens dokumentiert, herausragende Einzelpersönlichkeiten aus Politik und Kultur vorgeführt, aber auch das alltägliche Leben des antiken Menschen mit seinen Freuden und Leiden kommt zur Sprache, so daß der Leser einen ebenso unterhaltsamen wie lehrreichen Eindruck von jener Geschichtsepoche erhält, deren welthistorische Leistungen auch die moderne Geschichte noch maßgeblich beeinflussen.

Dr. Andreas Patzer, geb. 1943, studierte Klassische Philologie und Philosophie in Frankfurt und Heidelberg; er lehrt heute als Akademischer Oberrat am Institut für Klassische Philologie der Universität München; sein Hauptforschungsgebiet ist die Geschichte der griechischen Philosophie (Sophistik und Sokratik).

Streifzüge durch die antike Welt

Ein historisches Lesebuch

Herausgegeben von
Andreas Patzer

VERLAG C.H.BECK MÜNCHEN

Mit 11 Abbildungen und 7 Karten

Für Chata

Die Deutsche Bibliothek – CIP-Einheitsaufnahme

Streifzüge durch die antike Welt : ein historisches Lesebuch /
hrsg. von Andreas Patzer. – Orig.-Ausg., 3., unveränd. Aufl. –
München : Beck, 1994
   (Beck'sche Reihe ; 390)
   ISBN 3 406 33145 9
NE: Patzer, Andreas [Hrsg.]; GT

Originalausgabe
ISBN 3 406 33145 9
Dritte, unveränderte Auflage. 1994
Umschlagentwurf: Uwe Göbel, München
Umschlagbild: Tänzer und Tänzerin. Etruskische Malerei.
Wandgemälde aus der Tomba dei Leopardi, Tarquinia 490 – 470 v. Chr.
(Foto: Archiv f. Kunst und Geschichte, Berlin)
© C.H. Beck'sche Verlagsbuchhandlung (Oscar Beck), München 1989
Gesamtherstellung: Presse-Druck- und Verlags-GmbH, Augsburg
Gedruckt auf säurefreiem, aus chlorfrei gebleichtem Zellstoff
hergestelltem Papier
Printed in Germany

Inhalt

Philipp, Alexander und der Hellenismus

Die Römer

Königszeit und frühe Republik

Aufstieg und Niedergang der Republik

Prinzipat

Krise und Zerfall des spätrömischen Reiches

Editorische Notiz: Anmerkungen und Quellenhinweise der Originaltexte wurden für diesen Band gestrichen, Textkürzungen, sofern von Belang, sind durch eckige Klammern kenntlich gemacht. Druckfehler und Unstimmigkeiten in Orthographie und Zeichensetzung wurden stillschweigend berichtigt. Die Korrektur des Textes hat Uwe Dubielzig (München) besorgt; das Autoren- und Quellenverzeichnis wurde vom Verlag erstellt.

Vorwort

> Alle seitherige objektive
> Kenntnisnahme der Welt
> spinnt an dem Gewebe weiter,
> welches die Griechen
> begonnen haben.
>
> Jacob Burckhardt

Die Geschichte der griechisch-römischen Antike, die zu durchstreifen der Leser in diesem Buche eingeladen wird, beginnt um 2000 v. Chr. mit der Einwanderung der Griechen in die Balkanhalbinsel und endet im 5. Jahrhundert n. Chr. mit der Eroberung Roms durch die Germanen, die den Zerfall des römischen Reiches ankündigt – ein Zeitraum von zweieinhalbtausend Jahren, in dem welthistorische Entscheidungen gefallen sind, die das ganze Mittelalter bestimmt haben und fortwirken bis in die Moderne. Der Leser, der sich anschickt, diesen gewaltigen Zeitraum zu durchmessen, muß nicht fürchten, in die Irre zu gehen und sich in der Vielfalt der Ereignisse zu verlieren; er kann sich der Chronologie anvertrauen und sieht sich von kundigen Reiseführern begleitet, namhaften Althistorikern, Archäologen und Klassischen Philologen des In- und Auslandes, von denen Publikationen im Verlag C. H. Beck erschienen sind.

Nachdem der Leser die *Griechen und ihr Land* näher kennengelernt hat, beginnt die Reise in der Frühgeschichte, die von *Mykene zu Homer* reicht; dabei macht der Leser nähere Bekanntschaft mit dem *Mythos vom Trojanischen Krieg*, der Homers „Ilias" zugrunde liegt, und lernt den *Anfang der Odyssee* näher kennen. Die Fahrt geht sodann in die archaische Epoche, die gekennzeichnet ist durch die *große griechische Kolonisation* und das *Aufkommen der Tyrannis*; dieselbe Zeit sieht auch die *Anfänge der empirischen Wissenschaften*, die den Grund legen für Philosophie, Medizin, Geschichte und Geographie. Die Reise setzt sich fort durch das klassische Zeitalter der Griechen, das von den *Perserkriegen bis zum Ende des Peloponnesischen Krieges* reicht und den Hellenen nach einem Wort Jacob Burckhardts „nach dem glänzendsten Morgen den trübsten Abend" brachte. Hier angelangt, lernt der Leser *Perikles,* den größten Staatsmann, und *Hippokrates,* den größten Arzt der Epoche, näher kennen, erhält einen Begriff von der *ionisch-hippodamischen Stadtplanung* sowie von der *Homosexualität in der sokratisch-platonischen Philosophie* und wirft schließlich noch einen Blick in eine *athenische Bankiersfamilie.* Die klassische Epoche wird zerstört von den makedonischen Königen *Philipp und Alexander,* deren Eroberungszüge die hellenistische Epoche des Griechentums einleiten, die geprägt ist von Alexanders Nachfolgern, den sogenannten *Diadochen.* Der Leser erfährt auf dieser Station seiner Reise etwas über *Aristoteles,* den größten Philosophen der Antike, und erhält einen Einblick in das *Aufkommen der Astrologie,* die für den antiken Menschen jetzt immer größere Bedeutung gewinnt.

Die Reise führt nun weg von Griechenland und geht nach *Rom und Italien* in die Frühzeit Roms, die von der *Stadtgründung bis zur Unterwerfung Italiens* reicht und als deren markanter Wendepunkt die Kodifizierung des römischen Rechtes in der *Zwölftafelgesetzgebung* gelten darf. Im folgenden erlebt der Reisende das atemberaubende Schauspiel vom Aufstieg und Niedergang der römischen Republik: wie Rom in den *Punischen Kriegen* die Herrschaft über das Mittelmeer gewinnt und sich *Griechen und Römer* näher begegnen; wie diese Herrschaft *Krise und Untergang der Republik* zur Folge hat, markiert durch die *Sklavenkriege* und die beginnende *Frauenemanzipation,* endend mit Cäsars Ermordung an den *Iden des März 44 v. Chr.* und dem *Doppelselbstmord des Antonius und der Kleopatra.* Der Leser gelangt sodann in die Epoche des Prinzipats, die Oktavian, Cäsars Neffe und Erbe, begründet hat, den das *neue Bildnis des Augustus* als Garanten der *Pax Augusta* zu feiern bestimmt ist. So friedlich die folgenden Zeiten nach außen waren, so grausam waren sie im Innern. So wird der Leser Zeuge von *Neros Muttermord* und erlebt *Senecas Tod,* der ebenfalls von Nero befohlen wurde. Auf das iulisch-claudische Kaiserhaus, das mit Nero endet, folgen die Flavier, und der Leser erlebt den *Triumph des Jahres 71 n. Chr.,* den Vespasian und Titus anläßlich der Eroberung Jerusalems gefeiert haben. Das folgende *Adoptivkaisertum* bringt Rom noch einmal Frieden nach außen und Wohlstand im Innern, von dem der *Tagesablauf eines römischen Villenbesitzers* einen Eindruck vermittelt. Das Ende dieser Epoche markiert das Kaiserhaus der Severer, und der Leser erfährt am Schicksal der *Kaiserin Julia Domna und ihrer Söhne,* wie die äußere Bedrohung des Reiches zunimmt und im Innern Grausamkeit und Barbarei um sich greifen. Die Reise nähert sich nun ihrem Ende. Unter den *Soldatenkaisern* geht die Einheit des Reiches zum ersten Male verloren, wird aber noch einmal wiederhergestellt, und zwar, der *diokletianischen Christenverfolgung* zum Trotz, auf der Grundlage des Christentums: *Constantin gründet das christliche Rom.* Doch auch die Wiederherstellung des Imperium Romanum hindert schließlich nicht den *Zerfall des spätrömischen Reiches* in eine griechische Ost- und eine lateinische Westhälfte. Aber während sich das byzantinische Ostreich, wenn auch zeitweilig reduziert auf die Hauptstadt Konstantinopel, der Völkerwanderung erwehren kann und so im Kern ungebrochen bis in das späte Mittelalter dauert, erobern die Germanen Rom und gründen auf dem Boden des weströmischen Reiches feudale Königtümer, deren mächtigstes, das der Franken, die abendländische Geschichte des Mittelalters maßgeblich bestimmen wird.

Die Reise durch die Antike, die mit der Einwanderung der Griechen begann, ist mit der Eroberung Roms zu Ende; sie hat dem Leser, so ist zu hoffen, so viel an Unterhaltung und Belehrung gebracht, daß er, nachdem er sich in seinem

Jahrhundert erholt hat, wieder zurückkehrt zum Studium der Antike. Denn, wie Jacob Burckhardt bemerkt: „Wer sich dem entzieht, bleibt einfach zurück."

Andreas Patzer

Die Griechen

Egon Friedell

Die Griechen und ihr Land

Der Naturcharakter der griechischen Halbinsel läßt sich mit zwei Worten bezeichnen: der Mittelmeerforscher Theobald Fischer nennt sie ein maritimes Gebirgsland. Die reiche Gliederung ihres Reliefs sowohl wie ihrer Küste setzt sie zu Europa in ein ähnliches Verhältnis wie dieses zu den übrigen Erdteilen: sie verdient in dieser Hinsicht das Europa Europas genannt zu werden; und nicht bloß in dieser Hinsicht. Steil aufschießende Bergketten, die nur schmalen Tälern Raum gewähren, erfüllen fast ihr ganzes Gebiet; Thessalien besitzt die einzige ausgedehnte Ebene in ganz Hellas. Der sprichwörtliche Unabhängigkeitssinn und Partikularismus der Griechen hat hier seine Wurzel und ebenso die farbige Mannigfaltigkeit der hellenischen Stammeseigentümlichkeiten, die immer wieder das Staunen der Mitwelt und Nachwelt erregt hat: fast jeder größere Taleinschnitt hatte die naturgegebene Möglichkeit, eine eigene Welt zu bilden. Deshalb ist die ausschließliche griechische Staatsform, der Stadtstaat, die *Polis,* ein höchst eigenartiges politisches Gebilde, wie es sich in dieser extremen Zuspitzung in der gesamten Weltgeschichte nur noch bei den Phoinikern findet; und aus ähnlichen Gründen. Eine Zusammenfassung zu machtvolleren Herrschaftsgebieten ist nur in Lakonien und Attika gelungen und nur durch brutalste Gewalt unter steten Rückschlägen aufrechterhalten worden. Der Grieche ertrug keinen anderen Herrn über sich als seine Kommune und empfand jeden Versuch einer großstaatlichen Organisation bereits als Tyrannis. Die Kehrseite davon aber war, daß die

Polis über ihre eng zusammengedrängten und streng abgeschlossenen Bewohner selber eine Tyrannei ausübte, wie sie ebenfalls in der Weltgeschichte fast einzig dasteht, und daß das Land sich in wahnwitzigen Bruderkriegen aufzehrte: die Geschichte des alten Hellas ist ein einziger großer Verwandtenmord, und nicht umsonst ist seine Sagenwelt angefüllt mit Familiengreueln. Die Überlieferung hat nur die Erinnerung an die großen Kämpfe aufbewahrt; aber ganz offenbar war der Krieg aller gegen alle, von Dorf zu Dorf, von Tal zu Tal, von Landschaft gegen Landschaft in Griechenland der Normalzustand. Deshalb ist auch die griechische Geschichte so kurz, denn auf die Dauer erträgt auch das lebenszäheste und waffentüchtigste Volk keine solche Selbstzerfleischung.

Andrerseits war Griechenland vermöge seiner Lage und Bodenbeschaffenheit mit den Mitteln, die der antiken Kriegstechnik zur Verfügung standen, nur äußerst schwierig, ja wohl überhaupt nur durch ein Einverständnis mit inneren Feinden zu erobern. Auf drei Seiten vom Meer umgeben und an allen seinen Küsten leicht zu verteidigen, konnte es nur von Norden her ernstlich gefährdet werden. Einer von dort eindringenden Landarmee hatte aber die Natur eine ganze Reihe von Brustwehren entgegengestellt, und auch wenn eine von ihnen durch Übermacht, Fahrlässigkeit oder Verrat fiel, erhob sich sofort dahinter eine neue. Auch dies ist einer der Gründe, warum es nie zu einer griechischen Einheit gekommen ist: sie war keine unbedingte nationale Notwendigkeit.

Lichte Gliederung und leichte Überschaubarkeit ist der Grundzug alles Dichtens und Trachtens der Griechen: ihrer Dramen und Denkgebäude, Tempel und Bilder, Religionsschöpfungen und Gesellschaftsbildungen. Jede griechische Landschaft läßt sich von den Gipfeln ihrer Berge mit *einem* Blick umfassen und in *einer* Tagereise zu Fuß oder auf dem Saumtier durchwandern. Und weiter als eine Tagereise ist auch keine griechische Polis von der See entfernt. Die Hellenen waren Meerwesen. Von frühester Zeit an waren sie in die schäumende Flut verliebt, die, in zahllosen schöngeformten Buchten tief ins Land schneidend, von Morgen bis Abend ihre Zauberfarben spielen ließ: glanzblau im Mittagslicht, purpurn und violett bei Sonnenuntergang, grau bei Unwetter, schwarz im Winter. Aber nicht weil der Grieche überall Meer, sondern weil er überall Eilande und Gegenküsten erblickte, hat er so bald im Wasser sein ureigenes Element erblickt, das für ihn nicht eine Welt des Geheimnisses und Schreckens war wie für den Ägypter, sondern ein schmeichlerischer gastlicher Gefährte, der zu leichten Abenteuern lockte. Das griechische Wort für Meer, *pontos,* ist verwandt mit dem lateinischen *pons,* die Brücke, und dem griechischen *patos,* der Pfad. Eine reiche Inselflur erfüllt allenthalben das Ägäische Meer: Reste des versunkenen Festlands „Ägäis", die sowohl geologisch wie geographisch zu Griechenland gehören. Die Entfernung zwischen Insel und Insel beträgt nirgends mehr als vierzig Kilometer, meist noch viel weniger; da sie sämtlich gebirgig sind, zeichnen sie ihre ragenden Silhouetten weithin in die klare Luft, und so hat der Bewohner dieser Mittelmeergegend nie das Gefühl niederdrückender Einsamkeit und drohender Unendlichkeit, das das Meer andern Völkern so unheimlich macht. Man hat die zahlreichen Landmarken, die sich zwischen der Balkanhalbinsel und Kleinasien hinziehen, mit Postenketten, Meilensteinen, Brückenpfeilern, Kieseln in Bächen verglichen. Gleich gegenüber dem Zentrum von Griechenland liegt die größte Insel des eigentlichen Hellas, lang hingestreckt mit saftigen Weiden und großen Viehbeständen und darum Euboia, die „Rinderreiche", genannt; an sie schließen sich die Kykladen, so geheißen, weil sie im Kreise um das winzige Delos gelagert sind, einen religiösen Mittelpunkt des alten Griechenlands: die bedeutendsten Inseln dieser Gruppe waren Paros mit seinem weltberühmten Marmor und Naxos, der Sitz des Dionysoskults. Den Übergang zu Kleinasien bildeten die Sporaden, die „Verstreuten", mit der Hauptinsel Kos, der Heimat der zartesten Frauengewänder und der geschicktesten Ärzte. Die namhaftesten Inseln an der kleinasiatischen Küste waren das handelsmächtige Rhodos und das seegewaltige Samos, Chios, das die feurigsten Weine, und Lesbos, das die glühendsten Liebeslieder in die Welt sandte. An den Enden lagen im Norden, im „Thrakischen Meer", das vulkanische Lemnos, Imbros, die Insel des Hermes, Samothrake mit seinen uralten Mysterien und das goldreiche Thasos, südlich des Peloponnes Kythera, wo einst Aphrodite aus dem Schaum der Meerflut ans Licht gestiegen war, und der mächtige Querriegel Kreta, das, mit antiken Maßen gemessen, einen selbständigen Kontinent darstellte; und dazwischen drängte sich eine bunte Vielzahl größerer, kleinerer und kleinster Eilande.

Auch durch die vielen geschützten Golfe mit ihren vorzüglichen Häfen wurde die Schiffahrt erleichtert; nicht minder durch die Regelmäßigkeit der Meeresströmungen, die Seltenheit der Nebel und die Stetigkeit der Winde. Doch galt dies alles nur für die Sommerzeit. Im Herbst getraute sich der Grieche nur sehr ungern in See zu stechen, und im Winter wagte er es überhaupt nicht. Sehr gefürchtet war Zephyros, der Westwind, dessen gefährliches Walten Homer höchst anschaulich beschreibt: pfeifend ballt er die Wolke und bewegt sie gegen die Küste, schwarz wie Pech rast sie in wildem Wirbel daher, und sein Wüten vermag auch gegen den Willen der Götter ein Schiff zu zerschmettern. Noch ärger treibt es Boreas, der rappengestaltige Nordwind: eisiges Schneegestöber trägt er in seinem Sack, und hochauf peitschen seine heulenden Stöße die weißen Kämme des Meeres. Auch bei Nacht segelte man nur in äußersten Notfällen. Überhaupt betrieb der Grieche in der Regel bloß Küstenschiffahrt, indem er höchstens die Buchten abschnitt, sonst aber die Luftlinie vermied. Bei der Fahrt längs des klippenreichen Gestades sicherte man sich durch Seezeichen und fleißiges Auswerfen des Lots. Die Vorsicht des antiken Seemanns, die auf uns den Eindruck der Ängstlichkeit macht, war aber nur zu berechtigt, denn es fehlte an jeglichem Mittel zu einer exakten Orientierung. Es gab nicht nur keinen Kompaß, sondern auch keine bis in die Details zuverlässige Kartographie. Die einzigen Anhaltspunkte boten der gestirnte Himmel und der Schattenstab, gnomon, der es ermöglichte, die Länge des Schattens für die einzelnen Orte und Tage unter Zuhilfenahme einer Tabelle zu bestimmen, aber doch nur recht ungenau. Man muß unter diesen Umständen im Gegenteil die maritimen Leistungen der Alten bewundern, denn sie haben allem Anschein nach in den meisten Fällen ihre Fahrtziele erreicht, wenn auch natürlich nicht „fahrplanmäßig", und sich sogar bisweilen auf die hohe See begeben.

Am bizarrsten ist die Gliederung im hohen Norden, wo das Land von Osten her eine lange dünne Zunge ins Meer streckt, den thrakischen Chersones, das im Weltkrieg sooft genannte Gallipoli, während die Halbinsel Chalkidike im Westen sogar drei Spinnenfinger besitzt. Diese Gebiete wurden aber im Altertum nicht mehr zur hellenischen Welt gerechnet, obgleich sie von einem reichen Kranz griechischer Kolonien umsäumt waren. Nordgriechenland beginnt erst mit Thessalien, dessen Grenze nach Westen von der mächtigen Pindoskette gebildet wird. Jenseits davon lag Epeiros, das ebenfalls nicht für griechisch galt, wiewohl sich auf seinem rauhen Boden eines der ältesten Heiligtümer des Landes befand, das Zeusorakel von Dodona, und vor seiner sturmumbrandeten Küste die Insel Kerkyra lag, das heutige Korfu, eine der wichtigsten griechischen Pflanzstätten. Sowohl der nördlichste wie der höchste Punkt Griechenlands war der thessalische Olympos, dessen wolkenumhülltes Haupt dreitausend Meter über das Meer emporragt. Der Hauptfluß Thessaliens ist der Peneios mit dem Tempetal, das, wegen der erhabenen Schönheit seiner Lorbeerwälder und Tannenforste, rotleuchtenden Felsen und schneebedeckten Kuppen im ganzen Altertum gefeiert, zugleich als Eingangspforte Griechenlands von höchster strategischer Bedeutung war. Es wurde schon vorhin erwähnt, daß sich nur in Thessalien größere Flächen finden; aber auch seine kräftige Bewässerung verleiht ihm eine Sonderstellung unter den übrigen griechischen Gebieten. Nur auf dieser reichgetränkten Erde gab es weite Getreidefelder, deren grüne Wogen der erstaunte Fremdling dem Meer verglich, und in den breiten Ebenen blühte, wie nirgends sonst in Hellas, die Rossezucht und der Junkerdünkel.

In Mittelgriechenland schlossen sich an den Norden zunächst die Akarnanen und Aitoler, Phoker und Lokrer, lauter wenig geachtete Stämme, von denen die beiden ersteren sogar zu den Barbaren gezählt wurden; doch beherbergte Phokis nichts Geringeres als die Orakelstätte von Delphoi. An dieses reihte sich Boiotien, in gewisser Hinsicht das Kernland von Hellas, und das ungefähr gleichschenklige Dreieck der attischen Landschaft; gegenüber von Attika befanden sich Salamis und, südlicher, Aigina, zwei kleine, aber eine Zeitlang durch Handel und Marine mächtige Inseln. In Boiotien lag das Helikongebirge, der Sitz der Musen; der dritthalbtausend Meter hohe Parnaß in Phokis verdankt seine Zelebrität erst der Barockzeit.

Der Peloponnes ist schon im Altertum recht zutreffend mit einem Platanenblatt verglichen worden; den Stiel dieses Blattes bildete die dorische Landschaft Megaris, vermöge ihrer Lage zu hoher Blüte bestimmt, aber von den Athenern ebenso eifersüchtig niedergehalten wie Salamis und Aigina. Am schmalsten wird die Landbrücke gerade an der Stelle, wo sie an den Peloponnes anlegt, und hier, am Isthmos, lag zwischen zwei Meerbusen, dem Korinthischen und dem Saronischen, die Welthandelsstadt Korinth mit ihrem prachtvollen Hafen, ihrer sechshundert Meter über der Stadt gelegenen Bergfeste Akrokorinth und der gewaltigen Mauer, die, quer über den Isthmos laufend, den Peloponnes vollständig abriegelte. Ein Durchstich der Landenge wurde bereits um 600 vor Christus von Periander, dem Tyrannen von Korinth, geplant, dann dreihundert Jahre später von Demetrios Poliorketes, König von Makedonien, auch von Julius

Cäsar und dem Kaiser Caligula, der durch einen Stabsoffizier umfangreiche Vermessungen vornehmen ließ; aber wirklich in Angriff genommen wurde er nur von Nero, der die Erdarbeiten unter großem Pomp eröffnete, jedoch nach kurzer Zeit infolge eines gallischen Aufstands und abschreckender Vorzeichen wieder abbrechen ließ. Das Werk wäre zweifellos gelungen, denn die römischen Ingenieure hatten die beste Linie gewählt, die genau so wieder gelegt wurde, als die Grabungen im Jahre 1881 von neuem aufgenommen wurden. 1893 konnte der Kanal, 6¾ Kilometer lang, 8 Meter tief, dem Verkehr übergeben werden. Aber er war eine Enttäuschung: er wird fast nur vom Lokalverkehr in Anspruch genommen und deckt kaum die Betriebskosten. Die Bedeutung Korinths im Altertum beruhte eben gerade darauf, daß es an einer Landenge lag, wodurch es zwei Meere beherrschte und außerdem das Sperrfort der Halbinsel bildete; für den Binnentransport diente von altersher in ausreichendem Maße eine Rollbahn, der *diolkos,* auf der Schiffsladungen und kleinere Fahrzeuge von einem Golf zum anderen geschleift wurden.

Der Peloponnes, selbst die Halbinsel einer Halbinsel, entsendet abermals vier Halbinseln: die argolische, die beiden lakonischen, und die messenische. Argolis leidet in einem Großteil seines Gebiets an Regenmangel; weit fruchtbarer ist schon Lakonien, das vom Eurotas, dem „Schilfreichen", durchströmt wird; Messenien aber, dem die Südwestwinde reichlich Niederschläge zuführen, besitzt die üppigste Vegetation von ganz Hellas. Das mächtige Massiv des Taygetosgebirges, das Messenien von Lakonien trennt, aber auf die Dauer doch keinen Schutz gegen die landhungrigen Spartiaten zu bieten vermochte, mündet an der Spitze der westlichen lakonischen Halbinsel in das Kap Tainaron, den südlichsten Punkt des griechischen Festlands. Nördlich von Messenien erstreckt sich der Kanton Elis, bewässert von Alpheios, dem größten Fluß des Peloponnes, und an ihm liegt Olympia, der hochberühmte Festspielort der Griechen.

Die merkwürdigste peloponnesische Landschaft aber ist Arkadien, das, in der Form eines fast regelmäßigen Vierecks in der Mitte der Halbinsel gelegen und allenthalben von hohen Bergen umwallt und zerklüftet, durch all die Jahrhunderte des hellenischen Tumults ein idyllisches Sonderdasein geführt hat. Es ist oft mit der Schweiz verglichen worden; die Analogie stimmt auch insofern, als die Arkadier sich als vielbegehrte und gutbesoldete Reisläufer an jedermann vermieteten, ganz wie die Schweizer, von denen es im ausgehenden Mittelalter hieß „point d'argent, point de Suisse; kein Kreuzer, kein Schweizer". Das Leben in den weltfernen Gebirgswinkeln, die sich auch noch untereinander abschlossen, war rauh, dürftig und kulturarm; nur die Musikliebe teilten die Arkader mit allen übrigen Griechen. Zu einem Paradies ist Arkadien erst von der Großstadtsentimentalität der Alexandrinerzeit gemacht worden, und diese Vergoldung hat sich trotz ihrer Unechtheit durch die „Hirtenpoesie" aller modernen Völker bis in unsere Tage konserviert. [...]

Was dem modernen Auge an der griechischen Welt zu allererst auffällt, ist ihre Kleinräumigkeit. Die Entfernung von der makedonischen Grenze bis zum Vorgebirge Tainaron beträgt 420, die Breite der Halbinsel zwischen 100 und 240 Kilometer, die Landschaft Attika war noch nicht so groß wie Luxemburg; die gesamte Einwohnerschaft zählte im fünften Jahrhundert, zu der Zeit der höchsten Blüte, drei bis vier Millionen, mit sämtlichen Kolonien etwa das Doppelte. Auf Kypros allein gab es zehn Königreiche, und wir haben im vorigen Bande gesehen, welche Großmacht Kreta repräsentierte; auch die sizilischen Tyrannen galten als ehrfurchtgebietende Potentaten, obgleich sie immer nur einen Teil der Insel beherrschten. Nach den „periplus", den Kursbüchern des fünften und vierten Jahrhunderts, dauerte die damalige „Weltreise", die Fahrt von einem Ende der bekannten Erdoberfläche bis zum andern, nämlich von Syrien bis Südspanien, achtzig Tage, genau so lange wie die wirkliche Erdumkreisung Mister Phileas Foggs in Jules Vernes Roman aus dem Jahr 1872. Der Weg war allerdings weiter als der heutige, denn die antiken Schiffe bewegten sich, wie gesagt, immer möglichst der Küste entlang: man fuhr also über den Südrand Kleinasiens, die ägäischen Inseln, den Peloponnes und das Westufer Griechenlands nach Kerkyra, setzte von da nach Unteritalien über und begab sich durch die Straße von Messina an die Westküste Italiens, der man in ihrer ganzen Ausdehnung folgte, um schließlich, indem man sich ebenso dicht an Gallien und Hispanien hielt, bei den Säulen des Herakles, der Meerenge von Gibraltar, zu landen. Was jenseits dieser lag, zum Beispiel die kanarische Gruppe, hieß bereits „die Inseln der Seligen", und man erklärte, über die Säulen hinauszufahren, hätten die Götter verboten.

Da wir uns aber gewöhnt haben, die Geschichte der Griechen mit den Augen ihrer eigenen Historiker zu sehen, die zwar keineswegs übertrieben chauvinistisch waren, aber doch nur aus ihrer Winkelwelt zu urteilen vermochten, so haben sich auch für uns die Dimensionen des Bildes verschoben. Von Persien aus gesehen, waren die Kriege um die griechische Freiheit nicht mehr als ein mißglückter Okkupationsfeldzug gegen eines der vielen Länder der vorderasiatischen Interessensphäre und die andauernden Kämpfe um die griechische Hegemonie Raufereien unter Zwergstaaten am Rande eines Weltreichs. Vielleicht ist die Kleinheit des hellenischen Kosmos auch einer der Gründe für dessen Kurzlebigkeit. Denn es besteht wahrscheinlich bei den Völkern ebenso eine Relation zwischen Größe und Lebensdauer wie bei den Tierspezies; und natürlich ebenso mit Ausnahmen. Kleinere Säugetiere sind meist schon mit zehn Jahren Greise, während die Riesen unter den Säugern, Elefant und Walfisch, zweihundert Jahre und noch länger leben; andrerseits können aber auch Karpfen und Hecht, Rabe und Papagei bisweilen hundert Jahre alt werden. Im übrigen ist die Lebensdauer nicht bloß eine Funktion der Körpergröße, sondern auch der Intensität des Stoffverbrauchs; daher kommt es wohl, daß die überhaupt höchsten Altersziffern an Schildkröten und Krokodilen konstatiert werden. Bei den Megatherien der Saurierzeit fand sich offenbar Trägheit der Selbstverbrennung mit Überlebensgröße zusammen; diese müssen daher ein wahrhaft „vorsintflutliches" Alter erreicht haben. Beim hellenischen Volksorganismus verhielt es sich gerade umgekehrt; zu seiner Kleinheit kam noch ein enormer Verbrauch durch „innere Reibung", sowohl auf politischem wie auf geistigem Gebiet. Die griechische Kultur ist schon allein durch ihr Entwicklungstempo ein Unikum in der Weltgeschichte. Friedrich Ratzel drückt den ganzen Sachverhalt mit unübertrefflicher Knappheit in den Worten aus: „Die Geschichte enger Räume ist eine vorauseilende." Und der vortreffliche Zeitgenosse Schillers, der Historiker Johannes von Müller, sagte: „Die meisten großen Sachen sind durch kleine Völker vollbracht worden." [...]

Die hellenische Sonne ist sprichwörtlich. In der Tat haben meteorologische Beobachtungen, die sich über ein Vierteljahrhundert erstreckten, festgestellt, daß in Athen der Himmel durchschnittlich die Hälfte des Jahres vollkommen klar, an fünfundzwanzig Tagen stärker bewölkt und nur an drei Tagen gänzlich verhüllt war; der Rest waren sogenannte „meist heitere Tage", an denen die Sonne höchstens für eine halbe Stunde unsichtbar war. Auch sternenlose Nächte zählte man nur drei im Jahr. Der Athener hat also nur an einem Dreizehntel, Norddeutschland dagegen mindestens vier Fünfteln des Jahres trübes Wetter. Allerdings galt selbst in dem hellen Hellas Athen schon im Altertum als besonderer Liebling der Sonne. Selbst Ägypten hat keinen reineren Himmel. Von hier aus wird es begreiflich, daß der Grieche für halbe, gedeckte, gebrochene Beleuchtungen und die Romantik der Dämmerung gar kein Verständnis hatte: selbst seine Gespenster ließ er meist nicht in der Mitte der Nacht, sondern auf der Höhe des Tages erscheinen, und die schreckliche Empusa, ein flackerndes Traumgebilde, das wie eine Fata Morgana aus der flimmernden Mittagsglut taucht, hat für unsere Begriffe gar nichts Unheimliches.

Diese Fülle des Lichts haben aber die Griechen durchaus nicht als reinen Segen empfunden, sondern die sengenden „Pfeile Apolls" waren verhaßt und gefürchtet. Aber auch der Regen war ihnen nicht recht, zumal da er in ihrem Lande meist nur als kurzer Sprühregen auftritt, der nicht mehr Wirkung hat als ein Spritzwagen, oder aber als wilder Sturzregen, der verheerend auf die Felder niederbraust, die Berge kahl wäscht, Felsschluchten mit polternden Wildbächen füllt und bisweilen sogar Kunststraßen zerstört, Wälder entwurzelt und ganze Verkehrstäler unter Wasser setzt. Wenn sie trotzdem Zeus anflehten, sich mit der Erde zu vermählen, so dachten sie dabei eben ganz buchstäblich nur an die Befruchtung; die „Poesie des Regentags" ist eine ganz unantike Vorstellung. Bei nassem Wetter wäre es niemand eingefallen, sich nicht sofort ins Haus zu flüchten oder gar, das Naturschauspiel betrachtend, mit dem Schirm spazieren zu gehen, der denn auch im Griechischen *skias*, Schattenspender, heißt, wie auch im Lateinischen *umbraculum* und noch heute im Italienischen *ombrello,* während der Franzose bereits *parapluie* sagt.

Während der Sommermonate fällt fast gar kein Regen. Ein zweites Hemmnis der Vegetation ist die außerordentliche Trockenheit der Luft. Besonders um Athen hat sie einen so geringen Feuchtigkeitsgehalt wie in Europa sonst nur noch auf der kastilischen Hochebene und im Innern Siziliens. Die dürren Sommer waren von altersher die Klage der Griechen. Dazu kommt, daß das Land nur wenige Gewässer besitzt, die den Namen des Flusses verdienen, und auch diese haben einen so kurzen Lauf und starken Fall, daß sie nur auf geringe Strecken schiffbar sind. Weitaus die meisten Adern sind bloß Bäche, die leicht durchwatet werden können und vielfach zur Sommerzeit vollständig austrocknen. Der Ilissos bei Athen, nach Wolkenbrüchen ein reißender Gießbach, ist für gewöhnlich ein dünnes Wässerchen, das bei Einbruch der Hitze gänzlich versiegt. Schon Homer unterscheidet „immer rinnende" und „winters strömende"

Flüsse, und die geographische Wissenschaft bezeichnet die letzteren mit einem eigenen Fachausdruck: dem italienischen Wort Fiumara. Die künstliche Bewässerung hat daher im hellenischen Kulturgebiet immer eine große Rolle gespielt: sie findet sich ebenfalls bereits bei Homer, und Plato vermag sich seinen Idealstaat nicht anders vorzustellen als durchzogen von einem Netz wohlgepflegter Irrigationskanäle. Unter diesen Umständen ist es begreiflich, daß die Griechen den Quellnymphen eine so hohe Verehrung entgegenbrachten und auch den Tau vergötterten, der oft monatelang die einzige natürliche Erquickung der Pflanzenwelt bildet: Athena wurde in Doppelgestalt angebetet: als gestrenge Aglauros, die Lichtglänzende, unter deren Strahlen die Erde schmachtet, und als Pandrosos, die labende Tauspenderin.

Das Sommerbild der hellenischen Landschaft ist daher ziemlich trostlos. Die Haut der Erde wird rissig und schrumpft, die Felder verbrennen zu Stoppeln, die Pflanzenwelt versinkt in tiefen Schlaf. Staubhosen wirbeln empor, die wenigen immergrünen Gewächse, die überdauern, sind wie eingemehlt, die Flußbetten erstarren zu glitzernden Schutthalden. Grelle Wüstenfarben breiten sich über Berg und Tal, zur Mittagszeit verdichtet sich die zitternde Luft zu Hitzenebeln, sogar Luftspiegelungen schimmern auf: Empusa wird Wirklichkeit. Alles ist still und tot, nur die Zikaden instrumentieren mit ihrer schrillen, eintönigen Musik passend die gleißende Öde. Aber des Nachts leuchten am glasklaren Himmel die Sterne wie goldenes Feuerwerk.

Die Frühzeit

Moses I. Finley

Von Mykene zu Homer

Noch vor Beginn des zweiten Jahrtausends v. Chr., mit größter Wahrscheinlichkeit noch vor 2200, kamen erstmals ‚protogriechisch' sprechende Menschen auf die griechische Halbinsel. Auf welcher Kulturstufe sie bei ihrem Auftreten standen, ist ungewiß, aber letztlich halfen sie, die technisch hochentwickelte Kultur der Bronzezeit von 1400–1200 heraufzuführen, die wir als die mykenische bezeichnen und die ihre Hauptzentren auf der Peloponnes (dem südlichen Teil des griechischen Festlands) an Plätzen wie Mykene, Argos und Pylos hatte. Ihre Silbenschrift – die sogenannte Linear B – ist seit kurzem entziffert und liefert den Beweis, daß ihre Sprache – zumindest die in den Palästen gesprochene – eine frühe Form des Griechischen war. Eine erstaunliche Entdeckung, deren Tragweite jedoch nicht übertrieben werden sollte. Der südliche Balkan hatte bereits eine lange steinzeitliche und bronzezeitliche Geschichte, ehe die Griechen auf dem Schauplatz erschienen. Von den Geschehnissen bei ihrer Ankunft zeugen einzig und allein Bodenfunde, und diese lassen keineswegs einen plötzlichen Umschwung durch Neuerungen sichtbar werden, die den Einwanderern zugeschrieben werden können. Vielmehr mußte erst eine Reihe von Jahrhunderten vergehen, ehe die glänzende Mykenische Periode sich entfaltete, und in ihr einen ‚griechischen' Beitrag von dem ‚vorgriechischen' zu trennen, ist ebenso unmöglich, wie es nutzlos ist, die genetischen Elemente aus dem biologischen Gemisch herausfinden zu wollen, das die Bevölkerung jetzt darstellte. Rasse, Sprache und Kultur standen damals ebensowenig in einer einfachen Wechselbeziehung zueinander, wie das zu anderen Zeiten oder an anderen Orten in der Geschichte der Fall war.

Um 1200 fand die mykenische Kultur ein ziemlich jähes

Ende, das durch die Zerstörung der Palastburgen in vielen Teilen Griechenlands gekennzeichnet ist. Dann folgten vierhundert Jahre eines Dunklen Zeitalters – das heißt, dunkel für uns, weil wir so wenig darüber wissen (und wissen können). Man ist versucht zu glauben, sie wären auch in der Hinsicht ‚dunkel‘ gewesen, in der das Mittelalter früher immer als dunkel galt: die Kunst des Schreibens kam abhanden, die Machtzentren lösten sich auf, es gab viel Kriegsgeplänkel, ganze Stämme und kleinere Gruppen begaben sich innerhalb Griechenlands und ostwärts über das Ägäische Meer nach Kleinasien auf die Wanderung, und im Vergleich mit der Zivilisation von Mykene war alles in allem das materielle und kulturelle Niveau armselig. Dennoch läßt sich der Zustand nicht einseitig als Niedergang und Verfall begreifen, denn gerade in diesem Dunkel vollzogen sich im Rahmen eines Prozesses, den wir in archäologischen Funden und in den von Griechen späterer Zeiten erzählten Sagen nur undeutlich verfolgen können, eine bedeutende technische Umwälzung – das Eisen wurde entdeckt – und die Geburt der griechischen Gesellschaft. Die alte mykenische Welt war, obwohl man in den Palästen griechisch sprach, viel näher verwandt mit den damaligen hochzentralisierten und bürokratisierten Staaten weiter östlich, im nördlichen Syrien und in Mesopotamien. Die neue Welt, die geschichtliche griechische Welt, war (und blieb) in ihrer Wirtschaft, Politik und Kultur davon grundverschieden. Natürlich gab es Zusammenhänge, aber das waren Fragmente, die in eine neue, nicht wiederzuerkennende Umgebung eingearbeitet waren. Die grundlegenden technischen Fertigkeiten und Kenntnisse in der Landwirtschaft, der Töpferei und der Metallbearbeitung blieben erhalten, und die griechische Sprache überlebte diese gesellschaftliche Wandlung, wie sie bis zum heutigen Tage auch alle späteren Veränderungen überlebt hat.

Die Griechen haben sich in ihrer eigenen Sprache niemals ‚Griechen‘ genannt (das Wort leitet sich von ihrem römischen Namen ‚Graeci‘ her). In mykenischer Zeit kannte man sie vielleicht als Achaier, ein Name, der sich neben anderen in der ältesten erhaltenen griechischen Literatur, den homerischen Gedichten, findet. Im Verlauf des Dunklen Zeitalters oder vielleicht auch erst an dessen Ausgang trat die Bezeichnung ‚Hellenen' für immer an die Stelle aller anderen, und ‚Hellas' wurde zur Gesamtbezeichnung für alle Griechen. Heute ist Hellas nicht anders als Frankreich oder Italien der Name eines Landes. Im Altertum jedoch gab es nichts Vergleichbares, nichts, was die Hellenen ‚unser Land' hätten nennen können. Für sie war Hellas im Grunde eine Abstraktion wie die ‚Christenheit' im Mittelalter oder die ‚Arabische Welt' in unserer Zeit, denn die alten Griechen waren politisch oder territorial nie geeint.

Zum Schluß erstreckte sich Hellas über ein gewaltiges Gebiet, welches das östliche Küstenland des Schwarzen Meeres, die Küstengebiete Kleinasiens, die ägäischen Inseln, das eigentliche Griechenland, Süditalien und den größten Teil Siziliens einschloß und sich nach Westen auf beiden Seiten des Mittelmeeres bis nach Kyrene in Libyen, bis Marseille und einigen Küstenplätzen in Spanien fortsetzte. Man kann sich das Gebiet als eine große Ellipse vorstellen, deren Längsachse das Mittelmeer (und in dessen Fortsetzung das Schwarze Meer) bildete; eine sehr flache Ellipse, denn die griechische Zivilisation erwuchs und blühte an der Küste und nicht im Hinterland. Will man nacheinander alle die bedeutenden Zentren aufzählen, so braucht man nicht weiter als dreißig bis vierzig Kilometer ins Landesinnere vorzudringen. Was hinter diesem schmalen Gürtel lag, war alles schon Randgebiet, Land, aus dem man Nahrung, Metall und Sklaven gewann, in das man Beutezüge unternahm, ein Absatzgebiet für griechische Produkte, jedoch kein Land, in dem Griechen wohnten, sofern sie das irgendwie vermeiden konnten.

Alle diese weit verstreut lebenden Griechen waren sich bewußt, einer einzigen Kultur anzugehören, mit den Worten Herodots (VIII 144): es verband sie „die Bluts- und

Sprachgemeinschaft mit den anderen Hellenen, die Gemeinsamkeit der Heiligtümer, der Opferfeste und Lebensweise" (Herodot, Historien, Übers. A. Horneffer, Stuttgart 1963). Auf der eigentlichen griechischen Halbinsel und den ägäischen Inseln wurde die von ihnen bewohnte Welt tatsächlich durch und durch griechisch, wenn man von ausländischen Sklaven, fremden Reisenden und gelegentlichen Ausnahmen wie den Resten der Ureinwohner auf der Insel Samothrake absieht. Andernorts gab es griechische Gemeinden mitten unter anderen Völkern, die sie rings umschlossen. Wo die Eingeborenen primitiver waren, wie etwa die Skythen in Südrußland oder die Thraker längs der ägäischen Nordküste oder die Sikuler und Sikaner in Sizilien, erstrebten die Griechen wirtschaftlich und kulturell, ja oft auch politisch die Vorherrschaft. Wo sie sich dagegen im Gebiet eines hochentwickelten und gut organisierten Volkes niederließen – so vor allem im Perserreich –, mußten sie sich unterordnen. Doch selbst dann gelang es ihnen, weitgehend autonom zu bleiben, ein durchaus griechisches Leben zu führen und sich ihr hellenisches Selbstbewußtsein zu erhalten.

Natürlich bedeutete eine gemeinsame Kultur niemals absolute Gleichheit. Im Dialekt, in der politischen Organisation, in religiösen Bräuchen, oft auch in der Ethik und in der Wertskala gab es Unterschiede, die an der Peripherie wohl stärker zum Ausdruck kamen, aber im Zentrum keineswegs fehlten. Doch verglichen mit den gemeinsamen Elementen, deren sich die Griechen so bewußt waren, spielten diese Unterschiede in ihren Augen nur eine geringe Rolle. Mag beispielsweise auch die Sprache nach Dialekten verschieden gewesen sein, so wurde ein Grieche doch, woher er auch kam, überall besser verstanden als etwa ein ungebildeter Neapolitaner oder Sizilianer im heutigen Venedig. Alle benutzten ein und dasselbe Alphabet, das um 800 aus einer älteren phönikischen Erfindung abgewandelt worden war – ein System, in dem die Zeichen nicht die Silben, sondern die einfachen Laute der Sprache darstellten –, sowie eine von Linear B durchaus verschiedene Schrift und ein schon recht weit entwickeltes Schreibgerät. Für sie galt jeder Mensch, dessen Muttersprache nicht Griechisch war, einfach als ein ‚Barbar‘, jemand, dessen Sprache unverständlich war und wie ‚barbar-bar‘ klang. Barbaren konnte man nicht nur nicht verstehen; sie waren, wie viele Griechen letztlich annahmen, von Natur aus minderwertig – neben den Skythen und Thrakern auch die Ägypter und Perser.

Mag das Dunkle Zeitalter analphabetisch und auch in anderer Hinsicht durchaus rückständig gewesen sein, so fehlte es ihm doch nicht an kulturellem Leben. Ein Beispiel dafür ist seine schöne Keramik mit geometrischen Mustern, ein weiteres sind die homerischen Gedichte. Sie versetzen den Historiker in eine schwierige Lage, wenn er versucht, etwa vierhundert Jahre Geschichte, und zwar jene Jahrhunderte, in denen sich die historische griechische Kultur herausbildete, aus Bodenfunden, zwei langen Gedichten und den jüngeren, unzuverlässigen Überlieferungen und Mythen der Griechen zu rekonstruieren.

Die Griechen verstanden mit wenigen Ausnahmen die Ilias und die Odyssee als das Werk eines einzigen Dichters, nämlich Homers. Niemand wußte genau, wann und wo er gelebt hatte (obwohl die Insel Chios ihren Anspruch am überzeugendsten vorbrachte). Heute gehen die Meinungen der Gelehrten darüber, ob beide Gedichte von einem einzigen Dichter stammen und wann sie entstanden sind, auseinander. Man nimmt jedoch übereinstimmend an, daß man sich den oder die Verfasser nicht wie spätere epische Dichter – etwa wie Vergil, Dante oder Milton – vorzustellen hat. Der Ilias und der Odyssee gehen Jahrhunderte mündlicher Dichtung voraus, von berufsmäßigen Sängern zusammengestellt, rezitiert und weitergegeben, denen kein einziges geschriebenes Wort vorlag. Während Vergil sich aus eigenem freiem Entschluß die Geschichte des Aeneas als Thema eines langen Epos wählen und das Gedicht in Sprache, Aufbau und Ideen so kunstvoll, gelehrt und kompliziert gestalten konnte, wie er wollte, war dem Sänger diese Freiheit nicht gestattet. Das hatte einmal rein technische Gründe, nämlich die strengen Grenzen, welche die mündliche Abfassung zog, zum anderen war es eine Angelegenheit des gesellschaftlichen Übereinkommens. Sowohl die Themen als auch die Gestaltungsweise lagen fest. Die Sprache war reich, stilisiert und künstlich; sie entsprach vorzüglich den Anforderungen der mündlichen Abfassung. Die Themen bezogen sich auf eine ‚heroische‘ Vergangenheit, von der die Sänger ebenso wie die Zuhörer annahmen, daß es sich um eine reale Vergangenheit handelte, die der Dichter erzählte, nicht aber erfand oder schuf. In der Odyssee (VIII 489–91) sagt Odysseus zum Sänger Demodokos: „Ganz nach der Ordnung nämlich singst du das Unheil der Achaier; wieviel sie getan und gelitten haben und wieviel sie ausgestanden, die Achaier, so als wärst du selber dabei gewesen oder hättest es gehört von einem andern." (Übers. W. Schadewaldt, Zürich 1966). Als dann die Schrift in der wunderbar biegsamen Form des phonetischen Alphabets nach Griechenland zurückkehrte, änderte sich das Bild von Grund auf. Es wurde möglich, die Dichtung, die sich in den Jahrhunderten des Analphabetentums geformt hatte, in dauerhafter Gestalt und in einem großartigen Gemälde festzuhalten. Daß nur wenige Dichter den Versuch machten, sollte kaum überraschen. Bemerkenswert ist jedoch, daß sich unter ihnen der Mann fand (wenn es nicht mehrere waren), der zwei der größten Gedichte der Weltliteratur schuf. Wir können die Ilias und die Odyssee nicht mit den anderen Heldendichtungen vergleichen, die gegen Ausgang des Dunklen Zeitalters entstanden, denn sie alle sind, zusammen mit dem größten Teil der griechischen Literatur, untergegangen. Die Alten jedenfalls waren so gut wie übereinstimmend der Meinung, daß die heute verlorenen Werke weit unter den beiden erhaltenen Dichtungen standen.

Es gab im Dunklen Zeitalter Griechenlands eine Reihe heroischer Themen, doch das bedeutendste unter ihnen war der gewaltige Überfall auf Troja und die Zerstörung der Stadt durch ein Bündnis der Festlandgriechen sowie die Heimkehr der Helden, alles ausgeschmückt mit vielen kleinen Geschichten aus dem Leben eben dieser Helden und über die damit verbundenen Taten der olympischen Götter. Im Verlaufe des Dunklen Zeitalters sammelte sich eine solche Fülle von Ereignissen an, daß man schon von einer Art dichterischer Freiheit sprechen kann, weil der Dichter unter ihnen auswählen und sie verschiedenartig kombinieren konnte. So behandeln die Ilias und die Odyssee bei all ihrer Länge (fast 16 000 bzw. 12 000 Verse) nur einen Bruchteil des gesamten Stoffes, wobei sich die erstere auf wenige Tage der zehnjährigen Belagerung Trojas beschränkt und mit dem Tode Hektors endet (ohne die Einnahme der Stadt zu schildern), während die letztere die zehnjährige Irrfahrt eines einzelnen, des Odysseus, bei seiner Rückkehr von Troja in seine Heimat Ithaka behandelt.

Die Archäologen haben nachgewiesen, daß Troja, wie spätere griechische Geschichtsschreiber vermutet hatten, gegen Ende des 13. Jhdts. wirklich zerstört wurde, und daß viele der mit den homerischen Helden verbundenen Plätze tatsächlich bedeutende mykenische Zentren waren. So bewahren die Gedichte einen echten historischen mykenischen Kern, genauso, wie in anderen Heldendichtungen, etwa im mittelalterlichen französischen Rolandslied oder in den kurzen russischen Liedern über Fürst Wladimir von Kiew, Bruchstücke geschichtlicher Ereignisse erhalten sind. Aber das ist nicht viel, und selbst das Wenige ist gewöhnlich entstellt. Unmerklich und bestenfalls halbbewußt wandelten sich die Geschichten, während sie von einem Sänger zum anderen übergingen und die Zeit, die Ereignisse und die Gesellschaft, von der sie ,erzählten', zurücksanken und immer weniger verstanden wurden. Die Dichter versuchten gewissermaßen zwei einander entgegengesetzte Dinge auf einmal zu tun: einerseits wollten sie ein Abbild der toten Vergangenheit am Leben erhalten, und andererseits wollten sie, daß man ihnen glaubte und sie verstand. So malten sie zum Beispiel mit Worten prächtige Paläste, die sie nie gesehen hatten und die den mykenischen Palästen allmählich immer unähnlicher wurden (und auch anderen Palästen nicht glichen, denn in ihrer eigenen Welt gab es gar keine); oder sie versuchten, die Verwendung von Streitwagen zu beschreiben, eine veraltete Kriegstechnik, die sie sich nicht recht vorzustellen vermochten; oder sie schilderten die Bronzewaffen der Mykener und konnten nicht verhindern, daß sie dabei unversehens auch von Eisen sprachen, da zu ihrer Zeit die Waffen aus Eisen und nicht aus Bronze gemacht wurden.

Solche Anachronismen machen dem Historiker zu schaffen, aber weder die Sänger noch ihre Zuhörer waren Historiker. Parallelen könnte man in den historischen Dramen Shakespeares finden oder auch auf Renaissancegemälden mit Darstellungen aus der griechischen Geschichte und Mythologie oder in Bibelillustrationen aller Zeiten. Da wimmelt es von Ungenauigkeiten, ohne daß jemand auch nur einen Gedanken darauf verschwendet. Nur eines wäre in der griechischen Heldendichtung nicht geduldet worden: das Eindringen von Ereignissen, die sich bekanntermaßen erst nach dem ,heroischen‘ Zeitalter zugetragen hatten – so etwa das Auftreten der Dorer. Daß diese in den Gedichten nicht vorkamen, war sozusagen der Beweis dafür, daß die Dichter die alten Geschichten richtig wiedergaben. Was alles übrige betraf – gesellschaftliche Einrichtungen, Geisteshaltung, Vorstellungswelt und Verhaltensregeln –, so konnten Irrtümer schon deshalb nicht festgestellt werden, weil nichts Geschriebenes vorlag. Man kann diese Tatsache gar nicht genug betonen. Bereits nachdem hundert Jahre darüber hingegangen waren, wäre es buchstäblich unmöglich gewesen, irgendwelche Behauptungen über die Streitkräfte Agamemnons, die Größe seines Heeres oder die einzelnen Kampfvorgänge nachzuprüfen. Die Gedichte waren, so wie sie vorgetragen wurden, sowohl die Wahrheit selbst als auch der Nachweis für ihre Wahrheit.

Die Gesellschaft, die in der Ilias und in der Odyssee vor uns ersteht, setzt sich aus Königen und Adligen zusammen, die viel Land und zahlreiche Herden besaßen und das glänzende Leben von Kriegshelden führten. Die adelige Hofhaltung war der Mittelpunkt des Wirkens und der Macht. Der König war Richter, Gesetzgeber und Anführer. Er unterstand keiner formalen Kontrolle; unerläßliche Stütze waren seine Tapferkeit, sein Reichtum und seine Verbindungen. Ein schwacher König überlebte die Herausforderung durch mächtige Rivalen oder äußere Feinde nicht lange. Er hatte keinen ,Staat' und keine ,Gemeinschaft', die ihm auf Grund von Recht oder Überlieferung wirksame Rückendeckung geben konnten. Nicht, daß das eine Welt ohne jede Ordnung gewesen wäre: es gab Zeremonien, Rituale und Konventionen, nach denen die Menschen lebten. Nur fehlte ein Regulativ, das stark genug gewesen wäre, die mächtigste aller Sanktionen, die der tatsächlichen Gewalt, unter Kontrolle zu halten oder zu überwinden. In Abwesenheit des Odysseus benahmen sich die Adligen auf Ithaka skandalös gegenüber seiner Familie und seinen Besitztümern, während sie unter sich Ränke spannen, um seine Macht an sich zu bringen. Einige wenige, der alte Mentor etwa, erhoben Widerspruch, aber ihre Worte hatten kein Gewicht, und der Dichter läßt deutlich erkennen, daß das auch gar nicht anders sein konnte.

Das Volk von Ithaka blieb stumm. In beiden Gedichten ist die Bevölkerung im Gegensatz zu den heldenmäßigen Edlen eine unbestimmte Masse, deren genauer Status im großen ganzen unklar bleibt. Manche – vor allem gefangene Frauen – werden als Sklaven bezeichnet, scheinen sich aber deshalb nicht schlechter zu stehen als die anderen. Einige Handwerker, die Metall und Holz bearbeiten, die Seher und die Ärzte scheinen einen höheren Status zu haben. Die übrigen leisten die Arbeit auf den Feldern und in den Palästen (befassen sich aber nicht mit Handel, der Ausländern, vor allem Phöniziern, oder den Führern selbst vorbehalten bleibt), sie nehmen an Raubzügen und selbst an der großen Expedition gegen Troja teil, scheinen sich aber nicht am eigentlichen Kriegsgeschehen zu beteiligen, das auf Einzelkämpfe zwischen den schwerbewaffneten Adligen auf beiden Seiten beschränkt bleibt. Sie treten sogar gelegentlich in Versammlungen zusammen, haben aber offensichtlich, wenn es zur eigentlichen Beschlußfassung kommt, weder Mitspracherecht noch Stimme. Nur ein einziges Mal erdreistet sich ein gemeiner Mann, das Wort zu ergreifen: Thersites, der an der berühmten Iliasstelle vorschlägt, die Belagerung Trojas abzubrechen. Odysseus versetzt ihm prompt mit dem Szepter einen Hieb über Rücken und Schultern und bereitet so diesem vereinzelten Verstoß gegen korrektes Verhalten ein rasches Ende.

Verglichen mit der wirklichen Welt des dreizehnten Jahrhunderts, mit der mykenischen Welt, ist all dieses Tun im Maßstab zu klein und in den Beweggründen falsch dargestellt. Die moderne Archäologie und die Entzifferung der Linear B-Täfelchen haben das deutlich gemacht. Die Griechen selbst wußten nichts vom Vorhandensein einer Linear B-Schrift und kaum etwas von der Archäologie, und was ihnen – etwa in Mykene – unmittelbar vor Augen lag, mißverstanden sie in der Regel. So ahnten zumindest jene, die nach dem Dunklen Zeitalter lebten, offenbar nichts davon, daß es einst ein Bronzezeitalter gegeben hatte, in dem das Eisen unbekannt war (so nahm Herodot an, selbst die Pyramiden seien mit Eisenwerkzeugen erbaut worden), oder daß – um weit ins Dunkle Zeitalter zurückzugreifen – die geometrische Keramik die typische verzierte griechische Töpferware und nicht ein Erzeugnis von Barbaren war. Kurz, die späteren Griechen hatten keinerlei Erinnerung an eine mykenische Kultur, die sich ihrem Wesen nach von ihrer eigenen unterschied und durch das Dunkle Zeitalter von ihr getrennt war.

Herbert J. Rose

Der Mythos vom Trojanischen Krieg

Nachdem die Griechen durch Gesandtschaften verschiedene fruchtlose Versuche gemacht hatten, mit den Trojanern auf friedlichem Wege zu einer Verständigung zu kommen, vergingen die ersten neun Jahre des Krieges mit einer Reihe von Überfällen auf kleinere mit Troja verbündete Städte und auf das gesamte Hinterland. Die Festung Ilion wurde von starker Heeresmacht verteidigt, erhielt von Trojanern und Verbündeten beträchtliche Verstärkung und war für das primitive Kriegswesen jener Tage uneinnehmbar. Aber die andauernde Belagerung brachte Priamos' Hilfsmittel allmählich zum Versiegen und beraubte ihn jeder Möglichkeit, sie durch Verkehr mit der Umwelt zu ergänzen. In das zehnte Jahr des Krieges fallen die Ereignisse, die den Gegenstand der Ilias bilden: Zu Agamemnons Beuteanteil aus einem der Kämpfe gehörte Chryseïs, die Tochter des Chryses, eines Priesters des Apollon. Von ihrer Schönheit war Agamemnon so gefesselt, daß er sich weigerte, sie von ihrem Vater loskaufen zu lassen. Als dieser seinen Gott beschwor, die Achaier dafür zu strafen, sandte Apollon eine Pest ins Lager. Der Seher Kalchas erklärte den Griechen die Ursache der Plage und daß ihr nur durch Rückgabe der Chryseïs ohne Lösegeld Einhalt geboten werden könne. Agamemnon mußte zähneknirschend darein willigen, hielt sich aber schadlos, indem er Briseïs ergriff, eine Sklavin, die Achilleus gehörte, der sehr an ihr hing. Aus Zorn hierüber zog sich der Pelide grollend in sein Zelt zurück, er und seine Mannen, die thessalischen Myrmidonen, nahmen an den Kämpfen nicht mehr teil. Ohne die Hilfe ihres größten Helden aber wurden die Griechen nun trotz der von Diomedes, Aias und anderen bewiesenen Tapferkeit auf ihr Schiffslager zurückgetrieben, das sie durch einen Wall befestigen mußten. Agamemnon sandte schließlich auf Nestors Rat eine Gesandtschaft zu Achilleus, die aus dem großen Aias, Odysseus und Phoinix, dem Sohn des Amyntor, bestand, mit der Weisung, ihm Briseïs' Rückkehr, reiche Ehrengeschenke und, wenn der Krieg zu einem siegreichen Ende gebracht wäre, die Heirat mit einer seiner Töchter anzubieten, die sieben Städte als Mitgift bekommen solle, ohne daß Achilleus einen Brautpreis zu zahlen hätte. Die Abgesandten redeten Achilleus zu, Agamemnons Angebot anzunehmen, allen voran der alte Phoinix, der ein Schützling seines Vaters gewesen war. Phoinix hatte nämlich als junger Mann den Zorn des eigenen Vaters dadurch erregt, daß er ein Liebesverhältnis mit dessen Sklavin-Konkubine hatte, auf die seine Mutter eifersüchtig war. Der Vater verfluchte ihn zu Kinderlosigkeit, ein Fluch, der sich auch erfüllte. Phoinix entwich aus seines Vaters Land trotz dessen Anstrengungen, ihn zurückzuhalten, und suchte Zuflucht bei Peleus, der ihn gütig aufnahm und ihn später sogar zum Herrn einer Landschaft machte. So kannte er Achilleus seit seiner Kindheit, ja, er hatte ihn damals betreut. Aber auch er vermochte nicht Achilleus' Groll gegen Agamemnon zu überwinden; die Gesandtschaft ging unverrichteter Dinge wieder fort. [...]

Am nächsten Tag trieb Hektor die Griechen, obgleich sie heftigen Widerstand leisteten, zu ihren Schiffen zurück, und als er die Mauer an mehreren Stellen zugleich angreifen ließ, gelang es ihm, sich den Eingang zu erzwingen und eins der Schiffe in Brand zu stecken. Nun aber bekam Patroklos (oder Patrokles), Achilleus' Lieblingsgefährte, von ihm die Erlaubnis, an der Spitze der Myrmidonen auszurücken und dabei sogar Achilleus' Rüstung zu tragen. Die Trojaner wichen, da sie glaubten, Achilleus selbst käme über sie, alsbald in Unordnung zurück, nach einiger Zeit jedoch wurde Patroklos mit Apollons Hilfe von Hektor getötet, und nun begannen wieder die Griechen zurückzugehen. Als Achilleus den Tod seines Freundes erfuhr, wurde er vor Schmerz fast wahnsinnig und erschien unbewaffnet auf dem Wall des Lagers, von wo die Gewalt seiner Stimme die Trojaner in die Flucht trieb, so daß der Leichnam des Patroklos geborgen werden konnte. Achilleus wollte sich jetzt sogleich in den Kampf stürzen, aber Odysseus bestand darauf, erst den Streit mit Agamemnon in herkömmlicher Weise durch Bezahlung einer angemessenen Entschädigung an Achilleus beizulegen. Inzwischen überredete Thetis Hephaistos, ihrem Sohn eine neue Rüstung zu schmieden. Am nächsten Tag brachte Achilleus die Trojaner durch sein Erscheinen vollständig in Verwirrung, traf dann auf Hektor, tötete ihn im Einzelkampf und kehrte ins Lager zurück, wobei er den Körper des Erschlagenen hinter seinem Wagen herschleifte. Für Patroklos wurden Leichenspiele gehalten, Priamos aber kam nachts heimlich zu Achilleus und löste den Leib seines Sohnes aus. Mit Hektors Leichenbegängnis endet die Ilias.

Nach der Sage, die von dem Feldzug freilich ein mehr oder weniger verzerrtes Bild gibt, waren die Griechen niemals imstande, die Verbindungen der Troer zu ihren zahlreichen Verbündeten in Thrakien und Asien abzuschneiden. Die beständigste und loyalste Unterstützung wurde Troja durch den starken Zuzug zuteil, den Sarpedon, ein Sohn des Zeus, und sein Verwandter Glaukos heranführten. [...] In der Nacht vor Hektors letztem, beinahe erfolgreichem Angriff auf das Schiffslager erschien unter ihrem Anführer Rhesos auch eine furchterregende Schar von Thrakern. Odysseus und Diomedes erboten sich, als Späher die Absichten dieser neuen Gegner zu erkunden, und fanden bei ihrem Unternehmen Hilfe von seiten der Athena. Sie fingen einen trojanischen Spion, Dolon, dem man Achilleus' unsterbliche Pferde als spätere Beute in Aussicht gestellt hatte, wenn er Nachricht von den Bewegungen der Griechen bringe. Von ihm erfuhren sie den Standort der Thraker, schlichen sich in deren unbewachtes Lager und erschlugen Rhesos samt einer Anzahl seiner Genossen. Spätere Überlieferung weiß hierzu noch zu erzählen, daß Ilion nie hätte genommen werden können, wenn die Pferde des Rhesos, die

Odysseus und Diomedes wegtrieben, Zeit gehabt hätten, auf trojanischem Boden zu weiden und trojanisches Wasser zu trinken. Rhesos entging als Sohn einer der Musen dem gewöhnlichen Schicksal der Sterblichen nach dem Tode und wurde in Thrakien ein Halbgott, über dessen Ursprung und Funktionen man verschiedene Meinungen hegte. Noch bemerkenswerter waren zwei Gruppen von Bundesgenossen, die erst nach Hektors Tod erschienen.

Die erste war eine Schar von Amazonen, geführt von ihrer Königin Penthesileia, der Tochter des Ares. Mit ihrem Erscheinen wechselt, wie sich sogleich bemerken läßt, der Ton der homerischen Erzählung, die sonst den Eindruck macht, sich verhältnismäßig eng an historische und geographische Tatsachen anzuschließen, obwohl der Dichter natürlich die Einzelheiten mit der Freiheit eines großen schöpferischen Geistes behandelt. Bei Schilderung der Amazonen läßt er jedoch erkennen, daß diese, abgesehen von der flüchtigen Erwähnung eines Kampfes des jungen Priamos mit ihnen, außerhalb seines Gesichtskreises stehen. Penthesileia war ebenso schön wie tapfer und brachte den Griechen große Verluste bei, bis sie im Kampf mit Achilleus fiel, der, nachdem er sie erschlagen hatte, ihren Tod betrauerte. Das veranlaßte Thersites, Achilleus zu verspotten, der ihn darauf in einem Zornausbruch tötete. Bei Homer schmäht dieser niedrig geborene, glattzüngige Demagoge, „der häßlichste Mann, der vor Ilion zog", die Könige in der großen Ratsversammlung, die der Abkehr des Achilleus folgte, worauf ihn Odysseus wegen seiner Unverschämtheit kräftig verprügelte. Spätere Erzählungen jedoch versehen ihn mit einem würdigen Stammbaum, indem sie ihn zu einem Verwandten des Diomedes machen, der deshalb auch über seinen Tod sehr erzürnt gewesen sein soll. Wir finden hier in der späteren Mythologie eine gewissermaßen snobistische Haltung, die dazu neigt, jeden, der nur irgendwie eine Rolle spielt, aus königlichem Geschlecht stammen zu lassen.

Nach Penthesileia und ihrer Schar traf Memnon, der Sohn

der Eos und des Tithonos, in Troja ein. Auch er fiel wie Penthesileia durch Achilleus, obwohl er sich vorher im Kampf gegen die Griechen ausgezeichnet hatte. Seine Mannen, die Äthiopier, wurden in Vögel verwandelt, von denen man erzählte, daß sie noch immer rings um sein Grab kämpften. Memnon repräsentiert den fernen Süden oder Osten, wie Penthesileia den Norden: so waren die äußersten Enden der bekannten Welt in den Kampf einbezogen.

Bald nach diesen Kämpfen wurde Achilleus vom Tode ereilt, indem ihn entweder Paris oder Apollon (nach manchen als Paris verkleidet) erschoß. Sein Leichnam wurde nach wildem Kampf aus der Schlacht getragen und prunkvoll bestattet. Um den Toten klagten nicht nur alle Griechen, sondern auch Thetis und ihre Nereïdenschwestern. Sein Schicksal nach dem Tode wird von den frühen Berichten anders geschildert als von den späteren, die zudem voneinander abweichen. Nach Homer geht Achilleus zum Haus des Hades hinab wie jeder andere Mensch, später dagegen sagte man, er lebe unsterblich auf der Insel Leuke im Pontos Euxeinos oder in den elyseischen Gefilden, noch andere wußten, daß er mit Helena verheiratet worden wäre. Auf Achilleus' Tod folgte sogleich der Selbstmord des Telamoniers Aias. Die Griechen sandten nun nach Achilleus' Sohn, weil ohne ihn Troja nicht genommen werden konnte, und aus demselben Grund auch nach Philoktetes. Da die Stadt weiterhin aushielt, nahm man zu einer Kriegslist Zuflucht. Epeios, der ein kunstfertiger Handwerker war, baute mit Athenas Hilfe ein riesiges hölzernes Pferd, in das eine Anzahl ausgewählter Helden eingeschlossen wurde. Das übrige Heer der Griechen segelte unterdessen hinweg und ließ nur einen gewissen Sinon zurück, der sich gefangennehmen ließ und als erbitterter Feind der anderen Griechen ausgab, die seinen Freund und Herrn Palamedes getötet hätten, ja, auch ihn geopfert haben würden, um sichere Heimkehr zu erlangen. Listig versprach er, das Geheimnis des Pferdes zu enthüllen. Es wäre eine Opfergabe für Athena, die mit Absicht so groß hergestellt worden sei, damit sie nicht durch die Stadttore ginge. Würde sie aber trotzdem hineingebracht werden, so wäre die Stadt hinfort uneinnehmbar. Die meisten Trojaner schenkten ihm Glauben, obwohl Laokoon, der Priester des Apollon, erklärte, alles sei nur List und man solle das Pferd zerstören. Aber er und seine zwei Söhne wurden von einem Paar riesiger Schlangen getötet, die von Tenedos durch das Meer geschwommen kamen. Die Trojaner sahen darin eine Strafe für sein frevelhaftes Zweifeln und zogen das Pferd in die Stadt, nachdem vorher ein Teil der Mauer niedergelegt worden war. Auch Kassandra warnte vergebens; niemand wollte ihr glauben. Helena aber ging um das Pferd herum und rief die darin sitzenden Krieger, indem sie die Stimmen ihrer Frauen täuschend nachahmte, freilich ohne Erfolg, weil Menelaos, Diomedes und Odysseus ihre Gefährten davon abhielten zu antworten. In der Nacht wurde in Ilion nur wenig Wache gehalten, so daß Sinon, nachdem die vorher abgefahrene Griechenflotte zurückgekehrt war, das Pferd öffnen konnte. Die Helden stiegen heraus, und nach scharfem Kampf wurde die Stadt genommen, wobei Priamos von Neoptolemos getötet wurde und nur Aineias mit einigen anderen entkam. [...]

Unglück verfolgte die Flotte der Griechen auf ihrer Heimfahrt, teils infolge von Athenas Zorn, teils weil Nauplios, der Vater des Palamedes, seinen Sohn rächen wollte. Die Göttin zerstreute die Flotte durch einen heftigen Sturm, in dem viele Schiffe zertrümmert wurden. Noch größer war das Unheil, das die übrigen am Kap Kaphareus bei Euboia erwartete, wo Nauplios sie auf Klippen auflaufen ließ, indem er falsche Feuerzeichen gab. Nur einige der Helden entkamen diesen Katastrophen. So gelangte Nestor in wenigen Tagen wohlbehalten nach Pylos, Neoptolemos, von Thetis gewarnt, kehrte zu Land in die Heimat zurück, Odysseus trat seine Irrfahrt an. Die Abenteuer, die er dabei bestand, bilden den Gegenstand der Odyssee.

Uvo Hölscher

Der Anfang der Odyssee

Die Geschichte von der Heimkehr des Odysseus, wie sie in
der Odyssee erzählt wird, reicht mit ihrem Anfang weit zurück. Sie läßt sich, aus zahlreichen verstreuten Passagen des
Epos, fast lückenlos nacherzählen von dort an, wo die achä-
ische Flotte, nach dem Fall von Troja, sich zur Heimfahrt
anschickt, über die lange Irrfahrt bis hin zu dem endlichen
Wiederfinden der Gatten.

Es ist eine Geschichte von zehn Jahren. Aber es ist nicht
die Handlung der Odyssee; es ist vielmehr zum größten Teil
ihre Vorgeschichte, wie sie, meist in Reden und Erinnerun-
gen, stückweise im Epos nachgeholt wird. Das Epos hingegen setzt in dieser Geschichte ein kurz vor ihrem Ende:

> Da waren alle andern längst zu Hause...
> Den einen nur hielt die Nymphe fest, Kalypso.

Odysseus auf Ogygia: man hat sich doch wohl zu wenig
über diesen Anfang gewundert. Allzu gewohnt ans Überlieferte oder geblendet von der geprägten Form der dichterischen Erfindung, nimmt man ihn so fraglos hin, daß selbst
eine vermutete Vorstufe oder gar Urodyssee gern als mit
dem Aufbruch von Ogygia beginnend vorgestellt wird. (Die
Hypothese impliziert, daß das Proömium mit der Götterversammlung sogleich in der Entsendung des Hermes zu
Kalypso im fünften Buche seine Fortsetzung hatte.) Kann
man so anfangen?

Es ist wahr, der Dichter hat den Anfang ausdrücklich in
das Belieben der Muse gestellt:

> Davon, beginnend wo immer es sei, erzähle auch uns!

„Davon": das sind, nach den Worten des Proömiums, die
Irrfahrten, Abenteuer, Fürsorge und Leiden des Helden. Ein

einzelnes, das Vergehen an den Sonnenrindern, wird als verhängnisvoll hervorgehoben; das fordert weder, noch schließt es aus, daß auch das erzählt werde. *Wo* die Erzählung einsetzen soll, das wird wie mit Absicht ins Unbestimmte gerückt.

Poetologisch ist das „von wo an auch immer" der Ausdruck der auktorialen Willkür des Erzählers, wie man sie als Stilmittel des Romans kennt – der Odysseedichter komponiert ja viel bewußter als der Dichter der Ilias. Aber der Anfang mit Kalypso, nämlich am Ende der Irrfahrt, ist doch eine Überraschung und alles andere als selbstverständlich. – Im nachhinein erkennen wir, daß an die Abenteuer erinnert wurde, um sie zu überspringen.

Nun gehört das Anfangen ‚von irgendeinem Punkt an' vielleicht zu den traditionellen Formen der mündlichen Improvisation. Man entnimmt das aus der Weise, wie der Sänger Demodokos am Phäakenhof das Lied vom Hölzernen Pferd vorträgt: „von dort einsetzend, wie die Argeier die Schiffe zur Abfahrt bestiegen hatten" (8.500 f.). Auch da wird, wie im Eingang der Odyssee, statt mit dem Anfang (Erfindung und Bau des Pferdes, Bemannung des Hinterhaltes, seiner Aufstellung vor dem Skäischen Tor und der List der vorgetäuschten Heimfahrt), an einem späteren und beliebigen Punkt der Geschichte begonnen. Der Sänger setzt dabei die Kenntnis des Mythos bei seinem Publikum voraus, so daß er ohne Einführung ins Ganze den Teil der Geschichte ausschneiden kann, der zur Unterhaltung in der Abendstunde dienen soll. Das Verfahren des Ausschnittes weist auf eine Differenz zwischen Vortrag und Stoff hin: der einzelne Gesang deckt sich nicht mit der Einheit einer Geschichte. Diese Divergenz dürfte kaum etwas Ursprüngliches sein, sie gehört zu der fortgeschrittenen Praxis der Aöden unter den beschränkenden Bedingungen der höfischen Gelegenheit.

Aber das große Epos ist von vornherein einer solchen Beschränkung nicht unterworfen: es kann und will ein Ganzes erzählen, ohne Rücksicht auf die erforderliche Zeit. Wenn daher im Proömium der epische Dichter an eine orale Form anknüpft, so bleibt sie nicht dasselbe; er *bedient* sich ihrer: nicht um eine Episode – oder den Teil einer Episode –, sondern um das Ganze, das Ganze aber gespiegelt im Ausschnitt zu erzählen.

Man weiß, was mit dieser Anordnung gewonnen worden ist. Eine Erzählung von zehn Jahren, das hieße von dreitausend Tagen und mehr, würde nicht jenen homerischen Erzählstil erlauben, in dem sich die Tage zwischen Sonnenauf- und Untergang zu Szenen und Episoden runden. So kann man mit Sicherheit sagen, daß die zyklischen Epen, wie die Kyprien oder die Kleine Ilias, die sich über Jahre erstreckten, in einem ganz anderen Stil erzählt gewesen sein müssen; oder, wenn sie sich partiell desselben Stils bedienten, ihn von Homer übernommen haben, ohne ihn im Ganzen des Gedichts durchzuhalten. Mit dem odysseischen Einsetzen kurz vor dem Ende wird die Geschichte auf die Zeitspanne der eigentlichen Heimkehr verkürzt. Die Zeit aber bedingt den Stil. Ohne die Zeitverkürzung wäre die verweilende Erzählkunst homerischer Szenen, die Dichte und Breite, die eigentümliche Präsenz und Sinnlichkeit des Epischen nicht möglich.

Vorbild ist die Ilias. Auch da wird eine ganze, zehn- oder zwanzigjährige Geschichte von Trojas Untergang – die Geschichte vom Raub der Helena – in wenigen Tagen dargestellt. Aber das Verfahren des Iliasdichters war doch ein anderes. Der Rahmen seines Epos, soviel auch von der andern Geschichte er hereinnahm, blieb die Patroklie: eine Geschichte von wirklich wenigen Tagen. Der Odysseedichter, um dasselbe zu erreichen, hat seine Geschichte zerschnitten, indem er am Ende einsetzt und alles andere zur Vorgeschichte macht. Zugegeben, der Punkt, wo er einsetzt, Odysseus bei Kalypso, war nicht ungeschickt gewählt. Aber wie bot sich dieser Moment vom Gang der Odysseusgeschichte her an? Es war ja in Wahrheit ein seit Jahren sta-

gnierender Zustand. Wodurch kommt er jetzt in Fluß? Der
Epiker kann sagen: Da beschlossen die Götter, daß er heimkehren solle; doch vergebens fragen wir uns: warum nicht
eher? In der Tat ein willkürlich gewählter Zeitpunkt. Der
Göttervater selber scheint alles andere eher im Sinne zu haben als das Schicksal des Odysseus, wenn er sich öffentlich
um den „tadellosen Aigisthos" Gedanken macht. (Wobei
das ‚Untadelige' des Edelmanns bereits auf den Widerspruch
vorbereitet, daß er sich selber das Verderben zuzog.) Und
mag auch der Fall Ägisths von weither das Freierschicksal
der Odyssee einleiten, es bedarf doch erst der vorwurfsvol-
len Erinnerung Athenas an den so viel würdigeren Odysseus, damit Zeus sich ihrer Sorge annimmt. Poseidon, meint
er schließlich, „wird nicht als einziger gegen alle…" Aber
warum erst jetzt?

Solche Fragen freilich stellt nicht der Zuhörer. Der folgt
willig der reifen Kunst eines seiner Mittel bewußten Dichters. Zu diesen Mitteln gehört die Pointe, daß Zeus die
olympische Versammlung – deren Thema, nach diesem
Proömium, doch zu erwarten war – mit Ägisth eröffnet: als
ob es auf eine Orestie hinausliefe. Dies thematische Irrefüh-
ren, das Anfangen mit etwas anderem, um erst auf dem Umweg, wie zufällig, auf das intendierte Thema zu kommen, ist
ein erzählerischer Kunstgriff, dessen sich die epische Gattung hier zum erstenmal bedient; es wird eine häufig ge-
wählte Form der Romananfänge bleiben. – Doch seine entscheidende Überraschung ist eine dritte; denn was er nun,
anstatt der Botschaft an Kalypso und der erwarteten Odysseusgeschichte, zu erzählen beginnt: Athenes Besuch bei Te-
lemach in Ithaka, kommt gänzlich unvorbereitet und war
obendrein seinem Publikum völlig neu. Und wer hätte gedacht, daß er damit über vier Bücher hingehalten wird, ehe
er Odysseus bei Kalypso zu Gesicht bekommt? Die Erkun-
dungsreise des Telemachos zum Festland, seine Besuche bei
Nestor und Menelaos, können keine überlieferte Geschichte
gewesen sein. Eine Geschichte hat ihre Konsequenzen, ihren

Anfang und Ende. Aus Telemachs Reise aber folgt nichts: Nicht einmal die Gewißheit, daß der Vater noch lebt – wenigstens damals noch lebte, als Menelaos in Ägypten von ihm erfuhr –, hat eine Folge für die Handlung; sie ist pragmatisch überflüssig. Hier schöpft der Dichter offenbar aus Eigenem. Das Fehlen des mythischen Hintergrundes macht sich in der schwächeren Konturierung des motivischen Geschehens bemerkbar.

Hierüber ist die Forschung einig. Und die analytische Position zieht daraus den Schluß, daß die Telemachie erst von einem späteren Dichter oder Kompilator eingefügt worden ist: der eigentliche und richtige Zusammenhang sei der gewesen, daß Zeus seinen Sohn Hermes schon hier und nicht erst im fünften Buch nach Ogygia entsendet, damit Kalypso Odysseus frei gebe. – Aber was *bedeutet* es, wenn das Epos, statt auf Ogygia und mit der Entlassung des Odysseus durch Kalypso, auf Ithaka beginnt?

Es bedeutet: die Odyssee beginnt mit einer Krise. Jeder Auftritt des ersten Buches: die platzgreifenden Freier, das Gespräch mit dem unbekannten Gast, die leidende Penelope, besagt vernehmlich das eine: daß es so nicht weitergeht; daß der Augenblick einer Entscheidung gekommen ist. Woher nimmt der Dichter diesen Moment? Wie ist er in der einfachen Geschichte angelegt?

Ich finde ihn *nicht* angelegt in der Konsequenz der Odysseushandlung. Sicher, die Götter beschließen, daß Odysseus jetzt endlich heimkehren soll. Das gehört so zur großepischen Form der göttlichen Verursachung, die alle entscheidenden Wendungen des Geschehens vom Götterolymp ausgehen läßt. Aber warum gerade jetzt? In der achtjährigen Gefangenschaft bei der zauberischen Nymphe liegt kein erzählerisches Motiv, daß nach acht Jahren eine Wende eintritt. Was bewirkt denn von der Odysseus-Handlung her die Wendung zur Heimkehr? In der Reihe der Abenteuer gibt es immerhin einen Moment, wo sie dringend gefordert scheint: als Teiresias in der Unterwelt dem Odysseus eröff-

net, er werde, falls er sich an den Rindern des Helios ver-
greife, spät heimkehren und seine Frau zu Hause von Frei-
ern umworben finden. Mußte er nicht erschrecken? Mit ver-
mehrter Ungeduld auf die Heimkehr drängen? Sie folgt in
der Tat in vergleichbaren Geschichten. Die Odyssee aber
läßt das verrauschen, als ob er es nicht gehört hätte:

> Teiresias, das haben nun wohl die Götter selber so zuge-
> sponnen. Aber sage mir dies, und erkläre es genau: ich sehe
> dort die Seele meiner gestorbenen Mutter...? (11.139)

Und damit leitet der Dichter über zu der langen Reihe der
Totenbegegnungen. Tatsächlich wird es im Epos noch acht
Jahre dauern, bis Odysseus heimkehrt und die Prophezei-
ung des Teiresias sich erfüllt.

Ich übergehe einstweilen die Gründe dieser erzählerischen
Unstimmigkeit und die Mittel, mit denen sie verdeckt wird.
Was aber gerade hier deutlich wird: Es sind die Vorgänge
auf Ithaka, die, nach der Logik der Geschichte, auf eine
Wendung drängen. Hier ist der Punkt, wo der Zustand in
der Heimat, durch den Seher im Totenreich, in die Irrfahr-
tengeschichte herüberwirkt. Die Geschichte hat eben schon
nach ihrem einfachen pragmatischen Sinn zwei Handlungs-
bereiche: Heimat und Fremde; sie kann, dieser inneren
Struktur nach, zwei Handlungsstränge aus sich entwickeln:
neben dem, der der Wanderschaft des Helden folgt, einen
anderen, der von der Not der zurückgebliebenen Frau erzählt: welcher in die Krise führt, die durch die rettende
Rückkehr des Gatten im letzten Augenblick sich löst. Finden sich wohl in der Odyssee Spuren eines solchen zweiten
Stranges? Nicht erst als ausgeführte epische Handlung, wie
sie in der Telemachie vorliegt, sondern schon als überlieferte
Penelope-Geschichte?

Allerdings: es gibt, neben den Irrfahrten des Odysseus,
eine andere Geschichte, auch sie nicht direkt erzählt, sondern in Reden epischer Personen referiert, auch sie Vorgeschichte des Epos, deren ganzer Sinn und Konsequenz es ist,

zu einer Krise zu führen. Es ist die bekannte Webstuhlge-
schichte von Penelope. Sie scheint so fest zu ihrer mythischen Gestalt zu gehören, daß ihr Name selber – wenn er
die „Spinnerin" bedeutet – aus der Geschichte herrührt: wie
sie unter dem Vorwand, vor ihrer neuen Verheiratung dem
alten Schwiegervater das Leichentuch weben zu müssen, die
Freier drei Jahre lang hinhält, weil sie das tags Gewebte alle
Nächte wieder aufzieht; bis sie endlich ertappt wird und
keinen Ausweg mehr hat: die neue Hochzeit steht unmittelbar bevor. Die Geschichte, die, wie die Irrfahrten, schon
durch ihre Ausdehnung über Jahre aus dem Erzählstil des
Epos herausfällt – darum nur als Wiedererzählung auftre-
tend –, trägt einen unverkennbar märchenhaften Charakter.
Sie ist ganz auf dies Motiv gestellt, daß nun der Tag kommt,
an dem Penelope sich zu der neuen Heirat entschließen
muß. So oft sie erzählt wird, geschieht es, um diese Zwangslage zu begründen. Und es liegt nur in der Konsequenz des
Motivs, daß im letzten Moment Odysseus erscheint.

Es ist nicht schwer zu erkennen, daß an diesem Punkt die
eine Geschichte in die andere mündet. Tatsächlich sind es
nicht zwei Geschichten, sondern eine. Die einfache Geschichte, die wir hinter dem Epos erkennen, das Odysseus-
Märchen, weist bereits in ihrer abstrakten Struktur die zwei
Stränge auf, die im Epos als kunstvolle Doppelhandlung
gleichzeitiger Geschehnisse entfaltet ist. Auf ihre Vereinigung läuft die Logik der Geschichte hinaus.

In der Märchentheorie liest man häufig, daß das Charak-
teristikum der Märchenerzählung die Einsträngigkeit sei.
Das soll nicht schlechthin bestritten werden. Es hängt jedoch wesentlich von der Struktur der Geschichte ab. Das
russische Märchen „Geh nach ich weiß nicht wo, bring mir
ich weiß nicht was" weicht an signifikanter Stelle von der
Einsträngigkeit der Erzählung ab, und dies ist um so bedeutender, als es auch im ganzen dem Typus der Odysseusgeschichte folgt. Fedot, der Meisterschütze des Zaren, lebt in
glücklicher Ehe mit der schönen „Waldtaube". Der Zar be-

gehrt sie und schickt den Gatten mit einer unlösbar schei-
nenden Aufgabe (der Titel des Märchens) auf Suche, die
achtzehn Jahre dauern soll. Er verabschiedet sich von seiner
Frau und wandert in die Welt. Der Zar läßt einen Monat
verstreichen, dann läßt er die Frau holen und bedrängt sie,
am Ende mit Drohung von Gewalt, die seine zu werden. Sie
aber lacht ihn aus und entfliegt als Taube. Indessen wanderte Fedot weiter seines Weges... Von anderen motivischen
Übereinstimmungen hier zu schweigen: es endet mit der
Heimkehr, dem Wiederfinden der Gatten und Gewinnung
des Königreiches. Natürlich folgt der Erzähler vor allem der
‚Suchwanderung', aber daneben gibt es die Erzählung von
der Bedrängnis der Frau. Auch im Märchen also sind die
zwei Schauplätze, Heimat und Fremde, in der Struktur der
Geschichte bereits angelegt.

Blicken wir von hier aus zurück auf die analytische Position, die die Zweisträngigkeit des Epos dadurch aufzulösen
sucht, daß sie die ‚Telemachie' eliminiert. Ist, wie sie es will,
aus dem Anfang bei Kalypso der Anfang in der Krise geworden? Oder umgekehrt, aus dem Anfang in der Krise der
Anfang bei Kalypso? Anders gefragt: Fand der Nachdichter
in einer vorliegenden Urodyssee, aus welchen Gründen immer, den epischen Einsatz in der Irrfahrtenerzählung (kurz
vor dem Ende) bereits vor – und fand diesen Zeitpunkt aufs
glücklichste, aber zufällig, identisch mit dem ‚letzten Augenblick' in der Not der Penelope: mit dem Moment der
Krise in seiner Telemachie? Oder war der Moment der Krise
das Primäre der epischen Konzeption und zog das Einsetzen
am Ende der Irrfahrtenerzählung nach sich? Ich denke, es
gibt keinen Zweifel: das Motiv des ‚letzten Augenblicks'
liegt allein in der Situation auf Ithaka, sie allein *erforderte* jenen Anfang.

So gibt es auch allein in der Penelopegeschichte als not-
wendiges Motiv den Termin, auf den das dreijahrlange Gewebe hinausläuft:

Die Entdeckung ist der Moment, wo die Not in die Krise tritt und im höchsten und letzten Augenblick, durch die Rückkehr des Gatten, ins Rettende umschlägt. Was der Termin meint, ist die wunderbare Koinzidenz zweier Verläufe, so, wie sie die Logik der Geschichte will: „Als sie das Tuch vorzeigte – da führte ein böser Dämon Odysseus her..." (24.147/9). Die Odysseushandlung, wie gesagt, entbehrt eines solchen inneren Moments des Umschlags. Und doch fängt mit einem gleichen Termin, und zwar für das Ende der Irrfahrten, auch die Odyssee im ganzen an:

> Aber als nun das Jahr mit den kreisenden Zeiten herankam,
> Da ihm die Götter den Faden spannen, nach Hause zu
> kehren...

Die Schicksalswendung durch die Götter gehört zur Form des großen Epos. Pragmatisch und im Sinn der einfachen Geschichte ist sie aus der Kette der Abenteuer nicht motiviert, sie gründet allein in der Penelopegeschichte. Das heißt aber, daß der Zeitpunkt des Götterbeschlusses und der epische Anfang, nach der Logik der Geschichte befragt, aus dem Moment der Krise herrührt: nicht aus der Situation auf Ogygia, sondern der Lage in Ithaka, der Schilderung der Not, mit der das Epos tatsächlich anfängt: der Telemachie. Bleibt diese Not in der ersten Götterversammlung noch verdeckt, so wird sie in der wiederholten, am Anfang des fünften Buches, offenbar: Athenes Rede vor den Göttern besagt nichts anderes, als daß die Lage auf Ithaka zur höchsten Gefahr, ja, Todesgefahr gewachsen ist, aus der nur Odysseus' Rückkehr retten kann. *Das* ist es, was den Beschluß der Götter verlangt.

Aber im Hinblick auf Odysseus bleibt unsere Frage: warum nicht eher? Die Göttin Athene fragt es vergebens: „Und dir rührt sich nicht das Herz, Olympier?" Auch wir müssen uns mit seiner Antwort zufrieden geben, die ihr nichts entgegnet als die Versicherung der göttlichen Fürsorge: „Mein Kind, wie sollte ich denn des Odysseus, des göttlichen, vergessen!" Was in der Logik der einfachen Geschichte wunderbare Koinzidenz ist, ist auf der Ebene des Epos und transponiert in die episch-mythische Denk- und Erzählform göttliche Fügung.

Die archaische Epoche

Michel Austin und Pierre Vidal-Naquet

Die große griechische Kolonisation

Eines der bezeichnendsten Merkmale der archaischen Zeit ist das, was man üblicherweise, wenn auch irrtümlich die ‚große griechische Kolonisation' nennt. Sie setzt um die Mitte des 8. Jahrhunderts ein und dauert bis gegen Ende des 6. Jahrhunderts an. In ihrem Verlauf verteilen sich griechische Städte in Sizilien, in Unteritalien, an der Südküste Frankreichs und der Ostküste Spaniens, in der Kyrenaika, entlang der thrakischen Küste und an den Ufern des Hellespont und des Schwarzen Meeres. Die Kolonisationsbewegung steht ohne Frage in Zusammenhang mit den Problemen, unter denen die griechische Welt zu jener Zeit zu leiden hatte.

Oft hat man die Diskussion über die Kolonisation auf eine einfache Alternative reduziert und gefragt, ob es sich um die Folge von Handelsinteressen oder um die Suche nach neuem Land handele. Die Frage ist aber so nicht richtig gestellt. Erstens muß man präzisieren, was mit ‚Handelsinteressen' gemeint ist, also ob man von der Suche nach Märkten (Export) oder der Beschaffung lebenswichtiger Güter (Import) spricht oder von Transithandel. Und außerdem schließt das eine das andere nicht aus. Um die gewaltige Siedlungsbewegung der Griechen rund um das Mittelmeer und im Schwarzmeergebiet zu erklären, muß man in der Tat mehrere unabhängige Faktoren heranziehen und von unterschiedlichen Siedlungstypen ausgehen.

Zunächst ist grundsätzlich zu unterscheiden zwischen einer typischen ‚Kolonie', der *apoikia,* die von Anfang an mit dem Ziel gegründet wurde, eine unabhängige Stadt zu sein (auch wenn sie dann je nach Umständen und Zeit mehr oder minder enge Beziehungen zur Mutterstadt unterhielt), und einer eigentlichen Handelsniederlassung, dem *emporion,* wofür einige Beispiele aus der archaischen Zeit bekannt sind.

Die *apoikiai,* deren Zahl bei weitem überwiegt, waren Siedlungen mit im wesentlichen agrarischem Charakter, wie heute allgemein anerkannt wird und eine ganze Reihe von Anzeichen vermuten lassen. Die Griechen der klassischen Zeit waren davon überzeugt, daß die Kolonisation als ein Sicherheitsventil für die Übervölkerung gewirkt hatte (man vergleiche zum Beispiel Platon, Gesetze 5,740b–e). Die Erzählungen von der Gründung einzelner Kolonien sind im allgemeinen zwar nicht sehr aufschlußreich, doch gelegentlich lassen sie als hauptsächlichen Antrieb für das Unternehmen die Suche nach neuem Land in der Fremde erkennen, und es zeigt sich auch, daß bei der Aussendung von Kolonisten durch die Mutterstadt ein gewisser Zwang ausgeübt werden konnte. In einigen Kolonien hießen die ersten Siedler und ihre Nachkommen *gamoroi,* das heißt ‚die, die das Land unter sich geteilt haben‘ (z.B. in Syrakus). Der Standort vieler Kolonien war offensichtlich aufgrund der Fruchtbarkeit des umliegenden Landes gewählt worden. Das war z.B. bei den Kolonien in Sizilien und Unteritalien die Regel, wo Metapont als sein klar verständliches Symbol auf die Münzen eine Kornähre prägte. Die Suche nach neuem Land war also der Hauptgrund für die Kolonisationsbewegung der archaischen Zeit. Nur wenig weiß man darüber, wie der Landbesitz in den neuen Kolonien verteilt war, und es ist wahrscheinlich, daß die Bedingungen von einer Kolonie zur anderen unterschiedlich waren. Gar nicht bekannt ist, in welchem Maße der Verteilung der Landlose Gleichheitsvorstellungen zugrunde lagen, noch inwiefern die einmal verteilten Landlose für unveräußerlich galten. Was auch immer jedoch die ursprünglichen Umstände waren, in der Folgezeit entwickelte sich häufig ein Zustand der Ungleichheit. Zu einem Spannungsherd konnte sich die Ungleichheit zwischen den ersten Siedlern oder ihren Nachkommen und den später Gekommenen entwickeln (z.B. in Kyrene). Aber es scheint,

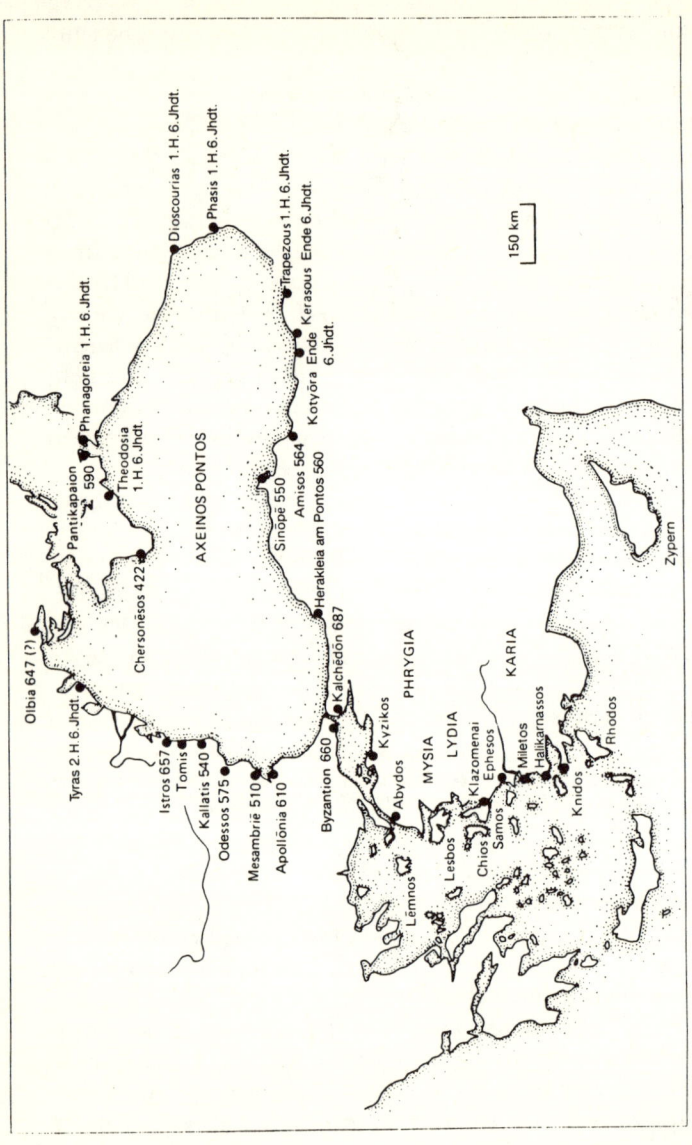

Die Ausbreitung der Griechen im Schwarzmeergebiet und in Kleinasien. Die für die Kolonien im Schwarzmeergebiet angegebenen Daten sind die ungefähren Daten ihrer Gründung; sie basieren entweder auf der literarischen Überlieferung (z. B. für Istros und Olbia auf der Chronik des Eusebios) oder auf archäologischen Quellen

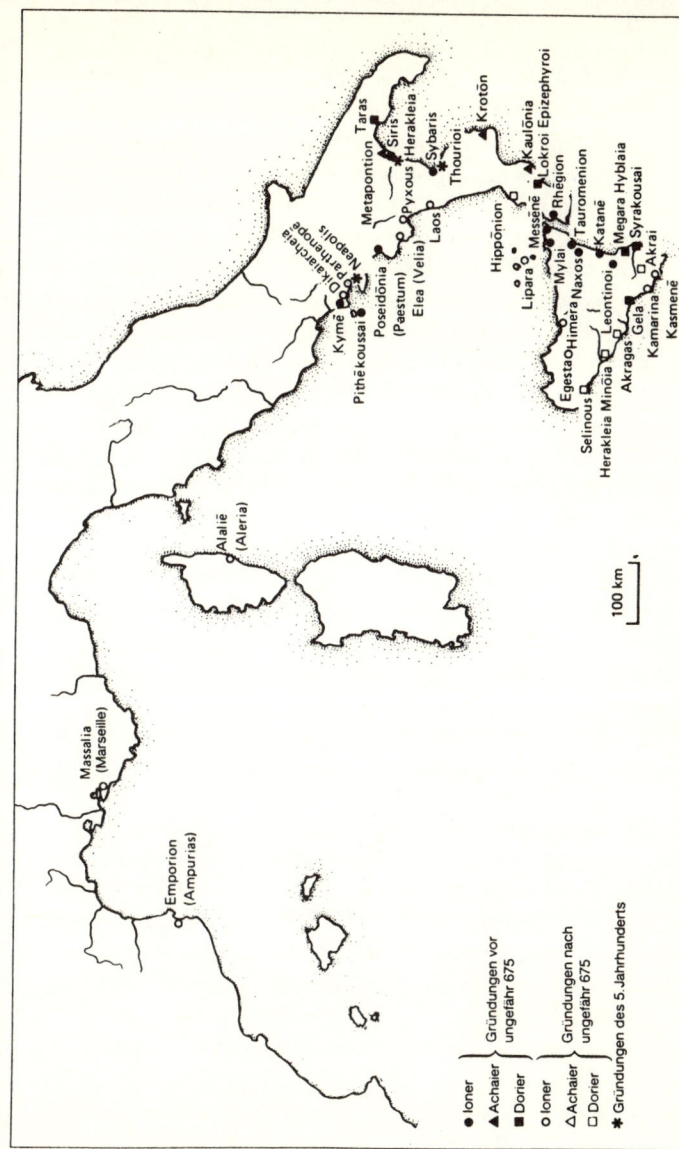

Die griechische Westkolonisation

Map labels:

Emporion (Ampurias)
Massalia (Marseille)
Alaliē (Aleria)

Kymē
Pithēkoussai
Neapolis
Dikaiarcheia Parthenope
Poseidōnia (Paestum)
Elea (Velia)
Laos
Metapontion
Taras
Siris
Herakleia
Pyxous
Sybaris
Thourioi
Krotōn
Kaulōnia
Lokroi Epizephyroi
Rhēgion
Messēnē
Hippōnion
Lipara
Mylai
Naxos
Tauromenion
Katanē
Leontinoi
Himera
Egesta
Selinous
Herakleia Minōia
Akragas
Gela
Kamarina
Kasmenē
Akrai
Megara Hyblaia
Syrakousai

100 km

Legend:

● Ioner
▲ Achaier — Gründungen vor ungefähr 675
■ Dorier

○ Ioner
△ Achaier — Gründungen nach ungefähr 675
□ Dorier

* Gründungen des 5. Jahrhunderts

57

daß mitunter für die Ankunft weiterer Siedler vorgesorgt und für sie unbebautes Land reserviert wurde. Einige Kolonien schlugen tiefe Wurzeln und suchten ihr Territorium auf Kosten der ursprünglichen Bewohner auszudehnen (Syrakus, Gela), andere hingegen erreichten bald die Grenzen ihrer Ausdehnung (Tarent, Megara Hyblaia). In jedem Falle kontrollierten die Ackerkolonien ein sehr viel größeres Gebiet als die Handelsniederlassungen.

Die typischen Kolonien waren also unabhängige Ackergemeinden, gegründet unter der Ägide einer Mutterstadt, die ihnen den *oikistēs* (den Gründer) stellte und vermutlich auch Schiffe, Leute mit speziellen Kenntnissen und anderes, was zur Gründung der Kolonie gebraucht wurde. Die Kolonisation belegt das Ausmaß der Bevölkerungskrise, die in weiten Teilen der griechischen Welt herrschte. Viele Städte nahmen mehr oder minder aktiv direkt daran teil. Andere wiederum beschränkten sich auf eine indirekte Teilnahme, denn selbst wenn eine Koloniegründung unter der Führung einer bestimmten Stadt erfolgte, so geschah es doch, wie eindeutig belegt ist, daß Männer aus anderen Städten sich dem Unternehmen anschlossen. Nur so war es wohl möglich, daß einige Städte es auf eine beachtliche Zahl von Kolonien brachten, die sie aus eigener Kraft kaum hätten alle gründen können (so z. B. die zahlreichen milesischen Kolonien rund um das Schwarze Meer).

Unter diesen typischen Siedlungen ist noch eine weitere Unterscheidung zu treffen: es gab einerseits die Kolonien, die völlig autark waren und sich allein aus der Bewirtschaftung ihres Landes durch die Siedler selbst ernähren konnten, und andererseits diejenigen, die sich zum Teil oder gänzlich auf ‚Barbaren‘ als Arbeitskräfte stützten, also auf einheimische Bevölkerung, die von den Griechen bei ihrer Ankunft versklavt worden war und von ihnen gezwungen wurde, das Land zu bebauen.

Diese Art von Unterwerfung der einheimischen Bevölkerung ist als eine eher archaische Institution anzusehen, die etwas ganz anderes ist als die Sklaverei der klassischen Zeit und die es in gewissen Teilen der griechischen Welt schon vor Beginn der Kolonisation gegeben hatte. In diese Kategorie gehören die Heloten in Sparta, die Klaroten *(klarōtai)* auf Kreta, die *woikiatai* der östlichen Lokris und die Penesten *(penestai)* Thessaliens. Ähnliche abhängige Bevölkerungsgruppen mag es auch anderswo gegeben haben. Eine große Lücke bedeutet unsere mangelnde Kenntnis der Verhältnisse in den griechischen Siedlungen Kleinasiens, deren Gründung bis in die ‚Dunklen Jahrhunderte‘ zurückreicht und nicht zu denselben Siedlungsbewegungen gehört wie die Kolonisation des 8. Jahrhunderts und der folgenden Zeit. Man hat vermutet, daß in einigen dieser Städte die Griechen die einheimische Bevölkerung in den Status der Abhängigkeit herabgedrückt hätten (wie z. B. im Fall Milets, wo die *gergithes* eben eine solche Bevölkerungsgruppe sein könnten). Aber es gibt kein sicheres Zeugnis für diese frühe Epoche, und es scheint zweifelhaft, daß die Verhältnisse überall gleich waren: Die Bevölkerung von Chios jedenfalls wäre wohl kaum darauf verfallen, barbarische Sklaven in großer Zahl zu kaufen, die ihr Land bestellen sollten, wenn ihr eine Klasse abhängiger einheimischer Bevölkerung zur Verfügung gestanden hätte.

Die Überlieferung über diese Kolonien, die sich der Arbeitskraft der in Abhängigkeit gebrachten einheimischen Bevölkerung bedienten, ist unzureichend. Sichere oder fast sichere Beispiele bieten Syrakus (die *killyrioi*) und vermutlich auch andere Städte Siziliens und Unteritaliens; manchmal kann man gewisse archäologische Befunde in diesem Sinne interpretieren (z. B. das Verschwinden von einheimischen Nekropolen gleichzeitig mit der Ankunft der griechischen Siedler und der Versklavung der einheimischen Bevölkerung). Weitere Beispiele findet man auch im Osten, in Byzantion (die Bithynier) und in Herakleia Pontika (die *mariandynoi*); es scheint sogar denkbar, daß die Unterwerfung der einheimischen Bevölkerung mehr oder weniger in allen Kolonien rund um das Schwarze Meer die Regel war.

Dies also waren die typischen Ackerkolonien, die in archaischer Zeit gegründet wurden. Doch war, wie gesagt, die Suche nach neuem Land nicht das einzige Ziel maritimer Unternehmungen der Griechen in jener Zeit. Es steht außer Frage, daß die Suche nach bestimmten unerläßlichen Bedarfsgütern (vor allem nach Metallen) die Griechen dazu veranlaßte, sich in der Fremde niederzulassen, um mit den Barbaren Handel zu treiben [...]. Es ist auch wahrscheinlich, daß manche dieser Handelsstützpunkte vor den Anfang der Kolonisationsbewegung Mitte des 8. Jahrhunderts zurückreichen. Die Archäologie hat ein Beispiel an den Tag gefördert: es handelt sich um eine halb griechische und halb levantinische Siedlung an der Mündung des Orontes im nördlichen Syrien an einem Platz, der Al Mina genannt wird (der griechische Name ist nicht gesichert). Dort reicht die Anwesenheit von Griechen etwa bis ins Ende des 9. Jahrhunderts zurück. Mit einem hohen Grad an Wahrscheinlichkeit kann man die Präsenz der Griechen, die dort Handel trieben, aufgrund der Keramikfunde nachweisen. Dabei handelte es sich bis zum Ende des 8. Jahrhunderts in erster Linie um Leute aus Chalkis und Eretria auf Euboia, die vermutlich auf der Suche nach Metallen dorthin gekommen waren (Euboia war einigermaßen bekannt für Erzeugnisse des Metallhandwerks). Es waren auch Leute aus Euboia, die wenig später die ersten Kolonien im Westen gründeten, nämlich Ischia und Kyme. Möglicherweise war der Metallhandel mit den Etruskern eines der Ziele dieser Siedlungen, doch trugen sie nicht ausschließlichen Handelscharakter, denn sie lebten von dem Ertrag ihres eigenen Landes und bildeten autonome Gemeinden. Al Mina hingegen scheint keine wirkliche *polis* gewesen zu sein, sondern nur ein Treffpunkt für Griechen und Nichtgriechen im Interesse des Handels.

Der bekannteste Handelsstützpunkt der archaischen Zeit ist Naukratis in Ägypten, im Nildelta gelegen. Diese Siedlung war alles andere als eine typische Kolonie. Naukratis war nicht ‚gegründet‘ worden wie etwa Syrakus von Korinth. Es verdankte vielmehr seine Existenz der Privatinitiative einer Gruppe von Kaufleuten, die fast alle aus den Griechenstädten Kleinasiens und den vorgelagerten Inseln sowie auch aus Aigina stammten. Die Entstehung von Naukratis ist gegen Ende des 7. Jahrhunderts anzusetzen. Die Kaufleute erhielten vom Pharao die Erlaubnis, Heiligtümer für ihre Götter zu erbauen. Neben dieser Handelsniederlassung gab es noch eine griechische Siedlung offenbar nichtkommerziellen Charakters, doch ist nur sehr wenig darüber bekannt. War diese Siedlung vielleicht eine *polis*? Die Frage ist nicht geklärt. Aber auch wenn es dort von archaischer Zeit an eine *polis* gegeben haben mag, so ist doch das Entscheidende, daß sie zum einen erst nach der Ankunft der Kaufleute erblühte und diese es waren, die die Entstehung von Naukratis auslösten, und daß zum anderen eben diese Kaufleute ihr nicht angehörten. Mit anderen Worten, die Handelsniederlassung war keine Bürgergemeinde; dasselbe mag für Al Mina wie für andere Siedlungen dieser Art gelten.

Naukratis ist das bekannteste Beispiel dieser Epoche für das, was Polanyi einen Handelsplatz *(port of trade)* genannt hat, also für eine rein wirtschaftlich ausgerichtete Ansiedlung, über die der Austausch zwischen zwei Gesellschaften unterschiedlicher Wirtschaftsorganisation abgewickelt und kontrolliert werden konnte. Was wir über Naukratis wissen, ist sehr aufschlußreich: die griechische Siedlung war vom Pharao abhängig, der sie streng überwachte. Der gesamte Handel zwischen Ägypten und der griechischen Welt wurde über diesen Hafen geleitet und auf diese Weise kontrolliert. In Naukratis war das griechische Viertel von dem der Ägypter klar getrennt, und Mischehen zwischen Griechen und Ägyptern waren ausdrücklich verboten (während die griechischen und karischen Söldner, die sich auf Dauer in Ägypten niedergelassen hatten, ägyptische Frauen heiraten durften).

Sollte man noch weiter gehen und annehmen, daß einige Städte nach dem Vorbild von Chalkis und Eretria Initiativen

zu Handel und Schiffahrt entwickelten, bei denen Handels-
tätigkeit in großem Stile ebenso für eine Angelegenheit im
Interesse der Gemeinschaft angesehen wurde wie etwa
Kriegführung? In dieser Hinsicht klar und schlüssig ist das
Zeugnis Herodots über die Phokaier, deren Kolonien – sei-
en es die unmittelbaren phokaiischen Gründungen wie Massilia und Elea oder die mittelbaren wie Emporion in Katalo-
nien, das von Massilia gegründet wurde – keine Anstrengungen machten, ein größeres Hinterland zu erobern. Der Historiker schreibt (Herodot 1,163), daß die Phokaier die ersten gewesen seien, die ausgedehnte Seefahrten unternahmen, und zwar nicht auf den runden typischen Handels-
schiffen, sondern auf Kriegsschiffen mit 50 Ruderern (Pente-
kontaeteren). Ihre Freundschaft mit dem iberischen König
von Tartessos (bei Cádiz) brachte ihnen so viel Silber ein, daß
sie sich damit den Bau einer Befestigungsmauer um die ganze
Stadt finanzieren konnten, die vielleicht die einzige dieser Art
in Ionien gewesen sein mag. Allein die Phokaier unter den
Griechen in Kleinasien beantworteten das persische Vordringen mit einer kollektiven Weigerung, dort zu bleiben (Herodot 1,164 f.). Die Bewohner von Chios lehnten es ab, ihnen
einige kleine Inseln zu überlassen in der Befürchtung, daß die
Phokaier dort ein *emporion* einrichten würden, von dem sie,
die Chioten, dann ausgeschlossen seien (Herodot 6,11).
Während des Ionischen Aufstandes im Jahre 498 war es der
phokaische Stratege Dionysios, der nachdrücklich versuchte, den Ioniern jene Grundregeln der Seekriegsführung bei-
zubringen, die Athen später einmal anwenden sollte. Derselbe Dionysios, noch immer nicht bereit nachzugeben, widmete sich dann jener besonderen Form des Handels, die
man Piraterie nennt, aber er hütete sich davor, ein griechisches Schiff anzugreifen (Herodot 6,17). Phokaia ist also ein
bemerkenswerter Fall, in dem Handelsleute und Krieger
derselben gemeinschaftlichen Vorgabe folgten, aber es ist ein
Fall, den man nicht verallgemeinern sollte.

Helmut Berve

Das Aufkommen der Tyrannis

„Tyrannos" ist kein griechisches Wort. Wenn man es im Altertum mit den Tyrrhenern, einem der vorgriechischen Völker des östlichen Ägäisraumes, in Zusammenhang brachte, so haben moderne sprachwissenschaftliche Untersuchungen dieser Beziehung insofern recht gegeben, als sie seine Herkunft aus vorgriechischer oder asiatischer Wurzel wahrscheinlich machen konnten. Daß im besonderen der kleinasiatische Sklavengott Men den Beinamen Tyrannos führte, weist in dieselbe Richtung. Ursprünglich war die Bedeutung des Wortes wohl eine recht allgemeine, nämlich „Herr", doch mag der Begriff des Despotischen von vornherein mit im Spiele gewesen sein. Daß in den homerischen Gedichten die Bezeichnung „tyrannos" nicht vorkommt, wie schon der Sophist Hippias von Elis bemerkte, ist kein Beweis dafür, daß die Griechen den Ausdruck erst später von einem fremden Volk, etwa den Lydern, übernommen hätten; er könnte in der Umgangssprache, die gewiß viele Lehnwörter enthielt, geläufig gewesen sein. Für das letztere spricht einmal, daß er niemals titular für einen Fürsten gebraucht wurde, sondern den Herrn aus der Sicht des Geknechteten, mindestens mit Knechtung Bedrohten, charakterisierte, zum anderen, daß er zum ersten Male schon bald nach Homer bei dem revolutionären Archilochos von Paros erscheint. Der Dichter spricht von dem Reichtum des Lyderkönigs Gyges, nach dem er ebensowenig verlange wie nach einer großen Tyrannis, wobei es nicht ganz sicher ist, ob er mit dieser Tyrannis die Herrschaft des Gyges meint. So bleibt als Wichtigstes, was seine Verse lehren, die Tatsache, daß man in der ersten Hälfte des 7. Jahrhunderts nicht nur einen Machthaber als Tyrann bezeichnen konnte, sondern daß es auch den Begriff der Tyrannis gab. Über den Inhalt dieses Begriffes geben freilich weder jene Worte noch ein auf Papyrus zutage gekommenes Archilochos-Fragment, das ebenfalls von Tyrannis zu sprechen scheint, Auskunft; höchstens eine gewisse negative Wertung, nicht frei von Neid, ließe vielleicht sich spüren. Sie findet zwei Menschenalter später einen sehr viel schärferen und deutlicheren Ausdruck in Gedichten des streitbaren Lesbiers Alkaios, der wutentbrannt feststellt, seine Landsleute hätten den Pittakos „als Tyrannen eingesetzt". Kein Zweifel, daß dem Dichter das Wort dazu diente, den Mann, dem durch Wahl zum Aisymneten diktatorische Vollmachten übertragen worden waren, als schrankenlosen Gewalthaber hinzustellen.

Dem entspricht der Gebrauch des Wortes in den etwa gleichzeitigen Gedichten Solons, nur daß sie nicht von blindem Haß gegen einen bestimmten Mann diktiert sind, sondern in grundsätzlicher Stellungnahme zum ersten Male eine klare Begriffsbestimmung geben: Tyrann ist ein adliger Herr, dessen Gier nach Reichtum und Herrschaft ihn dazu verführt, das Gemeinwesen zu vergewaltigen, über seine Mitglieder hemmungslos zu gebieten und sie brutal zu knechten. Sein leidenschaftliches Verlangen läßt ihn die Grenzen nicht sehen, die dem Menschen gesetzt sind; er verfällt der Hybris. Einer rechten Ordnung des öffentlichen Lebens (Eunomiē) steht er mit seinem radikalen Egoismus als Feind entgegen. Seine Herrschaft ist ungesetzlich, daher wird ihn wie alle, welche die ehrwürdigen Satzungen mißachten, Dike, die Wahrerin des Rechtes, treffen. Zwar eilt Solon, der prophetisch den Rechsstaat verkündet und seine Verwirklichung anbahnt, der Zeit voraus, aber die adligen Herren in den noch wenig konsolidierten Gemeinwesen verbinden mit dem Wort Tyrann ähnliche Vorstellungen. Für sie, die zumeist gern selbst eine solche Machtstellung gewinnen möchten, ist vor allem die Tatsache, daß ein Mann ihres Standes sich die Herrschaft über sie anmaßt, erbitternd, weniger die Verletzung der Rechtsordnung, mag von ihnen angesichts drohender Tyrannis auch auf diese warnend hingewiesen werden. In der unter dem Namen des Theognis überlieferten Gedichtsammlung, die vom Geist der Aristokraten des 6. Jahrhunderts zeugt, wird denn auch die Tyrannis kaum anders charakterisiert als von Solon. Gewinnsucht, Machtgier, Gesetzlosigkeit, Hybris sind die Kennzeichen des „volksverzehrenden" Tyrannen. Auch die Neigung, sich durch Entfaltung eines die Sitte verletzenden Prunkes sinnfällig über die Standesgenossen zu erheben, gehört zum Bild eines solchen Gewalthabers. „Nur ein Tyrann oder Szepterträger", sagt Solons Zeitgenosse Semonides, „glänzt wie eine geputzte Frau." Sowohl von der Basis der Adelsgesellschaft wie namentlich von der des sich mehr und mehr festigenden Gesetzesstaates aus sah man als Tyrann denjenigen an, der eine von ihm errungene oder ihm zugefallene Machtstellung ohne Rücksicht auf Standessolidarität, Sitte und Satzungen zu eigenem Nutzen und zur Unterdrückung anderer, im besonderen des heimischen Gemeinwesens, mißbrauchte. Den Sieben Weisen und anderen Männern des 6. Jahrhunderts, die als Mahner zur Vernunft, zu Maß und Gesetzlichkeit galten, sind später Aussprüche zugeschrieben worden, die ironische oder abfällige Urteile über Tyrannen enthielten, etwa daß es erstaunlich sei, einen alten Tyrannen zu treffen, womit auf die Kurzlebigkeit der Gewaltherrschaft hingewiesen wurde, oder daß der Umgang mit Tyrannen entweder möglichst selten oder möglichst genußreich sein solle. In dem weisen Spartaner Cheilon, der um 560/56 Ephor war, sah man geradezu einen Vorkämpfer gegen Tyrannis, und sogar dem Tyrannen Periandros konnte, da man ihn zu den Sieben Weisen zählte, das Wort in den Mund gelegt werden, Demokratie sei besser als Tyrannis. Derartige Zuweisungen bewahrten die Erinnerung daran, daß die legalistische Strömung der spätarchaischen Zeit, die in jenen Männern verkörpert schien, gegen die Tyrannis gerichtet war. Nicht erst der Geist der reifen Polis des 5. Jahrhunderts hat dem Wort „tyrannos" den schlimmen Sinn gegeben. Dieser ist ihm bis zu einem gewissen Grade von Anfang an eigen gewesen und um so schärfer ausgeprägt worden, je tiefer eine erstarkende Staatsgesinnung die Ungesetzlichkeit der Tyrannis empfand.

Der affektbestimmte Gebrauch des Wortes hat seine Verwendung als Titel ausgeschlossen. Auch konnte es nicht den legalen Amtsträger eines Gemeinwesens bezeichnen, weil dieser ja eine Ordnung repräsentierte, deren Verletzung für den Tyrannen charakteristisch war. Alkaios' Äußerung über die Einsetzung des Pittakos als Tyrannen entstellt mithin den wahren Tatbestand der legalen Berufung zum Aisymneten. Zwar hat die dem Aisymneten zugebilligte außerordentliche Gewalt den Aristoteles später von einer „gewählten Tyrannis" sprechen lassen, was ähnlich auch für die großen Gesetzgeber (Nomotheten) der archaischen Zeit oder für den zum „Versöhner" bestellten Solon gelten könnte, doch betont er, obwohl er sich auf Alkaios beruft, ausdrücklich die Gesetzlichkeit und damit den „königlichen" Charakter des Amtes. „König über die große Mytilene" wurde Pittakos schon früh in einem lesbischen Volkslied genannt, wie denn seine quasimonarchische Stellung von den ihm freundlich Gesinnten als eine Art von Königtum, von seinen erbitterten Feinden dagegen als Tyrannis empfunden werden konnte. Weniger gefühls- und wertbetont als „tyrannos" war das Wort „monarchos", wenngleich auch ihm nach Beseitigung des alten Königtums in den meisten griechischen Gemeinwesen etwas Negatives anhaftete, zumal da es nunmehr in Hellas Monarchen fast nur noch als Tyrannen gab. Solon und Theognis meinen dementsprechend, wenn sie von einem monarchos sprechen, einen Tyrannen. Schon dies muß davor warnen, nur dort eine Tyrannis als gegeben anzusehen, wo sich in der Überlieferung das Wort „tyrannos" bzw. „tyrannis" findet. Es kann vielmehr gerade in früher Zeit eine echte Tyrannis auch anders als durch Gebrauch des Wortes gekennzeichnet werden, etwa indem die brutale Macht (Kratos) eines einzelnen Mannes hervorgehoben wird, wie es hinsichtlich eines Leophilos durch Archilochos geschieht. Es wäre möglich, daß es sich da um einen Tyrannen handelt, ja daß der scheinbare Eigenname Leophilos (Volksfreund) nichts ist als eine höhnische Bezeichnung für einen uns unbekannten Machthaber, der als Vergewaltiger seines Gemeinwesens „Volksfeind" heißen sollte. Andererseits gibt, wie das Beispiel des Alkaios zeigt, die Verwendung des Wortes „Tyrannos" noch keine Gewähr dafür, daß wirklich eine Tyrannis bestand. Unter solchen Umständen und angesichts des Mangels an zuverlässigen zeitgenössischen Angaben ist in manchen Fällen kaum auszumachen, ob oder wieweit wir es mit Tyrannis im Sinne der ungesetzlichen, einem Gemeinwesen aufgezwungenen Alleinherrschaft eines Einzelnen zu tun haben. [...]

Auf die allgemeinen geschichtlichen Voraussetzungen des Entstehens der Tyrannis hat bereits der Historiker Thukydides seinen Blick gerichtet. „Als Hellas mächtiger wurde", heißt es bei ihm, „und noch mehr als früher den Erwerb von Besitz betrieb, wurden vielfach Tyrannenherrschaften errichtet, da die Einkünfte größer wurden – vorher hatten herkömmliche Königsherrschaften auf Grund vereinbarter Ehrenrechte bestanden –, und Hellas rüstete Flotten aus und wandte den Sinn mehr auf die See." Freilich wären die Tyrannen nur auf ihren eigenen Vorteil, auf ihre Person und die Mehrung ihres Hauses in möglichster Sicherheit bedacht gewesen, und so sei, außer Kriegen mit den jeweiligen Nachbarn, von ihnen keine erwähnenswerte Tat vollbracht worden, erwähnenswert nämlich im Hinblick auf politische Zusammenschlüsse oder Machtbildungen, nach deren Bestehen in früheren Zeiten der Historiker fragt. Wichtige Feststellungen werden hier getroffen: Die Tyrannis entsteht in Zusammenhang mit dem Aufkommen eines das frühere Maß übersteigenden Verlangens nach Besitz, sie wird durch das Wachsen der Einkünfte der Gemeinwesen begünstigt, sie hat nur die egoistischen Interessen des Gewalthabers und seines Hauses im Auge. Das letztere war, wie wir sahen, schon die Auffassung der archaischen Zeit. Auch von dem neuartigen Streben nach möglichst großem Reichtum an beweglicher

Habe künden bereits zeitgenössische Stimmen. Der einem Spartaner zugeschriebene Ausspruch: „Schätze, Schätze machen den Mann", war zur Zeit des Alkaios ein geflügeltes Wort. Nicht ohne Bitterkeit wird in ihm das Schwinden des alten Adelsgeistes konstatiert, der zwar auch nach Besitz, nicht minder aber nach edler Herkunft, Heldentum und anderen ideellen Maßstäben gewertet hatte. Die zunehmende Erwerbsgier verführte die vornehmen Herren dazu, ihre Einkünfte aus den als Besitz und eine Art von Pfründe geltenden Ämtern über die durch Brauch und Satzung gezogenen Grenzen hinaus zu steigern, im besonderen die Erträgnisse, die das Richteramt abwerfen konnte. Schon Hesiod spricht von den „geschenkefressenden Königen". Ein die väterlichen Ordnungen mißachtender Egoismus ist also nicht bloß denen eigen gewesen, die sich der Tyrannis bemächtigten; nur sein Ausmaß war es, was diese von vielen ähnlich gesinnten Standesgenossen unterschied. Denn die Tyrannis verhieß, wie Thukydides' Worte lehren, dem, der sie gewann, die persönliche Verfügung über die durch das Anwachsen von Schiffahrt, Handel und Gewerbe vermehrten Einkünfte des Gemeinwesens.

Die Tyrannis, die in zahlreichen griechischen Städten errichtet wurde, hatte ihre Wurzeln aber nicht allein in den von dem Historiker erwähnten Erscheinungen. Sie war Frucht und Symptom eines allgemeinen Prozesses der archaischen Zeit, der kurz wohl als Heraustreten des Einzelmenschen aus naiver Befangenheit in überkommenen Zuständen, Sitten und Bindungen bezeichnet werden kann. Das Individuum erwacht zu größerer Selbstbewußtheit und wagt sein Ich der Umwelt gegenüberzustellen, es entfaltet eine kühne, rational bestimmte Energie. In erster Linie gilt dies von den adligen Herren, welche ihre vitalen Kräfte ungehemmt entfalten, die ihnen gegebenen Möglichkeiten für sich selbst ausnutzen wollen. Sie streben nicht nur wie früher nach Geltung unter den Standesgenossen und weitreichendem Ruhm, sondern nach persönlicher Macht und

Herrschaft. Die lockere Fügung der aristokratischen Gemeinwesen, in denen es den großen Geschlechtern freisteht, auf eigene Faust und zu eigenem Gewinn Raub-, Eroberungs- oder Kolonistenzüge zu unternehmen, in denen noch weithin das Recht der Selbsthilfe waltet und bei Entscheidung von Streitfällen Ansehen und Reichtum der Kontrahenten von ausschlaggebender Bedeutung sind, schränkt die freie Betätigung großen Stiles nur wenig ein. Das öffentliche Leben wird denn auch weniger durch staatliche Ordnungen bestimmt – diese sind erst schwach ausgebildet – als durch Adelssippen samt deren bäuerlichem Anhang, ihren Verbindungen und Feindschaften oder durch rivalisierende Vereinigungen vornehmer Männer, die sich jeweils um eine, bisweilen auch mehrere Persönlichkeiten scharen (Hetairien). Beide Gruppen sind darauf aus, im Gemeinwesen eine maßgebende, womöglich beherrschende Rolle zu spielen. Winkt ihnen in der Heimat kein Erfolg, so läßt sich vielleicht mit der Gefolgschaft und freiwilligen Zuläufern in der Ferne eine Kolonie anlegen, wo dann der Führer des Zuges als Gründer (Oikistes) eines neuen Gemeinwesens eine fast monarchische Stellung innehaben kann. Das begehrteste Ziel bleibt aber für viele adlige Herren, wie schon Solon feststellte, die Gewinnung der Herrschaft über die eigene Stadt für sich selbst und ihre Sippe. In der Tyrannis kulminieren daher, wenigstens was den politischen und sozialen Bereich betrifft, die auf Entfesselung und Entfaltung des Individuums gerichteten Tendenzen der archaischen Adelsgesellschaft. Der selbstherrliche Gewalthaber verkörpert sie in seiner Person absolut.

Es versteht sich von selbst, daß nur ein seinen Standesgenossen überlegener Mann sich zum Herrn über sie aufwerfen konnte. Manche künftige Tyrannen umgab bereits der Ruhm des Sieges in Olympia, den auch zur Tyrannis gelangte Männer noch suchten um der Autorität willen, die er verlieh. Andere machtlüsterne Persönlichkeiten hatten sich als Heerführer ausgezeichnet und dadurch auch beim einfachen

Volk Anklang gefunden. Wieder andere waren dank ihrem großen Reichtum in der Lage, Leute jedes Standes an sich zu ziehen und gegebenenfalls auswärts Söldner anzuwerben. Mochten nun auch mehrere dieser Momente bei einem Manne zusammentreffen, weit wichtiger war, aufs Ganze der Situation gesehen, die allmähliche Aushöhlung der aristokratischen Gemeinwesen und die wachsende Erbitterung der unteren Schichten über das willkürliche und eigensüchtige Gebaren der adligen Herren. Neben dem Mißbrauch der Ämter und der Beugung der überkommenen Satzungen zu eigenem Vorteil, wirkte es sich der bäuerlichen Bevölkerung gegenüber vor allem in der brutalen Handhabung des Schuldrechtes aus, die im 7. Jahrhundert gewiß nicht nur in Attika zur Knechtung der Personen und Konzentrierung des Bodens in wenigen Händen führte. War die Lage des Landvolkes infolge der Beschränktheit der anbaufähigen Gebiete in Griechenland an sich schon schwer genug, so daß von denen, die es konnten, viele eine bessere Existenz in der Ferne suchten, die zunehmende Bedrückung durch die Vornehmen und Mächtigen machte sie vielerorts unerträglich, löste die patriarchalischen Bande und erzeugte eine revolutionäre Stimmung. Bis zu einem gewissen Grade stellte sich diese auch bei denjenigen Bauern ein, denen weiterhin ein Landbesitz verblieb, groß genug, daß sie aus eigenen Mitteln sich als schwerbewaffnete Kämpfer ausrüsten konnten. Denn da die geschlossenen Verbände dieser Hopliten mehr und mehr zum entscheidenden Faktor in den kriegerischen Auseinandersetzungen wurden und dementsprechend der Adel auf seinem eigensten Gebiet an Bedeutung verlor, wurde einer der tragenden Pfeiler seiner Vorzugsstellung brüchig, deren skrupellose Ausnutzung nun vollends aufreizend wirken mußte.

Und das um so mehr, als gerade angesichts der Willkür und des krassen Egoismus so vieler Herren der Sinn für Recht und Gerechtigkeit, der Glaube an Dike als Wahrerin der Satzungen und Rächerin des Frevels erstarkte. Der immer lauter und dringender werdenden Forderung nach schriftlicher Fixierung des Rechtes ist der Adel zwar früher oder später nachgekommen, gewiß nicht zuletzt, um die alten, ihm günstigen Satzungen für die Dauer festzulegen, der wirtschaftlichen Bedrückung jedoch und der persönlichen Knechtung Einhalt zu tun, hat er nur selten Einsicht genug gehabt. So blieb weithin bei den Geknechteten wie bei denen, welchen Knechtung drohte, die Erbitterung über die herrschenden Zustände bestehen. Ja, sie mußte sich in dem Maße steigern, in dem das wachsende Selbstbewußtsein nicht nur den vornehmen, sondern auch den einfachen Mann ergriff. Der sich immer ferner spannende Handelsverkehr und namentlich die Kolonistenfahrten, an denen ihre Söhne und Brüder teilnahmen, weiteten den Horizont auch derer, die auf der Scholle verharrten, machten sie kritischer gegenüber den heimatlichen Verhältnissen und aufgeschlossener für Neuerungen jeglicher Art, welche den Rahmen des Überkommenen sprengten. Wenn jetzt bedeutende technische Fortschritte erreicht wurden, wenn Gewerbe und Handwerk einen erstaunlichen Aufschwung nahm und in Zusammenhang damit an größeren Orten städtische Lebensformen Platz griffen, so entstand nicht nur eine neue soziale Schicht, es konnte von diesem die alte gesellschaftliche Struktur auflockernden und verändernden Prozeß auch die ländliche Bevölkerung nicht unberührt bleiben. Den bäuerlichen Hopliten gibt ihre Unentbehrlichkeit im Phalanxkampf jetzt ein Gefühl für den eigenen Wert und für die Stellung, die ihnen im Gemeinwesen gebühre, die Verarmten und Geknechteten aber werden nun erst recht ihrer kläglichen und unwürdigen Lage inne und verlangen nach einer radikalen Änderung. Nicht daß die Führerstellung adliger Herren bestritten würde – davon kann noch lange Zeit keine Rede sein –, doch ist man begreiflicherweise leicht bereit, sich einem vornehmen Manne anzuschließen und zu unterstellen, der ein Ende der Misere oder gar einen grundsätzlichen Wandel der wirtschaftlichen und sozialen Struktur zu bringen verspricht, wenn man ihm zur Herrschaft über das Gemeinwesen verhilft.

Der damit aufsteigenden Gefahr, unter die tyrannische Herrschaft eines Standesgenossen zu geraten, ist an einigen Plätzen der Adel nicht bloß mit schriftlicher Fixierung und Neuformung geltender Satzungen durch einen Nomotheten begegnet, sondern hat auch durch Bestellung eines mit gesetzgeberischen Befugnissen ausgestatteten Schlichters oder Versöhners, der eine gerechte Ordnung herstellen sollte, die soziale Krise zu meistern gesucht. Es antwortet hier der Hemmungslosigkeit und Rechtsverachtung, wie sie in einzelnen adligen Herren und zumal in Tyrannen sich verkörpern kann, ein Wille nach Bindung und Gesetz, der ebenfalls in einzelnen adligen Herren seine Vertreter und Vollstrecker findet. Als Antipoden gleichsam stehen sich Tyrann und Gesetzgeber gegenüber, eine Erscheinung, die an grundsätzlicher Bedeutung dadurch nicht verliert, daß verantwortungslose Gesetzgeber ihre außerordentlichen Vollmachten zur Errichtung einer Tyrannis benutzen, andererseits sich Tyrannen als gute Gesetzgeber erweisen konnten. Der Gegensatz der beiden Strömungen, der ausschweifenden und der nach Bindung verlangenden, ist im übrigen ein allgemeines Kennzeichen der archaischen Zeit. Er begegnet ähnlich in der Religion, wo der ekstatischen Schrankenlosigkeit dionysischer Begehungen eine legalistische Haltung entspricht, repräsentiert vor allem durch den Gott zu Delphoi und die Sieben Weisen, deren angebliche Aussprüche den Mahnungen pythischer Orakel gleichen. Je mehr nun der Legalismus zunahm, wie es im Laufe des 6. Jahrhunderts geschah, um so mehr mußte der Tyrann nicht nur als Feind der Adelsgesellschaft, sondern als Frevler an den gottgewollten Ordnungen erscheinen, die er in seiner Hybris mißachtete. Gleichwohl blieb sein eigentlicher Gegenspieler, zumal wenn die Alleinherrschaft eine gewisse Nivellierung der Stände begünstigte, der Adel, gerade weil der Tyrann ihm durch Herkunft angehörte und desselben Geistes war wie die Mehrzahl seiner Standesgenossen, die trotz Erstarken des rechtsstaatlichen Sinnes auch weiterhin den Verlockungen von Reichtum und Macht nicht zu widerstehen vermochten. Zwar rufen sie gegen drohende oder bereits Wirklichkeit gewordene Tyrannis die Verfechter von Recht und Gesetzlichkeit zu Hilfe, sei es in der Heimat, sei es von außen, aber viele, wo nicht die meisten, würden ohne Bedenken sich selbst zum Tyrannen aufwerfen, wenn sie nur die Möglichkeit dazu hätten. Es ist denn auch weit mehr Rivalität, Neid und Haß gegen den, der sich als Herr über sie erhebt, als echte sittliche Empörung und grundsätzliche Ablehnung, was ihre Tyrannenfeindschaft bestimmt. Spüren sie doch anscheinend kaum, daß vor allem ihre Eigensucht den Boden für das Aufkommen eines Tyrannen bereitet.

Hermann Fränkel

Die Anfänge der empirischen Wissenschaften

Der praktische Philosoph Xenophanes zeigt ein besonderes Geschick, abstrakte Gedanken mit klug erdachten Argumenten aus der konkreten Umwelt zu demonstrieren. Ähnlich wie später Sokrates, operiert er ergötzlich mit den verschiedenen Menschenrassen und Tierarten, mit dem Geschmack von Honig und von Feigen. Seine Spekulation stützt sich auf einleuchtend fingierte Beispiele aus dem Bereich des Erfahrbaren. Und er gibt deutlich zu verstehn, daß unser theoretisches Wissen bestenfalls nur ein luftiger Oberbau über einem wohlgegründeten Erfahrungswissen sein kann. Mit dem Empirismus, der hier zutage tritt, hängt ohne Zweifel das Aufblühen empirischer Wissenschaften zusammen, das etwa mit dem Anfang des fünften Jahrhunderts einsetzte. Zwar blieb der griechische Trieb zur Aufstellung allgemeiner Theorien ungebrochen, aber es kam nun der Wille hinzu, Einzeltatsachen in großer Menge aufzunehmen und methodisch zu verwerten. Beides verband sich in der wissenschaftlichen Medizin.

Handgreiflich wird der Zusammenhang mit Xenophanes bei Alkmaion (*Vorsokr.* 24). Dieser Arzt war noch zu Lebzeiten des Pythagoras in der Pythagoreerstadt Kroton in Unteritalien geboren. Er hat, wie es scheint, als erster Grieche ein medizinisches Buch verfaßt, und er eröffnete es mit einer grundsätzlichen Erklärung, die mit dem erkenntnistheoretischen Fragment am Beginn von Xenophanes' Gedicht (Fgt. 34) genau übereinstimmt (1):

Alkmaion von Kroton hat dies gesprochen, des Peirithoos Sohn, zu Brotinos und Leon und Bathyllos. Über das Nicht-Wahrnehmbare (so gut wie) über das Menschliche haben die Götter Klarheit; aber die, welche nur Menschen sind, müssen Anzeichen deuten.

Programmatisch wird hier das wissenschaftliche Verfahren dahin formuliert, daß aus wahrnehmbaren Tatsachen Rückschlüsse gezogen werden auf Sachverhalte, die der direkten Beobachtung nicht zugänglich sind.

Aus der medizinischen Theorie des Alkmaion wird uns berichtet, daß er die Mannigfaltigkeit der Tatbestände in ein System von Gegensatzpaaren auflöste wie Weiß-Schwarz, Süß-Bitter, Groß-Klein. Es ist durchaus im Sinne der Zeit, die Eigenschaften (und nicht die Gegenstände) als primär und wesensbestimmend anzusehen, und ferner sie in polaren Doppelheiten anzusetzen. In frühgriechischen Spekulationen pflegt dann der eine Pol einen Wertakzent zu tragen, so daß z. B. Weiß, Süß, Leicht usw. gemeinsam die mehr positive und aktive Gruppe bilden, während die Gegenteile gemeinsam auf die negative Seite des Trägen und Materiellen zu stehn kommen. Dem entspricht es, wenn Alkmaion für das Zustandekommen der Sinneswahrnehmungen die leichten, hellen und warmen Stoffe verantwortlich macht. Die Luft trägt den Schall in die Öffnung des Ohrs; der eingezogene Atem bringt die Gerüche zum Gehirn; die warme und weiche Zunge schmilzt den Geschmack und leitet ihn durch ihre lockere Substanz weiter; das Auge sieht vermittels des Augenwassers und des eingeschlossenen Feuers. Durch Öffnungen und Gänge (‚Poren') dringen die Wahrnehmungen zum Gehirn. Daß alle Wahrnehmungen im Gehirn münden, schloß Alkmaion aus den Störungen, die bei einer Gehirnveränderung eintreten. Auch der Same, der ja in der Anlage den ganzen Menschen enthalten muß, ist nach ihm eine Absonderung des Zentralorgans, des Gehirns. So etwa gibt Theophrast, ohne Zweifel in modernisierter Form, Alkmaions Wahrnehmungslehre wieder. Krankheit entsteht nach ihm durch einseitige, „monarchische" Vorherrschaft einer Qualität, und die Gesundheit wird durch „Gleichberechtigung" von Feucht und Trocken, Kalt und Warm, Bitter und Süß usw. erhalten (B4).

Die Vorstellungen, die sich Alkmaion machte, haben in der Medizin der Folgezeit weitergewirkt. Alkmaion lehrte, daß Störungen im Gleichgewicht der Qualitäten, also Krankheiten, entweder durch innere Unordnung entstehn können oder auch durch Einwirkungen von außen, z.B. durch mechanische Gewalt, oder durch Genuß von Wasser mit einer bestimmten Beschaffenheit. Eine Abhandlung nun, die unter Hippokrates' Namen geht und von dem Einfluß von Luft, Wasser und Boden auf die Gesundheit handelt, enthält über das Wasser u.a. die folgenden Ausführungen (Kap. 8):

– – So also steht es hinsichtlich von Quellwasser; nunmehr will ich hinsichtlich von Regen- und Schneewasser angeben, wie es damit steht. Das Regenwasser ist das leichteste, süßeste, feinste und hellste. Denn von vornherein zieht die Sonne empor und nimmt fort vom Wasser das Feinste und Leichteste; dies zeigt sich am Salz; denn das Salzige bleibt aus ihm zurück infolge der Dichte und Schwere und wird zu Salz, das Feinste aber nimmt die Sonne fort infolge der Leichtigkeit – –. Ferner ein weiteres. Wenn es fortgenommen wird und zum Schweben kommt, sich hin und her bewegt und mit der Luft mischt, so scheidet sich das Trübe und Nachthafte aus und trennt sich ab und wird Dunst und Nebel, das Hellste aber und Leichteste von ihm bleibt übrig und wird süß, indem es von der Sonne gebrannt und gekocht wird; auch alles andre, was gekocht wird, wird immer süß – –. Dies ist natürlich das Beste, es muß aber abgekocht und durchgeseiht werden, sonst bekommt es einen üblen Geruch, und wer es trinkt, bekommt Heiserkeit und tiefe Stimme.

Aber alles (Wasser) von Schnee und Eis ist übel. Denn wenn es einmal gefroren ist, kehrt es nicht mehr zu seiner alten Beschaffenheit zurück, sondern das Helle, Leichte und Süße scheidet sich aus und verschwindet, das Trübste aber und Gewichtigste bleibt zurück. Erkennen kannst du das folgendermaßen. Wenn du magst, so fülle, wenn es Winter ist, mit einem Maß Wasser in ein Gefäß und stell es ins Freie, wo es am ersten gefrieren wird; dann am nächsten Tag bring es in die Wärme, wo sich am ersten der Frost lockern wird, und wenn es sich gelöst hat, so miß wieder das Wasser: du wirst beträchtlich weniger finden. Das ist ein Zeichen, daß durch die Erstarrung das Leichteste und Feinste verschwindet und vertrocknet; denn nicht das Schwerste und Dichteste; denn das kann nicht sein. In dieser Hinsicht ist nach meiner Meinung am übelsten das Wasser von Schnee und Eis und was dazugehört, für alle Zwecke.

Es klingt nahe an Alkmaion an, wenn hier vorausgesetzt wird, daß im Wasser Leicht-Süß-Helles mit Schwer-Bitter-Trübem vereinigt ist. Kurz vorher war gelehrt worden, daß Kranke Wasser mit einer solchen Qualität trinken sollen, die zu ihrem Leiden im Gegensatz steht. Auch der Hinweis auf „Zeichen" erinnert an Alkmaions Methode. So kann das ausgeschriebene Stück, obwohl es jünger ist als Alkmaions Buch, doch eine entfernte Vorstellung von seiner Denkweise vermitteln.

Die griechische Medizin tritt uns hier auf einer Stufe entgegen, wo sie der Magie völlig entwachsen ist. Weniger leicht fiel es der werdenden Geschichtswissenschaft, sich von der mythischen und legendären Überlieferung zu lösen. An die unverständlich düsteren Kräfte dämonischer Krankheiten und zauberhafter Heilungen konnte der Grieche nicht lange glauben, aber vom Mythos mit seinen sinnlich hellen Gestalten und seinen bedeutungsvollen Geschehnissen mochte er sich so bald nicht trennen. Und dem Mediziner half die Natur, indem sie ihm jeden Tag von neuem die Mittel zur Verfügung stellte, Annahmen von gestern und ehedem nachzuprüfen; die Geschichtsforschung aber konnte der Überlieferung nur mit grundsätzlichen Erwägungen zu Leibe gehn. So kam es, daß der Radikalismus, mit dem Xenophanes die „Erfindungen der Vorzeit" verwarf, nur eine verspätete Nachfolge fand; schrittweise und zögernd entwickelte sich unter dem Einfluß des neuen Empirismus eine kritische Haltung gegenüber den überkommenen Legenden.

Erheblich günstiger daran war die Wissenschaft der Geographie. Erdkunde, Länderkunde und Völkerkunde sind die gegebenen Objekte für empiristische Bestrebungen, denn sie haben es mit primären Tatsachen zu tun, die sich unmittelbar verifizieren lassen. Diese Wissenschaften reiften im fünften Jahrhundert zuerst. Von der Völkerkunde ging man dann zur geographisch unterbauten Völkergeschichte über (Herodot), und zuallerletzt gelangte man zu einer wissenschaftlichen Nationalgeschichte (Thukydides).

Der Begründer der griechischen Geographie war Hekataios. Er war ein Bürger der jonischen Hafenstadt Milet, die als Zentrum des kleinasiatischen Griechentums mit aller Welt Handel trieb und deren Kolonien das Schwarze Meer auf allen seinen Küsten umsäumten. An der Wurzel von Hekataios' Stammbaum, der in die alte mutterländische Heimat hineinreichte, stand als Stammvater ein Gott. Als Angehöriger einer der führenden Familien war er an der politischen Leitung des Staates beteiligt. Im Jahr 499, als die Notabeln der jonischen Städte gegen ihren Oberherrn, den Perserkönig Dareios, einen Aufstand ins Werk setzen wollten, riet Hekataios ab und wies nach, daß das Unternehmen aussichtslos sei, „indem er die Völker alle aufzählte, über die Dareios gebot, und seine Macht". Als Hekataios mit dieser Warnung

nicht durchdrang, erklärte er es für nötig, daß Milet sich die
Seeherrschaft sichere; um die Mittel für eine starke Flotte
aufzubringen, solle man sich an die kostbaren Weihgeschen-
ke halten, die einst der Lyderkönig Kroisos dem Apollon
von Didyma bei Milet gestiftet hatte; besser, man verwende
sie selbst, als daß sie dem Feind in die Hände fielen, der sie
auch nicht respektieren würde. Auch dieser Vorschlag wurde abgelehnt; und ein dritter, der ebenso unkonventionell
und ebenso verständig war wie die früheren, fand auch kein
Gehör (Herodot 5,36 und 125-26). Aber der Ausgang der
Dinge gab Hekataios in jedem Punkte recht. Alle diese Rat-
schläge zeugen von einem nüchternen Realismus in Fragen
der Politik, und sie zeigen auch den Zusammenhang zwischen den geographischen Interessen des Hekataios und den
praktischen Problemen, vor die sich seine Heimat gestellt
sah.

Hekataios verfaßte ein Buch, das die ganze Erde beschrieb, so weit man sie kannte, und gab ihm eine gezeich-
nete Karte bei. Die großen Züge seines Erdbildes übernahm
er von Anaximander, und er glaubte gleichfalls, daß Land
und Wasser mit großer Regelmäßigkeit über die Erde verteilt sind. Der Fluß Okeanos umfließt im Kreis den Rand
der runden Erde. Eine Wasserstraße, gebildet vom Mittel-
und Schwarzen Meer, schneidet quer hindurch und trennt
Europa von Asien; diese beiden Gewässer stehen mit dem
Okeanos im Westen durch die Meerenge von Gibraltar in
Verbindung und im Osten durch den Fluß Phasis (am Kau-
kasus). Der Nil, der gleichfalls im Okeanos entspringt, spal-
tet Asien in zwei Hälften; und dem Nil genau gegenüber,
vom Norden her ins Schwarze Meer einmündend, teilt der
Istros (Donau) entsprechend Europa in einen westlichen
und einen östlichen Quadranten. Die Außenränder der Erde
sind öde und wüst, und sie sind von Fabelwesen bewohnt.
Schon Herodot machte sich über diesen Schematismus lustig, aber als erste Annäherung an die Wirklichkeit war er
unvermeidlich.

Die Erdbeschreibung des Hekataios ist auf der Idee einer Rundfahrt zur See aufgebaut, die von der Straße von Gibraltar längs den Nordküsten des Mittel- und Schwarzen Meers bis zum Phasis im Osten führt, und an den Südküsten wieder zurück zum Westende. Die Darstellung geht jeweils von der Küstengegend aus; dann gibt sie an, was „darüber" (dahinter) und wieder hinter diesem liegt, bis an den äußersten Rand der Erde. Diese Form der Beschreibung empfahl sich schon deshalb, weil die Küsten am besten bekannt waren.

Der Stil ist im allgemeinen von äußerster Trockenheit, zum Beispiel (1 F 113a Jacoby):

Und danach: Lokrer; und darin (d. i. im Lokrerland): Chalaion, Stadt; und darin: Oianthe, Stadt.

Es fällt sehr auf, wie Hekataios es durchweg verschmäht, von der Fähigkeit der Sprache Gebrauch zu machen, Gleichartiges abkürzend zusammenzufassen. So sagt er hier nicht: „Und darin die Städte Chalaion und Oianthe", sondern seine Aufzählung registriert jedes Detail für sich, ebenso wie man auf der Karte ein Symbol unverbunden neben das andere setzt. Statt mit Pronomina an das eben Gesagte anzuknüpfen, wiederholt er in den folgenden Proben die Wörter „Berge" und „Insel" (291, 305):

Um das sogenannte Hyrkanische (d. i. Kaspische) Meer (sind) Berge, hohe und mit Wald bewachsene; und auf den Bergen Artischokken.
In Butoi (in Ägypten), nahe dem Heiligtum der Leto, ist eine Insel, Chembis genannt, heilig dem Apollon; und (es) ist die Insel schwebend und schwimmt umher und bewegt sich auf dem Wasser.

In seinen geographischen Angaben verwendet Hekataios fast nur Hauptsätze, und jeder Satz hat den denkbar engsten Horizont. Während das Weltbild im ganzen mit großartiger Willkür in Quadranten organisiert war, herrscht bei der Ausfüllung des Rahmens eine kleinmeisterliche Pedanterie.

Die Darstellung enthält sich auch der bescheidensten aktiven Gestaltung, und die Sachlichkeit ist zum Extrem getrieben.

Hekataios begnügte sich in seinem Buch nicht mit der reinen Topographie; er machte auch völkerkundliche Angaben, zum Beispiel (154):

Die Paioner (ein thrakischer Stamm) trinken Bier von Gerste – –. Und sie salben sich mit Öl von Milch.

Besonders ausführlich erzählte Hekataios von Ägypten, dessen uralte Zivilisation auf ihn einen starken Eindruck machte. Er hatte das Land selbst bereist, aber von den Bauwerken wenig zu sehn bekommen, denn die Ägypter verbargen ihre Tempel hinter hohen Außenmauern und ließen keine Fremden hinein. Nur in Theben erhielt Hekataios Zutritt wenigstens in die Vorhalle des großen Tempels. Er sprach dort mit Angestellten des Heiligtums und ließ sich die Priesterstatuen erklären, die in einer Anzahl von 345 ebenso viele Generationen ägyptischer Geschichte repräsentieren sollten. Hekataios war höchst überrascht, denn in seiner eigenen Familientradition war bereits der sechzehnte Ahn ein Gott. Verglichen mit der langen Vergangenheit Ägyptens, erschien die Urzeit der griechischen Nation wie gestern und vorgestern.

Aus Hekataios' Beschreibung von Ägypten besitzen wir zwei etwas längere Stücke, die Herodot aus dem Werk seines Vorgängers fast ohne Änderung übernahm. Sie handeln von zwei seltsamen Tieren, dem Krokodil (324) und dem sagenhaften Vogel Phönix:

(Herod. 2, 70) (Gejagt werden die Krokodile viel und auf mancherlei Art; ich berichte von der Art, die mir am bemerkenswertesten erscheint.) Wenn er (d. i. der Jäger) den Rücken eines Schweins auf einen Haken gesteckt hat, läßt er ihn hinunter mitten in den Fluß; er selbst aber, am Rand des Flusses, ein lebendes Schwein haltend, schlägt dieses; wenn das Krokodil die Stimme hört, eilt es zu der Stimme, und dem Rücken begegnend, verschluckt es ihn; und sie (d. i. der Jäger und seine Gehilfen) ziehen; wenn es aber herausgezogen ist ans Land, zu allererst verklebt er ihm die Augen mit

Lehm; wenn er dies getan hat, wird er äußerst leicht mit dem weiteren fertig, wenn er es aber nicht getan hat, mit Mühe.

Über den heiligen Vogel Phönix erzählte man Hekataios, daß er in Arabien wohnt und alle fünfhundert Jahre einmal nach der ‚Sonnenstadt‘, Heliopolis, in Ägypten kommt; nämlich dann, wenn sein Vater gestorben ist, um ihn im Heiligtum der Sonne zu bestatten. Den Transport der Leiche beschreibt Hekataios folgendermaßen (324):

Zuerst macht er aus Myrrhen ein Ei, so groß wie er es tragen kann; dann versucht er es zu schleppen; wenn er fertig versucht hat, daraufhin höhlt er das Ei aus, legt den Vater hinein, und mit neuen Myrrhen verstopft er die Stelle an dem Ei, wo er die Höhlung gemacht und den Vater hineingelegt hatte; und wenn der Vater darin liegt, so ist es dasselbe Gewicht; wenn er es aber verstopft hat, so bringt er es nach Ägypten zum Heiligtum der Sonne.

In diesen Stücken ist wiederum die atomisierende Tendenz der Darstellung deutlich; jedes Element ist kurz und verhältnismäßig selbständig, und die Enge des jeweiligen Horizonts macht zahlreiche Wiederholungen nötig. Trotzdem aber schließen sich hier beide Male, dem Inhalt entsprechend, die Einzelelemente zur sauber gefügten Kette zusammen. Mit großer Klarheit tritt die sinnreiche Logik hervor, mit welcher der Krokodilsjäger oder der Wundervogel seine schwierige Aufgabe löst. Dieselbe Freude am genauen Detail und an Präzision im Zusammenspiel finden wir in der gleichzeitigen frührotfigurigen Vasenmalerei.

Die Sprache dieses Werkes hat keine eigene Form, sondern sie erhält ihr Gesetz von der Sache, der sie jeweils dient. Gegebenenfalls kann das grammatische Niveau so tief sinken, daß nicht einmal mehr regelrechte Sätze gebaut werden (324):

Das Flußpferd ist vierbeinig, spaltfüßig; Mähne habend eines Pferdes, Hauerzähne zeigend; eines Pferdes Schwanz und Stimme; Größe wie das größte Rind.

Seinen Willen zum Inventarisieren und Ordnen betätigte Hekataios auch auf dem Gebiet der legendären Urgeschichte; außer dem geographischen Buch schrieb er ein anderes, das in vier Büchern *Genealogien* behandelte. An den Gestalten der heroischen Stammväter, die ihrerseits als Götterkinder und Götterenkel galten, werden die Ursprünge von Familien, Völkern und Städten aufgewiesen und in primitiver Weise Namen erklärt:

(15) Orestheus, Deukalions Sohn, kam nach Aitolien zum Königtum; und eine Hündin von ihm gebar einen Klotz, und er ließ ihn eingraben, und aus ihm wuchs ein Weinstock mit vielen Reben; deshalb nannte er auch seinen Sohn Phytios (von *phyton* ‚Gewächs‘). Dessen Sohn war Oineus, benannt nach dem Weinstock, denn die alten Griechen nannten die Weinstöcke *oinai*. Und des Oineus Sohn ward Aitolos (der Stammvater des aitolischen Volkes).

(22) – – und als Perseus nach dem Griff seines Schwertes faßte, fand er, daß die Kappe (*mykes*) abgefallen war. (Danach heißt der Ort Mykenai.)

Den Stoff für seine Angaben fand Hekataios in alten Epen homerischen und hesiodischen Stils, aber er unterwarf, wie er in seinen Eingangsworten sagt, die reiche und widerspruchsvolle Überlieferung einer kritischen Sichtung (1):

Hekataios von Milet erzählt folgendermaßen. Folgendes schreibe ich, wie ich es für wahr halte. Denn die Reden der Hellenen erweisen sich mir als zahlreich und lächerlich.

Die Kritik kann nicht konsequent gewesen sein, denn sie hat gegenüber der Geschichte von der Hündin und dem Weinstock versagt. In andern Fällen nahm Hekataios eine rationalistische Korrektur vor. Herakles sollte auf Befehl des Eurystheus den Höllenhund Kerberos (der den Tod repräsentiert) überwältigt und aus dem Hades an die Oberwelt geschleppt haben. Hekataios aber erklärte, es hätte eine böse Schlange am Tainaron gegeben, und man hätte sie „Hadeshund" genannt, weil jeder, den sie biß, sofort an dem Gift sterben mußte; und diese Schlange hätte Herakles zu Eurystheus gebracht (Fgt. 27). Eine andere Arbeit des Herakles war die Besiegung der fabelhaften Schlange Hydra, und hierüber (?) sagt Hekataios dies:

Ich aber bin der Meinung, daß die Schlange nicht so groß und – – war, wohl aber schrecklicher als die andern Schlangen, und daß Eurystheus deswegen den Befehl gab, den er für unausführbar hielt.

In dem folgenden Bruchstück wird eine heroische Übertreibung auf ein vernünftiges Maß zurückgeführt (19):

Aigyptos kam nicht selbst nach Argos, wohl aber seine Söhne; wie Hesiod es erzählt hat, fünfzig, nach mir aber noch nicht zwanzig.

Wie man sieht, greifen die Zweifel des Hekataios nicht die Substanz der Legenden an; es werden nur die märchenhaften Elemente ausgemerzt. Sonst hätte ja auch Hekataios überhaupt nicht die *Genealogien* geschrieben.

Die Fragmente des Hekataios zeigen, wie schwer die werdende griechische Geschichtswissenschaft auch nach der theoretischen Begründung des Empirismus noch mit der Sage und dem Mythos zu ringen hatte und wie weit die Prosa noch an Flüssigkeit und Eleganz hinter der Poesie zurückstand. [...]

Die fortschreitende Entwicklung, die von dem Ostgriechen Hekataios zu dem Ostgriechen Herodot hinüberleitete, wurde im Osten vollzogen. Ein lydischer Halbgrieche namens Xanthos schrieb vor Herodot die Geschichte Lydiens und verwendete bei seiner Arbeit auch urkundliches Originalmaterial (vgl. Nikolaos von Dam. 90 F 44, 7 Jacoby). Weiter wissen wir von dem Griechen Charon aus Lampsakos am asiatischen Ufer der Dardanellen, der um 460 (?) ein Werk über persische Geschichte und eine Chronik seiner Heimatstadt verfaßte. Aus dieser Chronik besitzen wir ein humorvolles Stück (262 F 1 Jacoby):

(Jahr – –.) Die Bisalten (ein einheimischer Stamm) zogen gegen Kardia (eine Griechenstadt nordwestlich der Dardanellen) und siegten. Führer der Bisalten war Naris. Dieser war als Kind in Kardia verkauft worden und war Sklave eines Kardianers und Barbier geworden. Die Kardianer hatten ein Orakel, daß die Bisalten sie angreifen würden, und sprachen häufig darüber, wenn sie in der Barbierstube saßen. Und er entlief aus Kardia in seine Heimat und veranlaßte die Bisalten zum Krieg gegen die Kardianer, nachdem er selbst zum Führer bestimmt worden war von den Bisalten. Die Kardianer hatten aber alle ihren Pferden beigebracht, beim Gelage zur Flöte zu tanzen: und sie stellten sich auf die Hinterbeine und machten die Tanzgesten mit den Vorderbeinen nach der ihnen vertrauten Flötenmelodie. Dies wußte nun Naris; und er kaufte sich eine Flötenspielerin aus Kardia, und die Flötenspielerin kam zu den Bisalten und unterrichtete viele Flötenspieler. Und als die Schlacht in Gang kam, gab er den Befehl, alle die Flötenweisen zu blasen, die den Pferden der Kardianer vertraut waren. Und als die Pferde das Flötenspiel hörten, stellten sie sich auf die Hinterbeine und fingen an zu tanzen. Die Stärke der Kardianer war aber ihre Kavallerie. Und so wurden sie besiegt.

Was den Stil betrifft, so steht dieser Bericht hoch über der schwerflüssigen Prosa eines Akusilaos, aber doch noch beträchtlich unter der leichten Anmut und Frische Herodots. Mehrmals muß der Verfasser die Linie der Darstellung unterbrechen oder knicken. Der Inhalt und Charakter dieser lustigen Geschichte zeigt, daß der anekdotische Einschlag in Herodots Werk durch seine Vorgänger vorbereitet war. Die Anekdote und die Novelle beginnen das Märchen und die Legende zu ersetzen. Einst hatte Aristeas, der von Apollon begeisterte und entrückte Dichter, von den seltsamen Wundern der Ferne geschwärmt; ähnlich schilderte noch Hekataios (F 327 f.), und mit Berufung auf Aristeas später Herodot, die Fabelvölker an den äußersten Rändern der Erde; die Mythen, wie Hekataios und Akusilaos sie der Überlieferung nacherzählten, waren voll von Wundern. Doch nun eroberte eine moderne Art von Geschichten das Feld. Staunen wecken sie noch immer, aber man staunt über etwas, das man verstehen kann. Man bekommt jetzt zu hören, mit welchem kunstreichen Geschick schwierige Aufgaben gelöst werden: wie man Krokodile fängt; wie ein Vogel eine ein-balsamierte Leiche durch die Lüfte befördert; wie Pferde nach Musik zu tanzen lernen und wie eben diese Dressur von dem erfinderischen Feind als Kampfwaffe benutzt wird. Der Wundergeist verbindet sich mit dem praktischen Geist der neuen Zeit, und das Ergebnis ist ein lebhaftes Interesse am Sinnreichen.

In dieser Richtung wird dann die Entwicklung weitergehn und über das Wunderbare und Merkwürdige hinausführen. Die Anekdote füllt sich mit historischer und allgemeiner Bedeutung. Als weltlicher Ersatz für den Mythos wird sie zur pointierten, gehaltvollen Kurzerzählung. Erst auf der danach folgenden höchsten Stufe der Geschichtsschreibung, bei Thukydides, ist die Pointe aus der Erzählung verschwunden und das Interesse an der Merkwürdigkeit verloschen. Damit ist auch der Kurzerzählung im Geschichtswerk das Urteil gesprochen; es gibt bei Thukydides natürlich noch Episoden, aber keine Anekdoten oder Novellen. Nun erst wird die Geschichtsschreibung ganz ernst und streng; damit erst erhält sie die brennendste, wenn auch verschwiegene Leidenschaftlichkeit und den erhabensten, wenn auch verhaltenen Schwung. Während die Medizin, als Naturwissenschaft und Technik, ihren Aufstieg begann, seit sie anfing nüchtern und mechanistisch zu werden, bezog die Geschichtswissenschaft noch eine Weile lang wesentliche Triebkräfte aus dem neugierigen Verlangen nach dem Fremden und Seltsamen.

Das klassische Zeitalter

Manfred Clauss

Von den Perserkriegen bis zum Ende des Peloponnesischen Krieges

Als die Athener 491 die Spartaner um Unterstützung gegen die Perser baten, gab es möglicherweise ein Übereinkommen zwischen den beiden Städten mit dem Ziel, gemeinsam einen Angriff der Perser abzuwehren. So würde verständlich, daß die athenischen Feldherren nach der Landung der Perser bei Marathon einen Schnelläufer nach Sparta sandten, um die versprochene Hilfe anzufordern (Herodot 6,106): „Lakedaimonier! Die Athener bitten euch, ihnen zu Hilfe zu kommen und nicht die älteste Stadt in Hellas in Barbarenhände fallenzulassen. Schon ist Eretria im Sklavenjoch und Hellas um eine berühmte Stadt ärmer." Diesem Ersuchen konnten die Lakedaimonier allerdings aus religiösen Rücksichten nicht sofort nachkommen, da sie gerade ein Fest feierten (Karneien), dessen Ende sie erst abwarten mußten. Zum Verständnis der spartanischen Haltung ist ferner wichtig, daß Spartas bisherige Kriege stets agonale Feldschlachten gewesen waren, für deren Austragung es nicht auf den Tag ankam. Als wenig später 2000 Hopliten in einem Gewaltmarsch Athen erreichten, waren dessen Truppen bereits siegreich gewesen, und es blieb den Lakedaimoniern nur noch übrig, das Schlachtfeld zu besichtigen.

481 wurde in Griechenland bekannt, daß Xerxes einen erneuten Zug gegen Hellas plane; damals ließ eine große Zahl von griechischen Städten die sonst üblichen Auseinandersetzungen hinter die Gemeinsamkeiten der „Blut- und Sprachgemeinschaft, der Heiligtümer, der Opferfeste und Lebensweise" zurücktreten (Herodot 8,144). Nachdem die Gefahr überwunden war, hatte auch die Gemeinschaft ein Ende, traten die Differenzen sogleich wieder zutage, die in dem Gegensatz Sparta-Athen selbst während der Auseinandersetzung mit den Persern nicht völlig verschwanden.

Die gemeinsamen Planungen von 481 waren in der Tat nur aus der Not geboren. Kern der Vereinigung der Griechen war das Peloponnesische Bündnissystem; damit war Sparta auch prädestiniert, die Verteidigung der ‚Hellenen' zu organisieren. Man traf sich am Isthmos, um Ansichten darüber auszutauschen, was zu tun sei. Die beteiligten Staaten beschlossen, die noch bestehenden Streitigkeiten beizulegen; vor allem Athen und Aigina schlossen Frieden. Da nicht alle griechischen Poleis anwesend waren, beschwor man mit einem Eid, „daß jedes hellenische Gemeinwesen, das sich den Persern ohne Kampf und ohne durch eine Niederlage gezwungen zu sein, ergäbe, als Buße an den Gott in Delphi den Zehnten zu entrichten habe" (Herodot 7,132). Dies sollte die Anwesenden binden, die Gefahr des Überlaufens zu den Persern bannen, wie man sie z. B. bei den Athenern sah, und noch Außenstehende zur Zusammenarbeit veranlassen. Diesem Versuch, die Basis des Bündnisses zu erweitern, dienten ferner Gesandtschaften nach Argos, Syrakus, Kerkyra und Kreta, die letztlich erfolglos blieben.

Strittig war vor allem die Frage des Oberkommandos, z. B. zwischen den Spartanern und Gelon von Syrakus, wobei der Vertreter Spartas Agamemnon bemühte, der inzwischen ‚ein Spartaner' geworden war, um Spartas Anspruch zu rechtfertigen (Herodot 7,159): „Wahrlich! Agamemnon, Pelops Enkel, würde seufzen und trauern, wenn er erführe, daß die Spartiaten das Recht der obersten Heerführung verloren haben." Nach einer Diskussion, bei der sich auch spartanisch-athenische Differenzen auftaten, erhielt Sparta den Oberbefehl über Heer und Flotte. Möglicherweise haben sich die Lakedaimonier und ihre Verbündeten gemeinsam zur Teilnahme am Krieg gegen die Perser entschlossen; denn noch während des Krieges bildete das Peloponnesische Bündnissystem faktisch eine gesonderte Gruppe innerhalb der Griechen. Das Hauptziel der Peloponnesier war es, ihre Halbinsel zu schützen; sie sind daher aufgrund ihrer geographischen und politischen Zusammengehörigkeit nicht völlig in der Eidgenossenschaft aufgegangen. Ihr geschlossenes Auftreten hat mit dazu beigetragen, daß Sparta den Oberbefehl erhielt, der allerdings während des gesamten Krieges eine delikate Angelegenheit blieb, da die Kompetenzen der jeweiligen Spartiaten nicht klar beschrieben waren; daher kam es häufig zu Diskussionen und Kontroversen, zumal mit Athen. Ferner mußten die Lakedaimonier als Oberbefehlshaber aller Griechen auch die Interessen der Nichtpeloponnesier vertreten, was wiederum zu Schwierigkeiten mit den eigenen Bündnern führte. Sobald die Kriege beendet waren, kehrten die Peloponnesier wieder zu ihrer im wesentlichen auf ihre Halbinsel beschränkten Politik zurück. [...]

Als Gegenleistung für ihren Eintritt in das gegen die Perser gerichtete Bündnis verlangten die Thessaler den Schutz ihres Gebietes durch die Besetzung des Tempe-Passes, andernfalls drohten sie, zu den Persern überzugehen. So entsandten die Griechen zunächst Truppen dorthin, doch sahen sie sich bald zum Rückzug gezwungen, da die Stellung nicht zu halten war; daraufhin machten die Thessaler ihre Drohung wahr. Nun konzentrierten die Verbündeten einige Kontingente des Heeres und der Flotte bei den Thermopylen und bei Artemision. Die Truppen des Landheeres stellten insgesamt nur ein Teilaufgebot dar, das vervollständigt werden sollte, sobald die Olympischen Spiele beendet sein würden. Sparta konnte zudem wegen der Karneien vorerst nicht mit allen Kräften aufbrechen, sondern entsandte den König Leonidas mit 300 Leuten. Zur Verteidigung des Thermopylenpasses standen zudem noch Thebaier und Thespier zur Verfügung. Gleichwohl sahen die Spartaner die Schwierigkeiten, die auf ihre wenigen Hopliten zukamen. Hinter Leonidas' Verfügung, bei den 300 Spartiaten, die den Paß zu bewachen hatten, sollte es sich um Familienväter handeln, die bereits Söhne hätten, stand die Idee, daß die Kämpfer bei ihrem eventuellen Tode Nachkommen hinterließen, welche die Familie fortführen sowie die gültige Verrichtung der zur

Ruhe des Verstorbenen und dessen Vorfahren erforderlichen Totenopfer besorgen konnten.

Die Perser umgingen die Truppen Leonidas', doch der lakedaimonische König entschloß sich, die Stellung zu halten, und so fand er mit der gesamten Mannschaft sowie den Thebaiern und Thespiern den Tod.

Die Erzählung von der ‚Tat‘ des Leonidas, der bald zur kanonischen Heldengestalt wurde, hat erheblich dazu beigetragen, Spartas Kriegsruhm zu verbreiten. Die Spartaner selbst haben dies zweifellos gefördert; und zwar nicht, weil man durch die angebliche Erfüllung eines Orakelspruches eine Katastrophe überdecken wollte, sondern weil man stolz auf den König war und hoffte, von seinem Ruhm zu profitieren. Die Legende entstand bereits am Tag nach der Schlacht, die Legende vom unbesiegbaren Kämpfer, von den todesmutigen Soldaten, deren Ruhm über die Thermopyleninschrift auf ganz Sparta, auf alle Spartiaten überging und der Schiller durch seine Nachdichtung bleibende Bedeutung verlieh: Wanderer, kommst du nach Sparta, sage, du habest uns liegen gesehen, wie das Gesetz es befahl. Simonides von Keos dichtete einen Hymnus zu Ehren der Gefallenen, von dem eine Strophe erhalten ist (Frg. 5 D):

Ruhmvoll ist das Geschick der gefallenen
Helden der Thermopylen,
Lieblich ihr Los, ihr Grab ein Altar.
Klage wird zum Gedenken,
Trauer zur rühmenden Rede.
Weder die Zeit, die alles bezwingende,
Noch der Moder zermürben
Solches Leichengewand der Edelsten,
Und es ging Hellas' herrlicher Name
Ein in der Stätte geweihten Bezirk.
Auch Leonidas, Spartas Herrscher,
Zeuget dafür: Es bleibet
Groß seine Tat
Und ewig der Ruhm.

Zur Verbreitung der Legende trugen auch die Anekdoten bei, die bald in Umlauf kamen, meist Beispiele der berühmten lakonischen Schlagfertigkeit und Kürze. Eine Anspielung auf die Qual der Hitze – die Schlacht fand im Juli/August statt – lag im Bonmot des Spartiaten Dienekes (Herodot 7,226). Auf die ängstliche Bemerkung, wenn die Meder ihre unzähligen Geschosse abfeuerten, verdunkele sich die Sonne, soll er geantwortet haben, dann könne man wenigstens im Schatten kämpfen. Der letzte Befehl des Leonidas soll gelautet haben: „Frühstück, Abendessen im Hades" (Plutarch, Apophthegmata Laconica 225 D). Thermopylai wurde damit zur Inkarnation des spartanischen Mythos. Sparta konnte sein Prestige steigern, Prestige, das z. B. wichtig war, um das Bündnissystem zusammenzuhalten.

Über die Gründe des Leonidas, bis zum letzten Mann auszuharren, ist in der modernen Literatur viel gerätselt worden. Es gab sicherlich kein Gesetz, das es einem Feldherrn verbot, strategisch zu handeln, sich also gegebenenfalls zurückzuziehen. Solches ist oft genug bezeugt. Wenn wir nicht annehmen wollen, daß Leonidas in seiner Taktik ein Fehler unterlief, was allerdings nicht auszuschließen ist, dann ging es ihm vielleicht darum, den Rückzug der Landtruppen zu decken, eine Koordination mit der Flotte zu ermöglichen und den Paß so lange wie möglich zu halten. Der Angriff der Perser erfolgte frühmorgens, so daß Leonidas Zeit brauchte, den geordneten Rückzug des Hauptheeres zu sichern. Schließlich waren es auch nicht die Spartiaten allein, die aushielten, wenngleich es ihr Tod war, der noch im 19. Jahrhundert den griechischen Freiheitskämpfern als Vorbild galt.

Die Perser rückten nach ihrem Durchbruch gegen Athen vor und zerstörten die Stadt. Ein weiteres Vordringen wurde verhindert, als die Flotte der Griechen unter dem Kommando des Lakedaimonierkönigs Leutychidas, der im wesentlichen den Vorstellungen des Atheners Themistokles folgte, die Perser bei Salamis entscheidend schlug. Xerxes kehrte mit den verbliebenen Schiffen in sein Reich zurück und beließ seinen Feldherrn Mardonios mit dem Landheer in Hellas. Damit blieb die Bedrohung für Griechenland bestehen, und die Entscheidung mußte in einer Landschlacht fallen.

Als die Lakedaimonier unter ihrem neuen Regenten Pausanias 479 nach Zentralgriechenland marschierten, informierten die Argeier den Mardonios über den Auszug des spartanischen Heeres. Die Lakedaimonier rückten nach Plataiai vor und bedrohten damit die Nachschub- und Rückzugslinien der bei Athen stehenden Perser, die so aus Attika hinausgezwungen wurden und bei Plataiai auf die Griechen trafen. Nachdem die Heere sich bereits mehrere Tage gegenübergestanden hatten, versuchte Pausanias seine Truppen in eine günstigere Lage zu manövrieren. Sein Plan sah vor, die Front in der Nacht zurückzuverlegen; allerdings erwies sich eine solche planmäßige Bewegung des aus vielen kleinen und einigen größeren Kontingenten bestehenden Heeres als nicht möglich. Die Athener widersetzten sich sogar dem Befehl des Pausanias. Herodot läßt deutlich das Mißtrauen der Athener gegen den Feldherrn erkennen; sie befürchteten, die Lakedaimonier wollten allein den Ruhm gewinnen. Als am Morgen die Perser die Lakedaimonier auf dem Marsch angriffen, erfolgte durch Pausanias eine allmähliche Zurücknahme der ganzen Heerestruppe bergan, während die Soldaten den Angriff abwehrten. Damit lockte er den Feind zugleich die Hänge hinauf, wo unter anderem die gegnerische Reiterei keine entscheidende Kampfkraft mehr zu entfalten vermochte. Nachdem nochmals durch ein Opfer der Segen der Götter für den Kampf eingeholt war und für die Lakedaimonier das Zeichen zum Angriff kam, rollte gleichsam ab, was hunderte Male exerziert worden war. Der Erfolg der Griechen war errungen, als der persische Feldherr Mardonios und seine Leibgarde fielen. Selbst Herodot fiel es schwer, Verdienste der Athener aufzuzeigen, und sogar bei Aischylos war der Sieg bei Plataiai über die Perser ein Sieg der Lakedaimonier (Perser 816-817): „Ungeheuer wird sein die Menge des durch die dorische Lanze vergossenen Blutes, das im Gelände von Plataiai die Erde durchtränkt." Als die Schlacht zu Ende war, war aus Pausanias, dem Regenten aus zufälligen Umständen, der Sieger von Plataiai geworden, des „größten bekannten Sieges" (Herodot 9, 64). [...]

Der Morgen nach Plataiai sah Spartas Prestige auf einem allerdings nur kurzen Höhepunkt. Die Expedition des Pausanias nach Kypros und Byzantion bestätigte zwar für einen Augenblick nochmals Spartas Führungsrolle, doch zugleich bestätigte sich eine Konstante griechischer Politik des 5. Jahrhunderts: der Gegensatz, wenn nicht die Gegnerschaft, zwischen Sparta und Athen, die bereits im 6. Jahrhundert unter Kleomenes I. zutage getreten war. Selbst während der Abwehr der Perser war, wie die Gehorsamsverweigerung der Athener gegenüber Pausanias zeigte, dieser Gegensatz nicht überdeckt worden, und er setzte sich im Verlaufe des 5. Jahrhunderts fort.

Zur Abwehr der Perser hatten sich mehrere griechische Gemeinwesen zusammengeschlossen, deren Vertreter letztmalig zu gemeinsamen Beratungen im Spätsommer 479 auf Samos zusammenkamen. Diese Konferenz zeigte, daß die Lakedaimonier und die peloponnesischen Bündner das Ziel des Krieges erreicht zu haben glaubten. Vermutlich wurden sie durch die Kosten von den zu erwartenden Seeunternehmungen abgeschreckt. Denn die Frage nach dem Schicksal der Griechen Kleinasiens war bislang nicht beantwortet. Die Peloponnesier machten den Vorschlag, daß diese Griechen im Mutterland angesiedelt werden sollten; hierfür sahen sie die Städte der ehemaligen Perserfreunde in Hellas nach deren Vertreibung vor. Gegen diese Lösung, die von den Peloponnesiern ohnehin nur halbherzig vertreten wurde, opponierten die Athener teils aus Prinzip, teils wegen der in diesem Falle unvermeidlichen Ausdehnung des spartanischen Einflusses auf Zentralgriechenland. Der Plan wurde fallengelassen.

An dem Feldzug gegen Sestos, der nach der Konferenz stattfand, nahmen Lakedaimonier und Peloponnesier zwar nicht teil, aber 478 leitete der Regent Pausanias als Befehlshaber der griechischen Flotte die Unternehmungen gegen Kypros und Byzantion. Sein hochfahrendes Auftreten bot schließlich Athen den äußeren, sehr willkommenen Anlaß für die Übernahme des Kommandos; dies war bereits kein überraschender Schritt mehr, zumal Sparta zu erkennen gegeben hatte, daß es nicht beabsichtigte, in kleinasiatische Verhältnisse einzugreifen. Weder Athen noch Sparta waren an einer Fortsetzung der gemeinsamen Kriegsführung interessiert; Sparta wollte keinen überseeischen Krieg führen, Athen wollte seine eigenen Pläne verfolgen. Ein letzter Faden, der Sparta an das gemeinsame Unternehmen band, war der Oberbefehl. Als dieser nicht mehr anerkannt wurde – dem Nachfolger des Pausanias, dem Spartiaten Dorkis, verweigerten die Athener den Gehorsam –, war jene Eidgenossenschaft der Hellenen beendet, die ohnehin nie sehr stabil gewesen war.

Die Athener ergriffen nun bereitwillig die Führungsrolle, die Sparta abgegeben hatte. Die folgende rasche Aufwärtsentwicklung der Stadt begann mit dieser neuen Aufgabe. Die Ausdehnung des athenischen Einflußgebietes, eines attischen Reiches, verschärfte den Konflikt mit Sparta und seinen Verbündeten. Doch hätte dieser Dualismus zweier Hegemonialmächte nicht unausweichlich zu einem Krieg führen müssen. Ein Nebeneinander war so lange möglich, wie beide die Grenzen der jeweiligen Interessensphären akzeptierten. [...]

Thukydides gibt vor dem Beginn seiner eigentlichen Beschreibung des Peloponnesischen Krieges einen Überblick über die Staaten, die auf beiden Seiten beteiligt waren. Die Liste der auf Seiten der Lakedaimonier Kämpfenden läßt sich in drei Gruppen aufteilen: 1. Die Mitglieder des Bündnissystems – alle Städte der Peloponnes außer Argos und dem Gebiet von Achaia; 2. andere verbündete Staaten – die

Boioter, Lokrer und Phoker; 3. die korinthischen Kolonien Ambrakia, Leukas und Anaktorion.

Die militärischen Aktivitäten der beiden Kontrahenten zeichneten sich in den ersten Kriegsjahren nicht durch Einfallsreichtum aus. Die Peloponnesier fielen 431, 430, 428, 427 und 425 in Attika ein, blieben einige Zeit, zerstörten Getreidefelder, Bäume und Häuser, ohne damit viel zu erreichen, und hofften wohl auch, dadurch die Athener zu einer Feldschlacht zu provozieren. Diese Einfälle des peloponnesischen Heeres – zwei Drittel des Bundeskontingentes waren in den beiden ersten Jahren aufgeboten – dauerten nie sehr lange, der längste (430) ganze 40 Tage. Ein längerer Aufenthalt war nicht möglich, da zur Zeit des Einfalls der Spartaner das Getreide, das man vernichten wollte, noch nicht reif war und sie weitgehend von mitgeführten Vorräten leben mußten. Zudem rekrutierte sich das Aufgebot der Bündner aus Bauern, die zur eigenen Ernte wieder zurückgekehrt sein mußten; auch der Troß der Spartaner selbst, die Heloten, wurde bei der eigenen Ernte benötigt. Diese kurzen Einfälle der Peloponnesier berührten die städtische Bevölkerung Athens nicht und schädigten die Bauern und Grundbesitzer weniger, als oft zu lesen ist. Es war leicht, Hütten und Höfe zu verbrennen, aber die Verwüstung von Feldern, Weingärten und Bäumen kostete Zeit und Mühe.

Auswirkungen auf den anfänglichen Kriegsverlauf hatte die Pest in Athen. Lakonien wurde von ihr weitgehend verschont, was man auf die Hilfe Apollons für Sparta zurückführte. Möglicherweise spielte die Blockade der Peloponnes durch die athenische Flotte dabei eine Rolle, da sie Schiffe und damit Überträger der Krankheit von Korinth und Megara fernhielt. 430 richteten die Athener wegen der Pest ein Friedensangebot an Sparta, das abgelehnt wurde; im nächsten Jahr verzichteten die Spartaner wegen der immer noch grassierenden Krankheit auf einen Einfall in Attika und griffen Plataiai an, das erst 427 erobert und geschleift wurde. Die männlichen Einwohner Plataiais wurden hingerichtet, die Frauen in die Sklaverei verkauft. Appelle an Sparta mit Hinweisen auf die Taten der Plataier gegen die Perser halfen nichts; Sparta benötigte dringend Geld.

Auch die Athener erreichten in den ersten Jahren nichts Erwähnenswertes. Eine Seeblockade der Peloponnes war schwierig und scheiterte zum größten Teil an den dunklen Nächten, den Morgennebeln und den begrenzten Möglichkeiten der Schiffe. Seit Herbst 431 fiel Athen zweimal jährlich mir Heer und Reiterei in Megara ein; dies unterstreicht, wie wichtig das Gebiet aus athenischer Sicht war. Erst als die Spartaner seit 425 keine Invasionen nach Attika mehr unternahmen, unterblieben auch die athenischen Angriffe auf Megara.

Als sich 428 Möglichkeiten boten, die Position der Athener in der Ägäis zu schwächen, konnten die Lakedaimonier diese nicht wahrnehmen. Die Vertreter zahlreicher Landbesitzer von Lesbos hatten sich 428 an Sparta gewandt, um Unterstützung bei einem Abfall von Athen zu erhalten. Um die Verhandlungen vor den Athenern geheimzuhalten, bestellten die Lakedaimonier die Vertreter Mytilenes zu den Olympischen Spielen des Jahres, bei denen ohnehin alle hellenischen Städte vertreten waren. Nach eingehenden Beratungen erklärten sie die Lesbier offiziell zu Bundesgenossen. Sie sandten zwar einen Flottenkommandanten (Nauarchen) mit wenigen Schiffen nach Mytilene, aber es zeigte sich bald, daß es nicht möglich war, einen nur auf dem Seewege erreichbaren Bundesgenossen ohne fremde Hilfe zu schützen. Das Unternehmen scheiterte, der Nauarch wurde gefangen und in Athen hingerichtet. In diesem Zusammenhang ist auch eine Fahrt des Spartiaten Alkidas zu sehen, der mit einer kleinen Flotte auf Lesbos erst nach der Kapitulation der Stadt eintraf. Er war offensichtlich mehr daran interessiert, Geldmittel für den Krieg aus privaten und öffentlichen Quellen zu sammeln (Ephesos und Milet) als militärische Erfolge zu erzielen.

Im Jahre 426 gründeten die Lakedaimonier in Mittelgriechenland die Kolonie Herakleia Trachinia; Auseinandersetzungen in diesem Gebiet, in welche die Dorier der Doris verwickelt waren, boten den Anlaß, und Sparta nutzte die Möglichkeit, sich in dieser Gegend eine strategische Basis zu schaffen. Die Kolonie hat die in sie gesetzten Erwartungen nicht erfüllt. Allerdings beweist die Gründung, daß sich in Sparta – wenngleich zögernd – die Ansicht durchsetzte, Athen sei nicht allein mit jährlichen Einfällen in Attika in die Knie zu zwingen.

Auch das folgende Jahr brachte zunächst keine Veränderungen. Während der König Agis in Attika einmarschierte – im Jahr zuvor war Archidamos gestorben und der Agiade Pleistoanax auf Anraten des delphischen Orakels aus dem Exil zurückgerufen worden –, griffen die Athener mit ihrer Flotte wiederum vereinzelte Punkte der Peloponnes an. Dabei gelang es ihnen, sich bei Pylos festzusetzen. Die Spartaner unternahmen zunächst nichts, sondern riefen Agis aus Attika zurück. Entweder unterschätzten sie die Athener oder wollten nichts ohne ihren König unternehmen; so hatten die Athener Gelegenheit, Pylos zu einer Festung auszubauen und von hier aus die Messenier und die messenischen Heloten zu einem Aufstand gegen Sparta aufzuwiegeln. Als ein Angriff auf die Athener fehlschlug und die lakedaimonischen Soldaten auf der Insel Sphakteria isoliert worden waren, bot Sparta einen Friedensvertrag an, in der Hoffnung, die Athener seien wie 430 dazu bereit. Doch die Verhandlungen scheiterten, und der Kampf ging weiter. Die Athener griffen unter Kleon die Lakedaimonier auf der Insel mit Steinen und Pfeilen an. Von 420 Soldaten, die sich auf Sphakteria befunden hatten, waren 292 übriggeblieben, die schließlich kapitulierten. Das Erstaunen des Thukydides über diese Kapitulation zeigt die Einschätzung der Spartiaten bei den Griechen der damaligen Zeit, zeigt, wie ernst man die Leonidaslegende genommen hatte. Etwas Derartiges hatte man nicht erwartet, und es entsprach nicht dem seit den Thermopylen gepflegten Mythos. Unter den Gefangenen befanden sich 120 Spartiaten. Athen konnte den propagandistischen Aufwind nutzen und erhöhte die Tribute seiner Bündner.

Es war in den folgenden Jahren das Ziel der spartanischen Politik, diese Gefangenen frei zu bekommen und den Abzug der athenischen Besatzung aus Pylos zu erreichen, da ein Aufstand der Messenier zu befürchten war. Aristophanes schildert diese spartanischen Versuche, ein Abkommen mit Athen zu schließen, in dem 421 aufgeführten ‚Frieden‘ (665-667):

> Nach der Affär' in Pylos kam sie (gemeint ist Eirene,
> die Friedensgöttin bzw. Sparta) selbst
> Mit einer Kiste voll Verträgen her,
> Und dreimal habt ihr sie hinausvotiert.

Es waren von nun an ausschließlich eigene Interessen, die Spartas Politik leiteten; dies mußte notwendigerweise zu einer Verstimmung der Bündner führen.

Das Jahr 424 brachte für beide Seiten Erfolge. Die Athener besetzten unter Nikias die Insel Kythera, eine günstig gelegene Basis für weitere Angriffe auf die Peloponnes. Allerdings ging ihnen Zentralgriechenland verloren, als sie im gleichen Jahr bei Delion von den Boiotern geschlagen wurden. Der Spartiate Brasidas brach nach Thrakien auf und nutzte die spartanischen Möglichkeiten, mittels eines Landheeres einige Küstenstädte aus dem Attischen Seebund herauszulösen. Nach kurzer Zeit gewann er Akanthos und Stageira; bald öffnete ihm auch Amphipolis die Tore, eine wichtige Stadt an der thrakischen Küste. Hier befanden sich Erzgruben, von hier aus kam Holz für Athen und konnte die Einfahrt in den Strymon und der Weg an der Küste entlang zum Schwarzmeergebiet kontrolliert werden. Die Leistung des Brasidas wird von Thukydides herausgestrichen; dabei darf man sicherlich nicht außer acht lassen, daß der Historiker seinetwegen seine politische Laufbahn beenden mußte und deshalb viel tat, um dies als Niederlage gegen den ‚Besten‘ darzustellen und das eigene Versagen erträglicher zu machen. Im Jahre 423 schlossen die kriegführenden Parteien einen Waffenstillstand. Da jedoch weitere Städte zu Brasidas übergingen, blieb Thrakien bis 422 Kriegsschauplatz. In diesem Jahr erreichte der Athener Kleon das Kampfgebiet, von seiner Heimat ebenso halbherzig unterstützt wie Brasidas von Sparta. Als in einer Auseinandersetzung vor Amphipolis, die mit einem Sieg der Lakedaimonier endete, beide Feldherren fielen, setzten sich auf beiden Seiten die Anhänger eines Friedensschlusses immer mehr in Szene, besonders in Athen, wo Nikias für ein Ende der Feindseligkeiten votierte.

Der folgende Winter, wie immer eine Zeit der Diplomatie, wurde zu Verhandlungen genutzt, aus denen der Friede von 421 resultierte, der im März unterzeichnet und beschworen wurde. Zu den abschließenden Beratungen hatten die Lakedaimonier eine Versammlung der Bündner nach Sparta einberufen, um in Anwesenheit der Athener über den Vertrag abstimmen zu lassen. Von den Peloponnesiern sprach sich die Mehrheit für den Vertrag aus, nur Korinth, Elis und Megara stimmten dagegen; dies waren zwar militärisch wichtige Mitglieder, die aber gleichwohl nur jeweils eine Stimme hatten. Die Vertragspartner, die den Frieden jährlich erneut beschwören sollten, waren Athen auf der einen Seite, Sparta und die Verbündeten auf der anderen, deren politische Selbständigkeit auch vertraglich zum Ausdruck kam.

Dieses Ende des sogenannten archidamischen Krieges enttäuschte beide Seiten. Die Zeit im Anschluß an den Nikias-Frieden, der seinen Namen nach dem athenischen Politiker erhielt, illustriert in aller Deutlichkeit die Unfähigkeit griechischer Poleis zum friedlichen Nebeneinander, Sparta nicht ausgenommen. Es hatte ein fünfzigjähriger Friede werden sollen, nachdem bereits dem dreißigjährigen von 446 nur fünfzehn Jahre beschieden gewesen waren. Sparta sollte Amphipolis an Athen zurückgeben, ebenso Panakton, eine athenische Grenzfestung, die sich im Besitz der Boioter befand. Athen hatte Pylos und Sphakteria zu übergeben, die Insel Kythera und andere Orte zu räumen. Schließlich sollten die Kriegsgefangenen ausgetauscht werden.

Zunächst weigerten sich vier von Spartas Verbündeten, die Bedingungen zu akzeptieren. Boiotien, durch den Sieg von Delion über Athen mit neuem Selbstvertrauen ausgestattet, gab Panakton nicht zurück. Megara war entschlossen, weiter zu kämpfen, da die Athener den Hafen Nisaia nicht herausgaben; diese begründeten es damit, daß Theben Plataiai nicht räumte, das sich nach Ansicht der Thebaier allerdings freiwillig ergeben hatte. Elis sah ebenso Gründe für die Fortsetzung des Krieges wie Korinth, das sich über die athenische Weigerung beklagte, zwei korinthische Kolonien auszuliefern, und daher auf eine Fortsetzung des Krieges hinarbeitete. Hatte sich das peloponnesische Bündnissystem bis zu diesem Zeitpunkt bewährt, so begann es nun, am Widerstand der Korinthier und anderer Staaten gegen die Bedingungen des Friedensvertrages auseinanderzubrechen. Sparta hatte Zusagen an Athen gegeben, die es nicht einhalten konnte, da die Verbündeten sich nicht an seine Abmachungen gebunden fühlten; es hatte zu dieser Zeit einen „schlechten Namen" (Thukydides 5, 28, 2).

Daher beschloß man in Sparta, allein mit Athen ein Abkommen zu treffen, das gegenseitige militärische Hilfe bei einem feindlichen Angriff vorsah. Dadurch erreichte Sparta eines seiner Ziele: Athen gab die Gefangenen von Sphakteria heraus. Auf der Peloponnes wuchs das Mißtrauen gegen Sparta noch mehr, so daß sich Korinth, Argos, Mantineia und Elis zusammenschlossen. Spartas wichtigste Verhandlungsziele mit Athen waren: die Übergabe von Pylos und der Abzug der Messenier von dort; letzteres gestand Athen zu. Um auch die Rückgabe von Pylos zu erreichen, mußten die Spartaner die Boioter veranlassen, Panakton herauszugeben, der Preis, den Athen verlangte. Gegen ein Bündnis mit Sparta unter den gleichen Bedingungen wie dasjenige Spartas mit Athen – gegenseitige militärische Hilfe bei einem feindlichen Angriff – waren die Boioter dazu bereit; Sparta schloß dieses Abkommen. Damit verpflichteten sich die Spartaner, bei einem eventuellen Angriff Athens auf Boiotien den Boiotern zu Hilfe zu kommen, bei einem eventuellen Angriff der Boioter gegen Athen aber die Athener zu unterstützen. Für die Befreiung von Pylos war ihnen jedoch jedes Mittel recht. Als die Spartaner Panakton endlich an Athen zurückgeben konnten, war diese Festung von den Boiotern zerstört worden. Weitere Mißstimmigkeiten zwischen Athen und Sparta, die sich bald wieder einstellten und durch die Unternehmungen des Atheners Alkibiades, der jetzt die politische Bühne betrat, geschürt wurden, veranlaßten Athen zu einem Abkommen mit Argos, Mantineia und Elis; damit herrschte faktisch wieder Krieg.

Nach zahlreichen kleineren Aktionen kam es 418 zu der größten Landschlacht des gesamten Peloponnesischen Krieges. Bei einem ersten Feldzug in diesem Jahr hatte Agis einen viermonatigen Waffenstillstand mit den Argeiern ausgehandelt, um nochmals zu versuchen, die Differenzen durch Verhandlungen zu lösen. Es gab auf der einen Seite in Argos eine Gruppe von Adligen, die den Frieden mit Sparta suchte, während Agis auf der anderen Seite die Chance sah, durch diese Gruppe mit Argos zu einer Verständigung zu kommen. Da er dieses Abkommen auf eigene Verantwortung geschlossen hatte und die Argeier den Waffenstillstand zu militärischen Aktionen gegen andere Städte der Peloponnes nutzten, verurteilte die spartanische Volksversammlung den König wegen seines Vorgehens. Auf seine Zusage hin, nach Ablauf des Waffenstillstandes gegen Argos zu ziehen, wurde diese Verurteilung rückgängig gemacht; Agis wurde auch in der Folgezeit zum Anführer bei Feldzügen gewählt, da seine militärischen Fähigkeiten unumstritten waren. Dies erwies auch die Schlacht bei Mantineia. Mantineia war nicht nur ein Erfolg der Disziplin der lakedaimonischen Soldaten, sondern vor allem das Verdienst des Königs Agis und seines taktischen Geschicks. Der Sieg stellte Spartas Prestige wieder her. Argos suchte den Weg der Verständigung mit Sparta und schloß einen fünfzigjährigen Friedensvertrag. Damit wäre das Gleichgewicht, das während des 5. Jahrhunderts lange Zeit wenigstens nach außen einen wenngleich brüchigen Frieden garantiert hatte, wieder hergestellt gewesen, hätte nicht Athens Sizilienabenteuer seit 415 dieses Gleichgewicht wieder in Frage gestellt. Von diesen Ereignissen wurde auch Sparta betroffen, als Alkibiades, von Athen vor Gericht gezogen, an den Eurotas floh. Dort trafen auch Gesandte von Syrakus ein, die um Unterstützung baten. Der Spartiate Gylippos, von korinthischen Schiffen unterstützt, brach nach Sizilien auf. Dort übernahm er den Oberbefehl, weil er Spartiate war; bis Ende des Jahres 414 hatte er Athens Übergewicht in Syrakus in ein Gleichgewicht verwandelt.

Auf Anraten des Alkibiades sollen die Spartaner im Winter 414 auf 413 den Entschluß gefaßt haben, in der Auseinandersetzung mit den Athenern die Initiative zu ergreifen. Sie planten, den Ort Dekeleia in Attika zu einer Festung auszubauen, und trieben dafür bei den Verbündeten eisernes Werkzeug sowie Gerät für den Festungsbau ein. Die Wahl gerade des Ortes Dekeleia erhellt eine Erzählung Herodots (9, 73): „Als einst die Tyndariden auf der Suche nach der geraubten Helena mit einem großen Heer ins attische Land einbrachen und die Dörfer zerstörten, da sie nicht wußten, wo Helena verborgen gehalten wurde, da sollen die Dekeleier ... den Tyndariden alles entdeckt haben. Zum Lohn für diese Tat haben die Dekeleier noch heutigen Tages Abgabenfreiheit und Ehrenrechte in Sparta; ja noch in dem viele Jahrhunderte späteren Kriege zwischen Athen und den Peloponnesiern verschonten die Lakedaimonier Dekeleia, wenn sie Attika verwüsteten." Es geht nicht darum, ob diese Geschichte wahr ist, wenn nur die Spartaner sie für wahr hielten; denn solche Beziehungen aus grauer Vorzeit wurden ernst genommen. Zur Sicherung des Nachschubs für die Besatzung und zur Verhinderung einer Belagerung durch die Athener war die Hilfe der Boioter notwendig, die seit Delion das Grenzgebiet zu Attika wieder kontrollierten. Im Sommer 413 befestigten die Spartaner Dekeleia: Damit begann der Abschnitt des Krieges, den man den dekeleisch-ionischen nennt.

Die ständige Besetzung der Festung Dekeleia stellte für Attika die bis dahin größte Bedrohung dar; vor allem die attischen Bauern waren im Gegensatz zu früher stets der Gefahr ausgesetzt, von den Spartanern angegriffen zu werden. Nur 20 km nördlich von Athen sitzend, konnten die Spartaner jederzeit schnell und überraschend fast alle Teile Attikas erreichen. Die Bauern legten, soweit sie auf dem Lande verblieben und nicht zu Heeresdiensten eingezogen wurden, Wehrdörfer an. Wie ein Beispiel in Lathouresa bei Vari zeigt, waren diese zwar nicht geeignet, einer längeren Belagerung standzuhalten, aber dergleichen brauchte man nicht zu befürchten, da es sich bei den Lakedaimoniern immer nur um kleinere Streiftrupps handelte.

Im Winter 413 auf 412 erreicht die Nachricht der athenischen Niederlage in Sizilien Hellas. Athen schien vernichtet, überall erhob sich Widerstand. Auch die Satrapen des persischen Großkönigs sahen die Gelegenheit gekommen, in die innergriechischen Entscheidungen einzugreifen, und eröffneten die Verhandlungen mit Sparta. So schloß der Satrap von Ionien, Tissaphernes, mit Sparta ein Abkommen, in dem der Besitzanspruch Persiens auf die Griechenstädte Kleinasiens von den Lakedaimoniern offiziell zugestanden wurde. Um die Abhängigkeit von Persien aber nicht über das Kriegsende hinaus zu verlängern, verpflichteten sich die Lakedaimonier, die persischen Gelder, die dem Bau von Schiffen und der Besoldung der Flottenmannschaften dienten, als Anleihen zu betrachten und sie zurückzuzahlen. Mehrere ,Angebote' trafen auch von athenischen Bündnern ein: Die Lesbier und Euboier wandten sich direkt an Agis in Dekeleia, Chios und Erythrai sandten ihre Unterhändler nach Sparta. Die Überlegung, daß man auf Lesbos bereits einmal gescheitert war, und das bessere Angebot der Chier, die eine Flotte von 60 Schiffen besaßen, gaben den Ausschlag: Chios und Erythrai wurden in den Bund aufgenommen. Gerade in diesem Fall zeigt sich das Bemühen Spartas, die auswärtigen Kriege unter weitgehender Schonung des eigenen Aufgebots zu führen. Man beschränkte sich auf die Aussendung von Garnisonskommandanten, die mit den zum Kriegsdienst rekrutierten freigelassenen Heloten und den Perioiken, für persisches Geld gemieteten Soldtruppen und den Kräften der zu gewinnenden Stadt operierten.

411 brachen in Athen Unruhen aus. Während Sparta Abydos am Hellespont eroberte, fiel Euboia von Athen ab und blieb mit peloponnesischer Hilfe unabhängig. Doch der spartanische Erfolg war nur kurzfristig, da Athen bald zur Gegenoffensive übergehen konnte. Zudem erwies sich die Unterstützung des Tissaphernes als keineswegs sicher, zumal inzwischen Alkibiades eine Verständigung mit ihm erreicht hatte und den Satrapen in seiner Haltung unterstützte, Athen und Sparta gegeneinander auszuspielen. Die Athener überstanden die innenpolitischen Schwierigkeiten der Jahre 411/10 und vernichteten im Frühjahr 410 unter der Führung des Alkibiades, der erneut die Fronten gewechselt hatte, die Flotte der Peloponnesier bei Kyzikos. Der lakedaimonische Admiral Mindaros fiel, und sein Stellvertreter sandte die Nachricht nach Sparta: „Hölzer (d.h. Schiffe) verloren. Mindaros tot. Männer hungern. Wir wissen nicht, was tun" (Xenophon, Hellenika 1, 1, 23).

Sparta bot Athen einen Friedensvertrag an, der abgelehnt wurde. Neue Hoffnung brachte ein Angebot des persischen Satrapen der hellespontischen Region, Pharnabazos, der ein zuverlässigerer Helfer als Tissaphernes war. Von nun an flossen die unerschöpflichen Geldquellen des Perserreiches stetig nach Sparta. Pharnabazos sah die Lage klar: Athen konnte so viele Siege erringen, wie es wollte, die Getreidezufuhr aus dem Schwarzmeergebiet als Existenzgrundlage Athens blieb dem Würgegriff einer immer wieder erneuerten peloponnesischen Flotte ausgesetzt. Zunächst errang Athen Erfolge, 408 bei Byzantion, 407 bei Samos. Doch in diesem Jahr übernahm auf spartanischer Seite Lysandros das Flottenkommando, während bei den Persern Kyros, der jüngere Sohn des Großkönigs, als Oberbefehlshaber der Truppen, welche die Satrapen Kleinasiens zu stellen hatten, die ‚ägäische Außenpolitik' gestaltete. Einen ersten Anfangserfolg mit der neuen Flotte errang Lysandros im Frühjahr 406. Zwar erlitten die Athener bei Notion eine verhältnismäßig unbedeutende Schlappe, die aber in Athen Eindruck machte, da man auf große Siege unter der Führung des Alkibiades gerechnet hatte und selbst der Verlust von fünfzehn Schiffen bei schwindenden Ressourcen wog. Die Panne wurde durch den überzeugenden Seesieg der Athener in der Schlacht bei den Arginusen noch im gleichen Jahr wettgemacht. Erneut bot Sparta Athen Friedensverhandlungen an, erneut wurden sie abgelehnt. Im nächsten Jahr kamen die Lakedaimonier der Forderung ihrer kleinasiatischen Verbündeten nach und entsandten Lysandros wiederum nach Ionien. Um das Gesetz zu umgehen, das die wiederholte Wahrnehmung des Flottenkommandos durch denselben Spartiaten verbot, ernannten sie nominell Arakos zum Admiral und Lysandros zu dessen Stellvertreter, de facto war die Flotte aber dem Kommando des Lysandros unterstellt. Dieser nutzte seine guten Beziehungen zu Kyros und erreichte neue Zusagen persischer Hilfsmittel. Auf diese Weise konnte er einer attischen Flotte von 180 Schiffen mit einer eigenen von 200 entgegentreten.

Die Entscheidung fiel bei Aigospotamoi: Die Athener gruppierten ihre Schiffe in Schlachtformation, kehrten aber zum Strand zurück, als Lysandros das Angebot zum Kampf nicht annahm; dies ging drei Tage so fort. Als die Athener am darauffolgenden Tag ihre Flotte wieder an Land gezogen hatten und die Soldaten sich von den Schiffen entfernten, griff Lysandros an. Die athenische Flotte hörte mit diesem Tag auf zu existieren; nur neun Schiffe entkamen. Aus Anlaß dieses Sieges stellten die Lakedaimonier später eine gewaltige Statuengruppe in Delphi auf: Die Dioskuren, Zeus, Apollon, Artemis und Poseidon umringten Lysandros sowie den Priester und Schiffsführer des Admiralsschiffes. Um diese Gruppe wiederum waren achtundzwanzig Persönlichkeiten postiert, die Lysandros unterstützt hatten, Schiffsführer und Männer, die in den verschiedensten Städten als Machthaber Spartas eingesetzt waren.

Die Niederlage von Aigospotamoi läutete das Ende des Peloponnesischen Krieges ein. Lysandros rückte mit seiner Flotte langsam gegen Athen vor, indem er auf dem Wege attische Stützpunkte aufhob. Zur Sicherung der Herrschaft installierte er, wo dies möglich war, spartiatische Offiziere mit einer Besatzung. Den athenischen Soldaten und Siedlern erlaubte er die Rückkehr in ihre Heimat, um die Bevölkerungszahl in Athen ansteigen zu lassen und die Versorgungskrise zu beschleunigen.

Während Agis die Besatzung in Dekeleia leitete, marschierte Pausanias, der andere lakedaimonische König, in Attika ein. Lysandros lagerte mit der Flotte vor dem Piräus. In einer Versammlung des Peloponnesischen Bundes forderten einige Mitglieder die vollständige Vernichtung Athens: „Die Lakedaimonier aber lehnten es ab, eine hellenische Stadt zu versklaven, die Hellas einst, als es in der äußersten Gefahr schwebte, einen großen Dienst erwiesen habe. Sie waren vielmehr bereit, Frieden zu schließen unter folgenden Bedingungen: Die Athener sollten die langen Mauern und die Befestigungen des Piräus niederreißen, ihre Flotte bis auf zwölf Schiffe ausliefern, die Verbannten zurückkommen lassen und dann dieselben als Feinde und als Freunde betrachten wie die Lakedaimonier" (Xenophon, Hellenika 2, 2, 20). Diese Friedensbedingungen, die Athen akzeptierte, beendeten den Peloponnesischen Krieg. Im April 404 fuhr Lysandros in den Piräus ein. In den nächsten dreißig Jahren hing die griechische Geschichte nun von Sparta ab.

Hermann Bengtson

Perikles

Perikles' Name ist für immer mit dem Höhepunkt der attischen Geschichte in der Pentekontaetie, aber auch mit dem Ausbruch des Peloponnesischen Krieges verbunden. Licht und Schatten liegen hier dicht nebeneinander, und der Historiker wird sich die Frage vorlegen müssen, ob der Krieg eine Notwendigkeit gewesen ist. Gab es denn keine andere Möglichkeit, den Konflikt mit Korinth und den anderen Peloponnesiern zu vermeiden?

Perikles muß davon überzeugt gewesen sein, daß der von ihm aufgestellte Kriegsplan innerhalb einer begrenzten Zeit für die Athener zum Erfolg führen würde. Und nur unter dieser stillschweigenden Voraussetzung hatte er die Zustimmung seiner Mitbürger erlangt, in die kriegerische Auseinandersetzung einzutreten. In *einem* Punkt hatte er sich allerdings verrechnet: er hatte die Moral und die Widerstandskraft der Peloponnesier unterschätzt, vor allem auch ihre militärische Leistungsfähigkeit. Aber es war kein Leichtsinn, der ihn in den Krieg geführt hat. Perikles war davon überzeugt, daß der Krieg ohne eine schwere Demütigung Athens nicht vermieden werden könne. Er ist in den Krieg eingetreten, nachdem er alle nur menschenmöglichen Vorbereitungen getroffen hatte. Wer einen Krieg beginnt, der will ihn auch gewinnen, und ohne das Dazwischentreten der Pest wäre der Sieg nahe gewesen, denn es darf vermutet werden, daß die Peloponnesier ihre Einfälle in Attika eingestellt hätten, sobald sie deren Nutzlosigkeit eingesehen hatten. Doch hat es keinen Wert, darüber Betrachtungen anzustellen, was alles geschehen wäre, wenn die Pest *nicht* eingetreten wäre.

In einer neueren Untersuchung, in der von Ekkehart *Meinhardt*, Perikles bei Plutarch (Diss. Frankfurt a. M. 1957), findet sich die Behauptung, die Bezeichnung „perikleisches Zeitalter" sei ein manifester Irrtum der modernen Geschichtswissenschaft von Ernst Curtius über Eduard Meyer, K.J. Beloch bis hin zu meiner eigenen Griechischen Geschichte. Diese Historiker hätten Perikles im verklärten Glanz eines kulturschaffenden Friedensfürsten gesehen, eine Auffassung, die als eine moderne Konstruktion bezeichnet werden müsse. Sowohl bei Thukydides wie auch bei Plutarch sei Perikles der Mann, der von langer Hand die kriegerische Auseinandersetzung mit Sparta vorbereitet habe. Für die Bauten und die Künstler habe sich Perikles gar nicht interessiert – aber schon hier zeigt es sich, daß diese Behauptung den Quellen nicht gerecht wird, die eindeutig das Gegenteil bezeugen. Plutarch habe Perikles als eine einsame und verschlossene Persönlichkeit, als eine ängstlich beharrende Natur von beinahe peinlicher Gründlichkeit gezeichnet, von Genialität sei bei Plutarch keine Spur im Bild des Perikles zu finden! Aber selbst Meinhardt kann nicht leugnen, daß Perikles für die athenischen Bauten verantwortlich war, er hat für diese das Geld bereitgestellt, das aus den Beiträgen der Seebundsmitglieder stammte, er hat dafür gesorgt, daß die Bevölkerung Athens Arbeit fand, und er hat Wert darauf gelegt, die Macht Athens auch in den Bauten nach außen hin vor aller Welt zu dokumentieren. Aber dies alles sei noch keine Kulturpolitik. Meinhardt berührt sich hier mit Wilamowitz, der vor vielen Jahren den Satz niedergeschrieben hat: „Keine Spur führt darauf hin, daß für irgendeine Kunst eine Ader in ihm geschlagen habe."

Hierzu wäre zu bemerken, daß Plutarch die Leistungen des Perikles als Stratege besonders hervorgehoben hat, aber dies ist auf die Quellen zurückzuführen, bei denen Kriege und kriegerische Ereignisse im Vordergrund standen – für kulturelle Dinge hatten sie kein Verständnis. Man kann wirklich nicht davon sprechen, daß Plutarch seinen Helden Perikles als einen ausgesprochenen Kriegstreiber gezeichnet hat, und wenn in seiner Darstellung die Kriegsereignisse überwiegen, so ist es nicht die Schuld des Biographen. Mit seiner Bemerkung, Perikles sei für Plutarch keine irgendwie herausragende Persönlichkeit gewesen, und seine Zeit keine besondere Epoche, schießt Meinhardt weit über das Ziel hinaus, und wenn man bei ihm liest: „Die Quellen rechtfertigen es daher in keiner Weise, wenn in dem Ausdruck vom perikleischen Zeitalter die kulturellen Leistungen gerade mit seinem Namen verknüpft sind", so fragt man sich: Mit welchem Namen denn sonst? Ohne die Initiative des Perikles wäre Athen das geblieben, was es gewesen war: eine typische Provinzstadt, unter Perikles aber wurde sie nicht nur die reichste, sondern auch die schönste Stadt in ganz Griechenland. Und wenn ihn Plutarch in seiner Bedeutung nicht ganz erfaßt hat, so kann doch nicht der geringste Zweifel darüber bestehen, daß sich die attische Geschichte in der Mitte des 5. Jahrhunderts v. Chr. vornehmlich um Perikles gruppiert. Mag sein, daß Plutarch ihn nicht verstanden hat, dafür hat ihn aber Thukydides verstanden, und dieser hat auch gewußt, daß Perikles der Lenker des athenischen Staates gewesen ist: Athen sei nur dem Namen nach eine Demokratie, in Wahrheit aber die Herrschaft des ersten Mannes gewesen.

Die entscheidende Frage ist die: Was hat Perikles für Athen und für Griechenland geleistet? Er hat seine Vaterstadt auf die Höhe der Entwicklung und der Entfaltung ihrer Kräfte geführt, unter ihm ist Athen eine Großmacht geworden, wie sie vorher in Griechenland nicht existiert hatte. Gestützt auf eine machtvolle Flotte hatte Athen jahrzehntelang die Weltpolitik in entscheidender Weise mitbestimmt, im Westen und im Osten hatte sich die athenische Führung bemerkbar gemacht, in Sizilien, Unteritalien, aber auch in Kleinasien, in Ägypten und nicht zuletzt auch in weiten Gebieten des griechischen Mutterlandes. Perikles ist es gelungen, die Politik der Athener zu Wasser und zu Lande zu koordinieren, er hat den Frieden des Kallias geschlossen, wodurch die Gefahr von seiten der Perser für viele Jahrzehnte beseitigt war, er hat den Delisch-Attischen Seebund zu einem machtvollen Instrument Athens umgeschmiedet, er hat für die Sicherheit der Meere gesorgt und den Bürgern Brot und Arbeit verschafft. Perikles ist es gewesen, der Diäten eingeführt hat – ob diese Maßnahme glücklich gewesen ist, darüber gehen die Ansichten in der neueren Forschung auseinander. Es gibt sogar Historiker, die von der Verwandlung des Leistungsstaats in einen Wohlfahrtsstaat sprechen, aber dies scheint übertrieben, denn die Diäten garantierten den Ratsherren und den Geschworenen nur das Existenzminimum, reich ist wohl niemand von ihnen geworden. Aber immerhin, es war ein Anfang auf einem Weg, der nicht ganz ungefährlich war, da die Begehrlichkeit der Massen geweckt wurde.

Und welche Bewandtnis hat es mit der Demokratie unter Perikles? Nominell regierte in Athen das Volk durch seine gesetzmäßigen Organe, vor allem durch den Rat und die Volksversammlung, jeder konnte in ihr auftreten und zu politischen und anderen Problemen öffentlich Stellung nehmen. In Wirklichkeit aber regierte Perikles, der viele Jahre lang im Strategenkollegium eine führende Stellung einnahm – ohne seinen Willen konnte in Athen nichts von Bedeutung geschehen, und die anderen Strategen haben sich ihm in der Regel untergeordnet. Und die Opposition? Gewiß, auch die hat es gegeben; Thukydides, der Sohn des Melesias, der die Sache der Bundesgenossen zu seiner eigenen gemacht hatte, wäre hier vor allem zu nennen – aber er mußte, wie so viele andere vor ihm, in die Verbannung gehen. Doch der Widerstand gegen Perikles war damit nicht erloschen [...]. Wenn die wichtigste Aufgabe des Staatsmannes darin besteht, die Massen zu zähmen und ihre Mitarbeit für das Staatswohl zu gewinnen, so hat Perikles dies in die Wirklichkeit umgesetzt. Entscheidend ist seine Aktivität, die sich auf vielen Gebieten entfaltet hat: in der Politik und Kriegführung, in der Diplomatie und in der Sorge für den Frieden, in der Wirtschaft und in der Arbeitsbeschaffung, und nicht zuletzt in der Sorge für den Kult, dem auch die Aufführungen der

Tragödien und Komödien zu dienen hatten. Unter Perikles hat Athen viele Feste gefeiert, von denen die Panathenäen und die Dionysien die wichtigsten und prachtvollsten gewesen sind. In ihnen offenbart sich das Wesen des athenischen Volkes, das nicht nur ernste Arbeit, sondern auch Zerstreuung und Spiele zu schätzen wußte. Und gerade dies hat Perikles in der Rede zu Ehren der Gefallenen bei Thukydides hervorgehoben. In diesem Fall wird man annehmen dürfen, daß sich der Historiker ganz im Sinn des großen Staatsmannes ausgedrückt hat, mag er die Reden auch selbst komponiert haben.

Als Perikles 429, im Alter von ungefähr sechzig Jahren, verstarb, lag die Zukunft Athens im dunkeln. Groß waren die Opfer gewesen, die Athen bereits in den ersten Kriegsjahren gebracht hatte, doch war noch nichts entschieden, und niemand hätte voraussehen können, daß der Krieg, nimmt man ihn als Ganzes, noch über zwei Jahrzehnte dauern würde. Hätte Perikles überhaupt diesen Krieg begonnen, wenn er dies gewußt hätte? Doch seine Führung war im wesentlichen zweckmäßig gewesen. Wenn er sich gelegentlich in der Beurteilung der Lage geirrt hat, so wird man ihm dies nachsehen müssen, denn die Verhältnisse waren außerordentlich schwierig, und es mag auch gelegentlich vorgekommen sein, daß seine Mitbürger die Intentionen des führenden Mannes nicht verstanden haben. Es ist das Verdienst des Geschichtsschreibers Thukydides, in seinem Werk nicht nur der Persönlichkeit, sondern auch der Politik des Perikles weithin gerecht geworden zu sein. Denn darüber kann es keinen Zweifel geben: Perikles war der größte Mann, den Athen nach der Verbannung des Themistokles hervorgebracht hat. Und in mancher Hinsicht erscheint Perikles als sein Erbe. Er hat Athen zum ersten Staat in Griechenland erhoben, und dies konnte nur geschehen, weil den Athenern die Machtmittel des großen Delisch-Attischen Seebundes uneingeschränkt zur Verfügung standen. Ohne straffe Disziplin war die Führung des Bundes nicht möglich, und wenn sich die Seebundsstaaten wiederholt über die Unterdrückung durch die Athener beschwert haben, so hatten sie von ihrem Standpunkt aus natürlich recht. In der Tat hat sich Athen nicht überall Sympathien erworben, dazu waren die Interessen der Seebundsangehörigen und der Athener zu verschieden. Und Perikles befand sich in einer Zwangslage; er durfte es nicht zulassen, daß sich in der Mitte des Seebundes Bewegungen bemerkbar machten, die das innere Gefüge schwächen und letzten Endes zur Auflösung der großen Kampfesorganisation führen konnten. Perikles hat, wo es notwendig war, diesen Bewegungen Einhalt zu bieten versucht, und in den meisten Fällen ist ihm dies auch gelungen.

Bei der Beurteilung der perikleischen Politik ist nicht zu übersehen, daß sie in Präsenz des Perserreiches geführt werden mußte. Die unmittelbare Gefahr war zwar seit dem Frieden des Kallias (449/8) gebannt, aber immer wieder gab es Zeiten, in denen sich das Schwergewicht der Perser bemerkbar machte. Es sei hier nur an den Samischen Aufstand erinnert.

Und wie steht's mit der Innenpolitik? War Perikles ein Demokrat oder war er schlechthin ein Opportunist, dem jedes Mittel recht war, wenn es nur seiner Politik dienen konnte?

Ein Demokrat, wie man diesen Begriff heute versteht, war er sicherlich nicht, und das, was er in Athen geschaffen hat, war auch keine Demokratie in modernem Sinn. Man bedenke vor allem, daß nur eine Minderheit, die Vollbürger, an den politischen Entscheidungen Anteil gehabt hat. Die Metöken und Sklaven, so wichtig sie auch für die Wirtschaft gewesen sind, zählten politisch nicht – von den Frauen ganz abgesehen. Perikles hatte es mit den Vollbürgern zu tun, aber nicht alle von ihnen verfügten über politische Einsicht, denn sie waren weithin von den Demagogen abhängig, doch solange Perikles die Zügel der Regierung in seinen Händen hatte, vermochte er das Volk von Athen auf den Weg zu führen, den er für den richtigen hielt. Vielleicht hat er sich gelegentlich geirrt, aber im ganzen hat er in seiner Politik das Nützliche mit dem Notwendigen verbunden. Solange Perikles im Amt war, ist der Gedanke, sich seiner Person durch Ostrakismos zu entledigen, gar nicht aufgekommen. Dies aber zeigt, daß er über eine Gefolgschaft verfügte, die ihm unentwegt die Treue gehalten hat, auch in kritischen Zeiten wie nach dem Untergang der athenischen Expedition in Ägypten (454). Als jedoch die große Pest die Athener dezimierte, da wurde es anders. Die Bevölkerung Athens befand sich in einer Ausnahmesituation, eine Prüfung ähnlicher oder auch nur annähernd vergleichbarer Art hatte sie in der Vergangenheit noch nie zu bestehen gehabt.

Die Außenpolitik Athens bewegte sich zwischen dem Druck des Perserreiches und der unverhohlenen Feindschaft der Peloponnesier. So befand sich Perikles jahrzehntelang gewissermaßen zwischen Scylla und Charybdis, und dazu kam noch die Opposition im Innern. Es muß dem Perikles hoch angerechnet werden, daß er niemals die Zuflucht zu völkerrechtswidrigen Handlungen genommen hat. Wenn irgendein Staatsmann, so hat Perikles die ungeschriebenen Gesetze des Völkerrechts beachtet, in dieser Hinsicht ein Vorbild für viele, und man kann sich nicht vorstellen, daß Perikles das Vorgehen der Athener gegen Melos im Jahre 416 gebilligt hätte. Es hat ihm völlig ferngelegen, sich eine ungesetzliche Gewalt anzueignen, auch nicht in schwierigen Zeiten, wie sie der Ausbruch des Peloponnesischen Krieges im Jahre 431 mit sich brachte. Das Verhalten des Perikles ist ein hohes Beispiel für politische Einsicht und politische Führungskunst allein durch persönliche Überzeugung, da eine geschriebene Verfassung nicht existierte. Besäßen wir auch nur einige wenige von den Reden des Perikles, so wüßten wir gewiß mehr von seinem Führungsstil, denn das, was bei Thukydides aufgezeichnet steht, mag zwar im Sinne des Perikles gewesen sein – aber die Reden stammen von Thukydides. Und was vollends die Komödie über Perikles zu berichten weiß, trägt vielfach den Stempel tendenziöser Erfindung an der Stirn. Wie gewaltig seine Beredsamkeit gewesen ist und wie sehr Perikles damit seine Hörer beeindruckte, das hat der Komödiendichter Eupolis selbst erfahren.

Aber dies ist alles vergangen, und die Mühen der modernen Historiker, ein lebensvolles Porträt des attischen Politikers und Staatsmannes zu zeichnen, sind nicht immer erfolgreich gewesen; dies aber ist vor allem Schuld der Quellen, die sowohl im ganzen als auch im einzelnen unzulänglich sind. Die Politik des Perikles ist jedoch in großen Zügen bekannt, und dies allein genügt, um Perikles in die Zahl der größten griechischen Staatsmänner einzureihen. Perikles hat es verstanden, das Volk von Athen seinen Ideen dienstbar zu machen, er hat Athen zu einer Großmacht erhoben. Mit Recht hat man seiner Epoche den Namen des Perikleischen Zeitalters gegeben. Sie ist neben der Zeit des Augustus ein ganz unbestrittener Höhepunkt der antiken Geschichte, ihre Leuchtkraft ist auch heute noch nicht erloschen.

Antje Krug

Hippokrates

Die griechische Kultur erreichte im 5. Jh. v. Chr. einen Höhepunkt, der bis heute als klassisch empfunden wird. Die Schöpfungen der Kunst, der Architektur und der Dichtung vollendeten die vorangegangene Entwicklung und waren zugleich richtungsweisend für den Weg, den die griechische Kultur in den folgenden Jahrhunderten nahm. Ganz im Einklang mit der Klassik dieser Zeit zeichnete sich auch in der noch jungen Wissenschaft der Medizin ein Höhepunkt ab, der zugleich fast den Charakter eines Neubeginns hatte. In diese Zeit fällt das Leben des Hippokrates, den die Medizinhistoriker der Antike einhellig als den Arzt nennen, dessen

Wirken der Heilkunde die entscheidende Wende gab: „Die folgende Geschichte der Medizin lag merkwürdigerweise in tiefstem Dunkel verborgen, bis zum Peloponnesischen Krieg. Dann hat Hippokrates sie wieder ans Licht zurückgeholt . . ." heißt es bei Plinius in drastischer Vereinfachung (NH XXIX 2,4).

Es gehört zu den Eigenarten der Griechen, die Besonderheit einer Zeit in den Leistungen von Einzelpersönlichkeiten zu erfassen. Die Entschiedenheit aber, mit der die Stellung des Hippokrates schon in der Antike betont wurde, die Anziehungskraft seines Namens durch die Jahrhunderte und der Maßstab, den sein Werk in der medizinischen Wissenschaft gesetzt hat, gehen weit darüber hinaus; er ist mehr als nur ein weiterer Repräsentant der Klassik. Allerdings wirkt die biographische und wissenschaftliche „Hippokrateslegende", wie L. Edelstein diesen Teil der Medizingeschichte nannte, bis heute nach, so daß gerade von dieser wichtigen Phase der antiken Medizin nur wenig in unmittelbaren Zeugnissen überliefert ist. Die Legendenbildung hat vielleicht schon zu Lebzeiten des Hippokrates eingesetzt, und die Auseinandersetzung mit ihr ist ein Stück Geschichte der Medizin geworden. Zunächst die wenigen Angaben, die wir über Hippokrates als Person haben.

Hippokrates hat gelebt, an der Geschichtlichkeit seiner Person und seines Wirkens kann kein Zweifel bestehen. Eines der wenigen zeitgenössischen Zeugnisse finden wir bei Platon, der in den sokratischen Dialogen auch Hippokrates einführt: Sokrates wird am frühen Morgen von einem jungen Athener aus dem Schlaf geklopft, der ihn bestürmt, sogleich mit ihm zu Protagoras zu gehen. Er möchte den berühmten Sophisten hören und von ihm lernen. Sokrates beginnt sogleich sein Lieblingsspiel, den anderen durch Fragen in das Gestrüpp des Nachdenkens zu locken: „Sage mir, Hippokrates, zum Protagoras willst du jetzt, um ihm Geld für dich zu entrichten, hingehen; aber als zu wem willst du doch hingehen und um was zu werden? Wie, wenn du zu deinem Namensverwandten, dem Hippokrates von Kos, dem Asklepiaden, gehen wolltest, dem Lehrgeld für dich zu bezahlen, und es fragte dich jemand: Sage mir, Hippokrates, dem Hippokrates willst du Lehrgeld entrichten: als wem doch? Was würdest du antworten? – Ich würde sagen, sprach er, als einem Arzte. – Und um was zu werden? – Ein Arzt, sagte er. – Oder wenn du zum Polykleitos von Argos oder zum Pheidias hier aus Athen zu gehen im Sinne hättest, um ihnen Lehrgeld für dich zu entrichten, und es fragte dich jemand: Als wem gedenkst du denn dem Polykleitos oder dem Pheidias dieses Geld zu entrichten? Was würdest du antworten? – Ich würde sagen, als Bildhauern." (Platon, Protagoras 311 a–d, nach F. Schleiermacher)

Zu den Regeln des sokratischen Spiels gehört es, den Partner zunächst etwas Selbstverständliches, Einsichtiges zu fragen; wer Arzt werden will, geht natürlich zu einem anderen Arzt, um zu lernen – sagen wir, zu Hippokrates von Kos. Wer er ist, muß man nicht erklären. Hippokrates ist im perikleischen Athen als Arzt ebenso bekannt wie Polyklet und Pheidias als Bildhauer. Die Erwähnung bedeutender Zeitgenossen skizziert ungefähr die Lebenszeit des Hippokrates. Was aber die sonstige Kenntnis über ihn angeht, so läßt L. Edelsteins Behandlung seiner Biographie tiefe Skepsis erkennen.

Die erhaltenen Lebensbeschreibungen des Hippokrates stammen aus spätantiker und byzantinischer Zeit und sind voll legendenhafter Ausschmückungen. Die des byzantinischen Gelehrten Tzetzes (Chil. VII 944 ff.), das ebenfalls byzantinische Sammelwerk Suda (s. v. Hippokrates) und eine anonyme Vita, die in einer mittelalterlichen Handschrift des spätantiken Grammatikers Priscianus enthalten ist, gehören dazu. Sachlicher ist eine Biographie, die schon in der Antike dem Arzt Soranos von Ephesos zugeschrieben wurde. Keine dieser Lebensbeschreibungen ist aber ein so zeitgleiches Zeugnis wie die Erwähnung bei Platon, da die Literaturgattung der Biographie erst seit hellenistischer Zeit aufkam.

Trotz aller Skepsis besteht aber kein Anlaß, an den grundsätzlichen Angaben der Soranos-Vita zu zweifeln, so kärglich sie auch sein mögen.

Hippokrates wurde auf Kos geboren, am 27. Agrianios 460 v. Chr. nach koischem Kalender, wie der Historiker Soranos von Kos durch Nachforschungen in den Archiven der Stadt festgestellt hatte. Er gehörte zur Familie der Asklepiaden, die ihren Ursprung auf den Gott Asklepios zurückführten und seit Generationen den Arztberuf ausübten. Sein Vater hieß Herakleidas, seine Mutter Phainarete. Zwei Söhne des Hippokrates, Drakon und Thessalos, und sein Schwiegersohn Polybos setzten später die ärztliche Familientradition fort. Seine Jugendjahre verbrachte Hippokrates auf Kos und studierte, neben der Ausbildung bei seinem Vater, die Krankengeschichten und Heilungsberichte, die im Tempel des Asklepios aufbewahrt wurden (Plinius, NH XXIX 2,4 nach Varro). Weiter werden als seine Lehrer genannt der Gymnastiklehrer (Paidotribe) Herodikos von Selymbria, aber auch die Philosophen Gorgias, Prodikos und Demokrit. Als noch junger Mann verließ Hippokrates Kos und wirkte zunächst in Thessalien als Arzt. Seine wachsende Berühmtheit brachte ihm weitere Einladungen ein, so daß Hippokrates ein bewegtes Leben führte, wie es für einen antiken Arzt charakteristisch ist.

An den einzelnen Stationen seines Lebensweges knüpft die Legendenbildung an. So ist es fraglich, ob er am Hof des persischen Großkönigs Artaxerxes gelebt oder gar dessen Einladung aus patriotischen Motiven ausgeschlagen hat. Auch ein längerer Aufenthalt in Athen ist ungewiß, obwohl die Legende wollte, daß der große Arzt den Athenern während der Pest im Peloponnesischen Krieg beigestanden habe. Den Lebensabend aber verbrachte Hippokrates wieder in Thessalien, wo er in hohem Alter um 380 v. Chr. in Larissa starb. Sein Grab wurde an der Straße nach Gyrton gezeigt, das nördlich von Larissa am Ufer des Peneios lag. In römischer Zeit hatte sich in dem Monument ein Bienenvolk eingenistet, dessen Honig als heilkräftig galt. Kindern, die an Mundschwamm litten, strichen die Ammen den geweihten Honig auf. Im Apollonheiligtum von Delphi befand sich ein in Bronze gebildetes Skelett, von dem es hieß, Hippokrates habe es dem Gott geweiht (Pausanias X 2,6).

Wie die Biographien so entstanden auch die Bildnisse des Hippokrates lange nach seinem Tod. Obwohl er in einer Zeit lebte, die ein lebhaftes Interesse an Einzelpersönlichkeiten und ihren Leistungen hatte, so war doch die Errichtung eines individuellen Bildes, eines Porträts, eine Ehre und Ausnahme zugleich. Gleichwohl scheint es später zahlreiche Bildnisse von ihm gegeben zu haben. Die Soranos-Vita hält Einzelheiten seines Aussehens fest: „Auf den meisten Porträts wird er mit bedecktem Kopf dargestellt. Nach den einen trägt er einen Filzhut, das Zeichen adeliger Herkunft, wie Odysseus; nach anderen ist er mit dem Mantel bedeckt, und davon sagen wiederum die einen, es sei aus Rücksicht auf den Anstand, da er kahlköpfig war; die anderen, wegen einer Schwäche am Kopf; wieder andere…“ (Vita Hippocratis sec. Soranum § 12, nach W. Müri). Die Vielfalt der Meinungen ist ein Signal dafür, daß die Hippokratesbildnisse mehr der Vorstellung als der authentischen Kenntnis verpflichtet waren.

Das bedeutendste Bildnis des Hippokrates entstand im 2. Jh. v. Chr. Eine Marmorkopie wurde im Familiengrab des Arztes Markios Demetrios in Ostia gefunden, zusammen mit einem Hermenschaft, dessen metrische Inschrift mit den berühmten ersten Worten der Aphorismen beginnt: „Kurz ist das Leben…“. Der übrige Text lautet allerdings anders. Das Porträt zeigt einen älteren Mann mit kurzem Bart und schütterem Haar (Abb. S. 120), ein Bildtypus, den die hellenistische Kunst für den Philosophen geschaffen hat. Er verkörpert treffend das Bild, das man sich im Geiste von dem scharfsinnig-nachdenklichen Sucher Hippokrates macht. Das Porträt hat, wie mehrere Repliken bezeugen, eine große Verbreitung gefunden. […]

Hippokrates. Römische Kopie nach Vorbild des 2. Jhs. v. Chr.

Warum aber ist Hippokrates zum Leitbild der Heilkunst geworden, und nicht der Philosoph und Arzt Empedokles, oder Demokedes, für den sich Städte und Fürsten überboten haben? Was ihn nach Auffassung seiner Zeit von dem großen Denker und von dem erfolgreichen Praktiker abhebt, hat Celsus auf das knappste zusammengefaßt: „Denn dieser Mann, durch seine Kunst wie durch die Gabe des Wortes gleich ausgezeichnet, trennte die Heilkunst von den philosophischen Studien" (Proömium 8). Das war ein entscheidender Schritt. Hippokrates war nicht nur ein Arzt auf der Höhe seiner Zeit; er war vielmehr imstande, sein Wissen in Wort und Schrift zu fassen und damit lehrbar zu machen. Damit ist er in gewisser Hinsicht ein Sproß der griechischen

Klassik, denn in dieser Zeit werden handwerkliche Fähigkeit und Wissen mit theoretischen Unterbauten versehen und schriftlich festgehalten. Es ist kein Zufall, daß zu gleicher Zeit der argivische Bildhauer Polyklet seine Lehre vom „Kanon" und von der Skulptur in einer Schrift darlegte. Es existierte ein geistiges Klima, in dem ein Mann wie Hippokrates, der nicht nur über berufliches Können, sondern offenbar auch über Ausdrucksfähigkeit verfügte, zur Schriftform fand, um sein theoretisches Wissen und auch seine ärztliche Kunst, die τέχνη, festzuhalten. Damit ging er weit über die Philosophenärzte der Frühzeit hinaus, denn er verband Wissen und Handwerk untrennbar zu einer eigenständigen Wissenschaft, die er „von den philosophischen Studien trennte".

Die Auswirkung dieses Schritts auf den weiteren Gang der Heilkunst kann gar nicht überschätzt werden. Seit der Zeit des Hippokrates ist die Medizin eine schreibende Wissenschaft, die ihren Stoff festhalten, sammeln und vergleichen kann. Dies ist, anders als heute, keine Selbstverständlichkeit in einer Zeit, die noch die mündliche Tradition pflegte und die Schrift eher sparsam, für Dokumente etwa benutzte. Der Arzt nach dem Bild des Hippokrates wird damit zugleich zum Leser: „Für eine bedeutende Leistung in der Heilkunst halte ich die Fähigkeit, auch die schriftliche Überlieferung richtig zu beurteilen. Wer sie kennt und benützt, dürfte wohl in der Praxis kaum schwere Fehler begehen" (Epid. III 16). So in seinen eigenen Worten. In späteren Darstellungen wird denn auch die Buchrolle zum Zeichen für den literaturgeschulten Arzt, im Gegensatz zum angelernten Heilkundigen.

Die fragmentarische Überlieferung antiker Texte läßt nicht auf den ersten Blick erkennen, daß das medizinische Schrifttum das wohl umfangreichste der Antike wurde. Damit ist nur noch zu vergleichen die juristische Literatur, vielleicht auch noch die historische, während die Schriften zur Philosophie etwa, zur Astronomie oder Mechanik und gar zur bildenden Kunst demgegenüber ganz in den Hintergrund treten. Sokrates bemerkt daher warnend zu einem jungen Mann, der die Anschaffung einer Bibliothek bedenkt: „Arztschriften gibt es nämlich ziemlich viele!" (Xenophon, Memor. IV 2,10). Die Relation bezieht sich nicht nur auf die Menge der Titel, die bekannt geworden sind, sondern auch auf die Anzahl der Abschriften, die von einzelnen Texten erhalten sind. Dadurch wird die Wiedergewinnung der medizinischen Fachliteratur, ihre Edition und Interpretation zu einer Aufgabe, die allein schon durch die Fülle des Materials ein Übergewicht besitzt gegenüber den archäologischen Denkmälern, deren Bestand nur langsam wächst. Das Corpus Medicorum Graecorum (CMG), zu dessen Vorbereitung H. A. Diels die antiken Ärztehandschriften gesammelt hat, ist daher auch noch weit von der Vollendung entfernt.

Fragt man nun aber nach dem Inhalt der hippokratischen Lehre, so wird die Hoffnung, in dieser Fülle die Schriften von Hippokrates selbst zu finden, zunächst enttäuscht. Ihre Wiedergewinnung stößt auf die größten Schwierigkeiten. Gerade weil die stärksten Impulse seines Wirkens von den Schriften ausgingen, hat sich die „Hippokrateslegende" auch ihrer bemächtigt. Schon frühzeitig wurden unter seinem Namen zahlreiche Schriften unbekannter Verfasser überliefert, die später das sog. *Corpus Hippocraticum* bildeten. Gegenüber der tiefen Skepsis von L. Edelstein hat H. Diller zu einem vorsichtigen Optimismus gefunden. Gegenwärtig herrscht daher ein gewisser Konsensus darüber, in welchen der überlieferten Schriften man Äußerungen von Hippokrates selbst, oder wenigstens aus seiner Zeit erkennen darf, und welche seinen Schülern oder ganz anderen Ärzten zuzuordnen sind. Philologisch-sprachliche sowie inhaltlich-theoretische Untersuchungen müssen hier die Überlieferung klären helfen.

Zu den frühesten unter den sogenannten hippokratischen Schriften gehören die Bücher I und III von den insgesamt sieben Büchern des Sammelwerks „Epidemiai" und das „Prognostikon". Sie sind noch im 5. Jh. v. Chr. entstanden und dürfen daher am ehesten als authentische Schriften des Hippokrates gelten. Die „Epidemien" – vielleicht als „im Volk Aufgesammeltes", „unterwegs Beobachtetes" zu verstehen, nicht Epidemie = Volksseuche im modernen Sinn – sind, wie der Name sagt, eine Sammlung von medizinisch relevanten Beobachtungen und Fakten aus dem täglichen Leben, dem Volk. In loser Folge werden komplexe Krankheitssituationen geschildert, allgemeine Beobachtungen zu Klima, Landschaft und Lebensweise und einzelne Krankengeschichten, die mit Nennung von Namen, Ort und Zeit an der Realität ansetzen. Die protokollartige Sachlichkeit dieser Schriften hat es möglich gemacht, z. B. durch prosopographische Untersuchungen die Historizität des Hintergrunds zu sichern.

Bei weitgespannter Thematik lassen die „Epidemien" aber vermissen, was man zunächst als Fazit einer Erfahrungssammlung erwartet, nämlich konkrete Behandlungsvorschläge für den praktizierenden Arzt. Nicht die fertige Diagnose samt Therapie wird angeboten, vielmehr soll der Arzt jede neue Situation, mit der er konfrontiert wird, durch Fragen und Beobachtungen selbständig meistern: „Folgendes waren die Grundlagen unseres Urteils bei Erkrankungen; wir berücksichtigen: die gemeinsame Natur aller Menschen und die eigentümliche Konstitution jedes einzelnen, die Krankheit, den Kranken, die Verordnungen, den Arzt, der verordnet – denn daraus schließen wir auf günstigeren oder schwierigeren Fortgang –, die Einflüsse des Klimas in ihrer Gesamtheit ... Ausdrucksweise, Verhalten, Schweigen ... Verschlimmerungen, Abgänge, Harn, Auswurf, Erbrechen; ... Schweiß, Frösteln, Kälte, Husten, Niesen, Schlukken ... Aus diesen Symptomen muß man erschließen, was durch sie erfolgt" (Epidemien I 23).

In einer Zeit, in der es kein klinisches Wörterbuch zum Nachschlagen gab, keine Labortests, kein Röntgen und kein

Fieberthermometer, kam der Interpretation der Krankheits-
erscheinungen größte Bedeutung zu. Der Lehre von den
Prognosen ist daher mit dem „Prognostikon" eine ganze
Schrift gewidmet. „Ich halte es für sehr wertvoll, daß der
Arzt sich in der Prognose übe. Denn wenn er am Kranken-
bett von sich aus erkennt und ankündet, was da ist, was geschehen ist und was noch eintreten wird, wenn er ferner
lückenlos darlegt, was die Kranken ihm verheimlichen, so
brächte man ihm größeres Zutrauen entgegen, daß er das
Schicksal der Kranken durchschaue. Daher würden es die
Kranken wagen, sich dem Arzte anzuvertrauen. Zudem
könnte er die Behandlung am erfolgreichsten durchführen,
wenn er im voraus weiß, welche Leiden aus den gegenwärti-
gen sich entwickeln werden." (Progn. 1.)

Die in den „Epidemien" gesammelten Erfahrungen als
Wanderarzt sind in den „Prognosen" gewissermaßen ausge-
wertet und systematisch dargelegt, denn „Wer eine richtige
Prognose stellen will – auf Genesung oder Tod oder Dauer
der Krankheit über eine größere oder geringere Zahl von
Tagen –, muß alle Zeichen im Kopf haben und sie beurteilen
können" (Progn. 25). Die Begleiterscheinungen der Krankheit, das Aussehen des Kranken – die *facies Hippocratica*,
das „hippokratische Antlitz" als Zeichen der Todesnähe hat
sich sprichwörtlich erhalten –, sein Verhalten in Schlaf und
Wachen, seine Ausscheidungen, die Veränderungen des
Körpers werden beschrieben. Nur wer den weiteren Verlauf
der Krankheit voraussieht, kann die richtige Behandlung anwenden, oder auch vor dem nahenden Tod zurückweichen.

Die übrigen der mehr als 60 Schriften sind später als die
Lebenszeit des Hippokrates. Ob sie jedoch seinen Schülern
und Nachfolgern zuzuschreiben sind oder auch Vertretern
anderer medizinischer Lehren, ist Gegenstand eingehender
Diskussionen.

Frank Kolb

Die ionisch-hippodamische Stadtplanung

Hippodamos von Milet erscheint in der antiken Überlieferung als der Vater der Urbanistik; sein Name ist untrennbar mit dem ‚hippodamischen Schachbrettsystem‘ verbunden. Aber obwohl er in der Geschichte der Urbanistik zweifellos einen wichtigen Platz einnimmt, so ist doch offensichtlich, daß die antike Neigung, für grundlegende Neuerungen einen *primus inventor* zu postulieren, zu einer übersteigerten Darstellung seiner Verdienste geführt hat. Nicht nur beginnen die ersten Versuche der Stadtplanung im griechischen Kolonisationsgebiet fast 200 Jahre vor Hippodamos, selbst die erste schachbrettartige Stadtanlage ist möglicherweise ohne seine Mitwirkung geschaffen und von ihm nur weiterentwickelt worden. Ferner dürfte er auch nicht als erster Überlegungen zur Stadtplanung formuliert haben, denn gerade in seiner ionischen Heimat gab es nicht nur im 7. Jahrhundert in Smyrna, im 6. Jahrhundert in der milesischen Gründung Olbia im Schwarzmeergebiet, vielleicht auch in Ephesos und in Milet selbst praktische Ansätze zu einer geometrischen Stadtplanung, sondern auch eine praktisch und spekulativ zugleich orientierte Philosophie, deren Hauptvertretern, wie Thales von Milet, von ihren Interessen und Fähigkeiten her durchaus der Entwurf urbanistischer Konzepte zuzutrauen ist. Thales soll zum Beispiel den Ioniern die Gründung einer gemeinsamen Hauptstadt im Zentrum Ioniens vorgeschlagen haben; er mag dabei auch konkrete Vorstellungen zu ihrer Gestaltung unterbreitet haben. Aber sein Landsmann Hippodamos, dem es gelungen zu sein scheint, ein hippieartiges Äußeres mit geistiger Originalität zu vereinbaren, war zweifellos der erste, der seine Ideen wenigstens zum Teil auch in die Praxis umsetzen konnte. Aristoteles wirft ihm dennoch mangelnden Praxisbezug vor:

Als erster habe er es gewagt, Vorschläge zur besten Ordnung des Gemeinwesens zu unterbreiten, ohne selbst aktiv am staatlichen Leben beteiligt zu sein. Der Philosoph spielt darauf an, daß Hippodamos sich in Athen aufhielt, wo er kein Bürgerrecht besaß. Aus unserer heutigen Sicht wäre Aristoteles aber viel berechtigter gewesen, ihm auf dem Gebiet der eigentlichen Urbanistik fehlende Praxis vorzuwerfen, denn ähnlich wie Aristoteles selbst und auch Platon war Hippodamos kein Architekt und Baumeister, sondern ein von pythagoreischen Gedanken beeinflußter Theoretiker, ein Mann vom Schlage des ‚Stadtplaners‘ Meton, den der Komödiendichter Aristophanes am Ende des 5. Jahrhunderts in seinen ‚Vögeln‘ (Vers 993–1009) wegen seiner weltfremden Vorstellungen hemmungslos verspottet. Erst von Vitruv, einem römischen Architekten der zweiten Hälfte des 1. Jahrhunderts, wissen wir mit Sicherheit, daß er ein theoretisches Konzept zur Stadtplanung mit den praktischen Anleitungen eines Architekten verband.

Ausgangspunkt der siedlungsplanerischen Vorschläge des Hippodamos scheint, wie bei allen folgenden mit solchen Problemen befaßten griechischen Denkern, der Entwurf einer idealen Polisverfassung gewesen zu sein. Bemerkenswert ist an seinem uns nur fragmentarisch überlieferten Entwurf die Verbindung demokratischer und oligarchischer Elemente, welche ihre Entsprechung in einer engen Verknüpfung zwischen sozialer Schichtung und Bodennutzung findet. Mit anderen Worten, Hippodamos sah einen engen Zusammenhang zwischen politischer Verfassung und Eigentumsverhältnissen. Von seinen drei sozialen Gruppen der Handwerker, Bauern und Krieger, welche je ein Drittel einer ‚zehntausend‘ Einwohner zählenden Polisbevölkerung stellen sollten, waren letztgenannte von den Erträgen aus öffentlichem Land zu ernähren, die beiden anderen Gruppen von der Überschußproduktion des den Bauern zugewiesenen Bodens, während ein weiterer Landanteil die materielle Grundlage des Götterkults sichern sollte. Vermutlich war auch das Siedlungsareal selbst in öffentliches ‚sakrales' Gebiet sowie in Wohnviertel für je eine der oben genannten sozialen Gruppen aufgeteilt. Da gemäß dem Verfassungsentwurf des Hippodamos die Gewerbetreibenden weder Grund und Boden noch Bürgerrecht besitzen sollten, dürfte er die Verpachtung von Wohnraum an sie seitens der Kriegerschicht vorgesehen haben, was wohl in etwa den Verhältnissen in den archaischen Städten des westlichen Kolonisationsgebiets entsprochen haben könnte. Bemerkenswert ist aber auch die Selbstverständlichkeit, mit der Hippodamos – wie im übrigen auch Platon und Aristoteles – annimmt, daß in einer Polis ein Großteil der Bevölkerung aus Gewerbetreibenden mit ihren Familien besteht, nach Hippodamos ein Drittel! Es könnte kaum eine bessere Bestätigung für unsere These geben, daß Handwerk und Handel einen bedeutenden Anteil an der Urbanisierung Griechenlands hatten.

Hippodamos stand insofern der Realität und zeitgenössischen Auffassungen näher als Platon und Aristoteles, als er deren moralische Bedenken gegen Häfen und Kaufleute nicht teilte. Er hat seine Überlegungen zur Stadtplanung gerade auch bei der Gestaltung einer Hafensiedlung, des Piräus, in der Praxis erprobt. Die Siedlung an dem in den 70er Jahren des 5. Jahrhunderts systematisch ausgebauten Hafen ist sogar die einzige mit Sicherheit hippodamische Anlage. Der Überlieferung nach hat Hippodamos diese Hafenstadt im Schachbrettsystem angelegt (Abb. S. 128). Ausgrabungen von Siedlungsspuren haben dies bestätigt; sie brachten vor allem eine 14–15 m breite, schnurgerade Straße sowie Grenzsteine zum Vorschein, welche zum einen verschiedene öffentliche Plätze voneinander abgrenzten, wie den Handelshafen (Emporion), den Militärhafen, die Agora und sakrale Bezirke, zum anderen einzelne Gebäude, die innerhalb der öffentlichen Gelände errichtet wurden. Letztere waren von Wohnvierteln eingerahmt, und die Agora, das politische Zentrum, bildete von ihrer Lage her das Scharnier, welches die einzelnen Teile zusammenhielt. Hippodamos hat also

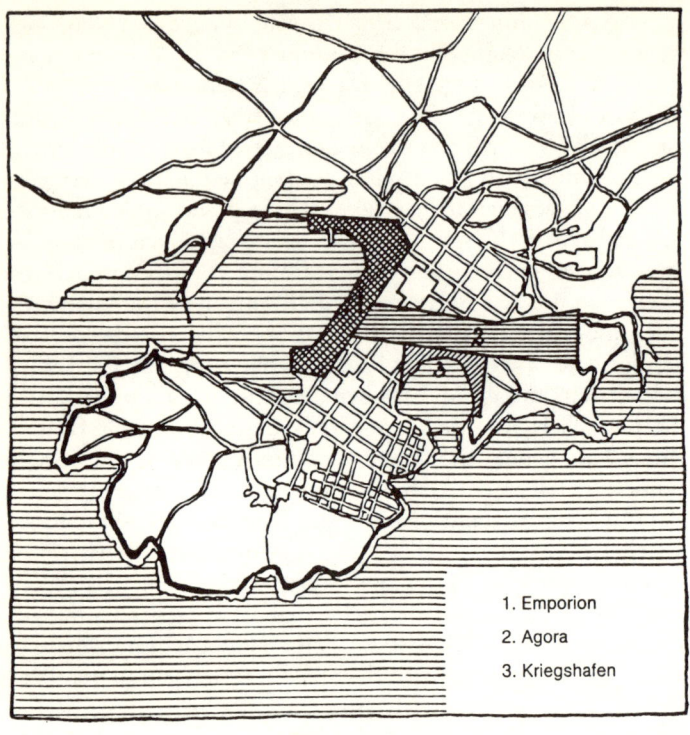

1. Emporion
2. Agora
3. Kriegshafen

Plan des Piräus

entsprechend seiner Theorie verschiedene Stadtviertel gemäß
ihren Funktionen säuberlich voneinander abgegrenzt. Freilich, seine Einteilung der Bevölkerung in die drei erwähnten
Gruppen konnte er in demokratisch regierten Staaten wie
Athen nicht zur Geltung bringen, wohl aber möglicherweise
das Konzept einer Aufteilung von Bevölkerungsgruppen auf
verschiedene Stadtviertel.

Während die angebliche Beteiligung des Hippodamos an
der Gründung der Stadt Rhodos im Jahr 408/7 chronologisch so gut wie ausgeschlossen erscheint, hält man seine

Teilnahme an der von Perikles im Rahmen seines panhellenischen Programms inszenierten Koloniegründung Thurioi
in Unteritalien 444/443 für möglich, denn an diesem Propa-
ganda-Unternehmen nahmen renommierte Geschichtsschreiber, Dichter und Philosophen teil. Für einen Mann
wie Hippodamos mochte dies ein attraktives Projekt sein,
und es wird überliefert, daß die Siedlung ein regelmäßiges
Netz breiter Straßen erhielt. Umstritten ist auch sein Anteil
an der frühesten nach dem Schachbrettsystem angelegten
Siedlung, seiner Heimatstadt Milet. Wenn er an der Gründung von Thurioi beteiligt war, so könnte er frühestens
Ende des 6. Jahrhunderts geboren sein. In diesem Fall wäre
er zur Zeit der Neugründung des 494 von den Persern völlig
zerstörten Milet noch sehr jung gewesen – jedenfalls wenn
man, wie dies meist geschieht, dieses Ereignis unmittelbar in
die Zeit nach den griechischen Siegen über die Perser bei
Plataiai und Mykale (479/478) datiert. Wie dem auch sei, das
neue Milet bot ein höchst eindrucksvolles Beispiel der ‚ionischen' Stadtplanung (Abb. 131). Die Stadt erstreckte sich
auf einer fast 2 km langen Halbinsel, die von dem Theater-
hügel beherrscht wurde und zwei für Hafenanlagen geeignete Buchten aufwies. Drei Wohnviertel mit je unterschiedlich
großen Häuserblocks rahmten ein für öffentliche Bauten
freigelassenes Gelände zwischen den beiden Häfen ein. Wie
im Piräus lag das als Agora vorgesehene Gebiet im Zentrum.
Die Stadtmauern wurden in Anpassung an das Gelände,
aber ohne Beziehung zum orthogonalen Straßennetz errichtet. Die Ausfüllung dieses ehrgeizigen Rahmens, insbesondere die Errichtung von Gebäuden auf dem öffentlichen Gelände, erfolgte freilich nicht gleich nach der Stadtgründung,
sondern erst im Verlauf der folgenden Jahrhunderte. Im
5./4. Jahrhundert wurden die Marktplätze an den beiden
Häfen mit Säulenhallen, Büros und Magazinen ausgestattet,
erst Mitte des 2. Jahrhunderts die bürgerliche Agora mit
dem Rathaus. Auffallend wenig Raum hatte man für Heiligtümer vorgesehen, möglicherweise, weil der gewaltige Apol-

lontempel (Didymaion), das Hauptheiligtum Milets, einige Kilometer außerhalb der Stadt lag. Insgesamt bietet das Stadtbild eine bewundernswerte funktionale Aufteilung, und geradezu erstaunlich mutet die Weitsicht an, welche kurz nach der Vernichtung der archaischen Stadt die Bewohner veranlaßte, eine für Zehntausende von Einwohnern geplante neue Siedlung in Angriff zu nehmen. Insbesondere die großzügige Konzipierung der Hafenviertel läßt vermuten, daß die schon in archaischer Zeit durch zahllose Koloniegründungen und weitreichende Handelsbeziehungen hervorgetretenen Milesier einen, wie sich zeigen sollte, nicht unberechtigten Optimismus hinsichtlich der Zukunft ihrer Stadt hegten.

Vielleicht war Hippodamos als genialer junger Mann der ‚Erfinder‘ dieses großartigen Stadtplans. Sollten die verschieden großen Häuserblocks der drei Wohnviertel gar ein Reflex seines Dreiklassenschemas sein? Wohl kaum, denn Milet hatte im 5. Jahrhundert eine demokratische Verfassung. Wir dürfen aber zumindest annehmen, daß die theoretische Durchdringung des im nachhinein ja so schlicht erscheinenden Schachbrettsystems sein Werk war.

Die ‚ionisch-hippodamische Stadtplanung‘ bestimmte fortan weitgehend die Neugründung griechischer Siedlungen: 432 wurde Olynth auf der Chalkidike nach diesem Schema angelegt, 408/407 Rhodos, Mitte des 4. Jahrhunderts nicht weit von Milet die Kleinstadt Priene. Bei Olynth sind vor allem die besonders gut erhaltenen Wohnblocks zu erwähnen, im Falle von Rhodos die bis zu 16 m breiten Straßen und ein ausgeklügeltes System von Abwässerkanälen (vielleicht das älteste der griechischen Welt), in Priene die geniale Einfügung des Gitternetzplans in ein stark ansteigendes Gelände, welches die Anlage der Querstraßen als steile Treppen erforderte. Stets erweist der ‚hippodamische Plan‘ seine Flexibilität und seine Eignung für die urbanistischen Erfordernisse der klassischen griechischen Stadt. Mit seiner klaren funktionalen Gliederung und seinem die Verkehrszir-

MILET

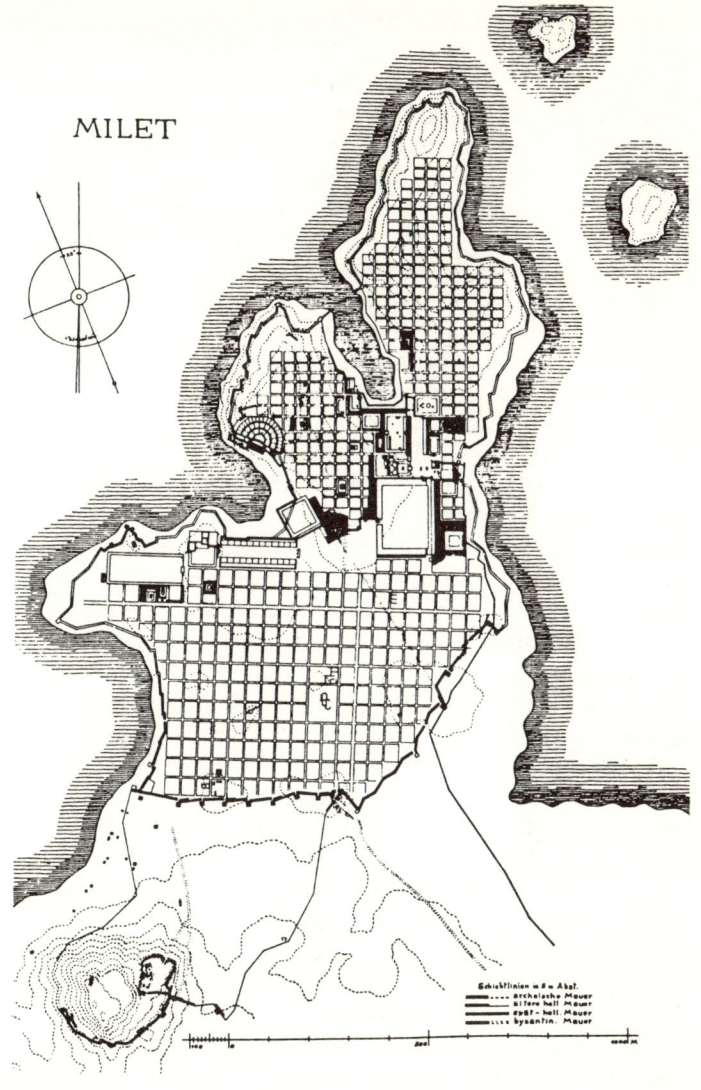

Plan von Milet

kulation begünstigenden Straßennetz besaß er ‚demokrati-schen' Charakter in dem Sinne, daß er den Bedürfnissen der verschiedenen Bevölkerungsgruppen und des öffentlichen Lebens der Stadt in ganz anderer Weise Rechnung trug als der nur die Grundbesitzverhältnisse und die klare Scheidung öffentlichen und privaten Besitzes regelnde Plan der archai-schen Kolonisationsstädte. Erst jetzt hat die im 7./6. Jahr-hundert einsetzende Urbanisierung ihre Entsprechung in ei-ner urbanistischen Theorie und Praxis gefunden, welche nicht mehr nur die Konzeption der *Polis* als einer Gemein-schaft *grundbesitzender Bürger* einfach auf das städtische Zentrum übertrug, sondern auch dessen spezifische Sozial-struktur, verkehrstechnische Probleme und kommerzielle Bedeutung in Betracht zog.

Nicht zufällig dürfte die griechische Urbanistik im selben Jahrhundert entstanden sein, in welchem man auch begann, die urbane Lebensform als eine vom umliegenden Land ab-gehobene und ihm überlegene zu verstehen. Das Anwachsen der zentralen Siedlung gab neue Probleme auf; man mußte spezielle Ämter einrichten, welche das Funktionieren des städtischen Lebens beaufsichtigten: *astynomoi* übernahmen nun die Wartung der Straßen, der Drainage und der Wasser-versorgung; *agoranomoi* kontrollierten die Märkte und an-dere wirtschaftliche Aktivitäten; ein ‚Architekt' war für die Unterhaltung öffentlicher Gebäude verantwortlich. Neben Ämter der *Polis* als *Bürgergemeinde* traten folglich solche, die nur in einer *Stadt* notwendig waren.

Kenneth J. Dover

Homosexualität in der sokratisch-platonischen Philosophie

Die berühmte Geschichte, die Alkibiades (Plat. *Symp.* 216c–219e) erzählt, soll Sokrates' Beziehung zu dem jungen Alkibiades erläutern. Überzeugt davon, daß seine Schönheit, auf die er sehr stolz ist, Sokrates' Verlangen erregt habe, und ebenso sicher, daß Sokrates ein bemerkenswerter Mann sei, von dessen Weisheit und Ratschlägen er profitieren könne, entscheidet Alkibiades, daß er Sokrates *charizesthai* wird (217a). Er arrangiert daher – immer offenkundiger – Gelegenheiten für Sokrates (von dessen Verhalten er voraussetzt, daß es sich nach dem Muster anderer *erastai* entwickeln werde), vom ihm körperliche Gefälligkeiten zu erbitten: er entläßt seinen Sklaven, der ihn begleitet, wenn er Sokrates trifft (217ab), er fordert Sokrates auf, mit ihm zu ringen (217bc), und lädt ihn zum Abendessen ein (217cd), „vor aller Welt, als ob *ich* ein erastes sei mit Absichten auf paidika". Als er sich schließlich keinen Rat mehr weiß, hält er Sokrates nach einem Abendessen bis spät in die Nacht zurück, legt sich im selben Raum zu Bett und schickt seine Sklaven fort (217d–218b). Dann (218cd):

Ich dachte, nun dürfte ich nicht länger Umschweife machen, sondern müßte gerade heraus sagen, wie ich es meinte. Ich stieß ihn also an und sagte: ‚Sokrates, schläfst du?'
‚Nein, nein', sagte er.
‚Weißt du, was ich denke?'
‚Nein, was denn?', antwortete er.
‚Du scheinst mir', sagte ich, ‚der einzige meiner erastai gewesen zu sein, der mich verdient, und mir scheint, als hättest du Bedenken, mit mir davon zu reden. Mein Gefühl sagt mir aber dies: es wäre dumm, wenn ich dir nicht auch diese Gefälligkeit erweisen und dir alles geben wollte, was du irgend sonst von mir oder von

meinen Freunden brauchst. Denn mir ist ja nichts wichtiger, als daß ich ein so guter Mann werde als nur möglich, und hierzu, glaube ich, kann niemand mir eher verhelfen als du. Also würde ich mich weit mehr vor dem Urteil der Vernünftigen schämen, einem solchen Manne dies nicht gewährt zu haben, als vor dem Urteil der unvernünftigen Menge, wenn ich es gewährte.'

Sokrates antwortet, wenn Alkibiades in ihm wirklich „Schönheit" der Art sehe, wie er sie beschreibe, so wäre er (Alkibiades) sicher nicht übervorteilt, wenn er körperliche Schönheit als Gegengabe anböte (218e–219a). In dem Glauben, daß die „Pfeile", die er verschossen, Sokrates „verwundet" hätten, schlüpft Alkibiades ohne weiteres Zögern zu Sokrates ins Bett, legt sich neben ihn, deckt ihn und sich mit seinem Mantel zu und schlingt seine Arme um ihn (219bc). Sokrates läßt nicht erkennen, ob er erregt sei, und am Morgen trennen sich die beiden, Alkibiades zutiefst schockiert über die seiner Schönheit zugefügte Beleidigung (219d), aber voller Bewunderung für Sokrates' Selbstbeherrschung, der seine körperliche Begierde zu zügeln vermocht hatte. Diese *karteriā*, ,Ausdauer'/,Beherrschung', ist die Eigenschaft, die Sokrates auch während des Feldzuges bei Poteidaia zeigte, als er, wieviel er auch trank, keine Anzeichen von Trunkenheit erkennen ließ und in Eiseskälte ohne Sandalen herumlief und nur mit dem Mantel bekleidet, den er auch in Athen getragen hatte (219e–220b).

Die Vorstellung, daß es versteckte Schönheiten gäbe, die die sichtbare Schönheit des Körpers bei weitem überträfen, wird am Anfang des *Protagoras* (309b–d) dramaturgisch geschickt verwendet:

Kommst du von ihm (Alkibiades)? Und wie verhält sich der junge Mann dir gegenüber?

Sehr gut, dachte ich, besonders heute. Er sagte viel zu meiner Verteidigung und unterstützte mich. Ich bin übrigens gerade von ihm weggegangen. Aber ich muß dir etwas Außergewöhnliches erzählen: obwohl wir dort zusammen waren, beachtete ich ihn überhaupt nicht und vergaß ihn immer wieder.

Was kann denn nur Außerordentliches geschehen sein, das solchen Einfluß auf euch gehabt haben könnte? Du wirst mir doch nicht erzählen wollen, daß du jemand noch Schöneren getroffen hast – nicht hier in Athen, auf keinen Fall!

Aber doch, viel schöner.

Wirklich? Bürger oder Fremdling?

Ein Fremder.

Woher?

Von Abdera.

Und dachtest du, daß dieser Fremde so schön sei, daß er tatsächlich schöner als der Sohn des Kleinias (Alkibiades) schien?

Muß nicht die vollkommene Weisheit viel schöner erscheinen?

Wie, du hast jemand *Weisen* getroffen, Sokrates?

Den Weisesten unserer Zeit, sicherlich – ich nehme an, du hältst Protagoras für den Weisesten.

Eros zu Weisheit ist stärker und wichtiger für Sokrates als eros zu einem schönen Jüngling: in Xenophons *Symposion* (8.12) legt er dar, es sei besser, in die Eigenschaften der Seele einer Person verliebt zu sein, als in die ihres Körpers. Logisch läßt sich daraus nicht folgern, daß homosexueller Verkehr vermieden werden müsse, solange man nicht auch daran glaubt, daß jede Energie und jedes Gefühl, wenn zur Verwirklichung schlechter Absichten aufgewendet, die Fähigkeit der Seele beeinträchtigten, nach Besserem zu trachten. Sokrates ist davon überzeugt und verbietet daher homosexuellen Verkehr, eine Einstellung, die sich an seinem Verhalten gegenüber Alkibiades ablesen läßt und die in der *Politeia* (403b) erläutert wird, daß der „rechte eros" im idealen Staat es dem erastes gestatte, seinen paidika „wie einen Sohn" zu berühren, aber nur das und nichts darüber hinaus. Pausanias kam im *Symposion* (184b–185b) zu dem Schluß, daß es statthaft sei, strebe man nach Tugend und Weisheit, *jeden* Dienst zu leisten und jede Gunst zu gewähren, ein Prinzip, dem der junge Alkibiades bei seinem vergeblichen Versuch, Sokrates zu verführen, huldigte; aber im *Euthydemos* (282b) fügt Sokrates eine entscheidende Ergänzung hinzu:

Dafür (für das Erlangen von Weisheit) ist es nichts Schändliches oder Sträfliches, einem eromenos oder jedem anderen Menschen dienstbar und unterworfen, freiwillig zu jedem Dienst bereit zu sein – *soweit er ehrenvoll ist* –, um nur weise zu werden.

Nach Xenophon (*Mem.* I 2.29f.) litt das Verhältnis zwischen Kritias und Sokrates unter Spannungen, nachdem folgendes vorgefallen war:

Er sah, daß Kritias in Euthydemos verliebt war und mit diesem so verkehren wollte wie die, die den körperlichen Akt genießen. Sokrates versuchte, Kritias davon abzubringen, und sagte, daß es gemein und eines guten Mannes nicht würdig sei, seinen eromenos zu bedrängen, in dessen Augen er angesehen erscheinen wolle, und ihn wie ein Bettler anzuflehen und um Almosen zu bitten, und weiterhin, daß das, was er erbitten wolle, keine gute Sache sei. Kritias hörte nicht auf ihn und war nicht umzustimmen. Dann soll Sokrates in der Gegenwart von Euthydemos und vielen anderen Leuten gesagt haben, daß er der Meinung sei, Kritias ergehe es nicht viel besser als einem Schwein, wenn er sich an Euthydemos so zu reiben begehre, wie es Ferkel an Steinen tun.

Nach einer anderen moralisierenden Geschichte (Xen. *Symp.* 3.8–14) soll Sokrates, als er erfuhr, daß Kritoboulos Alkibiades' Sohn geküßt habe, gesagt haben, das Küssen eines schönen Jünglings könne einen freien Mann in einen Sklaven verwandeln; er vergleicht einen Kuß mit dem Biß einer giftigen Spinne, der einen Mann seinen Verstand verlieren lassen könne. Xenophons Sokrates besitzt nicht die Sensibilität und Weltgewandtheit des Platonischen Sokrates, aber zweifellos verdammen beide homosexuellen Verkehr.

Warum also mißt Sokrates der Verbindung von körperlicher Schönheit mit den Tugenden des Geistes und Charakters so viel Bedeutung bei (Plat. *Charm.* 153 d, 154 e, 158 b, *Symp.* 209 b), statt rundweg zu sagen, daß körperliche Schönheit unwichtig sei? Warum gibt er häufig vor, sein Herz würde beim Anblick schöner Jünglinge und Knaben sofort erregt zu schlagen beginnen?

Platons Sokrates glaubt, daß einzelne Personen, Tiere,

Gegenstände, Kunsterzeugnisse, Handlungen und Ereignisse, die unsere sinnliche Erfahrung ausmachen und die an einen bestimmten Ort und eine bestimmte Zeit gebunden und alle gleichermaßen dem Wechsel und der Vergänglichkeit unterworfen sind, uns einen undeutlichen und flüchtigen Blick auf eine andere Welt gestatten, aber immerhin einen Blick auf die Welt unvergänglicher und unveränderlicher Wesenheiten, „Ideen", die durch systematische Vernunftschlüsse zugänglich sind (im Fortschreiten zu logisch unwiderlegbarer „Erkenntnis"), aber nicht mittels der körperlichen Sinne wahrgenommen werden können (die nur gestatten, stets widerlegbare „Meinungen" zu bilden). Die Beziehung zwischen Besonderem und Idee wird niemals definiert; man könnte sagen, daß die Idee im Besonderen ‚gegenwärtig' sei oder daß das Besondere an der Idee ‚teilhabe'. Das letzte Ziel, dem alle vernunftgemäße Erklärung zustrebt, ist das Gute selbst; als Idee ist es das Ziel der Erkenntnis und als das Gute das Ziel von Verlangen. Das Gute wahrzunehmen heißt also, es zu lieben und danach zu streben, und Irren läßt es uns nicht erkennen; Erkenntnis und Verlangen verschmelzen im Guten, konvergieren in ihm. Eros wird im *Symposion* als Kraft dargestellt, die uns in die Welt der ewigen Wesenheiten zieht und für die das Gute die Ursache ist. Im *Phaidros* (245 b, 265 b) erscheint eros als „Verrücktheit", die von den Göttern, Aphrodite und Eros, eingegeben werde (wie Sich-Verlieben, eine Erfahrung, die uns geschieht, ohne bewußte Absicht unsererseits, allgemein [z. B. Xen. *Symp.* 8.10, 8.37] als von den Göttern gesandt galt). Nach der im *Phaidros* vorgetragenen Lehre (und ebenso an anderer Stelle bei Platon, mit Ausnahme des *Symposion*) existierte die Seele eines Individuums bereits, bevor sie mit dem Körper dieser Person in der Welt des ‚Werdens' vereint wurde, und sie erblickte einst die ‚Ideen' in der Welt des ‚Seins'. Die Stärke meines eigenen Antriebes, durch Philosophie nach dem Guten zu trachten und dieses Streben trotz aller Anfechtungen und Schwierigkeiten aufrechtzuerhalten, hängt weniger von den Möglichkeiten ab, die sich mir im Laufe meines Lebens eröffnen, als von der Zeit, die verstrichen ist, seit meine Seele mit der Welt des Seins in Berührung gekommen ist, und von den Wechselfällen der Seele, bis sie mit meinem Körper vereint wurde (*Phaidros* 250 e–251 a).

Von diesen metaphysischen Glaubenssätzen wird ein Ordnungsschema sexueller Werte abgeleitet. Die Reaktion auf den Stimulus körperlicher Schönheit ist ein Schritt auf der Stufenleiter zu absoluter Schönheit, einem Aspekt des Guten. Der „rechte Weg der Annäherung an *ta erōtika*", wie ihn Diotima beschreibt (die Frau aus Mantinea – es ist nicht bekannt, ob sie wirklich gelebt hat oder Platons Phantasie entsprungen war –, von der Sokrates im *Symposion* behauptet, er habe von ihr über den eros gelernt), sei der folgende (*Symp.* 211 c–e):

Von den einzelnen Schönen (d. h. den schönen Einzelheiten, die uns die Sinne vermitteln) beginnend jenes einen Schönen wegen immer höher hinaufsteigen, gleichsam stufenweise von einem zu zweien, und von zweien zu allen schönen Gestalten, und von den schönen Gestalten zu den schönen Handlungsweisen, und von den schönen Handlungsweisen zu den schönen Kenntnissen, bis man von den Kenntnissen endlich zu jener Kenntnis gelangt, welche von nichts anderem als eben von jenem Schönen selbst die Kenntnis ist. Wenn du das Schöne je erblickst, wirst du es nicht vergleichen wollen mit Schönem wie Gold, Kleidung oder mit schönen Knaben und Jünglingen, bei deren Anblick du jetzt entzückt bist und du wohl gern wie viele andere auch, um nur deinen paidika zu sehen und immer mit ihm vereinigt zu sein, wenn es möglich wäre, weder essen noch trinken, sondern ihn nur anschauen und mit ihm sein möchtest. Was also wird einer fühlen, dem möglich wäre, jenes Schöne selbst rein, lauter und unverfälscht zu sehen, nicht beeinträchtigt durch menschliches Fleisch und Farben und anderen sterblichen Flitterkram, sondern das göttliche Schöne selbst in seiner Einzigartigkeit zu schauen?

Was geschieht, wenn ich einer anderen Person begegne, die

Schönheit des Körpers und der Seele in einem größeren Maße in sich vereinigt als mein derzeitiger eromenos? Diotimas Lehre impliziert, daß ich verpflichtet bin, Y dem X vorzuziehen, um welchen Preis für mich oder X auch immer, wenn erwiesen scheint, daß Y mir eher dazu verhelfen könnte, metaphysische Erleuchtung zu erfahren. Platons Argumentation ist leicht zu folgen, wenn eros nicht übersetzt wird, aber spricht er über Liebe? Es gibt keinen Grund anzunehmen, daß Platon nicht auch Liebe erfahren habe oder daß er Liebe nicht habe verstehen können, denn er hätte auch glauben können, daß Liebe zu einer anderen Person als Ziel statt als Mittel, wie intensiv auch immer empfunden, ein Mangel oder eine Schwäche seiner eigenen Seele sei. Der Unterschied zwischen dem eros, den er lobpreist, und dem, der allgemein der Liebe gilt, war ihm sicherlich gegenwärtig, denn, nachdem er Aristophanes hat erläutern lassen, daß eros die Reaktion des Individuums auf seine „andere Hälfte" sei, wobei das Erkennen von „Verwandtschaft" einen wesentlichen Teil der Freude ausmache (*Symp.* 192 b), läßt er Diotima diese Ansicht ausdrücklich zurückweisen (205 d–e).

Und so kann man zwar behaupten, daß die, die ihre Hälfte suchen, liebten. Ich sage aber, die Liebe geht weder auf die Hälfte noch auf das Ganze, wenn es nicht ein *Gutes* ist. Denn nicht an den *Seinigen* hängt jeder, es sei denn, man heiße das Gute das ,Verwandte' und das ,Seinige', das Schlechte aber ,Fremdes', denn es gibt nichts, was die Menschen lieben außer dem *Guten*.

Als Sokrates geendet hatte, „versuchte Aristophanes etwas zu sagen, weil Sokrates sich auf seine Rede bezogen hatte" (212 c), aber er konnte seinen Protest nicht mehr zu Gehör bringen, denn gerade da kam der betrunkene Alkibiades in Agathons Haus. Die Beschreibung der erotischen Reaktion im *Phaidros* (251 a–c) ist die dramatischste Passage in Diotimas Darlegung – Erschauern, Schweiß, Fieber, Schmerz und Freude zugleich, religiöse Ehrfurcht –, aber die Reaktion ist doch das Erkennen von etwas anderem *im* eromenos als von der Individualität des eromenos selbst. Das Ziel liegt in der Welt des Seins, und, wie stark die sich zwischen eromenos und erastes entwickelte Liebe auch sei, jeder ist nur ein Mittel.

Sowohl im *Symposion* als auch im *Phaidros* geht Platon davon aus, daß eros, als Stufe auf dem Weg zur Welt des Seins bedeutsam, homosexuell sei. Hierin stimmt Diotimas Ansicht mit der in Pausanias' Rede vorgetragenen Anschauung überein, und obwohl Phaidros in seiner Rede auch die Zuneigung der Alkestis zu Admetos berührt und (unter Vorbehalt) Orpheus' Liebe zu Eurydike erwähnt, um das Verhalten, das von eros inspiriert werde (179 b–d), zu veranschaulichen, macht er viel Aufhebens um ein homosexuelles Paar (Achilleus und Patroklos [179 c–180 b]), und in seiner allgemeinen Darlegung über den eros bezieht er sich ausschließlich auf Homosexualität (178 c–179 a, 180 b). Zeugung, wie Diotima erklärt, sei der Ausdruck des Verlangens sterblicher Körper, Unsterblichkeit zu erlangen, und die Menschen unterschieden sich hierin nicht von den Tieren (207 ab); jeder, bemerkt sie, würde lieber unsterbliche Gedichte verfassen oder Gesetze schaffen, die überdauern, als ‚menschliche' Kinder hervorbringen (209 c–d), und die Erzeugung vernunftgemäßer Erkenntnis sei die beste Erscheinungsform des menschlichen Verlangens nach Unsterblichkeit. Die Männer, die „körperlich fruchtbar" seien, verliebten sich in Frauen und zeugten Kinder (208 e), aber die, die „in ihrer Seele fruchtbar" seien, überschritten diese Grenze (209 a), und der „rechte Weg" stehe nur ihnen allein offen. Ähnlich im *Phaidros*: hier wünscht der Mann, dessen Seele seit langem ihre Vision von Schönheit vergessen hat, nur „den Weg des Vierbeiners zu gehen... und Kinder zu säen, ... und schämt sich nicht, Vergnügen, das wider die Natur ist, zu suchen" (250 e). Heterosexueller eros wird also genau auf derselben Stufe behandelt wie homosexuelle Kopulation, ein Trachten nach körperlichem Vergnügen, das nicht weiterführe, und im *Symposion* wird heterosexueller eros als unterbewußter Trieb dargestellt, Ausdruck des eros, der Tieren innewohne. Im *Phaidros* stellt sich beim Anblick einer schönen Gestalt der ‚rechte‘ eros ein, aber der „Wagenlenker" der Seele, der ein gutes und ein schlechtes Pferd in seinem Gespann hat, muß das schlechte Pferd, wenn es einen schönen Knaben sichtet, davor zurückhalten, auf der Stelle unziemliche Angebote zu machen (254a). Die Sprache, in der der „Fang" (253c) des eromenos beschrieben wird, ist höchst erotisch: beim ersten Anblick verspürt der Lenker einen „Kitzel" und ein „prickelndes Verlangen" (253e; vgl. Arist. *Thesm.* 133, Agathons verführerische Musik läßt den alten Mann einen „Kitzel am Hintern" verspüren), der erastes naht sich seinem eromenos „im Gymnasion und anderswo" (255b), der eromenos ist so überwältigt von Dankbarkeit für die Großzügigkeit des erastes, daß er ihn gleich umarmt und küßt, sich mit ihm niederlegen will und ihm nichts mehr abschlagen kann (255d–256a), und wenn es ihnen an philosophischem Eifer mangelt, könnte es geschehen, daß sie in einem unbewachten Augenblick der Versuchung nachgeben (256c–d). Dieser Fehltritt wird ihren eros nicht zerstören oder wertlos machen, denn das Gute daran kann nicht ungeschehen gemacht werden, aber der erastes und der eromenos, die der Versuchung nicht nachgegeben haben, sind die Besseren, sie haben erfolgreich die Quelle des moralisch Bösen in sich „besiegt" und die Kräfte des Guten „freigesetzt" (256b).

Daß Sokrates seine Lehre vom eros vornehmlich in Begriffen entwickelt, die Homosexualität zum Inhalt haben, liegt nahe: in seinem Umkreis wurde eros häufiger in einer homosexuellen als einer heterosexuellen Beziehung erfahren, und es galt als normal, daß der enge Kontakt mit einem schönen, dankbaren jungen Mann eine fast unwiderstehliche Versuchung darstellte. Ebenso leuchtet ein, warum ein eros, dem ständig körperliche Erfüllung versagt blieb, homosexuell sein mußte: es war immerhin die der Frau zugedachte Funktion, begattet zu werden, während die öffentliche Meinung die Keuschheit eines eromenos und des ergebenen, selbstlosen erastes romantisierte und pries. Warum eros in einem metaphysischen System eine so bedeutende Rolle spielen sollte, ist allerdings nicht so offensichtlich; die kürzeste Begründung hierfür wird im *Phaidros* (250 d) gegeben. Schönheit sei das einzige von allen Dingen, die *erastos* sind, „eros hervorrufend", das die Sinne unmittelbar wahrnehmen könnten, und wenn Menschen Schönes erblickten, ermöglichte ihnen dies am ehesten und ganz unmittelbar einen Zugang zur Welt des Seins. Eine weitere Überlegung kommt hinzu: Philosophie, wie Sokrates sie versteht, ist nicht das Ergebnis einsamer Meditation, das von einem fesselnden Redner (oder einem Guru) einer Masse von schweigenden ‚Jüngern' übermittelt wird, sondern ein kooperativer Prozeß, der im Spiel von Fragen und Antworten und gegenseitiger Kritik vonstatten geht und bei dem die Gesprächspartner auch bemüht sind, die Wahrnehmungen der Einzelnen zu ergründen. Diotimas Rede im *Symposion* kulminiert in der Vorstellung, vernunftgemäße Erkenntnis der Welt des Seins werde von einem älteren in einem jüngeren Mann „erzeugt" (209 b), ein Prozeß also der „Erzeugung in einem schönen Medium" (vgl. 206 b), dem die tatsächliche Zeugung von Nachkommen durch heterosexuellen Verkehr nie gleichkommen könne (206 c). Der erastes versuche, den eromenos zu unterweisen (209 c; vgl. Xen. *Symp.* 8.23), und „*paiderastein* der rechten Art" (211 b) heißt philosophischer Unterricht. An dieser Stelle wird sich der Leser zweifelsohne fragen, warum – abgesehen von dem vom methodologischen Standpunkt zugegebenermaßen beachtlichen Fortschritt von bloßer Vorlesung zur kooperativen Form von Diskussion und Kritik – es für so wichtig erachtet wird, daß sich in der Beziehung ein älterer und ein jüngerer Partner, nicht aber zwei Gleichaltrige des gleichen Status gegenüberstehen. Das sexuelle Verhalten der Athener der Klasse der ‚Müßiggänger' im späten 5. und frühen 4. Jahrhundert könnte – so steht zu vermuten – einen entscheidenden Einfluß darauf genommen haben, wie Sokrates seine philosophischen Gedanken umsetzte; keinen Einfluß freilich auf die grundlegenden Annahmen – die Existenz der Welt des Seins, die Zugänglichkeit dieser Welt für Vernunft, ihre Abhängigkeit vom Guten –, aber einen, der zutage tritt, wenn Sokrates die geduldige Erziehung eines jüngeren Mannes, dessen Schönheit im Beschauer ein tieferes und stärkeres Gefühl als andere Dinge im Leben erwecke, als den unmittelbarsten Weg zu philosophischen Erkenntnisfortschritten begreift. Die sexuellen Metaphern (*Symp.* 211 d) oder Bilder (*Pol.* 490 b), die Platon zu benutzen pflegt, wenn er davon spricht, die Seele erblicke die letzte Wirklichkeit, drängen förmlich eine Analogie zwischen der Ekstase auf, mit der „wahrer" eros philosophische Beharrlichkeit belohne, und der Ekstase, die beim genitalen Orgasmus empfunden werden kann, dem Lohn für Beharrlichkeit bei sexuellem Werben. In der modernen Literatur ist metaphysische Terminologie wohl eher in Abhandlungen über Sexualität als ‚sexuelle' Sprache in metaphysischen Erörterungen anzutreffen. Die Analogie scheint durchaus zulässig, vergegenwärtigt man sich die Empfindung – die der Orgasmus hervorrufen kann –, daß die eigene Individualität durch eine unwiderstehliche Kraft ausgelöscht worden sei. Von Platon derart zu sprechen, heißt nicht Metaphysik auf Physiologie zu reduzieren, vielmehr zu erkennen, daß es, wenn es das Geschäft des Philosophen ist, Voraussetzungen zu bestimmen und die Gültigkeit deduktiver Schritte, die hierauf aufbauen, zu erweisen, dem Biographen jedoch obliegt, die Existenz dieser Voraussetzungen zu erklären.

Robert J. Hopper

Eine athenische Bankiersfamilie

Der bedeutendste athenische Bankier war Pasion. In der undurchsichtigen Welt der ‚Finanzen' und des Handelsverkehrs im vierten Jahrhundert gerät der Name Pasions (im Gegensatz zu dem seines Sohnes) nur ein einziges Mal ins Gerede. In dem lästigen, von Demosthenes in der Rede 36 behandelten Streitfall, in den Pasions Söhne Apollodoros und Pasikles sowie der Freigelassene Phormion verwickelt waren, finden sich Einzelheiten über Pasions Bank- und Privatvermögen. Die folgende Erklärung zeigt, welche – teils wohl alltäglichen, teils aber auch außergewöhnlichen – Schwierigkeiten der Fall bot.

Ihr müßt hören und verstehen, wie Pasion dazu kam, der Bank die elf Talente zu schulden. Er schuldete diese Summe nicht, weil er arm, sondern weil er im Geschäft fleißig war. Denn der Wert des Landbesitzes Pasions betrug etwa zwanzig Talente, und außerdem hatte er noch eigenes Geld, eine Summe von über fünfzig Talenten, auf Zinsen ausgeliehen. Mit diesen fünfzig Talenten waren elf Talente aus den Einlagen der Bank vorteilhaft angelegt. Als nun Phormion Pächter des Bankgeschäfts wurde und die Depositen übernahm, sah er, daß er, solange er nicht die Rechte eines athenischen Bürgers genoß, nicht in der Lage sein würde, die Gelder einzutreiben, die Pasion auf Land und Miethäuser ausgeliehen hatte; er wollte deshalb, daß lieber Pasion selbst ihm diese Summen schulden sollte und nicht die anderen Schuldner, denen er (Pasion) sie geliehen hatte. Und aus diesem Grund wurde Pasion (als Schuldner) mit einer Schuld von elf Talenten in den Pachtvertrag eingesetzt ...

Hier sei auf den Nachteil hingewiesen, den ein Sklave oder Freigelassener/Metöke hatte: Nichtbürger konnten, wenn sie Bankiers waren (oder auch sonst), keinen Grundbesitz übernehmen, der als Darlehenssicherung verpfändet war.

Wieviel von den elf Talenten auf diese Weise festgelegt war, wird uns nicht gesagt, aber wir müssen annehmen, daß es sich um die ganze Summe handelte, und daß diese Darlehen gewährt wurden, nachdem Pasion Bürger geworden war. Man muß auch annehmen, daß die an Phormion verpachtete Schildfabrik, die später Apollodoros erbte, in eine andere Kategorie gehörte.

Der Umfang des Vermögens, das Pasion besaß, ist erstaunlich. Wie bereits gesagt, belief sich sein Grundbesitz auf zwanzig Talente (Neuanlage, nachdem er Bürger geworden war?). Leider wissen wir nicht im einzelnen, wie Pasion über sein sonstiges Vermögen verfügt hatte. Man kann nur annehmen, daß es ähnlich wie die elf Talente angelegt war.

Gelegentlich erfahren wir mehr Einzelheiten, etwa im Fall von Demosthenes' Vater, über dessen Vermögen sein Sohn, der zukünftige Rhetor, Einzelheiten in einer Rede aufzählt, die gegen seine Vormünder gerichtet ist, weil sie ihn nach dem Tod seines Vaters übervorteilen wollten. Die folgende Liste verrät eine Vielfalt der Interessen, die nichts Außergewöhnliches gewesen sein kann:

a) Eine Schwertfabrik mit 32–33 Sklaven, die ein jährliches Einkommen von 30 Minen einbrachte.

b) Eine Liegebettfabrik mit 20 Sklaven, die dem Vater des Demosthenes für eine Schuld (ein Darlehen?) von 40 Minen verpfändet worden war und ein jährliches Einkommen von 12 Minen einbrachte. Man beachte in diesem Fall den hohen Anlagegewinn von 30 Prozent gegenüber den annähernd 16 oder höchstens 17,4 Prozent bei der Schwertfabrik.

c) Ein Talent Bargeld, ausgeliehen zu 12 Prozent Zinsen, das jährlich 7 Minen erbrachte; genau genommen sollten es 7,2 Prozent sein.

d) Lagerbestände an Fabrikmaterial im Wert von 80 Minen.

e) Haus, Möbel, Tafelgeschirr, Schmuck im Werte von 100 Minen, wobei das Haus wohl den Hauptwert darstellt.

f) 80 Minen Bargeld im Hause.

g) 70 Minen Seedarlehen.

h) Bankeinlagen, 24 Minen bei Pasion, 6 bei Pylades, 6 bei Demomeles.

i) ‚Freundschaftsdarlehen‘ (= ohne Zinsen, Sicherheit oder Zeugen?) von einem Talent.

Die Gesamtsumme wird mit 14 Talenten angegeben.

In Pasions System (falls er eines hatte) war eine ausgeklügelte Wechselbeziehung der Personen vorgesehen. Wie bereits gesagt, war Pasion am Anfang seiner Laufbahn ein Sklave des Archestratos, eines Gesellschafters des Bankiers Antisthenes, dann wurde er zunächst Freigelassener und danach Bürger. Er hatte zwei Söhne und einen treuen Sklaven, den späteren Freigelassenen Phormion. Mit ihm gab es später Schwierigkeiten, wie wir aus der Rede erfahren, in der Demosthenes den Phormion gegen Apollodoros, den Sohn des inzwischen verstorbenen Pasion, verteidigt. Aus dem Folgenden werden die Umstände und die Komplikationen deutlich:

Phormion war Sklave Pasions, dessen Geschäfte er eine lange Zeit führte. Als Pasion starb, hinterließ er eine Witwe (Archippe), die Phormion heiraten sollte, und die beiden Söhne Apollodoros und Pasikles (der noch minderjährig war). Der Hauptteil von Pasions Vermögen wurde vom Vormund des Pasikles zwischen den beiden Söhnen geteilt. Es waren eine Bank und eine Schildfabrik vorhanden. Pasion hatte beide an Phormion verpachtet, der dafür Pachtgeld bezahlte, bis Pasikles volljährig wurde; zu diesem Zeitpunkt übernahm Apollodoros die Schildfabrik und Pasikles die Bank, während Phormion aus seiner Verbindlichkeit entlassen wurde. Beim Tod der Archippe, Pasions Frau, die später Phormion geheiratet hatte, beanspruchte Apollodoros von Phormion bestimmte Vermögensteile, die sich, wie er behauptete, in dessen Besitz befänden. Es kam durch ein Schiedsverfahren zu einem Vergleich, und Phormion brauchte diese Forderungen nicht zu erfüllen.

Achtzehn Jahre nach Pasions Tod erhob Apollodoros jenen Anspruch, der das Thema der Demosthenesrede 36 ist. Er behauptete, Phormion habe zu seinem eigenen Nutzen eine

Summe aus dem Bankvermögen verwendet, das Pasion angeblich in der Bank hinterlassen habe. Die Erklärung oder die scheinbare Erklärung dieses Vorgangs wurde vorstehend dargelegt, soweit es überhaupt möglich ist, auf Grund von Behauptungen, die im antiken Griechenland vor Gericht vorgebracht wurden, etwas zu erklären.

Gerade an diesem Rechtsverfahren lassen sich verschiedene interessante Einzelheiten beobachten. Man beachte den Nachdruck, der auf ‚Papiere‘ gelegt wird, wie ja auch bei Seedarlehen die ‚Schiffspapiere‘ betont werden. Interessant ist bei den beiden Vermögensteilen der unterschiedliche Ertrag: die Bank bringt hundert Minen, die Fabrik ein Talent (sechzig Minen). Ferner stellen wir fest, daß „der Kläger (Apollodoros) klug war, als er die Schildfabrik wählte, denn das ist ein Besitz *ohne Risiko*, während die Bank ein Geschäft ist, das unsichere Erträge vom Geld anderer Leute erbringt“. Das ist freilich ein parteiisches Argument vor einem Gerichtshof, aber es hat doch eine gewisse Überzeugungskraft. Dann kommen wir zur ‚Übertragung‘ der Bank. Es wird festgestellt, daß Phormion die Bank an Xenon, Euphron und Kallistratos „verpachtete“, und daß ihnen auch kein privates Bankkapital übergeben wurde, sondern daß sie nur die Depositen (wozu eine Reihe schriftlicher Unterlagen gehörte) und die Gewinne pachteten, die sich aus ihnen ergaben. Wie steht es da mit Vertrauen und geschäftlichem Ansehen?

Unter dem Gesichtspunkt des Finanzwesens ergibt sich ein Bild, das in manchen Dingen merkwürdig einfach, in anderen aber kompliziert ist. Bankgeschäfte verzweigten sich von Athen aus in andere Teile Griechenlands bis nach Südrußland jenseits des Schwarzen Meeres. Unter den Legaten für Archippe, die Witwe Pasions, findet sich „ein Talent in Peparethos“, was immer das bedeuten mag. Zu dem komplizierten Fall, in dem es um das Schiff des Polykles und um die Schwierigkeiten geht, denen die Trierarchen gegenüberstanden, wenn sie ihre Mannschaften im Ausland entlohnen mußten, besitzen wir die interessante Schilderung des Apollodoros über die Geldbeschaffung für diesen Zweck:

Ich besorgte mir also ein Darlehen von Kleanax und Eperatos, zwei Freunden meines Vaters auf Tenedos..., denn als Sohn Pasions, der ja mit vielen Ausländern befreundet und in Griechenland sehr angesehen war und in Hellas Kredit hatte, fiel es mir nicht schwer, Geld zu borgen, wo ich es brauchte. [...]

Es liegt nahe, Pasion mit den anderen Männern zu vergleichen, deren Reichtum uns die klassischen griechischen Autoren überliefert haben und deren Vermögen sich in manchen Fällen auf Sklavenbesitz und wohl mit Sicherheit auf Landwirtschaft gründete. Wir wissen nicht, woher Alkibiades sein Vermögen hatte; Ischomachos, Xenophons Prototyp des ‚Gentleman', bezog seinen Wohlstand aus der Landwirtschaft. Wie bereits gesagt, besaß Pasion Ländereien im Wert von etwa zwanzig Talenten, und dazu hatte er noch eigenes Geld – eine Summe von über fünfzig Talenten – auf Zinsen ausgeliehen. Man kann sich nur schwer vorstellen, wie derartige Aktiva zustande kamen, zumal die Zeiten am Ende des fünften und während des vierten Jahrhunderts für die Reichen schwer waren infolge der vermehrten finanziellen Belastung durch öffentliche Leistungen (Pasion versah den Posten eines Trierarchen) und der lästigen Einrichtung der *antidosis* (der Aufforderung zum Vermögenstausch bei angestrebter Befreiung von solchen finanziellen Verpflichtungen für die Öffentlichkeit). Es gab natürliche Gefahren wie Dürrezeiten, die den Bankier zumindest indirekt schädigen konnten, oder Schuldner, die aus irgendeinem Grund ihren Verpflichtungen nicht nachzukommen vermochten. Ferner hatte Apollodoros zwar sehr ansehnliche Summen aus dem Vermögen erhalten, das ursprünglich seinem Vater gehört hatte, mußte aber laut eigener Aussage umfangreiche öffentliche finanzielle Belastungen übernehmen.

Mancher Argumentation im speziellen Fall darf man in dieser Hinsicht mißtrauen. Damit kommen wir zu einem weiteren interessanten Aspekt der einschlägigen athenischen Gerichtspraxis, die wiederum Unsicherheit hinsichtlich der Interpretation der Quellen weckt, diesmal in bezug auf die Integrität der im Bankwesen Tätigen. Der Verteidiger Phormions erklärt, letzterer sei seines Fleißes wegen von Pasion außerordentlich gerühmt worden, ganz wie Pasion früher von seinen Herren. Hierzu wird folgende überraschende Feststellung getroffen:

Solange Pasion bei seinen Herren, den Bankiers Antisthenes und Archestratos, war, erwies er sich in seinen Handlungen als redlich und gerecht und gewann ihr Vertrauen. In der Geschäftswelt und auf dem Geldmarkt gilt es als bewundernswert, wenn ein und derselbe Mann sich als redlich und fleißig zugleich erweist.

Man muß also auf flagrante Unredlichkeit schließen. Daher der Nachdruck auf schriftlicher Fixierung bei Darlehen und bei bargeldlosen Zahlungen, wobei man eine Summe bei einem Bankier deponiert und veranlaßt, daß sie an einen Dritten ausgezahlt wird. Es konnte auch vorkommen, daß zwei Personen Einlagen bei derselben Bank hatten. Das ist dann der auch bei uns übliche Giroverkehr.

Die spezielle Argumentation in der Verteidigungsrede für Phormion betont, daß Pasion und Phormion zu einer Zeit, in der das Bankwesen ein riskantes Geschäft war, außergewöhnlich redliche und tüchtige Bankiers gewesen seien. Das mag richtig sein, aber die hohen Summen, um die es geht, lassen sich schwer erklären, und man konnte nicht alle Risiken mit Ehrlichkeit und Fleiß bewältigen. Da war die Konkurrenz der Landwirtschaft und anderer Anlagemöglichkeiten; die Risiken bei allem, was mit kaufmännischen Angelegenheiten und Handelsdarlehen zusammenhing, während Krieg, Plünderung durch andere Staaten oder Seeräuberei sich insgesamt auf das in diesem Bereich arbeitende Kapital auswirkten.

Philipp, Alexander und der Hellenismus

Egon Friedell

Philipp und Alexander

Über ihn [Philipp] sagt Droysen sehr treffend: „Sein Charakter war, keinen Charakter zu haben, sondern Zwecke." Er verkörperte den ganz ungriechischen Typus des tausendäugigen Tatsachenmenschen, der alles umfaßt und durchschaut, ergreift und sich dienstbar macht: die griechische Phantasie bewegte sich in Ideen, die seinige immer in Realitäten. Dabei hatte er trotz aller Überlebensgröße des Wollens und Könnens etwas von einer Genrefigur, schon in seiner äußeren Erscheinung: er war einäugig, was er durch einen Lorbeerkranz zu decken versuchte, von stämmiger, aber untersetzter Statur, und im Umgang von einer dämonischen Pöbelhaftigkeit, wie bekanntlich auch Napoleon, daneben sehr witzig und geistreich und durchaus nicht ohne Sinn für Kunst und Kultur: er hat nicht nur Aristoteles zum Erzieher seines Sohnes bestimmt, sondern auch Apelles nach seiner Residenz Pella berufen. Seine Stellung in der Kriegsgeschichte erinnert an Gustav Adolf: er verdankte seine Erfolge ebenfalls den drei Tatsachen, daß er ein wirkliches Nationalheer besaß, daß er dieses Heer, und zwar mit seltenem Feldherrngenie, *monarchisch* leitete und daß er die Reiterei zu einer Hauptwaffe machte. Die makedonische und thessalische Kavallerie war jeder anderen an Zahl und Qualität überlegen und außerdem eben nicht, wie bisher, eine bloße Hilfstruppe, sondern zum erstenmal ein entscheidender taktischer Körper. Durch diese völlig neue Methodik der kombinierten Waffen sicherte sich Philipp, indem er die Offensive der beweglichen Reiterei, die Defensive der schweren Infanterie übertrug, die gleichzeitige Initiative auf *beiden* Flügeln: dies ist der Fortschritt gegenüber Epaminondas. Ferner ermöglichte ihm seine Kavallerie die völlige Ausnützung des Sieges durch nachhaltigste Verfolgung, und hierdurch wurde er der Schöpfer der Vernichtungsstrategie. Ganz unerhört war auch, daß er sich weder von der Jahreszeit noch von der Nacht in seinen Operationen behindern ließ, daß er die Maschine als Kriegsmittel einführte und daß er in allen Arten des Manövrierens: in Scheinrückzügen, verschleierten Bewegungen, unerwarteten Vorstößen, plötzlichen Schwenkungen eine Meisterschaft entwickelte, der die Griechen fassungslos gegenüberstanden.

Den Landadel verwandelte Philipp in einen Hofadel, indem er ihn in seine nächste Umgebung zog: als Leibwache der *hetairoi* oder *philoi*, Gefährten und Freunde des Königs, und als Pagenkorps, das ihn bei Tisch bediente, zu Bett brachte und Nachtwache hielt, was einigermaßen an Ludwig den Vierzehnten erinnert. Auch Hellas war für die Monarchie reif. Ihre Heraufkunft wetterleuchtete bereits in der Literatur, zum Beispiel in Xenophons monarchistischem Tendenzroman von der Jugend des Kyros, der einen großen Leserkreis fand, obgleich er, wie Beloch bemerkt, „abschreckend langweilig" ist: eine Kritik, deren Vorurteilslosigkeit aus der Feder einer Fachgröße doppelt erfrischend wirkt; noch unverblümter nennt Wilamowitz Xenophon einen „Major a. D.", und in der Tat ist er lesenswert nur in seiner Eigenschaft als Landwirt, Bereiter und Troupier, während seine Politik und Philosophie sich auf dem Niveau eines gebildeten Stammtisches bewegt. Er hat nur die Anfänge Philipps erlebt, aber Isokrates erblickte in diesem einen neuen Agamemnon, den Führer der geeinten Hellenen gegen den Erbfeind; als höchstes Ziel betrachtet er (und offenbar auch Philipp) die Eroberung Kleinasiens bis zum Halys. Das ist noch ägäisch gedacht. Daß Philipp, der Schöpfer der Alexanderarmee und einer der größten Strategen aller Zeiten, die Perser besiegt hätte, ist wohl kaum zu bezweifeln. Es läßt sich aber fragen, ob er dann nicht gegen seinen Willen in den alexandrinischen Imperialismus hineingewachsen wäre, der seinem Denken zunächst allem Anschein nach fernlag. Parmenion und Antipater standen während des ganzen Alexanderzuges auf dem Standpunkt, daß man am Euphrat haltmachen und abendländische Politik betreiben solle. Sie waren die zwei vorzüglichsten Feldherren Philipps, Antipater auch von hoher staatsmännischer Begabung, beide aber ihrem König an Penetranz des Scharfblicks und Elastizität des Schnelldenkens doch nicht ebenbürtig. Die Frage läßt sich also nicht eindeutig entscheiden.

Auch den Aischines hat Philipp nicht einfach durch Gold gewonnen, sondern *schon vorher* durch den Zauber seiner Persönlichkeit und die Macht seines Geistes aus dem Widersacher einen Anhänger gemacht. Die Priesterschaft von Delphoi, die nicht immer sehr patriotisch, aber fast immer sehr weise und vorausblickend dachte, stand ebenfalls auf seiner Seite, was aber Demosthenes mit dem Bonmot abtat: „Die Pythia philippisiert." Dieser hätte lieber einen panhellenischen Zusammenschluß mit Persien gesehen, dessen Spitze gegen Philipp gerichtet gewesen wäre, wie die süddeutschen Partikularisten die Anlehnung an Frankreich einer preußischen Hegemonie vorgezogen hätten, womit sie aber, ganz wie die athenischen, *ihre* Hegemonie meinten. Der Hauptunterschied zwischen Demosthenes und den meisten früheren Leitern der athenischen Politik bestand darin, daß diese in erster Linie Strategen gewesen waren, Demosthenes aber ein militärischer Ignorant war; er war aber auch ein *politischer* Dilettant. Mit Schlagworten wie „Barbar" und „Abenteurer" glaubte er ein Phänomen wie Philipp abtun zu können, ohne den geringsten Instinkt für historische Mächte, Zeitgeist und Wandel der Zeiten. Die Fähigkeit, die den Politiker macht: Tatsachen zu sehen, und früher als die anderen, und sich ihnen anzupassen, um sie zu beherrschen, fehlte diesem Doktrinär, für den die ganze Welt ein Problem der Rhetorik war, in erschreckendem Maße.

Ebenso energisch wie behutsam vorgehend gewann Philipp zunächst als Operationsbasis Thessalien mit seinem kostbaren Pferdereservoir und die schon durch ihre Lage entscheidend wichtigen Küstenstädte Thrakiens mit ihren

Wäldern und Bergwerken. Im Herbst 338 erlag dann das vereinigte Heer der Athener und Thebaner der überlegenen Disziplin und Taktik der Makedonen: die Entscheidung brachte die Reiterattacke Alexanders gegen die „Heilige Schar" der Thebaner, die bis dahin für unbesieglich gegolten hatte. Man kann sagen: bei Chaironeia siegte Epaminondas über Epaminondas. Dies ist eine regelmäßige Erscheinung in der Geschichte der Kriegskunst: ein Großer findet etwas ebenso Einfaches wie Neues, das durch diese Vereinigung siegreich ist; dann erstarrt es zur Routine und unterliegt einem, der es mit Geist und Freiheit zu meistern vermag. So hat die friderizianische Taktik in den Napoleonischen Kriegen, die napoleonische bei Königgrätz ihr Fiasko erlebt. Denn es gibt keine „Königsregeln", nur Könige, die Regeln geben.

Gegen seine Gewohnheit unterließ es Philipp, wie die Preußen nach Königgrätz, den geschlagenen Feind, den er zum Freunde gewinnen wollte, nach der Schlacht zu verfolgen, und, wie damals Bismarck, stellte er Bedingungen, die zu der Schwere der Niederlage in gar keinem Verhältnis standen: Athen bekam seine Gefangenen ohne Lösegeld zurück, behielt seine volle Freiheit und mußte sich lediglich bereit erklären, dem geplanten panhellenischen Bund beizutreten; die Athener waren von dieser Mäßigung so überrascht und entzückt, daß sie, ganz undemosthenisch, Philipp und Alexander das Ehrenbürgerrecht dekretierten. Der „Korinthische Bund", den Philipp dann 337 ins Leben rief, umfaßte sämtliche hellenische Staaten mit Ausnahme Spartas, die im Innern autonom blieben, sich aber verpflichteten, untereinander Frieden zu halten und Streitigkeiten vor dem Synhedrion, dem Bundestag zu Korinth, zum Austrag zu bringen sowie bei Bundesaktionen Heeresfolge zu leisten; Oberhaupt des Bundes, Einberufer des Synhedrions und Oberfeldherr der Hellenen war Philipp unter dem Titel eines Lenkers oder Hegemon, gleichzeitig wurde ihm als „selbstherrlichem Strategen" die unbeschränkte Vollmacht zur Führung des Krieges gegen Persien erteilt: außenpolitisch und militärisch hatten also die griechischen Republiken ihr Selbstbestimmungsrecht eingebüßt. Aber während der umfassendsten Vorbereitungen wurde Philipp im Hochsommer 336 auf der Höhe seines Lebens und in der Mitte seines Wirkens von einem seiner vornehmen Leibwächter aus Privatrache ermordet: eine Tat, nur jener vergleichbar, die zwanzig Jahre früher, im Geburtsjahr Alexanders, am Tempel von Ephesos verübt wurde, doch hat sie ihren Urheber nicht so berühmt gemacht wie Herostrat: Ravaillac, den Mörder Heinrichs des Vierten, und Booth, den Mörder Lincolns, kennt alle Welt, von Cassius und Brutus nicht zu reden; aber fast niemand weiß den Namen des Pausanias aus Orestis, des Sohns des Kerastos.

An dem Attentat war Olympias, die Gattin Philipps und Mutter Alexanders, höchst wahrscheinlich nicht unbeteiligt. Sie hatte dem König, der eine zweite legitime Gattin genommen hatte, ebenfalls Rache geschworen, und ihre ganze spätere Lebensgeschichte, die angefüllt ist mit finsteren Taten großartiger Leidenschaftlichkeit, legt den Verdacht nahe, daß sie auch hier schon die Hand im Spiele hatte. Sie war eine Tochter des Molosserkönigs, also Vollbarbarin, geheimnisvollen, wilden Kulten ergeben, und selbst der milde Plutarch nennt sie „hitzig und zornmütig". Durch sie ist ein ganz inkommensurables Element in den Charakter ihres Sohnes gekommen, das, vereinigt mit dem Erbe des Vaters, eine Gestalt erzeugte, wie sie sonst nur die Sage kennt. Mit Alexander tritt ein ungriechischer Geist in die abendländische Geschichte, oder man kann auch sagen: eine neue Phase des griechischen Geistes: die griechische Romantik. Romantisch ist seine Faszination durch den Orient, die von einer ganz andern Leidenschaft gespeist ist als die harmlose Neugierde eines Herodot, sein Drang ins Grenzenlose und Uferlose, der zugestandenermaßen bis ans Ende der Welt gelangen will, sein Kosmopolitismus, sein Glaube an die Allmacht des Genies, sein Leben in Reminiszenzen: Achill,

Herakles, Dionysos, seine Freundschaft für den Feind, seine Galanterie gegen Frauen. Alexander ist ein Ritter und sein Grundpathos die Sehnsucht. Selbst in sekundären Äußerlichkeiten bekundet sich das völlig Neue des Typs, wie zum Beispiel in der Bartlosigkeit, die unbürgerlich imperialistisch ist [...].

Alexander hat Energieleistungen vollbracht, die mit allen Mitteln der modernen Technik nicht wiederholt worden sind und noch mehr Bewunderung verdienen als seine Siege in den Schlachten: man denke an den erobernden Vormarsch durch Turkestan, Afghanistan und Belutschistan und dann ins Fünfstromland über starrende Wüsten, reißende Ströme und eingeschneite Hochgebirge; und trotzdem oder vielleicht gerade deshalb hatte er immer etwas von einem Traumwandler. Er handelte wie unter einer fremden Macht, willenlos, aber sicher vorwärtsgetrieben. Deshalb gab er seine Person auch immer preis in Schlachten, unerhörten Strapazen, Zechgelagen, auf eine tollkühne Weise, die wir, wollten wir sein Wirken auf einer rein empirischen Ebene erblicken, unvernünftig nennen müßten. Es findet sich im sogenannten Alexander-Roman, der fälschlich dem Kallisthenes, dem Hofhistoriographen Alexanders, zugeschrieben wird und im Mittelalter sehr verbreitet war, eine sehr merkwürdige Stelle: Die Brahmanen fragen Alexander: „Warum führst du denn so viele Kriege? Mußt du denn nicht wieder alles anderen hinterlassen?", und Alexander antwortet: „Ich wünschte wohl mit den Kriegen aufzuhören, aber der Gebieter meines Geistes läßt es nicht zu. Wären wir alle eines Sinnes, so wäre die Welt leblos." Das ist heraklitisch gedacht, aber auch sokratisch: auch Alexander war das Werkzeug eines *daimonions,* das ihm freilich andere Dinge befahl als dem athenischen Weisen.

Aristoteles gibt dem Königtum vor der Aristokratie in zwei Fällen den Vorzug: wenn ein Volk so tief steht, daß es zur Selbstregierung unfähig ist, und wenn ein einzelner über die andern so sehr emporragt, daß diese in ihm den geborenen König verehren müssen: solche Männer können nicht Teile, sondern nur Herrscher des Staats sein, sie wandeln wie Götter unter den Menschen. Höchstwahrscheinlich hat Aristoteles dabei an seinen Schüler gedacht. Die extremste und konsequenteste Demokratie der Welt endete in der extremsten und konsequentesten Form der Monarchie: dem Gottkönigtum. Dieses pflegt entweder ganz naive oder ganz atheistische Religionsvorstellungen zur Voraussetzung zu haben; aber die Griechen waren in diesen Dingen eigentlich niemals ganz naiv gewesen und wurden niemals ganz aufgeklärt. Ihre Phantasie, die nichts ernst nahm, war eben darum auch imstande, alles zu akzeptieren, und soviel wert wie die Olympier war ein Alexander ja bestimmt. In Ägypten wurde er übrigens auf ganz legalem Wege zum Gott, denn nach der dortigen staatsrechtlichen Fiktion war der Pharao von Ammon gezeugt; diesen aber identifizierten die Griechen seit jeher mit Zeus. Über die Gedanken, die sich Alexander selber dabei gemacht haben mag, gibt vielleicht ein Wort Napoleons einen Wink, der nach der Krönung zu Decrès sagte: „Ich gebe zu, daß meine Karriere nicht übel ist und daß ich meinen Weg gemacht habe. Aber welcher Unterschied gegen das Altertum! Als Alexander Asien erobert hatte, gab er sich als Sohn Jupiters aus und das ganze Altertum, mit Ausnahme der Olympias, des Aristoteles und einiger athenischer Pedanten, schenkte ihm Glauben. Wollte ich mich heute für den Sohn des Allmächtigen erklären: ein jedes Fischweib würde mich auszischen. Die Völker sind eben gegenwärtig zu aufgeklärt und es ist nichts mehr zu machen." In der Selbstvergötterung Alexanders vermischen sich wirklicher Glaube (oder Aberglaube), Macht des orientalischen Bodens, Dämonie aus dunkeln Barbarenwurzeln, Einsamkeit der Größe, Gefühl der tatsächlichen Allmacht und nüchterne Realpolitik (einen andern juristischen Titel für die Herrschaft über Hellas und Asien gab es nicht); und das Resultat ist etwas Unbegreifliches. Oder, wie es Helmut Berve zusammenfaßt: „Sein Gesicht war das des unerklärbaren Genius."

Wir wissen daher über seine Persönlichkeit, obgleich sie im vollbeleuchteten Zenit der antiken Geschichte stand, eigentlich wenig und Widersprechendes. Was sein Liebesleben anlangt, so wird einstimmig berichtet, daß er für seine Gattin Roxane, eine vornehme Perserin, die die schönste Frau Asiens gewesen sein soll, eine heftige Leidenschaft hatte. Er heiratete dann noch mehrere persische Prinzessinnen, darunter die Königstochter Stateira, offenbar aus politischen Gründen, um sich auch äußerlich als Erben des Achaimeniden zu bezeichnen; diese Ehe blieb kinderlos. Im übrigen wird gemeldet, daß er für weibliche Reize auffallend unempfindlich gewesen sei, was Plutarch aus frommer Keuschheit, Berve aus seiner Hingabe an das gleiche Geschlecht herleitet. Hiefür könnte nur seine schwärmerische Neigung zu Hephaistion sprechen, die aber sehr wohl rein platonisch gewesen sein kann: in allem, was über dieses Verhältnis erzählt wird, findet sich nichts, das sich nicht mit reiner Freundschaft erklären ließe. Daß alle Knaben in Alexanders Umgebung vom Hofklatsch als seine Lustknaben angesehen wurden, ist eine Selbstverständlichkeit ohne jede Beweiskraft. Hingegen berichtet Plutarch, daß er päderastische Angebote mehrfach mit Entrüstung zurückgewiesen habe, wozu Berve bemerkt, daß dies für die Erotik des Königs weniger bezeichnend sei als die Tatsache, daß man hoffte, dadurch seine Gunst zu erwerben. Aber welchem antiken Menschen wurden denn keine solchen Anträge gemacht? Nimmt man noch hinzu, daß Alexander sein Leben lang von einer unersättlichen Leidenschaft für Jagd und Gymnastik erfüllt war, der er sogar während der Feldzüge huldigte, und daß seine ganze Laufbahn unter übermenschlichen Strapazen verlief, die nur durch ebenso gigantische Trinkexzesse unterbrochen waren, so wird man sich der Annahme zuneigen müssen, daß er sich zwischen Aphrodite und Artemis ähnlich entschieden hat wie der sporttrunkene Hippolytos.

Seine Bildung muß ungewöhnlich groß gewesen sein. Aristoteles hatte ihn mit der ganzen Breite des damaligen Wissens bekannt gemacht, auch gemeinsam mit andern Lehrern in Musik und Rhetorik unterwiesen. Des Königs ewiges Ideal, dem er heiß nachstrebte, war Achill; da dieser aber, gegen einen Alexander gehalten, doch nicht mehr war als ein tapferer Rowdy, so kann er in ihm nur den Helden der Ilias verehrt haben, die er denn auch, in einer von Aristoteles eigens besorgten Ausgabe, in einem kostbaren Kästchen immer bei sich trug. Auch mit den Tragikern war er genau vertraut und zitierte sie gern bei allerhand Anlässen. Sein lebhaftes Interesse für bildende Kunst grenzte bereits an Snobismus, indem er den Malern und Plastikern in ihre Arbeiten hineinredete, wofür er einmal von Lysipp eine geistreiche Abfuhr erhielt. Bei seinen Feldzügen ließ er stets wissenschaftliche Forschungen anstellen. Ähnlichen Zwecken diente auch die von ihm geschaffene Hofkanzlei, die in den „königlichen Ephemeriden", amtlichen Tagebüchern, sämtliche politischen, militärischen und administrativen Vorgänge genau registrierte und in dem Journal der „Bematisten" alle Erfahrungen über Wege und Zeiten, Fauna und Flora, Terrain und Besiedlung aufzeichnete. Es wurde bereits erwähnt, daß er auch für die technischen Fortschritte der Sizilier große Anteilnahme zeigte: die Helepolen, „Stadteroberer", die er vor Tyros verwendete, waren die größten Belagerungstürme, die jemals errichtet worden sind; sie hatten zwanzig Stockwerke und eine Höhe von über 53 Meter. Es lebte überhaupt in ihm ein Zug zum Kolossalen, der sich aber nicht, wie philiströse Geschichtsschreiber behauptet haben, aus Größenwahn herleitete (denn was wäre schon bei einem Alexander größenwahnsinnig zu nennen?), sondern ganz einfach der antizipierte Geist des Hellenismus war. Er hatte, wie Diodor berichtet, die Absicht, seinem Vater ein „pyramidengleiches" Grabmal zu weihen. Deinokrates, der Erbauer Alexandrias, errichtete für Hephaistion einen Prunkscheiterhaufen, der zehntausend Talente gekostet haben soll (was wahrscheinlich übertrieben ist) und unter anderm mit tausend vergoldeten Kolossalstatuen geschmückt war, derselbe Deinokrates plante, den ganzen Athosberg in eine Statue Alexanders umzuwandeln, mit einer Stadt für zehntausend Einwohner in der rechten Hand und den gesammelten Gewässern des Berges in der linken, und Alexandria selbst ist ja eine einzigartige Riesenschöpfung.

Um sich den Rücken zu decken, mußte Alexander zunächst einen schwierigen und aufreibenden Feldzug gegen die aufständischen Thraker unternehmen, in dem er bewies, daß er seinem Vater in der Kunst des besonnenen und energischen Manövrierens und der geschickten und umsichtigen Geländeausnutzung vollkommen ebenbürtig war. Bei der asiatischen Expedition hatte er mit einer beträchtlichen numerischen Überlegenheit der Perser zu rechnen, woran niemand anders schuld war als die Griechen, zu deren Pazifizierung er die Hälfte seiner makedonischen Truppen zurücklassen mußte. Seine Reiterei belief sich auf etwa fünftausend, sein Fußvolk auf dreißigtausend, nach den höchsten Angaben auf reichlich vierzigtausend Mann. Nach Alexanders Sieg am Granikos beabsichtigte Memnon aus Rhodos, der offenbar der fähigste Kopf im persischen Generalstab war, die kleinasiatischen Gebiete zu verwüsten, um Alexander durch Proviantmangel in den Seekrieg zu drängen, der für ihn wegen des nicht bloß zahlenmäßigen Übergewichts der phoinikischen und kyprischen Marine des Großkönigs wenig aussichtsreich war; gleichzeitig verhandelte Memnon, vom persischen Gold unterstützt, mit den Hellenen wegen einer allgemeinen Insurrektion. Aber die Satrapen widersetzten sich diesem Plan, teils um ihre Ländereien zu schonen, teils aus Animosität gegen den griechischen Kollegen, und bald darauf wurde Memnon von einer Krankheit dahingerafft. Alexander setzte seinen Vormarsch unbehindert fort, aber vor der Schlacht bei Issos befand er sich in einer ungeheuer gefährlichen Situation: hätte sie mit seiner Niederlage, ja auch nur als Remispartie geendet, so wäre er (da er die Flotte aufgelöst hatte, um sie nicht überlegenen Angriffen preiszugeben) von seinen rückwärtigen

Verbindungen völlig abgeschnitten gewesen. *Nach* Issos hat er dann seine Basis sehr gründlich gesichert, indem er Phönizien und Ägypten eroberte, dabei aber den Feind zwei volle Jahre sich selbst überließ, was wiederum sehr riskant war. Es war beide Male ein Vabanquespiel und beidemal das richtige Spiel, nämlich das *glückliche*. Auch bei Gaugamela stand die Sache auf der Schneide: die Makedonen wurden zunächst auf beiden Flügeln umfaßt, Alexander siegte aber trotzdem mit seinem rechten Flügel, während der linke unter Parmenion ins Hintertreffen geriet; in die hiedurch entstandene Lücke drangen die Perser, die aber den Vorteil nicht zu nutzen wußten, und inzwischen hatte Alexander auch das Zentrum zersprengt, wo sich der König mit seinen Elitetruppen: dem Gardekorps und dem Kontingent der griechischen Söldner befand. Den furchtbaren Sichelwagen schickte Alexander Bogenreiter entgegen, die die Lenker herunterschossen; seitdem hört man nie mehr etwas von dieser Waffe. Ganz romantisch schrecklich muß auch in der Schlacht am Hydaspes der Kampf gegen ein anderes völlig ungewohntes Kriegsmittel gewesen sein, die Elefanten des Inderkönigs Poros, die die Feinde zertrampelten, mit dem Rüssel in die Luft warfen, mit den Hauern zerrissen.

Wir können nun in groben Umrissen verfolgen, wie Alexander allmählich über seinen Vater hinauswuchs. Weder Aristoteles, der bei aller Weite der Bildung doch immer Hellene blieb, noch Parmenion, der bloß „großmakedonisch" zu denken vermochte, waren imstande, seinen weltumspannenden Konzeptionen zu folgen. Nach der Schlacht bei Issos erschienen Abgesandte des Großkönigs vor Tyros, die die Abtretung der Länder westlich des Euphrat anboten. Parmenion soll zur Annahme geraten haben, und Alexanders Antwort, auch er täte es, wenn er Parmenion wäre, faßt den ganzen Gegensatz zusammen. Nach Gaugamela wirft er die ganze Ideologie vom „panhellenischen Rachekrieg" beiseite und läßt sich zum König von Asien ausrufen, zugleich aber opfert er Marduk, dem Verleiher der Weltherrschaft, und bekundet damit, daß ihm das Perserreich nicht genügt. In der Tat dringt er, nachdem er dieses siegreich durchzogen, in das Pendschab vor, und als er vom Gangesland erfährt, will er auch dieses durchqueren, um zum Okeanos zu gelangen, das heißt nach antiken Begriffen: er will die Erde erobern. Hier aber leisteten ihm seine erschöpften Truppen Widerstand und er mußte umkehren: er wäre aber sicher bei längerem Leben auf die Sache zurückgekommen. Bei seinem Tode war er gerade im Begriff, Arabien zu umschiffen. Ferner beabsichtigte er, den gesamten Westen zu unterwerfen, und plante zunächst, in der richtigen Erkenntnis, daß der Angelpunkt einer solchen Expedition Karthago sei, einen Feldzug längs der Nordküste Afrikas, den eine tausendschiffige Riesenflotte unterstützen sollte. Wie in einer Fata Morgana ist kurz vor seinem Hinscheiden das erstrebte Wegziel vorweggenommen: alle Völker des Westens, Libyer, Karthager, Kelten, Iberer schickten huldigende Gesandtschaften, auch die Römer. Sein Reich wäre aber viel größer gewesen als das ihrige, denn über den Euphrat sind sie nie dauernd hinausgelangt und gar Seeunternehmungen wie die indische lagen ihnen vollkommen fern. Und was hätte eigentlich Alexander daran hindern sollen, Amerika zu entdecken? Gerade um die Zeit, als er starb, gelangte Pytheas aus Massilia von Gades aus längs den Küsten Spaniens und Frankreichs nach Britannien, den Shetlandinseln und Thule, das wahrscheinlich Island ist. Das Reich Alexanders wäre vielleicht eine nova Atlantis geworden: von Westindien bis Ostindien! Denn es war einer der einzigartigen und völlig unantiken Züge an ihm, daß er bereits in Meeren dachte. Betrachten wir es aber von einer andern Seite, so war sein früher Tod vielleicht wiederum eine jener geheimnisvollen Stillstellungen der Weltgeschichte, deren Sinn wir nur ahnen können. Die Konzeption Alexanders war: Babel der Nabel der Erde, der Persische Golf mit einem zweiten und noch gewaltigeren Alexandria das Weltemporium. Das Alexanderreich wäre das Ende Europas gewesen.

Andreas Graeser

Aristoteles

Aristoteles, antiken Anekdoten zufolge auch „der Geist" und „der Leser" genannt, wurde in der zweiten Hälfte des Jahres 384 zu Stagira geboren, einem kleinen Ort an der Ostküste der Chalkidike. Beide Eltern stammen aus Arztfamilien. Sein Vater Nikomachos stand als Arzt im Dienste des Königs Amyntas III., des Großvaters Alexanders. Im Alter von 17 kam Aristoteles nach Athen; er begann sein Studium an der Akademie zu einer Zeit, da Plato selbst eben nach Sizilien abgereist war und seine Schule von dem kaum dreißigjährigen Eudoxos von Knidos geleitet wurde, der sich für Mathematik, Astronomie und Geographie interessierte. Wann und wie Plato auf den um vierundvierzig Jahre jüngeren Aristoteles aufmerksam wurde, ist nicht bekannt. Jedenfalls blieb Aristoteles 20 Jahre in Athen. Unmittelbar nach oder sogar noch vor dem Tode Platos im Frühjahr 347 scheint er Athen verlassen zu haben. Er begab sich auf Einladung des Hermias von Atarneus, der selbst die Akademie besucht hatte und jetzt in Atarneus und Assos herrschte, zunächst nach Atarneus. Aristoteles' Abreise war und ist Gegenstand mancher Spekulation. Die uns bekannten historischen Umstände lassen darauf schließen, daß der Ausländer Aristoteles in einer Zeit zunehmender anti-mazedonischer Stimmung gerade wegen seines Umganges mit mazedonischen Agenten selbst in den Verdacht geriet, mazedonischer Agent zu sein. Auf der anderen Seite steht die These, wonach Aristoteles' Abreise als Ausdruck einer inneren Krise zu sehen sei, und daß für seinen Bruch mit der Schule Platos letztlich der Umstand maßgeblich war, daß nicht er, sondern Platos Neffe Speusipp die Nachfolge in der Leitung der Akademie erhielt. Spekulationen dieser Art scheinen indes müßig; denn nach geltendem Erbrecht war diese Nachfolge ohnehin fraglos.

Nach zweijährigem Aufenthalt in Assos übersiedelte Aristoteles nach Mytilene auf der Insel Lesbos. Spätestens zu dieser Zeit begann übrigens auch seine Freundschaft mit dem aus Eresos auf Lesbos stammenden Theophrast, der ihn nach Stagira begleitete. Um 343/2 wurde Aristoteles am mazedonischen Königshof Lehrer des dreizehnjährigen Alexander. Diese Stelle hatte er vielleicht 2 oder 3 Jahre inne. Erst Alexanders Strafgericht über Theben, das den Widerstandswillen Athens brach, ermöglichte Aristoteles 335/4 die Rückkehr nach Athen. Es heißt, Aristoteles habe in den Räumen des Lykeion, eines staatlichen Gymnasiums, Unterricht erteilt. Davon, daß er eine im materiellen und juristischen Sinne eigentliche Schule gegründet hat, ist nichts bekannt. Nach dem Tode Alexanders scheint sich die politische Stimmung in Athen so verändert zu haben, daß sich Aristoteles einmal mehr bedroht sah. Jedenfalls verließ er Athen im Jahre 322 und übersiedelte nach Chalkis auf Euboia, wo er ein Jahr später im Alter von 63 Jahren starb.

Die von Aristoteles zu Lebzeiten veröffentlichten 19 Schriften sind ausnahmslos verlorengegangen. Unsere Kenntnis beschränkt sich hier im wesentlichen auf Hinweise, Referate und Berichte über solche Referate, wobei der sachliche Wert dieser „Aristotelica" in der Forschung selbst einigermaßen umstritten ist; jedenfalls ist der Versuch einer Rekonstruktion dieser in hellenistischer Zeit weit verbreiteten Schriften besonderen Schwierigkeiten ausgesetzt. Daß diese literarischen Werke im Strom der Überlieferungsgeschichte verschollen sind, hat vermutlich zwei Ursachen. Einmal ist denkbar, daß diese bis auf den „Protreptikos" (Mahnschrift zur Philosophie) nach der Art Platonischer Dialoge verfaßten Werke dem direkten Vergleich mit Platos Schriften auf die Dauer nicht standhalten konnten; sie wurden also nicht kanonisch. Auf der anderen Seite dürfte der Umstand ins Gewicht gefallen sein, daß spätestens im ersten nachchristlichen Jahrhundert der „eigentliche Aristoteles" zur Verfügung stand, nämlich in Gestalt des uns heute vorliegenden „Corpus Aristotelicum".

Bei den im „Corpus Aristotelicum" erhaltenen 106 Büchern, von denen einige als unecht anzusehen sind, handelt es sich im wesentlichen um Lehrschriften. Sie sind nicht als literarische Abhandlungen gemeint, sondern dienten Forschungs- und Unterrichtszwecken; sie sind mehr oder weniger ausgearbeitet, weisen – dies zeigt die Lektüre – Zusätze und Nachträge auf und scheinen nach Aristoteles von einem Redaktor in die äußere Form gebracht worden zu sein, in der sie uns heute vorliegen. Wann dies geschah und wie, ist nach wie vor unklar. Jedenfalls ist diese Frage selbst Gegenstand hochspezialisierter Forschungen. Aristoteles' wissenschaftlicher Nachlaß galt nämlich als verschollen und soll erst rund 250 Jahre nach seinem Tode wieder ans Tageslicht gekommen sein. Wie dieser Sachverhalt im einzelnen zu beurteilen ist und welche Schlüsse daraus zu ziehen sind, mag dahingestellt bleiben. Zumindest ist es wohl heute nicht mehr korrekt anzunehmen, daß hellenistische Philosophen wie Epikur und Zeno von Citium nur den „literarischen Aristoteles" kannten, der heute verschollen ist und in Anlehnung an den Titel eines berühmten Buches von E. Bignone als „Aristotele perduto" bezeichnet wird. Zudem liegt natürlich die Vermutung nahe, daß im Kreise der aristotelischen Schule vereinzelte Nachschriften seiner philosophisch ambitiösen Abhandlungen kursierten. In Ermangelung anderer glaubhafter Hypothesen wird man jedoch nicht um die Annahme herumkommen, daß das uns heute bekannte Material erst von dem aus Rhodos stammenden Andronikos in der ersten oder zweiten Hälfte des letzten vorchristlichen Jahrhunderts von Grund auf neu gesichtet und geordnet wurde.

Wenn er auch vielleicht auf Vorarbeiten anderer zurückgreifen konnte, so ist doch davon auszugehen, daß es eben dieser Andronikos war, der auch ursprünglich selbständige Abhandlungen zu Komplexen vereinigte und neue Gruppierungen vornahm. So gliedert sich der im „Corpus Aristotelicum" überlieferte Bestand der Abhandlungen (πραγματεῖαι) in logische, naturwissenschaftliche, ethische und allgemein philosophische Schriften, wobei die letztere Gruppe durch die in der sogenannten „Metaphysik" zusammengefaßten 14 Bücher repräsentiert wird.

Unter den angeführten Titeln ist hier zunächst das „Organon" hervorzuheben, das als Instrument im Sinn von Werkzeug für jede Wissenschaft zusammen mit Porphyrius' Einleitung zur Kategorien-Schrift auch für die mittelalterliche Philosophie von großer Bedeutung wurde: Die Kategorien-Schrift (Cat.) behandelt die Fragen im Umkreis der Beziehung Wort und Gegenstand. Die „Hermeneutik" (De int.) bietet eine Analyse des Satzes. Beide Traktate sind auch wichtige Zeugnisse der Aristotelischen Ontologie. Zusammen mit der erwähnten Einleitung des Porphyrius bildeten sie den philosophischen Grundstock für das frühe Mittelalter. Es handelt sich dabei um die sog. *logica vetus*. – In der „Topik" entfaltet Aristoteles die Elemente einer dialektischen Logik; die „Sophistischen Widerlegungen" (Soph.el.) befassen sich mit der Aufdeckung von Fehlschlüssen. In den „Ersten Analytiken" (An.pr.) entwickelt Aristoteles seine Syllogistik, in den „Zweiten Analytiken" (An.post.) die Lehre vom Beweis. Zusammen mit der „Topik" und den „Sophistischen Widerlegungen" bilden die beiden Analytiken den Grundstock der sog. *logica nova*.

Neben den Büchern der Metaphysik-Schrift, in denen u. a. auch die Frage nach dem grundlegenden Wissen gestellt und die Frage nach dem Sinn von „Sein" in unterschiedlicher Hinsicht thematisch wird, werden im Nachfolgenden auch die naturphilosophischen und ethischen Schriften herangezogen. In der „Physik" (Phys.) untersucht Aristoteles u. a. allgemeine Grundbegriffe wie „Ursache", „Prinzip", „Bewegung", „Zeit", „Raum", „Kontinuität". In den Schriften „Über den Himmel" (De caelo), „Über Entstehen und Vergehen" (De gen. et corr.) wird das Wesen der physikalischen Grundlagen des Kosmos, der stofflichen Elemente und der Naturphänomene behandelt. In der Schrift „Über

die Seele" (De an.) untersucht Aristoteles vor allem Ernäh-
rungs-, Wahrnehmungs-, Denk- und Bewegungsvermögen.
Wichtige Diskussionen dieser Thematiken finden sich auch
in den „Kleinen naturwissenschaftlichen Schriften" (Parv.
nat.) sowie in dem Traktat „Über die Bewegung der Lebe-
wesen" (De motu anim.). Viele dieser Diskussionen – so vor
allem die Erörterung der Willensproblematik – stehen in enger Beziehung zu den Problemen der ethischen Schriften des
Aristoteles. In den drei Ethiken (N.E., E.E., M.M.) entwik-
kelt Aristoteles eine Theorie des menschlichen Glücks. Zusammen mit der „Politik" (Pol.), in der Aristoteles seine
Theorie vom menschlichen Zusammenleben entwickelt, bieten sie Aristoteles' Konzeption der „praktischen Philosophie". Diese wurde in den letzten Jahren im Zusammenhang
der „Rehabilitierung der praktischen Philosophie" auch für
die zeitgenössische Diskussion fruchtbar gemacht.

Aristoteles war Logiker, Wissenschaftstheoretiker, Onto-
loge, Metaphysiker, Ethiker, politischer Philosoph, Natur-
geschichtler und manches mehr. Daß er sich der mit der
Gliederung des Gesamtbereichs der Philosophie in Teildis-
ziplinen verbundenen Problematik bewußt war, erhellt daraus, daß er in gewissem Sinne schon Legitimationsprobleme
aufwirft und sich bezüglich der Frage der Autonomie einzelner Disziplinen grundsätzliche Klarheit zu verschaffen
sucht. Davon zeugen etwa seine methodologisch interessanten Ausführungen über den historisch-systematischen
Standort seiner Darstellung der Technik philosophischen
Argumentierens am Ende der „Topik" (IX 34, 183a 37–184b
8), aber auch seine Überlegungen im ersten Kapitel der
Schrift „De anima". Hier vertritt Aristoteles die Auffassung,
daß Psychologie *qua* Untersuchung der von physiologi-
schen Symptomen begleiteten Seelenfunktion Sache des Na-
turforschers sei, daß sie aber da, wo nicht-körperliche Funktionen auf den Begriff zu bringen seien, in die Kompetenz
des Metaphysikers falle (I 1, 403b 16).

Jedenfalls bemühte sich Aristoteles um eine gewisse Disziplinierung der einzelnen Wissenschaftszweige. Wie so oft findet man allerdings auch hier Einteilungen, die offenbar deshalb nicht exakt übereinstimmen, weil sie von unterschiedlichen Fragestellungen ausgehen. In der „Topik" I 5 findet sich eine mehr oder weniger explizierte Unterscheidung zwischen logischen, physikalischen und ethischen Problemen bzw. Sätzen (105b 20–21. 21–25); es ist dies formal das Gerüst einer Unterscheidung, die für die hellenistischen Philosophenschulen kanonisch wird. An anderer Stelle unterscheidet Aristoteles zwischen „theoretischen" Disziplinen einerseits und „praktischen" bzw. „poetischen" Disziplinen andererseits (Metaph. VI 1, 1025b 21–26; XI 7, 1064a 10–17). Laut Diogenes Laertius gehören der praktischen Philosophie Ethik und Politik an, „wobei es letztere teils mit dem Staat, teils mit der Hauswissenschaft zu tun hat. Das theoretische Gebiet umfaßt Physik und Logik, doch bildet letztere keinen eigentlichen Teil für sich, sondern ist als Werkzeug (ὄργανον) für alle Teilgebiete charakterisiert. Ihr sind zwei Ziele gesteckt: Sie hat klare Auskunft zu geben einmal über das Wahrscheinliche, zum anderen über die Wahrheit. Für jedes der beiden Gebiete hält er sich an zwei Behandlungsarten: an die Dialektik und Rhetorik für das Wahrscheinliche, an die Analytik und Philosophie für das Wahre" (V 28–29). [...]

Aristoteles gehört wie G. W. F. Hegel zu den Philosophen, die ihr eigenes Denken geschichtlich verstehen. Aristoteles glaubte, daß sein Philosophieren, sein Entwurf eines – wie er wohl meinte – geschlossenen philosophischen Systems, die Summe dessen artikuliert, worauf das griechische Denken überhaupt angelegt war; und er vertrat offenbar auch die Meinung, daß die Entwicklung von Weisheit und Philosophie in seiner Thematisierung ursächlichen Wissens (ἐπιστήμη) nunmehr zu einem natürlichen Abschluß gelangt sei.

In einem gewissen Sinn ist Aristoteles mit jenen zeitgenössischen Philosophen vergleichbar, die bei der Behandlung historischer Texte davon ausgehen, daß sich die Denker der Vergangenheit in der Regel und im wesentlichen für genau jene Probleme interessierten, für die man sich selbst interessiert. Und ähnlich wie viele zeitgenössische Philosophen scheint auch Aristoteles von der Annahme ausgegangen zu sein, daß seine Vorgänger im Prinzip das taten, was er selbst tut – eben nur nicht ganz so gut. Aristoteles hat sich mit seinen Vorgängern systematisch auseinandergesetzt. Er sieht sie im Spiegel seiner eigenen Begrifflichkeit und formuliert ihre Position im Horizont ihrer Nähe oder Ferne zu seinem eigenen Denken. So wichtig und unentbehrlich Aristoteles' Informationen auch sein mögen, so wichtig und im Prinzip unkorrigierbar ist die Einsicht, daß seine Darstellungen der Positionen seiner Vorgänger oft genug irreführend sind.

Zweifellos hat Aristoteles die Diskussion philosophischer Probleme in vielen Belangen entscheidend und – wie die Wirkungsgeschichte zeigt – nachhaltig vorangetrieben. Dies erhellt nicht nur daraus, daß er Paradoxien klärt, bestimmte Sophismen als solche durchschaut und löst; es erhellt vor allem daraus, daß er mit seinen Begriffen „Substanz" bzw. „Essenz" (οὐσία), „Form" (εἶδος, μορφή), „Materie" (ὕλη), „Subjekt" bzw. „Substrat" (ὑποκείμενον), „Aktualität" (ἐνέργεια), „Potenzialität" (δύναμις) etc. so etwas wie ein begriffliches Instrumentarium zur Erschließung der Realität und ihrer Strukturen schafft, welches sich bis weit in die Neuzeit hinein bewährte und in der Tradition der Neuscholastik immer noch zu bewähren scheint. Dabei handelt es sich bei der Philosophie des Aristoteles nicht eigentlich um einen monolithischen Block festgefügter Dogmen; sein „System" ist weniger definitiv als das seines Lehrers Plato. Und es ist vor allem weniger starr, als dies im Lichte der Wirkungsgeschichte den Anschein haben mag. So wie sich seine Schriften darstellen, scheint Aristoteles an verschiedenen Problemen sogar langfristig laboriert zu haben. Systemimmanente Schwierigkeiten veranlaßten ihn, verschiedenartige Ansätze zu verfolgen und entspechend auch unterschiedliche Lösungen ins Auge zu fassen. Welche philosophische Option er retrospektiv als definitive Lösung in Betracht ziehen würde, bleibt oft genug der Spekulation des Lesers anheimgestellt.

Hermann Bengtson

Die Diadochen

Diadochos heißt auf griechisch ‚Nachfolger‘. Unter den Diadochen versteht man die Nachfolger Alexanders des Großen, die sich nach seinem Tod – 10. Juni 323 v. Chr. – in Babylon das Alexanderreich geteilt haben. Alexander hatte keinen regierungsfähigen Nachfolger hinterlassen, sein Reich war ohne einen Herrscher. In die Lücke sind die ehemaligen Generale Alexanders getreten. Ihre Geschichte hat Johann Gustav Droysen geschrieben. Droysen ist es auch gewesen, der die Geschichte des Altertums über den Tod Alexanders hinausgeführt hat. Der Geschichte der Diadochen hat er die Geschichte der Epigonen folgen lassen. Sein Werk endet mit dem Jahr 221 v. Chr., ungefähr hundert Jahre nach dem Tod Alexanders des Großen. Gegenüber den früheren Geschichtswerken bezeichnet es einen bedeutenden Fortschritt: Denn Droysen hat einen neuen Anfang gemacht, indem er das vernachlässigte Zeitalter Alexanders und seiner Nachfolger in den Mittelpunkt seiner Darstellung gerückt hat. Dadurch erhält die Geschichte des Altertums eine neue Perspektive. Dem klassischen Zeitalter, das man in der Regel mit der Schlacht bei Chaironeia (338 v. Chr.) enden ließ, wurde seit Droysen die Zeit des Hellenismus an die Seite gestellt.

Die Diadochen, mit denen die Geschichte des Hellenismus beginnt, lebten vom Ruhm Alexanders. An seinen Leistungen pflegt man ihre Taten zu messen, ein Standpunkt, der den Diadochen nicht gerecht wird. Denn die Diadochen waren profilierte Persönlichkeiten, sie haben hervorragende Leistungen aufzuweisen. Sie haben das Alexanderreich in seiner riesenhaften Ausdehnung nicht nur behauptet, sie haben seine Grenzen sogar noch erweitert und manche Gebiete ihrer Herrschaft unterworfen, die Alexander gar nicht betreten hatte. Die Idee des *einen*, umfassenden Alexanderreiches hat sich jedoch allmählich verflüchtigt. Im Jahre 306/305 v. Chr. haben die Diadochen den Königstitel angenommen. Damit verkündeten sie der Mitwelt, daß sie sich im Besitz der vollen Souveränität befanden. Doch vor der Annahme des Königstitels lagen Jahre wechselvoller Kämpfe, aus denen die Repräsentanten der Idee des Partikularstaats als Sieger hervorgegangen sind. Und die Nachkommen Alexanders waren inzwischen alle umgekommen.

An die Stelle Alexanders traten die Diadochen, denen es gelungen war, neue Monarchien auf dem Boden des Alexanderreiches zu gründen. Es waren dies vor allem die Seleukiden, die Ptolemäer und die Antigoniden. Die neuen Dynastien haben die hellenistische Geschichte so lange bestimmt, bis sie durch die Römer besiegt und abgelöst worden sind, zuerst die Antigoniden in Makedonien im Jahre 168, dann die Seleukiden im Jahre 64 und endlich auch die Ptolemäer im Jahre 30 v. Chr. Die Grundlagen der hellenistischen Staaten sind in der Diadochenzeit gelegt worden; sie haben sich eine lange Zeit als tragfähig erwiesen.

Die Generation der Mitkämpfer Alexanders hat Großes geleistet. Sie hat nicht nur neue Dynastien begründet, sie hat der Geschichte der Alten Welt eine neue Richtung gegeben. Die Idee des Universalreiches ist aufgegeben, die Partikularreiche sind geschaffen worden. Hierin besteht die Leistung der Diadochen, in der Erhaltung der Teilreiche die Leistung der folgenden Generationen. Die Diadochen haben es verstanden, einer neuen Idee zum Durchbruch zu verhelfen.

Nicht auf Abstammung, auch nicht auf Legitimität beruhen die neuen Monarchien, sondern auf der Fähigkeit der neuen Herrscher, das Heer und die Staatsgeschäfte zweckmäßig zu führen. Dies ist ein Gedanke, den zuerst wohl ein Stoiker, Chrysipp von Soloi, ausgesprochen hat. Statt der Abstammung wird hier die persönliche Tüchtigkeit der neuen Herrscher gewürdigt, und dies mit vollem Recht. Die Diadochen sind nahezu ohne Ausnahme überragende Herrschergestalten gewesen, sie waren nicht nur exzellente Heerführer, sie waren auch Diplomaten hohen Ranges. Dies gilt beispielsweise von Ptolemaios I., dem Sohn des Lagos, der über Ägypten mit Nebenländern geherrscht hat. Seleukos I., der Herrscher von Babylonien, stand ihm nicht nach, ebensowenig Lysimachos, der am Ende seines Lebens über ein bedeutendes Reich beiderseits der Meerengen, des Bosporus und der Dardanellen, geherrscht hat. Der überragende Mann in den ersten beiden Jahrzehnten nach dem Tode des großen Alexander war Antigonos, in der Überlieferung Monophthalmos, das heißt der Einäugige, genannt. Er ist der letzte unter den Nachfolgern des toten Alexander gewesen, der nach der Herrschaft über das Gesamtreich gestrebt und dies wenigstens zu einem Teil auch erreicht hat. In der Schlacht bei Ipsos (301) ist er gefallen, einundachtzigjährig; mit ihm wurde die Idee des einen und ungeteilten Alexanderreiches begraben.

Carl Schneider

Das Aufkommen der Astrologie

Im vorhellenistischen Griechentum gab es keine irgendwie nennenswerte Astrologie, und im Frühhellenismus war das Interesse an der wissenschaftlichen und mathematischen Astronomie viel zu groß, um der religiösen Astrologie, die man durch die stärkeren Beziehungen zu ihrem Heimatland Mesopotamien und die Bemühungen von Leuten wie Berossos kennenlernte, Raum zu gewähren. Das astronomische Lehrgedicht des Arat enthält nichts Astrologisches, obwohl das bei einem Stoiker nahegelegen hätte – man muß es nur mit dem ersten wirklichen astrologischen Lehrgedicht, dem des Manilius, aus dem ersten nachchristlichen Jahrhundert vergleichen, um zu sehen, welche Veränderungen sich allmählich vollzogen haben. Dabei war es zweifellos die Stoa – außer Panaitios –, die die chaldäische Astrologie in der hellenistischen Welt gesellschaftsfähig gemacht hat. Selbstverständlich hat nicht jede Lehre von der Einwirkung der Gestirne auf die Erde etwas mit Astrologie zu tun, und wenn Poseidonios die Einwirkung des Mondes auf die Gezeiten studierte, so war das alles andere als Astrologie. Aber drei stoische Grundlehren bildeten doch den Boden für die Astrologie, wenn sie zusammentrafen: die Lehre von der Sympathie aller Teile des Gesamtkosmos zueinander, die Lehre von der göttlichen Substanz, aus der die Gestirne bestehen, und die Lehre von der zwangsnotwendigen Bindung des Menschen und der Welt an die Gesetzmäßigkeit der Gestirnbewegungen. Das war freilich etwas ganz anderes als die öden Sammlungen Tausender von Omina, aus denen im wesentlichen die babylonische Astrologie bestand, und es war gewiß nicht ohne die Nachwirkung des platonischen ‚Timaios‘ entstanden. Hinzu kam ferner, daß die Beziehung der Sternenbewegungen auf den einzelnen Menschen doch wohl erst eine hellenistische Konstruktion war, alle frühere Astrologie diente lediglich der Erkenntnis von allgemeinen Störungen wie etwa von Kriegen oder Hungersnöten. Hellenistisch war ferner die Verwendung griechischer astronomischer Kenntnisse und griechischer Mathematik bei astrologischen Berechnungen, vor allem die aus dem hellenistischen Alexandreia stammende Individualisierung der Fixsterne als Zeichen für bestimmte menschliche Individualitäten. Denn während die vor- und außerhellenistische Astrologie ausschließlich mit Tierkreiszeichen und Planeten arbeitete, hat man in Alexandreia menschliche Typen oder menschliche Handlungsweisen den Fixsternen zugeordnet. Wenn auch aus den großen astrologischen Texten der ersten nachchristlichen Jahrhunderte nicht alle hellenistischen Elemente mehr herauszulösen sind – man wird diesen nachhellenistischen Astrologen doch mehr Originalität zutrauen müssen, als das oft geschieht –, die eben genannten Züge kann man gewiß dem Hellenismus zuschreiben, auch wenn uns zureichende Quellen fehlen. *Boll, Gundel* und *Festugière* ist es doch in hohem Maße gelungen, älteres Material aus der späteren astrologischen Literatur zu eliminieren. Auch einige Reste hellenistischer Papyrustexte über schadenstiftende Planeten und anderes sind vorhanden.

Freilich muß man mit großen Niveauunterschieden rechnen. Es gab kaum eine Vergleichsmöglichkeit zwischen den wandernden Chaldäern, die oft genug Schwindler waren, einerseits und den mathematisch-naturwissenschaftlich geschulten, philosophisch gebildeten Astrologen andererseits, die sich ernsthaft darum bemühten aufzuzeigen, wie Sterne, Metalle, Pflanzen und seelische Eigentümlichkeiten einander zugeordnet waren – einer von diesen Astrologen erhielt sogar eine Ehrung in Delphoi. Das Erstaunliche, zugleich aber doch typisch Hellenistische liegt jedoch darin, daß es dem Hellenismus auch hier wie auf so vielen anderen Gebieten gelungen ist, selbst aus abstrusem Unsinn noch einen Sinn zu gewinnen, ihn zu läutern und zu einem Stück Philosophie oder Naturwissenschaft zu machen. Neben dieser ‚Verwissenschaftlichung' der Astrologie blieb auch ihr griechisch-mythischer Gehalt bestehen, ja, die kalte Gesetzmäßigkeit der Gestirnumläufe wurde vielfach erst im Hellenismus durch mythische Wärme vermenschlicht. Auf dem Pergamonaltar kämpfen auf seiten der Götter auch die Sternbilder Orion und Bootes, Helios, Selene, Asteria, Nyx, Eos und die vier Winde. Die Gestirne als belebte Wesen kommen den Göttern in ihrem Kampf gegen die dunklen Mächte

zu Hilfe, und da Beseelung immer Wirk- und Einwirkungs-
möglichkeit enthält, können sie auch dem Menschen helfen.
Das war auf echter Religiosität gegründeter Mythos.

Der Hellenismus entdeckte auch die Bedeutung des
Horoskops, das heißt, des in der Geburtsstunde eines
Menschen aufgehenden Sternes. Diese Entdeckung hatte
griechische Vorläufer in dem durch den Seher (μάντις καὶ
ἱεροσκόπος) Philochoros (340–263) bezeugten Glauben an
die Bedeutung des Geburtstages und Geburtsmonates. Die
nach Göttern und Heroen benannten Tage der griechischen
Kalender waren für den Neugeborenen bedeutsam: Wer am
Heraklestag geboren wurde, lebte ein anderes Leben und
hatte einen anderen Charakter als der am Artemistag Geborene. Das stand zunächst noch in keiner Beziehung zu den
Gestirnen, konnte sie aber leicht bekommen. Fing man erst
einmal an zu fragen – und Poseidonios und Cicero sind dafür eindeutige Zeugen –, ob der Einfluß der Sonne oder der
des Mondes auf die Natur größer sei, so lag es natürlich
nahe, auch zu fragen, welche Bedeutung beide für die Geburt eines Menschen haben. Stoische Theorie war, daß die
Sonne das für die Zeugung notwendige Pneuma bildet, also
mußte sie bei der Beurteilung aller Zeugungs- und Geburts-
vorgänge eine entscheidende Rolle spielen; hatte man erst
einmal erkannt, daß der Mond die Kraft hat, das Meer anzu-
ziehen, so war es auch durchaus denkmöglich, daß er bei so
entscheidenden Momenten wie der Entstehung menschlichen Lebens eine wichtige Funktion hatte. *Neugebauer* hat
diesen der hellenistischen Astrologie eigentümlichen Tatbestand treffend formuliert: „Compared with the background
of religion, magic and mysticism, the fundamental doctrines
of astrology are pure science.“

Freilich kam es im allgemeinen zu keiner klaren Trennung
zwischen naturwissenschaftlichen und mythisch-magisch-
superstitiösen Elementen. Richtige Erkenntnisse vom Einfluß des Mondes auf Krankheiten, auf seelische Zustände
und auf den weiblichen Lebenskreis lösten sich nur selten

oder gar nicht von magisch-pseudometaphysischen Vorstellungen; der Mondsüchtige blieb gleichzeitig der Dämonenbesessene, die Mondsphäre trennte die sublunarischen von den oberen Geistern. Plutarchs Schrift über das ‚Gesicht im Mond' zeigt die Auswegslosigkeit, in die man dabei schließlich geraten mußte. Selbst bei ernsten Forschern löste sich die Beobachtung nicht von der vorgegebenen philosophischen Dogmatik; selbst Poseidonios preßte das Verhältnis von Sonne zu Mond in das Schema: Warm-trocken zu Kaltfeucht.

Was Einzelfragen betrifft, so stellte sich in der hellenistischen Astrologie zunächst die Frage nach dem Horoskop, das heißt, nach dem Schicksalsstern jedes Menschen, der im Augenblick seiner Geburt am Horizont aufgeht. In der volkstümlichen und dichterischen Astrologie konnte das heißen, daß jeder seinen Stern am Himmel habe, der bei seiner Geburt erstmalig aufgeht und bei seinem Tod letztmalig untergeht, so daß es immer genauso viele Sterne wie Menschen gibt. Das stand freilich im Widerspruch zu der in der beliebten Literaturgattung der ‚Katasterismen' vertretenen Lehre, daß nur besondere Menschen unter die Sterne versetzt würden. Für die ‚wissenschaftliche' Astrologie ergab sich im Gegensatz dazu der Zwang zur Beobachtung der wichtigsten Punkte eines solchen Sternverlaufs, nicht nur seines Auf- und Untergangs, seiner Kulminationshöhe und seines tiefsten Standes, sondern auch seines Verhältnisses zu anderen Gestirnen und Konstellationen. Dabei gab es wieder viele Möglichkeiten; man konnte sich damit begnügen, ‚freundliche' Gestirne zu nennen und vor ‚feindlichen' zu warnen, man konnte aber auch die kompliziertesten Systeme entwickeln. Einheitliche Systeme jedoch gab es im Hellenismus noch nicht, und wie die ‚populären' Astrologen in den Großstädten vorgingen, wissen wir nicht. Daß aber die Handhabung des Horoskopstellens im Verhältnis zur nachhellenistischen Zeit noch verhältnismäßig unkompliziert war, zeigt das schlichte Horoskoprelief Antiochos' I. von

Kommagene. Doch hat man wenigstens im Späthellenismus zum Horoskopstellen Himmelsgloben benutzt; ein Beispiel zeigt ein schönes Sarkophagrelief in den Uffizien.

Die astrologische Bedeutung der Planeten wurde durch die Sympathielehre bestimmt und gefördert. Am verbreitetsten war die Zuordnung der Planeten zu Metallen, Steinen und Edelsteinen. In der mythisch bestimmten Astrologie blieb die Vorstellung erhalten, daß jeder der sieben Planetengötter dem Menschen eine besondere Gabe verleihe, doch konnte diese Vorstellung auch vergeistigt in höhere Formen des Sternglaubens übergehen. Die Spuren der hellenistischen Platonisierung zeigt eine planetarische Systematisierung der Planeten mit dem musikalischen Enneachord: Nete-Fixsternhimmel, Paranete-Saturn, Trite-Jupiter, Paramese-Mars, Mese-Sonne, Lichanos-Venus, Parhypate-Merkur, Hypate-Mond, Proslambanomenos-Erde.

Auch auf eine astrologische Bedeutung des Tierkreises wird man schließen dürfen, da er im ptolemaischen Hathortempel von Denderah an wichtiger Stelle angebracht war (1. Jahrh.) – das Original befindet sich heute im Louvre. Älter ist das pergamenische Tierkreisrelief aus der Zeit des Hipparchos; es hatte jedoch streng astronomischen Sinn. Im hellenistischen Ägypten ist die Einteilung jedes Tierkreiszeichens in drei Dekane entstanden; da jedes der zwölf Tierkreiszeichen auf einen Umfang von 30 Grad begrenzt wurde, umfaßte jeder Dekan 10 Grad. Die ägyptische Einteilung, das Jahr umfaßt 36 Dekane, an jedem zehnten Tag geht ein Kalenderstern auf, ist natürlich von einem Griechen mit der griechischen Tierkreisteilung verschmolzen worden. Auch der Tierkreis von Denderah, dessen Bilder noch einige Anklänge an ältere babylonische Sternbildsymbole enthalten, wurde von einem griechischen Bildhauer geschaffen. Nur wissen wir nicht, wieweit die astrologische Interpretation ging; die unastrologische Behandlung der Sternbilder durch Arat sollte davor warnen, sie zu überbewerten. Auffällig ist, daß das hellenisierte Judentum Tierkreis und Tierkreiszeichen zu verwenden sich nicht gescheut hat, sondern den Tierkreis sogar als Symbol für Gott oder die zwölf Zeichen als Symbol für die zwölf Stämme benutzte.

‚Außergewöhnliche‘ Himmelserscheinungen haben zu jener Zeit kaum noch religiöse Bedeutung gehabt. Auch der einfachste Soldat lernte allmählich, jede Naturerscheinung auf natürliche Art zu deuten, und es gab während der hellenistischen Epoche wohl nur wenige, die die natürliche Ursache der Sonnen- und Mondfinsternisse nicht kannten. Es kursierten viele, auch populäre, physikalische und meteorologische Erklärungen für Donner und Blitz, Vulkanausbrüche und Überschwemmungen, und wenn sie oft auch falsch sein mochten, so waren sie doch derart nüchtern, daß sich kaum noch magische Ängste und Hoffnungen damit verbanden. Erst in der superstitiösen römischen Zeit wurde das wieder anders. Eine Ausnahme machte die seit dem zweiten Jahrhundert in griechischer Sprache auftauchende religiöse apokalyptische Literatur, die durch die Katastrophen ausgelöst wurde und ein anonymes, buntes Durcheinander von persischer Apokalyptik, orientalischen Enderwartungen jeder Prägung, stoischen Weltbrandvorstellungen und mehr oder weniger abgesunkener platonischer Mythopoiie bildete. In dieser Gattung religiöser Literatur werden Sonnen- und Mondfinsternisse, Erd- und Seebeben oder von ihren Bahnen abweichende Sterne zu bedeutsamen Ereignissen. Aber auch das war nur auf dem Hintergrund einer kosmischen Analogielehre der Philosophie möglich: was am Himmel geschieht, geschieht auch auf Erden, und umgekehrt. Eine andere Ausnahme ist die Verbindung von Sternfrömmigkeit mit Herrscherfrömmigkeit, wie wir sie bei Mithradates VI. Eupator fanden: bei seiner Geburt ging ein Wunderstern auf. In den gleichen Kreis gehören Erzählungen von astralen Ereignissen beim Tod großer Männer. Sie waren an sich nichts Neues, blieben aber auf den Späthellenismus beschränkt. Erst der Stoiker Chairemon, der vielleicht der Nachfolger Apions an der alexandrinischen Bibliothek und seit 48 n. Chr. ein Lehrer Neros war, schrieb ein astrologisches Buch über die Kometen.

Die Polemik gegen die Astrologie war in weitaus den meisten Fällen eine Kampfansage an die stoische Heimarmenelehre. Die Gesetze des Sternhimmels, die zugleich der Nus der Götter wie das unabwendbare Schicksal der Menschen sein sollten, mußten alle auf den Plan rufen, die auch nur ein Minimum von Willensfreiheit verteidigten. Wie scharf die Polemik werden konnte, geht aus den Auszügen des Gellius aus Favorinus hervor, obwohl in Rom – nachdem man zunächst 139 v. Chr. die Astrologen ausgewiesen hatte – die Astrologie seit Sulla Heimatrecht besaß. Interessant ist, daß unter anderem Vererbung als Gegenbeweis gegen die Ansprüche einer Astralreligion angeführt wurde. Im Grunde wurde die Astrologie als ungriechisch empfunden, ihre Vertreter blieben die ‚Chaldaier'. Von Astrologen an hellenistischen Höfen wissen wir nichts, Hofastrologen hielten sich erst die römischen Kaiser.

Die Römer

Egon Friedell

Rom und Italien

Im Gegensatz zur griechischen besitzt die Apenninenhalbinsel starke Ströme, breite Ebenen, kräuterreiche Gehänge, und außerdem war sie ursprünglich allenthalben von dichten Forsten bedeckt: selbst die Abruzzen und Sizilien, heute völlig verkarstet, waren im Altertum Waldgebiet. Besonders reich war Italien an Buchen-, Eichen- und Nadelhölzern; heute beherrschen Felder und Gartenkulturen das Landschaftsbild fast vollständig.

Gerade umgekehrt wie bei der Balkanhalbinsel ist der Ostrand nur wenig gegliedert, während die Westküste mit mannigfaltigen Buchten, Häfen und vorgelagerten Inseln ausgestattet ist; doch ist auch hier das Profil lange nicht so fein ziseliert wie auf der ägäischen Seite Griechenlands. Ein weiterer Kontrast besteht darin, daß den italienischen Boden ursprünglich zahlreiche in Abkunft, Alter und Sprache sehr verschiedene Nationen innehatten, die alle von Rom zu *einem* Volke geeint wurden, während Griechenland von einer ziemlich homogenen Bevölkerung bewohnt war, die aber nie geeint wurde. Als „Italer", Ἰταλοί, wurden bis zum Ende des fünften vorchristlichen Jahrhunderts nur die Bewohner des kleinen Gebietes von Bruttium bezeichnet, das die Spitze des italienischen Stiefels und die Brücke zwischen der Apenninenhalbinsel und Sizilien bildet.

Die ältesten feststellbaren Siedlungen stammen aus der Bronzezeit: es sind die sogenannten Terremare, Pfahldörfer auf festem Boden. Die Eisenzeit ist durch die Villanovakultur vertreten, die ihren Namen nach einem Gräberfeld bei Bologna führt. [...] Was Sizilien anlangt, so bildete es in nicht allzulang zurückliegender Zeit mit Italien noch eine zusammenhängende Landmasse. Seine einheimischen Stämme, die Sikeler im Osten und die Sikaner im Westen, wurden von den Griechen unterworfen und völlig hellenisiert. Die Umbrer, die Sabeller (auch Sabiner und Samniter genannt) und die Iapyger, die den ganzen Rumpf der Halbinsel erfüllten, waren wahrscheinlich miteinander verwandt und werden daher unter dem Namen der Italiker zusammengefaßt. In Oberitalien saßen an der Ostküste die Veneter, an der Westküste die Ligurer. Von den ersteren gibt es uninterpretierbare Inschriften, von den letzteren gar keine; Cato der Ältere sagte von ihnen: „Sie sind analphabetische Lügner und haben für die Wahrheit kein Gedächtnis."

Weitaus das mächtigste Volk der italischen Frühgeschichte waren aber die Etrusker. Ihr Kerngebiet war das Land zwischen Tiber und Arno, doch erstreckte sich ihr Lebensraum zeitweise bis hoch nach Norden und tief nach Süden. Der Name „Etrusker" stammt von den Latinern, sie selbst nannten sich Rasenna. Sowohl ihre Sprache wie ihr körperlicher Habitus repräsentierte einen völlig fremdartigen Typus. Sie galten als sehr reich, handelstüchtig und seekundig (sie sollen den Enterhaken erfunden haben, und ihre Piratenschiffe waren der Schrecken der Meere, so daß „Etrusker" geradezu als Synonym für „Seeräuber" gebraucht wurde), aber auch als weichlich, sittenlos und verfressen. Nach dem Bericht des Theopomp von Chios, eines Schülers des Isokrates, soll sogar geschlechtlicher Kommunismus geherrscht haben, wahllose Paarungen und keine Scheu vor öffentlicher Begattung. Diese Schilderung, die Robert von Pöhlmann mit Recht als das Märchenbild einer „sexuellen Schlaraffia" bezeichnet hat, ist zweifellos übertrieben und wahr an ihr wohl nur so viel, daß den Etruskern eine sehr freie Auffassung der erotischen Beziehung, eine ungewöhnlich starke Sinnlichkeit und allgemeine Vielweiberei eigentümlich war.

Die kultische Verehrung des Phallos, die erwiesen ist, hatte, da man in ihm den Dämon der Zeugung und Befruchter des Erdschoßes erblickte, religiösen Charakter, scheint aber von Orgien umgeben gewesen zu sein. Die etruskischen Gottheiten waren mit ihren Borstenhaaren, Fledermausohren, Schnabelnasen und Hauerzähnen ziemlich scheußlich anzusehen. Im Süden wurden die Leichen verbrannt, im Norden aber gab es ganze Totenstädte mit Steinsärgen und reichen Beigaben an Goldschmuck, Prunkwaffen, kunstvollen Vasen. Besonders interessant sind die Grabgemälde. Sie schildern mit Vorliebe luxuriöse Leichenschmäuse, die offenbar bei der Totenfeier die Hauptsache waren, mit Tänzern, Musikanten, Kranzflechtern, männlichen und weiblichen Gästen, die um die Wette zechen; daneben auch Szenen des Fischfangs, der Vogeljagd, der Seefahrt mit springenden Delphinen, schwimmenden Schwänen, flatterndem Geflügel, die in den Motiven ägyptisch, im Landschaftsgefühl kretisch anmuten und mit starker Ausdruckskraft das derbe üppige Wesen ihrer Schöpfer widerspiegelten. Die etruskische Kunst ist, obschon von sicherem Können getragen, doch im innersten barbarisch, und ihre finstere Brutalität hat manchmal geradezu etwas Höllisches. Besonders die zum Teil höchst gelungenen Skulpturen in Tuff und Ton (Marmor wurde in Etrurien erst von den Römern gebrochen) sind erschreckende Zeugnisse eines rein sinnlichen, völlig ideenleeren Materialismus. Es ist, als ob Anfang und Ende sich gespenstisch berührten: der Typ des gemütsrohen Etruskers erscheint wie der Double des seelenlosen Römers der Spätzeit. Es ist überliefert, daß die Etrusker der schönen und tiefen Geheimlehre anhingen, über der Welt mitsamt ihren Gottheiten herrsche der Ratschluß der „verhüllten Götter". Diese verhüllten Götter haben auch in der Geschichte Roms gewaltet, aber die Römer haben sie nie bemerkt: dumpf vorwärtsgetrieben von dem Eroberungswahn, den ihnen die „unteren Götter" ins Herz gesenkt hatten, ahnten sie nicht, daß der *ager Romanus*, obschon inzwischen zum *orbis ter-*

rarum angeschwollen, zu nichts anderem bestimmt war als zum Acker, in den das Wort Gottes gesät ward.

Ranke nennt die römische Tradition „eine Mischung alter Erinnerung und politischer Anschauung". Die Römer, für Poesie zu nüchtern und in ihrem wissenschaftlichen Auffassungsvermögen noch auf der Stufe der Prähistorie, übten hier dieselbe Methode wie bei ihrer Götterbildung: sie verdichteten politische Handlungen, Institutionen, Begriffe zu Personen. Ihre überlieferte Frühgeschichte ist in Figuren gepreßte Territorial-, Rechts- und Verfassungsentwicklung. Nach der bekannten Gründungslegende waren Romulus und Remus die Söhne des Mars und einer Königstochter aus Alba Longa, der mythischen Hauptstadt des latinischen Bundes. Danach könnte zunächst Rom ebensogut Rem heißen. Aber Remus tritt ganz in den Hintergrund und wird schließlich von Romulus erschlagen. Am Beginn der römischen Geschichte steht bedeutungsvoll ein Brudermord. Ferner gibt die Sage ziemlich unumwunden zu, daß Rom als eine Art Verbrecherkolonie begonnen hat. Da es nun an Frauen fehlte und niemand aus der Nachbarschaft diesen Rowdys gutwillig welche geben wollte, kam es zum Raub der Sabinerinnen, der für die Sitten der Römer ebenso bezeichnend ist wie für das Renommee, das sie genossen. Als allgemeine Leistung der Königszeit gilt: die Gründung der Gemeinde und Gliederung der Bürgerschaft, die Ummauerung der Stadt und Errichtung der ersten öffentlichen Gebäude, die Unterwerfung der umliegenden Ortschaften und schließlich ganz Latiums. Das Königtum war nicht „legitim" nach modernen Begriffen. Es konnte von einem Geschlecht zum anderen übergehen und im Prinzip überhaupt jedem Vollbürger übertragen werden; war aber einmal ein König gewählt, so herrschte er unumschränkt. Er war höchster Richter, Priester, Kriegsherr und besaß über den Staat eine ebenso absolute Gewalt wie der *pater familias* über sein Haus; der *senatus*, der „Rat der Älteren", war neben ihm staatsrechtlich machtlos, doch galt seine Ignorierung in wichtigen Fragen als Mißbrauch. Die Patrizier („Vaterskinder", da nur sie von einem Vater abstammten, der Rechte zu vererben vermochte) hatten den alleinigen Zutritt zu sämtlichen Gemeindeämtern und Priesterwürden; ihnen gegenüber standen, durch Eheverbot geschieden, die rechtlosen, aber freien Plebejer, die Nachkommen der unterworfenen Bevölkerungen. Der staatsmännische, ja im Keime schon weltpolitische Geist der Römer zeigt sich darin, daß sie, anders als die Spartiaten, mit denen sie sonst eine gewisse Ähnlichkeit hatten, die Besiegten nicht zu Heloten machten, sondern in die Gemeinde aufnahmen. Doch hat sich hieraus die Plebejerfrage entwickelt, die sich bekanntlich durch die ganze römische Geschichte zieht. Dann gab es noch als dritten Stand die Klienten, den Anhang der großen Grundbesitzer, frei, meist zugewanderte Bauern, Pächter und Kleinhandwerker, die ihrem Patron dafür, daß er ihnen seinen Rechtsschutz lieh, politische Gefolgschaft leisteten und gegen eine bestimmte Abgabe den Boden bebauten. Sie haben zur Zeit der römischen Großmacht im Straßenbild und im Gesellschaftsleben eine charakteristische Rolle gespielt, doch war da ihr Verhältnis zum Patron bereits ein ganz anderes. Man kann den späteren Klienten nicht anders als mit „Schnorrer" übersetzen. Sie hatten die Aufgabe, ihre Schutzherren als eine ständige Suite zu umgeben, um deren Reichtum und Ansehen zu unterstreichen oder aber auch eine Kreditfähigkeit vorzutäuschen, die diese nicht besaßen, so wie sich heutzutage einer aus ähnlichen Gründen einen Diener und Chauffeur hält, dem er dann das Gehalt schuldig bleibt. Sie erhielten als Entschädigung für ihren anstrengenden Dienst oft nicht mehr als einen schäbigen Taglohn, den man sonst einem Sklaven als Trinkgeld gab, ein paar abgelegte Kleider und zur Mahlzeit sauern Wein, altes Brot, wässerige Muscheln und Lampenöl. Andrerseits waren sie, ihren Brotgeber umschwärmend „wie Fliegen den Koch", zumeist sicherlich indiskret, gierig, unmanierlich und in ihrer Dienstbeflissenheit und Speichelleckerei taktlos. [...]

Die „Urrömer" waren weiter nichts als wehrhafte Bauern. Auch der Handel hatte eine sehr untergeordnete Bedeutung: er diente fast nur dem Binnenverkehr, und auch dieser beschränkte sich im wesentlichen auf die Messen anläßlich der großen Feste, bei denen die Landbevölkerung ihre Bedürfnisse befriedigte. Noch zur Zeit des Peloponnesischen Krieges weiß der griechische Komödiendichter Hermippos als italische Exportartikel nur Graupen und Ochsenrippen zu nennen. Als Begründer der Zünfte galt Numa: als die wichtigsten werden Schmiede und Zimmerleute, Walker und Färber, Töpfer und Schuster, aber auch schon Flötenbläser angegeben. Gebaut wurde von alters her die Rübe und die Bohne, auch Hirse, Gerste und Spelt, Weizen erst seit der Mitte des fünften Jahrhunderts, die Edelkultur der Rebe, Feige und Olive fand nur sehr allmählich Eingang. Hingegen widmete man sich schon sehr früh der Salzgewinnung auf den Niederungen am Meere. Den Hauptreichtum des Landes bildete das Vieh, *pecus*, das auch der Wertmesser war, wovon noch der Name des Geldes, *pecunia*, deutliche Kunde gibt. Ein anderes Dokument der Sprachgeschichte: der Zusammenhang zwischen *dives* und *divus* ist höchst betrüblich: kein zweites Volk hat die Roheit, oder vielleicht soll man bloß sagen: die Gedankenlosigkeit gehabt, den Begriff des Reichtums an den des Göttlichen anzuknüpfen.

Mit der Wahrheit und Ehrlichkeit scheinen es die Römer genauer genommen zu haben als die Griechen. Die abstrakten Gottheiten, denen sie die meisten Altäre errichteten, waren Fides, nicht „Treue", sondern bloß Vertragstreue, und Pietas, die, der Fides nahe verwandt, gewissenhaftes Einhalten der Verpflichtungen gegen jedermann, auch gegen Tieferstehende, bedeutet und sich mit dem engeren und innigeren Inhalt unserer „Pietät" ebenfalls nicht deckt. Ein starkes, obschon kaltes Rechtsgefühl wohnte dem Römer von Urzeiten her inne. Verschlagenheit, ja schon Schlauheit in Handel und Politik war ihm verhaßt: sie erschien ihm als eine Tugend der Sklaven und Dirnen. Alles, was mit Wissenschaft und Kunst zusammenhing, mißachtete er als eine Art Unfug. Es gab im Lateinischen nur das Wort *scriba*, Schreiber; *poeta* ist ein Lehnwort. Sämtliche geistigen Beschäftigungen, die nicht unmittelbar der Praxis dienten, galten als *artes leviores* und *studia minora*. Die einzige dichterische Eigenschöpfung des italischen Bodens ist die Atellane, die, von den Oskern stammend, vor 500 nach Rom kam, eine ordinäre Volksposse aus Zoten, Tölpeleien, Sauf- und Prügelszenen mit stehenden Typen: *pappus*, dem vertrottelten Alten, *maccus*, dem Freßsack, *buccus*, dem Dummkopf, und ähnlichem. Wie es einem Volk von Juristen geziemt, ist das erste literarische Denkmal der Römer das Zwölftafelgesetz, von dessen Originaltext nur einzelne Zitate in ebenso unbeholfenem und ungehobeltem wie gedrängtem und begriffsscharfem Latein erhalten sind, zum Beispiel: „*Si nox furtum faxsit, si im occisit, iure caesus esto.*" (Wenn [einer] nachts einen Diebstahl begeht [und] wenn [der Besitzer] ihn tötet, soll er zu Recht getötet sein.) Bezeichnend ist, daß die Kinder am liebsten „Richter" spielen.

Der hofartige Hauptraum des italischen Hauses, das Atrium, entspricht genau dem griechischen Megaron. Er war ebenfalls ziemlich düster, nur durch eine Oberlichtöffnung erhellt, die, weil sie auch dem Regen Einlaß gewährte, *impluvium* hieß; dieser wurde von einer Zisterne, dem *compluvium*, aufgefangen; an der Rückwand befand sich der Herd. Rundherum lagen die Wirtschaftsräume: Heuboden und Getreideboden, Obstkeller und Futterkammer, Dreschtenne und Mehlspeicher, Backstube und Waschhaus, das zugleich als Bad diente, Viehställe und Bienenstände. Der *pater familias* leitete die Arbeiten persönlich und legte auch selbst mit Hand an. Die *patria potestas* umspannte das Recht über Leben und Tod von Weib, Kind und Gesinde: auch der erwachsene Sohn konnte nur durch den Vater Rechtsgeschäfte abschließen. Das römische Wort *pater* hat überhaupt einen viel härteren Klang als das entsprechende in anderen Sprachen: es betont weniger die Väterlichkeit als die Befehlsgewalt: die *patres* des Senats sind die Herren der Gemeinde, die Patrone die Herren ihrer Klienten, die *patricii* der Herrenstand. Der Hausfrau wurde große Achtung entgegengebracht, doch fehlte auch diesem Gefühl die Innigkeit: der Gatte schätzte in ihr bloß die Kindererzeugerin: im Lateinischen heißt „ehelichen": *in matrimonium ducere*, der Mutterschaft zuführen. Welche geringe Bedeutung die Römer den Töchtern des Hauses beimaßen, erhellt daraus, daß sie für Bruder und Schwester nicht Geschwister, sondern *fratres*, „Gebrüder", sagten und daß sie die weiblichen Nachkommen nicht selten einfach numerierten. Überhaupt zeigt sich in den Eigennamen die ganze römische Nüchternheit und Phantasiearmut. Auch bei Männern sind Bezeichnungen wie Quintus, Sextus, Decimus sehr beliebt, ebenso sind die Hälfte der Monatsnamen bloße Nummern: September, Oktober, November, Dezember, Quinctilis, der erst Cäsar zu Ehren in Juli, und Sextilis, der erst nach Augustus in August umgetauft wurde. Dagegen gebrauchten die Griechen in ihren verschiedenen Städten nebeneinander ein halbes Tausend Monatsnamen, und ihre Personennamen waren Legion: noch in der Spätzeit erfanden sie immer wieder neue.

Die Römer der Altzeit erhoben sich im Sommer bei Tagesanbruch, im Winter schon viel zeitlicher vom Lager, verrichteten ein kurzes Gebet an den Matutinus, den Gott der Frühe, und widmeten sich dann bis zum Abend der Arbeit, die Frauen im Hause, die Männer auf dem Felde. Den Unterricht in Auguralwesen, Rechtsformen, Landwirtschaftskunde erteilte der *pater familias* seinen Söhnen meist selber; die Töchter wurden in nicht viel mehr unterwiesen als im Gebrauch der Spindel. Die Mahlzeiten waren der Morgenimbiß, *prandium*, das Mittagbrot, *cena*, und das Nachtmahl, *vesperna*. Nur bei der *cena* gab es gemeinsame Tafel, nur beim *convivium*, dem Gastmahl, das Fleisch der Haustiere und dazu wohl auch bisweilen Fisch oder Wild, Backwerk oder Früchte. Bei diesem muß es höchst ledern zugegangen sein, und an die geistreiche Erotik und gepflegte Konversation, Laune und Verspieltheit der griechischen Symposien darf man dabei gar nicht denken. Die gewöhnliche Nahrung der Quiriten bestand aus Mehlfladen und einer Art Sterz, Kohl und Sauerkraut, Salat und Zwiebeln. Eine große Vorliebe hatten sie für Hülsenfrüchte, was auch in einer Anzahl von Eigennamen zum Ausdruck kommt: Fabius heißt „Bohnenmann“, Lentulus kommt von *lens*, die Linse, Cicero von *cicer*, die Erbse. Ihre Leibspeise war das Schwein: zwei der vornehmsten Geschlechter, die Porcier und Suilier, trugen von ihm ihren Namen, und bei der Bezeichnung für Schweinefleisch, *caro suilla*, wird der Lateiner geradezu zärtlich. Das Huhn kam jedenfalls erst durch die Griechen nach Italien. In der republikanischen Zeit genossen die Hühnerorakel großes Ansehen: fraßen die Tiere gierig, so galt dies als günstiges Omen, das Gegenteil als Warnung. P. Claudius Pulcher, Feldherr im ersten Punischen Kriege, ließ die heiligen Hühner, die das Futter verschmähten, ins Wasser werfen, indem er sagte: wenn sie nicht fressen wollen, so mögen sie saufen. Die Hühner behielten aber recht, denn er verlor seine Flotte.

Der Rosinenwein oder Mostsirup, der auf den Tisch kam, muß abscheulich geschmeckt haben; Frauen war der Genuß geistiger Getränke überhaupt verboten. Würfeln um Geld war nur an den Saturnalien gestattet, Tanz und Gesang nur im Kult, der sich im übrigen ebenfalls durch große Kargheit und Trockenheit auszeichnete. Noch Cicero sagt: „Keinem Nüchternen wird es einfallen zu tanzen, wenn er nicht gerade verrückt ist.“ All diese Schlichtheit in den Lebensformen kam nicht bloß von der „Kernigkeit“ und „Gediegenheit“ der Römer, sondern auch daher, daß ihnen einfach nichts einfiel.

Die Tunika, ein ungefärbtes Wollhemd, bei den Männern armfrei und kniefrei, bei den Frauen mit Ärmeln und bis zum Knöchel reichend, entspricht dem griechischen Chiton, die bauschige Toga, ein weißgefärbtes Stück Tuch, nur bei der Amtstracht der Magistrate und der Opfertracht der Priester verziert, dem Himation; dazu kam bei Kälte das Pallium, eine Art Plaid, und bei Regen die binsengeflochtene Kapuze. Die Frauen trugen das lange Haar im Knoten, durch ein Netz zusammengehalten, oder in Zöpfen, die Männer bloß die Lippen rasiert, auch die Haare noch nicht „römisch" kurz: dies und die Bartlosigkeit wurde erst seit dem dritten Jahrhundert Sitte. Andrerseits gingen die Etrusker von alters her vielfach bartlos, und dies ist möglicherweise in Latium nicht unnachgeahmt geblieben; oft aber auch trugen sie die „mykenischen" Keilbärte, wie sie von Abbildungen aus diesem Kulturkreis bekannt sind. Die Goldmasken der mykenischen Gräber haben aber bloß Schnurrbärte, eine Mode, die den späteren Griechen völlig unbekannt war; aber sie kam zu den Kelten, vielleicht also auch nach Rom. Wir wissen also wirklich nicht, wie Mucius Scaevola und Coriolan ausgesehen haben.

Das Lateinische ist der Dialekt der Stadt Rom, der schon früh zur Gemeinsprache der Landschaft Latium geworden ist. Über seine Aussprache sind wir ebenso unsicher unterrichtet wie über die des Griechischen. Zweifellos wurde t vor i als t ausgesprochen, während unsere Gepflogenheit, es als z zu sprechen, aus dem Italienischen stammt, und auch c vor e und i war nicht z, sondern k, was sowohl aus der griechischen Schreibung lateinischer Eigennamen hervorgeht (Κικέρων, nicht Ζιζέρων) wie aus der Tatsache, daß umgekehrt griechisches k im Lateinischen stets, auch vor hellen Vokalen, mit c wiedergegeben wird, und drittens aus der Form, in der lateinische Lehnwörter im Deutschen gebildet wurden (Kiste aus *cista*, Keller aus *cellarium*): andernfalls nämlich müßte aus Cäsar im Griechischen *Zaisar* geworden sein, nicht *Kaisar*, und dementsprechend das deutsche Wort für die höchste weltliche Würde „Zaiser" lauten. Aber die „Zizeroaussprache" ist doch so eingelebt, daß sie sich wohl kaum mehr verdrängen lassen wird, und man dürfte sich nur schwer dazu entschließen, von nun an „sokial", „Nattion" und „keterum kenseo" zu sagen. Übrigens sprechen die Italiener, die den alten Römern doch viel näher stehen, mindestens ebenso falsch aus, indem sie „Tschitschero" sagen. Daß jetzt auf den Gymnasien die „Kikeroaussprache" verlangt wird, ist eine pure Oberlehrerschikane, denn im Leben kann sie der Schüler ja doch nicht brauchen.

Das Lateinische war ursprünglich viel reicher, sowohl an Diphthongen wie an Endungen und Formen: so besaß es zum Beispiel noch als siebten Fall den Lokativ sowie den Dual, von dem nur noch, gleich Hünensteinen aus grauer Vorzeit, die beiden Worte *duo* und *ambo* Kunde geben. Den griechischen Optativ vertritt der Konjunktiv, den Aorist das Perfekt, das Medium ist auf die wenigen sogenannten Neutropassiva zusammengeschrumpft. Für derlei Luxusformen hatte der sachliche, haushälterische Römer offenbar wenig übrig. Charakteristisch ist überhaupt die Armut an näheren Bestimmungen: das Fehlen des Artikels beim Substantiv, des Personalpronomens beim Verbum, der Mangel an schattierenden Partikeln. Die Römer haben auch hier eine politische, juristische und militärische Leistung vollbracht: im Lateinischen herrscht, im Gegensatz zur Anarchie der griechischen Dialektspaltung, Einheit, in seinen Perioden soldatische Subordination, scharfe Abgrenzung der Kompetenzen, die Rationalität eines Gesetzbuchs; in seinem streng formierten Gleichklang hallt der Schritt des Legionärs. Es hat die Nüchternheit und Kargheit, aber auch die Wucht und Klarheit eines Rohbaus. *Subtilitate vincimur*, sagte Quintilian, *valeamus pondere!*; selbst diese kurze Mahnung läßt sich vollkommen kongenial nicht ins Deutsche übertragen. Bis zum heutige Tage können alle Völker der Erde, wenn sie etwas mit der letzten Konzision, Präzision und Prägnanz sagen wollen (auch diese drei Worte sind unübersetzbar), es nur in lateinisch sagen. Für alles andere als Dünnschliff, Schärfe und Schwergewicht eignet sich das Lateinische gar nicht; es ist eine Sprache für Devisen und Donnerworte, Invektiven und Paragraphen, Kommandos und Grabschriften.

Was die römische Religion angeht, so hatte sie ursprünglich mit der griechischen gar nichts gemeinsam; erst durch die Hellenisierung ist eine Angleichung zwischen beiden erfolgt. Man unterschied auch stets zwischen den *di indigetes*, den einheimischen Göttern, und den *di novensides*, den von außen eingeführten. Hegel bemerkt sehr fein, uns sei bei den Reden von Jupiter, Juno, Minerva zumute, als ob wir dergleichen auf dem Theater hörten. Ob die römische Religion die tiefere war, läßt sich schwer entscheiden; jedenfalls war sie die ernstere. Wenn man Frömmigkeit mit Ritualismus gleichsetzt, so waren die Römer sogar die frömmsten Menschen der Welt. Cicero leitet *religio* von *religare* her; aber hierbei ist nicht etwa eine Bindung an die Gottheit im Sinne der viel innerlicher gefaßten „schlechthinnigen Abhängigkeit" Schleiermachers gemeint, sondern lediglich Bindung an die heiligen Gebräuche und deren peinlich genaue Ausübung. Man kann *religio* auch als Götterfurcht bezeichnen, aber ebenfalls nur in einem für unsere Begriffe sehr äußerlichen Sinn. Das Adjektiv *religiosus* ließe sich vielleicht mit „nicht geheuer" übersetzen; *loca religiosa, dies religiosi* sind tabuierte Orte und Tage, zum Beispiel: wo der Blitz eingeschlagen, wann eine Niederlage stattgefunden hat; solche Orte betritt man nicht oder nur unter Zeremonien, an solchen Tagen vermeidet man jede Art von Unternehmungen oder geht am besten gar nicht aus.

Der Römer kennt keine Kosmogonie, wie sie in den Veden, der Genesis, der Edda und anderwärts, auch bei den Griechen, so reich und eigenartig entwickelt ist, sondern Himmel und Erde sind einfach da: zum Scheinen und Regnen, Grünen und Fruchten; wie sie entstanden sind, wird nicht gefragt. Es gab auch ursprünglich keine Göttersagen und keine Götterbilder und daher auch keine Gotteshäuser: *templum* bedeutet in der archaischen Sprache bloß einen heiligen Ort. Als Altar diente ein Rasenhügel, als Sinnbild für Mars ein Speer, für Vesta die Herdflamme, für Jupiter ein Kieselstein: erst die Tarquinier stifteten sein tönernes Kultbild auf dem Kapitol. Die Götter sind *numina*, Träger von Willensäußerungen, abstrakte Energien, keine eigentlichen Personen. Aber gerade infolge ihrer formelhaften Unmenschlichkeit webt um sie ein Schleier und Schauer der Größe, der auch den herrlichsten Gebilden der griechischen Phantasie fehlt, und der Gläubige konnte daher in ihnen je nach seiner religiösen Veranlagung das Erhabenste und Leerste, Mysteriöseste und Platteste erblicken, was dem Hellenen nicht freistand, der zu einer Vertiefung seines Weltgefühls nur um den Preis der Götterleugnung zu gelangen vermochte. Man leitet *numen* von *nuere* ab: der zustimmenden Bewegung des Hauptes. Den Römern nickten ihre Götter nur von fern.

Die Hauptgottheiten waren Jupiter, Mars und Quirinus, die beiden letzteren wahrscheinlich ursprünglich identisch. Mars war der Gott des Krieges, aber auch des Feldbaus; nach ihm hieß der erste Monat des Jahres, das im Frühling begann, *mensis Martius*. Jupiter ist Fulgurator, Tonans, Pluvius, Serenator: Blitzer und Donnerer, Regner und Aufheiterer. Der *arbor Jovis* ist die Eiche, die auch den meisten anderen indogermanischen Völkern: den Slawen und Kelten, Germanen und Hellenen als heiliger Baum galt; in Dodona, dem ältesten griechischen Heiligtum, stand die Eiche des Zeus, und das Rauschen ihrer Krone und der Flug der heiligen Tauben, die auf ihr nisteten, kündete die Zukunft. Außerdem aber gab es noch für alle erdenklichen Tätigkeiten und Vorgänge eigene *numina*: zum Beispiel Vervactor für die erste, Redarator für die zweite, Imporcitor für die dritte Durchpflügung des Ackers, Convector für die Einfahrt, Conditor für die Aufspeicherung, Promitor für die Herausgabe des Getreides; Ossipago ist die Gottheit, die den Kindern die Knochen festmacht, Statilinus, die sie stehen, Fabulinus, die sie reden lehrt. Auch die schlimmen Dinge: Pest, Hunger, Fieber, Getreidebrand haben ihre Spezialgötter, und auf dieselbe Weise sind die wichtigsten moralischen und politischen Begriffe personifiziert: Spes und Fides, Pietas und Aequitas, Concordia und Clementia, Salus und Victoria. Sehr wichtig für den Bauern ist Terminus, der Gott der Grenzsteine, dem alljährlich ein eigenes Fest gefeiert wird, die *Terminalia*. Dem Saturnus, dem Gott der Aussaat, waren die Saturnalien geweiht, die eine gewisse Ähnlichkeit mit unseren Weihnachten hatten: sie fielen in die zweite Dezemberhälfte, alle Geschäfte ruhten, man beschenkte sich gegenseitig, wünschte einander „bona Saturnalia", brannte Kerzen und hielt ein Festmahl; auch herrschte die schöne Sitte, daß die Herren ihre Sklaven bedienten.

Von der Stadtgründung bis zur Unterwerfung Italiens

Spätestens seit der Ausformung der literarischen Tradition waren für die Römer die Anfänge ihrer Stadt mit dem Untergang Trojas (1184/3 v. Chr. nach der antiken Chronologie) verbunden. Aeneas, ein Sohn der Venus und des Anchises, konnte zusammen mit weiteren Flüchtlingen aus dem brennenden Troja entkommen und nach langen Irrfahrten in Latium an Land gehen. Er gründete die Stadt Lavinium, sein Sohn Iulus Alba Longa an den Albaner Bergen. Alba Longa wurde zur Hauptstadt von Latium; mit dem dort regierenden Haus des Aeneas aber blieben die Anfänge Roms verknüpft. Denn Rhea Silvia, die Mutter des Romulus und Remus, war eine Tochter des Königs Numitor von Alba Longa, der dann von seinem jüngeren Bruder Amulius vertrieben wurde.

Mit diesen Auseinandersetzungen beginnt die berühmte Romulussage, die Aussetzung der Zwillinge, ihre wunderbare Rettung durch die Wölfin, ihre Erziehung durch den Hirten Faustulus, ihre Rache an Amulius. Schließlich kommt es zur Gründung der Stadt Rom (nach Varro 753 v. Chr.). Die Ermordung des Bruders, der die niedrige Stadtmauer lächerlich gemacht hatte, die Errichtung eines Asyls, das neue Bürger anlockte, der Raub der Sabinerinnen, die gemeinsame Herrschaft des Romulus mit dem Sabinerkönig Titus Tatius und schließlich die Apotheose des Romulus sind die wichtigsten Elemente der Legende um Gründung und Anfänge der Stadt.

Mit Romulus begann die Reihe der traditionellen sieben Könige Roms. Sein Nachfolger, Numa Pompilius, soll insbesondere die religiösen Institutionen der Stadt geschaffen, Tullus Hostilius dann Alba Longa zerstört und den römischen Einfluß in Latium beträchtlich erweitert haben. Auf den vierten König, Ancus Martius, wird die Errichtung der wichtigen „Pfahlbrücke", des *pons sublicius* am Fuß des Aventins, zurückgeführt und die angebliche Gründung einer Kolonie in Ostia, worunter wahrscheinlich der Erwerb der Salinen an der Tibermündung und eine entsprechende Intensivierung des Handels zu verstehen ist.

Der fünfte König, Tarquinius Priscus, ein Sohn des Korinthers Demaratus und einer Etruskerin, verkörpert in jedem Falle etruskischen Einfluß. In seinen Kämpfen gegen Sabiner und Latiner, der Ausgestaltung des Forums wie der Einführung der etruskischen Königstracht dokumentiert sich ein entschiedener Herrschaftswille. Mit dem Namen seines Nachfolgers, des Römers Servius Tullius, wurden dagegen eine ganze Reihe der grundlegenden organisatorischen Einrichtungen des frühen Roms verbunden, die Schaffung der Centurienordnung wie der Bau der sogenannten servianischen Stadtmauer, um nur die bekanntesten zu nennen, Maßnahmen, die jedoch mindestens zum Teil ebenso anachronistisch sind wie die angebliche Einführung der Münzprägung.

In der Figur des letzten römischen Königs, des Tarquinius Superbus, waren dann Leistungen wie Hybris der Monarchie besonders plastisch gestaltet. Große öffentliche Bauten, wie die Anlage der *Cloaca maxima*, des berühmten Abwasserkanals, neue Erfolge über die Latiner, aber auch die Lucretia-Episode spiegeln typische Züge eines antiken Tyrannenbildes wider, welche den Sturz des Königtums und die aristokratische Verschwörung um 510 v. Chr. zu legitimieren hatten, ein Vorgang, der später in sehr massiver Weise zur „Gründung der Republik" umstilisiert wurde.

Die modernen archäologischen Rekonstruktionen gingen von systematischen Analysen und Interpretationen der Bodenfunde und der Denkmäler aus. Der Prähistoriker H. Müller-Karpe konzentrierte sich dabei auf die Frühphase der Siedlungsgeschichte. Er wies die frühesten Grabfunde aus römischem Boden (Palatin, Forum) noch dem 10. Jahrhundert v. Chr. zu, die Funde am Esquilin und auf dem Quirinal datierte er auf das 9.–7. Jahrhundert v. Chr. Für den Fundniederschlag selbst, besonders Hausurnen, kleine menschliche Figuren, Gefäße, suchte er Analogien zum ägäischen Raum, speziell zu Kreta, nachzuweisen und damit die Existenz sehr enger Beziehungen. In kleinen runden Hausurnen wollte er die eigentümliche Rundform des ältesten Vestaheiligtums wiedererkennen, eines Rundbaus mit einem Strohdach, das mit Hörnerpaaren verziert war und über dem Eingang ein Paar Vogelvorderteile und bunte Bänder als Schmuck aufwies. Insgesamt gesehen blieb dabei freilich die Frage offen, ob und in welcher Weise ein Zusammenhang zwischen den frühesten Siedlungsspuren und der späteren Stadtgründung besteht.

Auf sie hat sich vor allem der schwedische Archäologe Einar Gjerstad in seinem monumentalen Werk „Early Rome" (6 Bde. 1953–1973) konzentriert. Subtile Untersuchungen des gesamten archäologischen Materials zur Frühgeschichte Roms, insbesondere der Überreste der Bauten und Anlagen an Forum, Palatin, *Forum Boarium* (in der Gegend der Kirche von S. Omobono) mündeten in ein in sich geschlossenes Vorstellungsmodell. Danach würden die frühesten Siedlungsspuren Roms aus dem 8. Jahrhundert v. Chr. stammen, und der Palatin wäre ursprünglich das Zentrum bescheidener dörflicher Siedlungen auf den Hügeln Roms gewesen. In der Zeit zwischen 625 und 575 v. Chr. hätte sich daraus ein loser Zusammenschluß entwickelt, der Siedlungsverband des *„Septimontium"*. Erst durch etruskische Könige wäre dieser um 575 v. Chr. systematisch als Stadt organisiert worden. Im Wandel der Wohnweise, dem Übergang von den alten strohgedeckten Hütten zu ersten Gebäuden mit Ziegeldächern, in der Erbauung monumentaler Tempel, der Anlage eines gepflasterten Stadtmarktes im Areal des Forums, in der planmäßigen Anlage neuer Straßen wie der *via sacra* und in der Errichtung einer Burg auf dem Kapitol erblickte Gjerstad die wichtigsten archäologischen

Elemente dieses Urbanisierungsprozesses. Nach ihm war es ein spezifisches Merkmal der römischen Entwicklung, daß die „Gründung" der Stadt Rom gerade nicht mit einer Befestigungsanlage begann, sondern mit der planmäßigen Gestaltung eines neuen Zentrums der Bürgerschaft am Forum. Die „Gründung" Roms sah Gjerstad zudem als Teil des großen etruskischen Urbanisierungsprozesses in Mittelitalien, daneben wies er mit Nachdruck auf die, vor allem in Vasenfragmenten faßbare, erstaunliche Intensität des Fernhandels hin, der das archaische Rom in der Phase zwischen 575 und 450 v. Chr. mit Griechenland verband.

Es ist hier nicht der Ort, um die Harmonisierungsversuche zwischen der antiken literarischen Tradition und den Rekonstruktionen der Archäologen nachzuzeichnen oder zu den ebenso faszinierenden wie phantasievollen, häufig jedoch auch unbeweisbaren Versuchen Stellung zu nehmen, die Nachrichten über die Frühgeschichte Roms mit generellen indo-europäischen Traditionen in Einklang zu bringen (G. Dumézil) oder sie sehr konkret in eurasische Phänomene mythisch-religiöser Vorstellungen und Gesellschaftsstrukturen (A. Alföldi) einzufügen. In einem Augenblick, da über die Anfänge der Stadtgründung und deren Chronologie nicht einmal unter den Vertretern der beteiligten wissenschaftlichen Disziplinen ein consensus besteht, da das Modell eines „voretruskischen" Roms ebenso entschieden bejaht wie bestritten, eine längerfristige Evolution ebenso vertreten wird wie ein bestimmter Gründungsakt, die ursprünglich verbreitete Annahme einer einzigartigen römischen Sonderentwicklung zugunsten genereller Zusammenhänge reduziert scheint, dürfte es vielmehr darauf ankommen, Bedeutung und Tragweite der römischen Tradition ins Bewußtsein zu rufen.

Die „Mischung alter Erinnerung und politischer Anschauung", als die Ranke die römische Tradition definierte, die im einzelnen kaum mehr auflösbare Verflechtung von Legende, Dichtung und Wahrheit, war für das spätere Rom

– aller rationalen Kritik zum Trotz – das Fundament des politischen und historischen Selbstverständnisses. Die Vorgänge, die zur Stadtgründung führten, verliehen den römischen Anfängen eine unvergleichliche Weihe. Wie tief eine Gestalt wie Romulus im römischen Bewußtsein verankert war, geht aus Octavians Überlegungen, den Romulusnamen anzunehmen, ebenso hervor wie aus Augustins Diskreditierung des Brudermörders. Die Figur des zum Tyrannen entarteten *rex* wurde für die politische Vorstellungswelt Roms geradezu zum Trauma; die von den Anhängern wie der Opposition gegen Cäsar unternommenen Anläufe, den Diktator in die Nähe des Königtums zu rücken, dokumentieren, wie prekär und verhängnisvoll, aber auch wie stark diese Tradition noch immer war.

Die Entscheidung darüber, ob die Existenz einer voretruskischen Stadt Rom akzeptiert wird oder nicht, hängt von der Datierung der archäologischen Funde ab. Doch in jedem Falle stand das Rom des 6. Jahrhunderts v. Chr. unter starkem etruskischen Einfluß. Die vorhergehenden Siedlungseinheiten verloren damals nahezu ihr ganzes Eigenleben, jedenfalls jede echte politische Funktion. Lediglich im Rahmen von Kultverbänden lebten sie noch weiter, so in den *Salii Palatini* und den *Salii Collini*, den Gemeinschaften der Springer, die ihre eigentümlichen kultischen Tanzzeremonien zu Ehren des Mars ausübten. Das Stadtgebiet selbst gliederte sich zunächst in vier Stadtteile, die *regio Suburana*, die *regio Palatina*, die *regio Esquilina* und die *regio Collina*. Die Bewohner hießen nach dem Zusammenschluß *Romani*, daneben hielt sich indessen noch der Eigenname der Bewohner des Quirinal, der *Quirites*, eine Tatsache, die am deutlichsten in der stereotypen Formel des *populus Romanus Quiritium* zum Ausdruck kommt. [...]

Die Beseitigung der Monarchie mußte im Inneren des römischen Staates zum Antagonismus der beiden großen sozialen Gruppen, des Patriziats und der Plebs, führen. Im Gegensatz zum Patriziat war die römische Plebs keineswegs

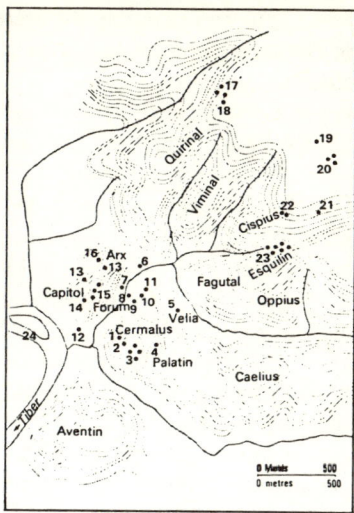

Frühes Rom

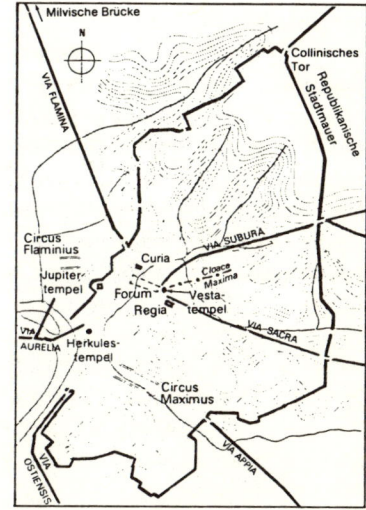

Republikanisches Rom

homogen. Für die Epoche der frühen römischen Republik wäre es völlig falsch, in ihr eine amorphe Großstadtbevölkerung ohne ausreichende Arbeits- und Verdienstmöglichkeiten zu sehen und damit Erscheinungen zu reprojizieren, welche erst die Phasen der späten Republik und des Principats kennzeichnen. Denn zur römischen Plebs der frühen Republik zählten nicht nur die Klienten und damit überwiegend bäuerliche Kleinproduzenten, sondern ebenso unabhängige freie Bauern, Handwerker und Händler, jedoch auch nichtadlige Bürger mit so großem Besitz und Vermögen, daß sie die Rüstung eines Schwerbewaffneten erwerben konnten. Eine kriegstechnische und taktische Revolution, der Übergang von der Kampfweise ritterlicher Gefolgschaften, die in Streitwagen oder zu Pferde kämpften, zu jener der Hoplitenphalanx, einer massierten Schlachtreihe schwer gepanzerter Infanterie, gab gerade dieser letzten Gruppe ein großes Gewicht. Denn je größer die Lasten waren, die sie in den zahlreichen und langjährigen militärischen Auseinandersetzungen der frühen Republik zu tragen hatte, desto entschiedener drängte sie auf eine politische Gleichberechtigung mit den ganz eindeutig privilegierten Patriziern.

Für die breite Masse der Plebs standen dagegen andere Motivationen im Vordergrund. Ihr ging es in erster Linie um Versorgung mit Acker- oder Weideland, nicht zuletzt für die zweiten und weiteren Kinder, sodann aber auch um eine angemessene Bereinigung des Verschuldungsproblems. Denn durch das frührömische Kreditrecht in der Form des *nexum* hatte der Kreditgeber faktisch ein Zugriffsrecht auf die Person des Schuldners. Die Gefahr der Schuldsklaverei ergab sich vor allem aus den sehr hohen Zinssätzen, die sich nach Ansicht vieler Interpreten zeitweilig bis zu einem Zwölftel des Kapitals beliefen. Erst nach der *lex Poetelia* von 326 v. Chr. wurden Fesselung und Verkauf des Schuldners untersagt, darnach verfiel die Institution des *nexum* insgesamt. [...]

Der römische Ständekampf wird zumeist durch den ersten

„Auszug" der Plebs im Jahre 494 v. Chr. und durch die *lex Hortensia* des Jahres 287 v. Chr., die den Beschlüssen der eigenständigen Volksversammlungen Rechtskraft für den Gesamtstaat verlieh, abgegrenzt. Seine wichtigsten Etappen und Höhepunkte sind daneben die Zeit des Decemvirats 451/450 v. Chr., als die Zwölftafelgesetzgebung durchgesetzt wurde, die Staatsstreichversuche unter Marcus Manlius Capitolinus 385 v. Chr., die Verabschiedung der *leges Liciniae Sextiae* von 367/6 v. Chr., welche unter anderem die Zulassung der Plebejer zu den höchsten Staatsämtern eröffneten, die faktische Abschaffung der Schuldknechtschaft durch die *lex Poetelia* des Jahres 326 v. Chr. und die Anerkennung der *provocatio*, des Rechts auf Anrufung des Volksgerichts bei Kapitalstrafen römischer Magistrate, im Jahre 300 v. Chr.

Aufs Ganze gesehen brachte schon das 5. Jahrhundert v. Chr. eine beträchtliche Verschärfung der Gegensätze zwischen Plebs und Patriziat. Ansprüche der Patrizier und wachsendes Selbstbewußtsein der Plebejer steigerten sich dabei gegenseitig; der Antagonismus überlagerte zeitweilig das Klientelsystem, denn zumindest in politischer Hinsicht, aber auch teilweise im juristischen Bereich nahmen nun die Anführer der Plebs die Funktion der *patroni* wahr. Es ist daneben jedoch ein besonderes Kennzeichen der römischen Entwicklung, daß immer wieder einzelne Patrizier die Interessen der Plebejer verteidigten, so Spurius Cassius (486 v. Chr.), Marcus Manlius Capitolinus (385 v. Chr.), Q. Publilius Philo (339 v. Chr.) und Appius Claudius Caecus (Censor 312 v. Chr.), um nur einige Beispiele zu nennen.

Die sich über rund zwei Jahrhunderte hinziehende Auseinandersetzung wird durch Phasen erbitterter Kämpfe, aber auch durch längere Perioden der Kompromisse angesichts der Notwendigkeit der Abwehr gemeinsamer äußerer Gefahren gekennzeichnet. An ihrem Ende steht die volle privatrechtliche Gleichstellung aller Plebejer, die öffentliche

Fixierung des geltenden Rechts, eine Umbildung der Verfassung, die in der entwickelten Form der sogenannten Centurienverfassung ihren sinnfälligsten Ausdruck fand, aber auch die Mitwirkung der Plebs bei der Wahl der Magistrate wie bei politischen Strafverfahren, bei der Entscheidung über Krieg und Frieden wie bei der Verabschiedung von Gesetzen vorsah, schließlich der Rechtsschutz gegenüber magistratischer Willkür und die Zuständigkeit des Volksgerichts bei kapitalen Strafen. Für die reicheren Plebejer aber war gleichzeitig der Aufstieg in die erweiterte Führungsschicht der Nobilität ertrotzt, nachdem ihnen Zug um Zug das passive Wahlrecht in die verschiedenen Staatsämter eingeräumt worden war (366 v. Chr.: 1. plebejischer Konsul, 356 v. Chr.: Diktator, 351 v. Chr.: Censor; 172 v. Chr. erstmals beide Konsuln Plebejer).

Zunächst jedoch war es seit 494 v. Chr. zur Ausbildung einer Sonderorganisation der Plebs, gleichsam als Staat im Staate, gekommen, einer Sonderorganisation, deren Entwicklung vor allem in der Institution des Volkstribunats faßbar wird. Die ursprünglich wohl 2, später 5 und seit 449 v. Chr. 10 Volkstribunen vertraten die Sonderinteressen der Plebejer gegen die patrizische Standesherrschaft. Alle ihre Aktionen waren ursprünglich Rechtsanmaßungen, und gerade deshalb war in der religiös gebundenen Gemeinschaft die Unantastbarkeit *(sacrosanctitas)*, die „Tabuisierung" der Personen der Volkstribunen erforderlich, um die Exponenten plebejischer Interessen zu schützen. Im „Dazwischentreten" *(intercessio)* der Volkstribunen, in der Organisation von Volksaufläufen bei Übergriffen der patrizischen Magistrate und im Auszug der Plebs werden die Kampfformen des Ständekampfes sichtbar.

Die Volkstribunen waren anfangs auch die militärischen Befehlshaber der Plebs gewesen. Später trat hinter dem kontinuierlich ausgeübten Rechtsschutz und hinter der Leitung der Volksversammlungen und einem sehr weitgehenden Initiativrecht die militärische Herkunft völlig in den Hintergrund. Insgesamt gesehen stand die Kompetenz der Volkstribunen weithin unter negativen Vorzeichen. Ein Volkstribun konnte zwar faktisch einen Magistrat an dessen Ausübung der Amtstätigkeit hindern, aber er konnte diese nicht selbst übernehmen. Wenn am Ende des Ständekampfes die volle Legalisierung der ursprünglich usurpierten Kompetenzen der Volkstribunen und deren Integration in die republikanische Verfassung stand, so ist dies der sinnfälligste Ausdruck dafür, daß die beiden Verfassungsebenen, die patrizische und die plebejische, die während des Ständekampfes auseinandergetreten waren, am Ende wieder in einem einheitlichen System zusammengefaßt wurden. Die *lex Hortensia* von 287 v. Chr. erhob indirekt die einstige Sonderorganisation der plebejischen Opposition in den Rang eines staatlichen Organs mit offiziellen Funktionen. Die Volkstribunen selbst wurden zwar für geraume Zeit konstruktive Förderer der senatorischen Politik, doch hatten sie nun einmal „die heiligste, höchste und freieste aller Magistraturen" (Th. Mommsen) inne, die sich deshalb auch in der Krise der späten Republik als Basis neuer oppositioneller Zielsetzung anbot.

Die Beseitigung der Monarchie und das Ausscheiden aus dem etruskischen Machtbereich führten den römischen Adelsstaat zugleich in eine schwere außenpolitische Krise. Denn nicht nur gegenüber den Etruskern, sondern auch gegenüber den Latinern hatte Rom jetzt seinen Rückhalt verloren; der erste römisch-punische Vertrag aus dem ersten Jahr der Republik ist wohl auch als Ausdruck jener Situation zu verstehen, da für Rom alles darauf ankam, seine Positionen in Latium zu behaupten. Aus dem Rückblick und aus großer Distanz betrachtet begann jetzt jener kontinuierliche Expansionsprozeß, in dem die römische Republik ihren Herrschaftsbereich bis zum Beginn des I. Punischen Krieges (264 v. Chr.) über ganz Mittel- und Süditalien ausdehnen konnte.

Doch dieser Prozeß war auch durch schwere Rückschläge

und Katastrophen markiert. In den Kämpfen gegen die Etrusker, Latiner, Kelten und Samniten, um nur die wichtigsten Gegner zu nennen, schien die römische Macht mehr als einmal zu zerbrechen; das „heroische" Zeitalter Roms wird durch raschen Wechsel von Erfolgen und Krisen gekennzeichnet. Die Legenden um das Gefecht am See Regillus, Coriolan (angeblich 491 v. Chr.), Cincinnatus (angeblich 462 v. Chr.), die Einnahme und Zerstörung der alten Rivalin Veji im Jahr 396 v. Chr., die Katastrophe an der Allia und die Einnahme Roms durch die Kelten (387 v. Chr.), der große latinische Aufstand (340–338 v. Chr.), die Kriege gegen die Samniten (1.: 343–341 v. Chr.; 2.: 327–304; 3.: 298–290) und schließlich die Kämpfe gegen König Pyrrhus von Epirus (280–275 v. Chr.) verdeutlichen die wichtigsten Etappen der keineswegs ungebrochenen Machtentfaltung.

Allein gerade die schweren Rückschläge und Krisen, welche die beständige Erweiterung und Organisation des römischen Machtbereichs bestimmen, lassen zuglcich die Eigenart dieses Prozesses erkennen. Kontinuität, Konsequenz und Unerbittlichkeit der Machtbildung wurden von der Korporation einer Führungsschicht diktiert, die zugleich überwiegend im Interesse der Mehrheit aller freien Bürger handelte. In der Schaffung und Konsolidierung breiter Interessenidentität gegenüber den anderen italischen Mächten liegt die wichtigste Leistung des Patriziats, später der Nobilität. Es wäre dabei völlig unrealistisch, vor den elementaren wirtschaftlichen und sozialen Voraussetzungen und Folgen der römischen Expansion die Augen zu verschließen. Denn sowohl Patrizier als auch Plebejer konnten ihren chronischen Landhunger nur auf diese Weise stillen, vor allem den jüngeren Söhnen der freien Kleineigentümer, der Bauern, Hirten, Handwerker und Händler nur auf diese Weise zu einer Existenz verhelfen, das soziale System der Stadt nur auf diese Weise beständig reproduzieren.

In seiner späteren Phase aber war dieser Expansionsprozeß nur deshalb weiterzuführen und abzusichern, weil es die römische Führungsschicht wiederum verstand, auch aus den Angehörigen ihrer eigenen sozialen Schicht in den italischen Städten und Stämmen eine breitere Interessengemeinschaft zu formieren. Da die Vorteile des Systems der von Rom organisierten italischen Bundesgenossenschaft offensichtlich den Verlust lokaler Sonderrechte und Traditionen überwogen, fand sich diese politisch entscheidende soziale Gruppe zunächst mit Roms Suprematie ab, um sich später völlig mit ihr zu identifizieren. Eine realistische Alternative zur römischen Machtbildung gab es, langfristig gesehen, ohnehin nicht. Im Italien des 6. bis 3. Jahrhunderts v. Chr. existierte keine andere politische Macht, die über einen so langen Zeitraum hin und so konsequent und kompromißlos wie Rom einen vergleichbaren Expansions- und Konsolidierungsprozeß der eigenen Herrschaft durchgeführt hätte. In vielen Fällen mußte zudem die Hinnahme der römischen Herrschaft als das kleinere Übel erscheinen, nachdem sich die freien Gemeinden und Städte Italiens gegenüber den Vorstößen der oskisch-sabellischen Bergstämme wie der Kelten oder der Nachbarstaaten aus eigener Kraft doch nicht halten konnten.

Auf dem Weg zur Vormacht Italiens gab es genügend Konstellationen, in denen Rom seinen Gegnern im Potential eindeutig unterlegen war, allein die kontinuierliche Konzentration aller verfügbaren eigenen Kräfte und schon sehr früh auch die umfassende Mobilisierung derjenigen der Verbündeten glichen die zeitweilige Überlegenheit der zumeist aufgesplitterten Gegner Roms aus. Politisch wie militärisch ist der Triumph des römischen Führungskollektivs um so erstaunlicher, als es gleichzeitig fort und fort die größten inneren Krisen zu bestehen hatte. So wird es verständlich, daß dieser zäh durchgehaltene aktivistische Expansionsprozeß ohne Beispiel vor allem im Zuge der nationalstaatlichen Perspektiven wie des universellen Fortschrittsdenkens der Neuzeit lange Zeit einzig in seinen positiven Aspekten und Resultaten, vor allem in der Überwindung der Partikularität, gewürdigt worden ist. Allein über der Apotheose der politischen und militärischen Erfolge der römischen Republik sollte nicht übersehen werden, daß sie zugleich, wie schon Herder betont hat, mit der Vernichtung der Zivilisationen des alten Italiens identisch sind.

Alfred Söllner

Die Zwölftafelgesetzgebung

Das Zwölftafelgesetz steht innerhalb einer Reihe von Gesetzgebungsakten antiker Stadtstaaten. Vorausgegangen waren die Gesetzgebung des – in seiner Historizität freilich umstrittenen – Lykurg in Sparta (zwischen 800 und 750 v. Chr.) sowie in Athen die Gesetze des – historisch auch nicht unumstrittenen – Drakon (621 v. Chr.) und des Solon (594 v. Chr.). Mit den Gesetzen Drakons teilt das Zwölftafelgesetz den Ruf einer großen, ja bisweilen unmenschlichen Härte. Die schriftliche Festlegung von Normen in einem Gesetz bedeutet aber auch dann schon einen wirklichen Fortschritt, wenn die rechtlichen Sanktionen dadurch nichts von ihrer früheren Schärfe einbüßen. Denn fortan ist auch der Mächtige, namentlich der Gerichtsherr, an das Gesetz gebunden; der Schwache ist nicht mehr seiner Willkür ausgeliefert. So war es denn auch wahrscheinlich die Unzufriedenheit der Plebejer mit der von den patrizischen Magistraten ohne Bindung an allgemein bekannte Leitlinien ausgeübten Rechtsprechung, die den Anstoß zur Zwölftafelgesetzgebung gab.

Im Jahre 451 v. Chr. setzte der Senat zehn Männer mit dem Auftrag ein, die Gesetze aufzuschreiben (*decemviri legibus scribundis*). Die zehn Männer wurden mit der höchsten magistratischen Gewalt ausgestattet. Sie legten noch im gleichen Jahr den Inhalt von zehn Gesetzestafeln fest und ließen ihn in den Zenturiatkomitien beschließen. Auf ihren Vorschlag wurde für das folgende Amtsjahr (450 v. Chr.) ein neues Zehnmännerkollegium bestellt, das zwei weitere Tafeln hinzufügte. Während dem Werk der ersten Zehnmänner uneingeschränktes Lob zuteil geworden ist, weil sie gleiches Recht für Patrizier und Plebejer geschaffen hätten, stießen die beiden letzten Gesetzestafeln insoweit auf die Kritik der Späteren (vgl. zum Beispiel Cicero, *de re publ.* 2.61–63), als sie von dieser Linie – zum Beispiel durch ein Eheverbot zwischen Patriziern und Plebejern – abgewichen sein sollen.

Von den Zwölftafeln sind nur einzelne Fragmente erhalten, die vielleicht noch nicht einmal den Urtext wiedergeben. Wahrscheinlich sind die ältesten Zwölftafeln, die in Rom öffentlich aufgestellt waren, beim Gallierbrand 387 v. Chr. beschädigt oder zerstört worden. Die danach neu aufgestellten Tafeln enthielten möglicherweise schon eine sprachliche Neufassung, die uns allein noch in Fragmenten bekannt ist. Überliefert sind die Fragmente nur zum Teil in Juristenschriften. Zum anderen Teil sind sie durch die antiquarische Neigung und das sprachliche Interesse römischer Schriftsteller (wie Cicero und Varro im 1. Jhdt. v. Chr. und Festus und Gellius im 2. Jhdt. n. Chr.) auf uns gekommen.

Es hat nicht an Stimmen gefehlt, die den Zwölftafelfragmenten die historische Echtheit überhaupt absprechen und sie als Produkte einer späteren Zeit verstehen wollen. Diese hyperkritische Auffassung dürfte heute aber überwunden sein.

Seit der Renaissance bereits gibt es Versuche, den Zwölftafeltext zu rekonstruieren. Die erhaltenen Fragmente sind 1886 von Rudolf Schöll nach den einzelnen Tafeln zusammengestellt worden. Obwohl die von Schöll vorgenommene Zuordnung der Fragmente zu den einzelnen Tafeln zum Teil fragwürdig ist, werden die Zwölftafelfragmente heute nach dieser Schöllschen Ausgabe zitiert.

Das Zwölftafelgesetz war für die Römer nach einem Wort

von Livius die Quelle des gesamten öffentlichen und privaten Rechts (*Ab urbe condita* 3,34,6: *„fons omnis publici privatique est iuris"*). Es wurde fortgebildet durch die *Interpretation*, die zunächst ganz in den Händen der *pontifices* lag. Durch Einzelgesetze haben die Römer nur vereinzelt und punktuell das auf den Zwölftafeln beruhende *ius civile* umgestaltet (wie 445 v. Chr. durch die *lex Canuleia*, mit der das Eheverbot zwischen Patriziern und Plebejern aufgehoben wurde). Das *ius civile* wird freilich in den Teilen, in denen es sich als wenig anpassungsfähig erweist, von Rechtsschöpfungen des Prätors (*ius honorarium*) überlagert.

Die Zwölftafeln wurden von den Römern als ein allgemeines Kulturgut empfunden. Der gebildete Römer mußte sie kennen oder doch in ihrem Inhalt bewandert sein. Darauf deutet die Verwendung von Zwölftafelfragmenten in den Komödien des Plautus ebenso hin wie der Bericht Ciceros, er habe die Zwölftafeln in seiner Jugend noch auswendig lernen müssen (*de leg.* 2.59: *„... discebamus enim pueri XII ut carmen necessarium, quas iam nemo discit"*). Doch darf man gerade diese Äußerung Ciceros nicht überschätzen. Aus ihr läßt sich auch das Bedauern entnehmen, daß das Auswendiglernen der Zwölftafeln zu Lebzeiten Ciceros außer Übung gekommen war. Eine Generation später macht sich der Dichter Horaz in der Satire 2.1.80 ff. darüber lustig, daß die heiligen Gesetze der Zwölftafeln *mala carmina* (= Zaubersprüche) verbieten, indem er den Worten *mala carmina* den Sinn seiner Zeit (= schlechte Gedichte) unterlegt. Kann man daraus auf ein Schwinden der allgemeinen Achtung der Zwölftafeln gegen Ende der Republik schließen, so bleibt doch die überragende Bedeutung der Zwölftafeln als das grundlegende Gesetzeswerk erhalten. Der Jurist Gaius schreibt noch im 2. Jahrhundert n. Chr., also rund 600 Jahre nach ihrem Inkrafttreten, einen Kommentar zu den Zwölftafeln. Dies bezeugt zugleich eine Kontinuität der römischen Rechtsentwicklung, wie sie in unserer schnellebigen modernen Welt als geradezu unwahrscheinlich gelten muß.

Das Zehnmännerkollegium soll nach der römischen Überlieferung zur Vorbereitung der Gesetzgebungsarbeit eine Studienkommission nach Griechenland entsandt haben; vielleicht ist die Kommission auch nur in die Griechenstädte des südlichen Italiens gereist. Außerdem soll ein Grieche namens Hermodor den Römern Übersetzungsdienste geleistet haben. Aber weder in der Gesetzestechnik der Zwölftafeln noch im Inhalt der einzelnen Normen ist ein wesentlicher griechischer Einfluß festzustellen, wenn man von der Verwendung des griechischen Lehnwortes *poena* für Buße absieht.

Die Gesetzestechnik ist noch recht unbeholfen. Die meisten Rechtseinrichtungen werden nicht neu geschaffen, sondern als bestehend vorausgesetzt. Sobald die Gesetzesvorschriften einen sozialen Schutzzweck verfolgen, werden sie wortreich, während sie sonst karg und lapidar wirken.

Die Regelungen beziehen sich auf eine bäuerliche Gesellschaft. Der Tiber bildet noch die Grenze Roms. Aber der Handel mit Ausländern (Peregrinen) ist schon so verbreitet, daß auch Regeln für den Verkehr mit Peregrinen in den Zwölftafeln zu finden sind.

Einige ausgewählte Fragmente der Zwölftafeln sollen nun in ihrem rechtlichen und rechtshistorischen Zusammenhang betrachtet werden. Auf den exemplarischen, die Thematik nicht erschöpfenden Charakter der folgenden Ausführungen sei nachdrücklich hingewiesen. [...]

Körperverletzung

(tab. 8.2):

SI MEMBRUM RUPSIT,
NI CUM EO PACIT,
TALIO ESTO.

Wenn jemand einem anderen ein Glied bricht, soll mit ihm, falls er sich nicht mit dem Verletzten friedlich einigt, das Gleiche geschehen.

Hier wird für die Zerstümmelung eines Gliedes die Talion

angeordnet; allerdings wird der Versuch der friedlichen Einigung zur Voraussetzung gemacht.

(tab. 8.3–4):

MANU FUSTIVE SI OS FREGIT LIBERO CCC, SI SERVO CL POENAM SUBITO.	Wenn jemand mit der Hand oder mit einem Knüppel einem Freien einen Knochen gebrochen hat, soll er als Buße 300 As, wenn einem Sklaven, 150 As auf sich nehmen.
SI INIURIAM FAXSIT, VIGINTI QUINQUE POENAE SUNTO.	Wenn er einem ein Unrecht (leichte Körperverletzung, Beleidigung) zugefügt hat, sollen 25 As die Buße sein.

Solche festen Bußsummen haben den Nachteil, daß sie durch Änderung der Währungsverhältnisse wirkungslos werden können. Durch das Vordringen von Gold- und Silbermünzen und eine neue Gewichtsfestsetzung wurde in der Tat der Kupfer-As schon in der frühen Republik fast völlig entwertet.

Wie sich das auswirkte, erhellt folgende Anekdote: Der Römer Lucius Veratius machte sich ein Vergnügen daraus, Ohrfeigen auszuteilen. Wenn die so Mißhandelten aufbegehrten, wies der Übeltäter hohnlachend auf den ihn begleitenden Sklaven, der bereitwillig je 25 As auszahlte. Gellius Noct. Att. 20, 1, 13 hat diese Anekdote dem Zwölftafelkommentar des Labeo entnommen.

Dies soll den Anstoß gegeben haben für eine Umgestaltung der Injurienklage. Bei der sogenannten *actio iniuriarum aestimatoria* verweist der Prätor den Rechtsstreit an einen *iudex*, der die Buße nach ‚*bonum aequum*‘, das heißt nach pflichtgemäßem Ermessen festzusetzen hat. Dabei mögen griechische Einrichtungen als Vorbild gedient haben.

Der nachts auf frischer Tat ertappte Dieb durfte getötet werden. Bei Tage hatte der Bestohlene ein ‚Gerüfte' zu erheben, wenn der Dieb sich verteidigte. Der vor den herbeigerufenen Zeugen festgenommene Dieb wurde vom Prätor dem Bestohlenen wohl ‚addiziert', das heißt in die Knechtschaft überliefert.

(tab. 8.12–13):

SI NOX FURTUM FAXSIT, SI IM OCCISIT, IURE CAESUS ESTO LUCI... SI SE	Wenn nachts ein Diebstahl geschieht und wenn der Bestohlene den Dieb tötet, so soll dieser zu Recht getötet sein.
TELO DEFENDIT... ENDOQUE PLORATO.	Bei Tage, wenn er sich mit der Waffe verteidigt, soll der Bestohlene laut rufen.

Wurde der Diebstahl erst später entdeckt, so war die Sanktion eine Geldbuße in Höhe des doppelten Sachwertes (tab. 8.16):

SI ADORAT FURTO, QUOD NEC MANIFESTUM ERIT, DUPLIONE DAMNUM DECIDITO.	Wenn jemand einen Diebstahl anklagt, bei dem der Dieb nicht handhaft gemacht worden ist, so soll der Dieb den Schaden durch das Doppelte beseitigen.

Als in späterer Zeit das Tötungsrecht zurückgedrängt wurde, setzte der Prätor als Buße für den handhaften Diebstahl (*furtum manifestum*) das Doppelte der Buße für das *furtum nec manifestum*, also das Vierfache des Sachwertes (*quadruplum*), fest.

Daneben kannten die Zwölftafeln auch das Rechtsinstitut der *Spurfolge*. Der Bestohlene durfte seine Sache im Hause des Verdächtigen suchen, und zwar, wie es heißt, *lance et li-*

cio. Darunter ist wohl zu verstehen, das der Betreffende nur mit einem Schurz (oder einer Kopfbinde) bekleidet und eine Schüssel (Opferschale?) tragend die Haussuchung vornehmen durfte. Wurde dabei die gestohlene Sache entdeckt, so haftete der auf diese Weise Überführte auf das Dreifache des Sachwertes.

Tötungsdelikte

Der Mord (*parricidium*) scheint unter einer sakralen Sanktion gestanden zu haben. Der Mörder war friedlos; er durfte von jedermann – nicht nur von den Angehörigen des Ermordeten – getötet werden. Dabei waren aber möglicherweise bestimmte rituelle Formen zu wahren. So archaisch das auch immer anmuten mag, es gibt immerhin in den Zwölftafeln eine Bestimmung, die die fahrlässige Tat hiervon ausnimmt (tab. 8.24):

SI TELUM MANU FUGIT MAGIS QUAM IECIT, ARIES SUBICITUR.	Wenn die Waffe mehr von der Hand geflohen ist, als er sie geworfen hat, wird ein Bock gestellt.

Der Sündenbock ist in diesem Fall stellvertretend für den Täter das Objekt der Rache.

Aufstieg und
Niedergang der Republik

Helga Gesche

Die punischen Kriege

Folgt man der Darstellung des griechisch schreibenden, aber durchaus römisch denkenden Historikers Polybios, reichen die Kontakte zwischen Rom und Karthago zurück bis zum Ausgang des 6. vorchristlichen Jahrhunderts. Und dies nicht nur im Sinne einer ersten vagen wechselseitigen Zurkenntnisnahme, sondern in Form eines schon damals (508/7 v. Chr.) erzielten regulären Vertragsabschlusses: Man grenzte die jeweiligen Einfluß- und Interessensphären ab, als welche von den Römern Latium bis Tarracina/Anxur und von den Karthagern Sardinien, Teile Siziliens und die der italischen Halbinsel gegenüberliegenden Partien der nordafrikanischen Küste beansprucht wurden. Die Skeptiker – oder Realisten? – haben es freilich seit jeher vorgezogen, derartige vertragliche Absprachen eher im 4. denn im 6. Jh. v. Chr. anzusiedeln und Frühdatierungen, wie die geschilderte, als Ausfluß einer Historiographie zu sehen, deren Ziel es war, der Geschichte Roms von Anbeginn die ihr (später) gebührende Geltung zu verleihen, und die zu diesem Zweck bedeutsame Ereignisse gerne bereits den mehr oder weniger sagenumwobenen und somit nur schwer nachprüfbaren frühesten Anfängen der Stadt zuwies. Zweifel dieser Art treffen die römisch-karthagischen Vereinbarungen aus der 2. Hälfte des 4. Jh. und des beginnenden 3. Jh. nicht. Wenn auch ihre Zahl und ihr genauer Inhalt nach wie vor Gegenstand von Kontroversen sind, kann doch als sicher gelten, daß Rom sich jetzt tatsächlich um die karthagische Anerkennung seiner italischen Vormachtstellung bemüht und diese auch vertraglich durchsetzt; umgekehrt machen die Römer ihrerseits zu dieser Zeit noch keine Anstalten, den vor allem (aber nicht nur) handelspolitischen Hoheitsanspruch der Karthager im westlichen Mittelmeerraum in Frage zu stellen. Dieser Anspruch erstreckt sich am Vorabend des ersten punischen Krieges auf die gesamte nordafrikanische Küstenzone von der Großen Syrte bis nach Tingis (Tanger) und schließt auch den äußersten Südosten Spaniens, die Balearen, Korsika, Sardinien und (das westliche) Sizilien ein.

Ausgelöst wird der erste der insgesamt drei römisch-karthagischen Kriege (264–241 v. Chr.; 219–202/1 v. Chr.; 149–146 v. Chr.), in denen sich das bisherige, dank fehlender direkter Berührungspunkte friedliche Nebeneinander beider Mächte in ein unversöhnliches militärisches Gegeneinander verkehrt, im Jahre 264 v. Chr. von der nicht zum eigentlichen sizilischen Machtbereich Karthagos gehörenden Stadt Messana (Messina), genauer: durch ein Hilfegesuch an Rom seitens campanischer Söldner, der Mamertini, Söhne des Mars, wie sie sich selbst nennen. Sie hatten sich – ursprünglich in syrakusanischen Diensten stehend – in der Stadt festgesetzt und dort zunächst auch eine karthagische Schutz-Garnison geduldet, gedenken nun aber, sich dieser mittels römischen Beistandes zu entledigen. Überraschenderweise gewähren die Römer die erbetene Hilfe und bleiben auch nach der Vertreibung der Karthager in Messana militärisch präsent; überraschend deswegen, weil keine wie auch immer geartete Verpflichtung dieses Vorgehen erzwingt. Zwar wird die bald darauf erfolgende offizielle Kriegserklärung an Karthago mit dem Hinweis auf die Pflicht Roms zur Verteidigung seiner Bundesgenossen, der Mamertiner, begründet, doch ist dies eine Argumentation, die – wenn überhaupt – erst auf die mit bzw. nach dem römischen Eingreifen entstandene Situation zutrifft, nicht aber auf die römisch-mamertinischen Beziehungen davor. Man wird die Römer auch kaum für so naiv halten dürfen, daß sie sich nicht von vornherein darüber im klaren gewesen wären, zumindest potentiell durch ihre Intervention auf Sizilien in weitreichendere Auseinandersetzungen verwickelt zu werden. Demnach ist die römische Hilfeleistung für die Mamertiner als bewußter Schritt über den eigenen italischen Hoheitsraum hinaus und in Richtung auf einen möglichen Konflikt mit den – untereinander konkurrierenden – Machthabern Siziliens, Karthago und Syrakus, zu werten. Umgekehrt hieße es aber auch, den Römern einen geradezu prophetischen Weitblick zugestehen, wollte man unterstellen, sie hätten bereits im Anfangsstadium ihres außer-italischen Engagements die ganze Tragweite ihrer Entscheidung erkannt und den Krieg mit den Karthagern in der zeitlichen und räumlichen Dimension, die er dann tatsächlich annimmt, voll einkalkuliert und als solchen, als Kampf um die Vorherrschaft im westlichen Mittelmeer, bewußt gewollt. Absehbar waren die Kämpfe auf Sizilien, vielleicht um Sizilien. Nicht mehr und nicht weniger.

Rom geht aus dem fast 25jährigen Ringen des ersten punischen Krieges als klarer Sieger hervor. Zweierlei bewirkt diesen für Rom erfolgreichen Ausgang: Einmal die Tatsache, daß die Römer sehr rasch erkennen, Karthago nur beikommen zu können, wenn man es an seinem machtpolitischen Lebensnerv, der maritimen Überlegenheit, trifft; daß sie daraus die Konsequenz ziehen und eine Flotte aufbauen; und daß sie – obwohl bislang ausschließliche Landmacht und ohne jegliche Erfahrung in der Seekriegführung – diesen Übergang auf ein neues militärisches Terrain, den Sprung ins Wasser, offensichtlich erstaunlich schnell verkraftet und gut überstanden haben. Zum andern der Umstand, daß es Rom bereits ein Jahr nach Eröffnung des Krieges, 263 v. Chr., gelingt, König Hieron von Syrakus als Bündnispartner zu gewinnen. Nicht länger also die Römer, sondern die Karthager erscheinen in Sizilien als die unerwünschten Eindringlinge, und sie – nicht Rom – haben einen Zweifrontenkrieg zu führen.

Der Frieden, zu dem sich Karthago 241 v. Chr. bereit finden muß, sieht die völlige Preisgabe Siziliens vor, Reparationszahlungen in Höhe von 3200 Talenten (welcher Betrag annähernd 84000 kg Edelmetall bzw. ca. 19 Millionen – späterer – römischer Denare entspricht), die unentgeltliche

Freigabe aller Kriegsgefangenen und den Verzicht auf Anwerbung von Söldnern im römisch-syrakusanischen Einflußbereich ebenso wie auf neuerliche Unternehmungen gegen Rom und seine Bundesgenossen, zu denen auch das Königreich Syrakus zählt, das einstweilen noch seine Unabhängigkeit behält. Ansonsten ist Sizilien seither römisch und das Gros der sizilischen Städte abgabenpflichtig gegenüber Rom. 227 v. Chr. wird die Insel offiziell als erste römische Provinz eingerichtet und forthin von einem römischen Praetor als Statthalter verwaltet. In gleicher Weise verfahren die Römer jetzt auch mit Sardinien und Korsika, nachdem sie sich schon 238/7 v. Chr. zu deren Annexion entschlossen hatten.

Die getroffenen Friedensregelungen und die aus ihnen resultierenden Gebietsverluste bzw. -gewinne werten weder die Karthager als endgültigen Sturz in die machtpolitische Zweitrangigkeit, noch leiten die Römer aus ihnen umgehend einen Vorherrschaftsanspruch im gesamten westlichen Mittelmeer ab. Vielmehr betreibt Karthago seit dem Jahre 238 v. Chr. im südöstlichen Spanien eine zielstrebige territoriale Eroberungspolitik, um die erlittenen Einbußen auszugleichen; und Rom beobachtet diese Entwicklung zwar aufmerksam, sieht sich aber durchaus nicht veranlaßt, dem dezidiert entgegenzuwirken; es bemüht sich lediglich auf diplomatischem Wege – so 231 v. Chr. mittels einer Gesandtschaft nach Spanien – um eine einvernehmliche Neu-Abgrenzung der gegenseitigen Interessensphären. Sie kommt 226 v. Chr. mit dem Ebro-Vertrag zustande, so genannt, weil in ihm der Fluß Ebro als beide Seiten bindende Demarkationslinie festgelegt wird.

Der Ausbruch des zweiten punischen Krieges bahnt sich gegen Ende des Jahres 220 v. Chr. an: Sich auf ein angebliches, noch vor der Ebro-Vereinbarung geschlossenes Freundschaftsverhältnis mit der im karthagischen Einflußbereich gelegenen spanischen Stadt Sagunt berufend, versucht eine römische Gesandtschaft, Hannibal von einem

Vorgehen gegen Sagunt abzuhalten und wird – als dies nicht gelingt – in dieser Angelegenheit sogar in Karthago selbst vorstellig. Auch hier stößt das römische Ansinnen begreiflicherweise auf wenig Verständnis. Ohne daß es während der mehrmonatigen Belagerung Sagunts durch Hannibal zu einer Intervention Roms gekommen wäre, bringen die Karthager 219 v. Chr. die Stadt in ihren Besitz. Auch als Hannibal im Frühjahr 218 v. Chr. den Ebro überschreitet, beantwortet Rom diesen Schritt nicht mit einer sofortigen Kriegserklärung. Man setzt vielmehr abermals – nun allerdings in ultimativer Form – den diplomatischen Hebel in Bewegung und verlangt in Karthago die Auslieferung Hannibals. Dort vor die Wahl gestellt, unverrichteter Dinge die Heimreise anzutreten, oder als erste eine Kriegserklärung auszusprechen, entscheiden sich die Römer für letzteres. Daß Rom seine Forderung an die Karthager vielleicht deswegen so hoch schraubte, weil es diese Eskalation des Konflikts provozieren wollte, mag man vermuten; beweisen läßt es sich nicht. Sicher ist nur eines: Roms Friedensliebe ist wenig strapazierfähig; auf sie zu bauen, stets ein Risiko; auch wenn – wie im fernen Spanien – existenzielle Interessen Roms (noch) gar nicht auf dem Spiel stehen. Karthago hätte es eigentlich wissen können.

Anders als die erste römisch-karthagische Auseinandersetzung ist die zweite – in antiken Maßstäben – als ‚Welt‘-Krieg angelegt: spätestens, seit Hannibal, 218 v. Chr., sich weit von seiner nordafrikanisch-spanischen Ausgangsbasis entfernend, im ureigensten Herrschaftsraum der Römer, in Italien, erscheint und bald darauf auch noch eine Koalition mit den Königreichen Makedonien und Syrakus gegen Rom zu Wege bringt (215 v. Chr.). Ihrerseits tragen auch die Römer dazu bei, die Kampfhandlungen auszuweiten, indem sie sie noch 218 v. Chr. nach Spanien und seit 204 v. Chr. ins karthagische Stammland, nach Nordafrika, verlagern.

Daß die Römer trotz ihrer vernichtenden Niederlage gegen Hannibal bei Cannae 216 v. Chr., die nur knapp 15 000

Soldaten aus dem insgesamt etwa 85 000 Mann starken römisch-italischen Aufgebot in Freiheit überlebt haben sollen, auch den zweiten Waffengang mit Karthago als eindeutige Sieger beenden können, ist gewiß weniger auf exzeptionelle militärische Fähigkeiten oder gar Genialität zurückzuführen, als vielmehr auf eine – a priori freilich keineswegs abwegige – hannibalische Fehleinschätzung der politischen Gegebenheiten in Italien: Roms italische ‚Untertanen‘, die Bundesgenossen (socii), mit deren Abfall Hannibal offensichtlich gerechnet hatte, würde sein siegreiches Auftreten in Italien ihnen dazu nur erst einmal die Möglichkeit bieten, bleiben wider Erwarten den Römern – auch in für diese mißlichen Situationen – weitgehend treu; der Zusammenbruch des römischen Bündnissystems, der Hannibal den erhofften und in seiner Lage strategisch auch notwendigen schnellen Abschluß der Kämpfe hätte bescheren können, findet nicht statt. Die Folge: Mit zunehmender Dauer des Krieges sieht sich Hannibal stetig wachsenden Versorgungs- und Nachschubproblemen ausgesetzt; daß er seine Erfolge gegen die Römer in den ersten Kriegsjahren erringt, ist kein Zufall.

Noch etwas anderes – z. T. mitbedingt durch den Ereignisverlauf in Italien – kommt Rom zugute und erklärt, warum die Römer in der für sie alles andere als verheißungsvoll beginnenden Auseinandersetzung letztlich doch die Oberhand behalten: Die von Hannibal geknüpften auswärtigen Verbindungen zu Syrakus und Makedonien haben die Kriegsgeschehnisse im italischen Raum nur für kurze Zeit bzw. überhaupt nicht in seinem Sinne beeinflußt: Der sizilische Stadtstaat wird bereits 211 v. Chr. vom römischen General Marcellus unterworfen, und das Königreich Makedonien an einem Eingreifen in Italien – angenommen, es hätte ein solches je ernstlich erwogen – dadurch gehindert, daß die Römer ihrerseits nach Griechenland übersetzen und auf diese Weise die makedonischen Kräfte vor Ort binden. Nicht genug damit: Es gelingt Rom sogar (211 v. Chr.), die

Aetoler, Eleer und Lakedaimonier sowie die Könige von Thrakien, Illyrien und Pergamon – deren gemeinsame Konkurrenz und Antipathie gegenüber Makedonien nutzend – in regulären Bündnisverträgen bzw. Freundschaftspakten (societates und/oder amicitiae) auf seine Seite zu ziehen. Mit entscheidend für den Ausgang des Krieges ist schließlich der Übertritt des ursprünglich für Karthago kämpfenden Numiderfürsten Massinissa ins Lager der Römer gewesen (206 v. Chr.). Ohne sein Ziel, die Alleinherrschaft über Numidien, aus dem Auge zu verlieren, wird er in den nächstfolgenden Jahren zum wohlfunktionierenden verlängerten Arm Roms in Nordafrika.

Das römische Friedensdiktat von 201 v. Chr. zerstört unwiderruflich die Führungsrolle Karthagos im westlichen Mittelmeer. Seine Bestimmungen enthalten zudem alle erforderlichen Sicherungsmechanismen, um einen abermaligen, für Rom – objektiv oder auch nur subjektiv – bedrohlichen Aufstieg des bezwungenen Gegners zu unterbinden: Karthago muß sich zur Zahlung einer Kriegsentschädigung von 10 000 Talenten (das sind umgerechnet 60 Millionen Denare oder in etwa das 600fache des vorgeschriebenen Vermögenssatzes eines römischen Ritters) verpflichten, ferner seine Flotte – das eigentliche Rückgrat bisherigen Einflusses und ehemaliger Macht – fast vollständig an Rom übergeben, und zudem auf alle Besitzungen und (Handels-)Stützpunkte außerhalb seines Kernlandes (= Gebiet um Tunis) verzichten, ganz Spanien also dem potentiellen Zugriff der Römer überlassen. Militärische Unternehmungen in nicht-afrikanischen Territorien werden den Karthagern generell verboten. Bezüglich Nordafrikas selbst wird ihnen das Recht auf Kriegführung zwar belassen, aber auch hier nur, sofern die Römer bereit sind, ihr Placet zu geben. Was zunächst ‚lediglich‘ wie eine einschneidende Beschränkung der außenpolitischen Souveränität Karthagos aussieht, kann – und wird – durchaus auch bedeuten, daß es sich im Ernstfalle nicht einmal mehr defensiv gegen Angriffe von außen zur Wehr setzen darf. Daß diese Auslegung der römischen ‚Friedens'-Regelung nicht böswillig übertreibt und den Römern nicht mehr Infamie unterstellt, als sie tatsächlich enthält, zeigt die gleichzeitige, von Rom nicht nur geduldete, sondern geförderte Etablierung eines selbständigen numidischen Königreichs unter Massinissa an der Westgrenze des verbleibenden karthagischen Reichs-Torso; sowie vor allem auch die Tatsache, daß die Römer den Numider, obgleich – besser wohl: weil – seine ausgreifenden, früher oder später zwangsläufig Karthago direkt tangierenden Eroberungsabsichten unschwer zu erraten sind, zusätzlich auch noch mit der Aufgabe betrauen, in Nordafrika über die Einhaltung des den Karthagern aufoktroyierten Friedens zu wachen! Sie selbst ziehen sich nach Beendigung des Krieges wieder vollständig aus diesem Raum zurück.

Massinissa hat die ihm von Rom zugedachte Funktion – verband sie sich doch auf das glücklichste mit seinen eigenen Interessen und Ambitionen – bis zu seinem Tode 149 v. Chr. überaus loyal erfüllt: gleichsam als Vermächtnis liefert er den Römern noch den Vorwand für ihr neuerliches und diesmal zugleich letztes Vorgehen gegen Karthago, den Anlaß zum dritten punischen Krieg. Nachdem es schon in den vorausgegangenen Jahren wiederholt zu von Massinissa provozierten Auseinandersetzungen zwischen ihm und Karthago gekommen war, in deren Verlauf die Karthager zwar immer wieder den vermittelnden Beistand Roms erbaten, die römischen Gesandtschaften und Untersuchungskommissionen jedoch wenig Neigung zeigten, den Numiderkönig in die Schranken zu weisen, und stattdessen lieber alarmierende Berichte über den wachsenden Wohlstand und die stetig sich im griechischen Osten ausweitenden Handelsbeziehungen eines wiedererstarkenden Karthagos verbreitet zu haben scheinen, schreiten die Römer auch dann nicht ein, als Massinissa 151/50 v. Chr. zu offenen Kriegshandlungen im Hoheitsgebiet der Karthager übergeht. Vielmehr erklären sie *diesen* den Krieg, als sie sich – ohne zuvor Roms Zustimmung eingeholt zu haben – zum militärischen Widerstand gegen Massinissa entschließen. Alle Bemühungen Karthagos, die Römer doch noch zu einem Einlenken zu bewegen, bleiben vergeblich: die Bitt-Gesandtschaft nach Rom ebenso wie die schicksalsergebene Bereitwilligkeit, mit der die Karthager die als Vorleistung für die Rücknahme der Kriegserklärung geforderten 300 Geiseln stellen und ihr gesamtes Waffenarsenal ausliefern. Offensichtlich nicht gefaßt auf so viel, der römischen Entschlossenheit zum Krieg nur hinderliche Opferbereitschaft Karthagos verlangen die Römer schließlich von der Stadt gar die Selbstzerstörung und den freiwilligen Rückzug der Einwohner in ein neues Siedlungsgebiet, hinreichend weit von der Küste entfernt, um handelspolitische Aktivitäten für alle Zukunft zu unterbinden. Die wohl kalkulierte Unzumutbarkeit dieser Forderung wirkt: statt für die Selbstaufgabe entscheiden sich die Karthager für den Existenzkampf. Er währt drei Jahre und endet, wie nicht anders zu erwarten, mit dem Untergang Karthagos. Die Stadt wird nach der Erstürmung systematisch zerstört und in Brand gesteckt, ihr Boden verflucht, die Bevölkerung, soweit sie nicht im Abwehrkampf und in den um sich greifenden Flammen den Tod sucht und findet, ohne Ansehen von Alter und Geschlecht in die Sklaverei verkauft: 50000 sollen es laut Appian gewesen sein.

Rom hat den dritten punischen Krieg nicht nur gewollt; es hat ihn von Anbeginn in der Absicht geführt, diesmal die Endlösung, sprich: Vernichtung des Gegners zu erzwingen. Untrügliches und unmißverständliches Zeichen dafür, daß 146 v. Chr. dieses Kriegsziel erreicht ist: Rom greift jetzt zum Mittel der territorialen Annexion und richtet, ohne jedoch den numidischen Reichsbestand anzutasten, das karthagische Stammland als römische Provinz Africa ein.

Scipio Aemilianus, der Vollstrecker des römischen Todesurteils über Karthago, soll – unseren antiken Gewährsmännern Polybios, Diodor und Appian zufolge – beim Anblick der in Schutt und Asche versinkenden Stadt, überwältigt von Weltschmerz und dem Gedanken an die Vergänglichkeit alles Irdischen (auch Roms), geweint und jene Homer-Verse der Ilias zitiert haben, in denen schon Troja ein ähnliches Geschick geweissagt wird. Fast könnte es versöhnlich stimmen, Tränen in den Augen eines römischen Generals zu erblicken. Und doch ist es ein sentimentaler Irrtum, sie als Ausdruck individuellen Mit-Fühlens mit den Karthagern zu deuten: Scipio selbst war es, der monatelang sein ganzes militärisches Können bewußt auf nichts anderes als die Auslöschung Karthagos verwandte und sich auch nicht mit der bedingungslosen Kapitulation der Überlebenden begnügte, sie vielmehr als Sklaven feilbieten ließ.

Die Rom aus den punischen Kriegen zufallende außenpolitische Erbmasse ist beträchtlich: sie impliziert dank der Ausschaltung Karthagos gleichsam ganz natürlich die Vormachtstellung im westlichen Mittelmeer und vergrößert sich – dies freilich keineswegs zwangsläufig – zusätzlich auch noch dadurch, daß die Römer ihr während und wegen des Kampfes gegen die Karthager in Spanien und Griechenland eingegangenes Engagement nach Abschluß dieser Auseinandersetzung nicht wieder aufgeben, wie das vor allem im griechischen Raum ohne Schwierigkeit und ohne Verletzung eigener lebenswichtiger Interessen oder auch nur traditioneller Bindungen durchaus möglich gewesen wäre. So sind es letztlich die Implikationen der römisch-karthagischen Kriege, die sowohl die Unterwerfung Spaniens durch Rom, als auch das römische Ausgreifen in den griechischen Osten nach sich ziehen und schließlich zur Beherrschung des gesamten – nicht nur des westlichen – Mittelmeerbereiches seitens der Römer führen.

Arnaldo Momigliano

Griechen und Römer

Die Griechen reagierten nicht, oder besser gesagt, beschäftigten sich nur mit der Oberfläche des römischen Lebens, bis sie sich einer erstrangigen Macht gegenübersahen, die die griechischen Armeen des Pyrrhos in offener Feldschlacht geschlagen hatte. Die Ptolemäer – Nachbarn der mit den Römern verbündeten Karthager – waren die ersten hellenistischen Könige, die den Versuch machten, mit der überraschenden neuen Macht Freundschaft zu schließen. Timaios, ein sizilischer Historiker, der in Athen im Exil wohnte, war der erste Grieche, der ausführliche Informationen über die Vergangenheit der Römer sammelte. Er war freilich nicht der erste, der an Rom interessiert war, sicherlich waren Theophrast und vielleicht Kallias von Syrakus vorangegangen. Sein Zeitgenosse, Hieronymos von Kardia, hatte in seiner Geschichte der Diadochen einen Exkurs über Rom eingeflochten. Aber kein anderer, soweit wir wissen, verwendete soviel Aufmerksamkeit auf Rom und ließ sich so ausführlich darüber aus wie Timaios; auch war kein anderer so einflußreich. Er hatte ein eigenes Datum für die Gründung Roms, stellte Untersuchungen über die Penaten von Lavinium an, beschrieb das Ritual des Oktober-Pferdes auf dem Campus Martius, schrieb Servius Tullius die Einführung der Münzprägung zu, usw. Es lag ihm ganz offensichtlich ein detaillierter Bericht über den Ursprung Roms vor. Ich habe keine Ursache zu bezweifeln, daß Lykophron seine *Alexandra* um das Jahr 270 v. Chr. dichtete, nachdem er Timaios gelesen hatte. Wenn sich das so verhält, dann müssen die Zeilen 1226-31 als eine Anerkennung der neuen Lage durch eine traditionelle Formel gedeutet werden: ,Rom beherrscht jetzt Land und See'. Aber wenn sich jemand weigert zu glauben, daß Lykophron bereits um 270 v. Chr. über die Römer sagen konnte:

,Es werden meiner Ahnen Ruhmesglanz dereinst
die Enkel strahlen lassen neu in hellstem Schein,
wenn Siegeskränze sie mit ihrem Speer erkämpft,
der Erde und des Meeres Szepter und Gewalt
erlangt',

dann wollen wir nicht über das Datum der *Alexandra* strei-
ten. Genug ist darüber geschrieben worden. Es gibt andere
Anzeichen dafür, daß die Griechen begannen, die Eigentümlichkeiten des römischen Gesellschaftslebens und des römischen Verhaltens in internationalen Angelegenheiten zu bemerken. Es ist richtig, daß die berühmten römischen Tugenden – *fides, constantia, severitas, gravitas, dignitas, auctoritas* usw. usw. – zum ersten Mal von deutschen Professoren
während des Ersten Weltkrieges entdeckt wurden und der
Generation ihrer Schüler halfen, die Entwicklung abzuwar-
ten, während Hitler dabei war zu entscheiden, wie man mit
den Klassischen Altertumswissenschaften verfahren sollte.
Aber einige der charakteristischen römischen Verhaltensweisen wurden schon von den Griechen des dritten Jahrhunderts v. Chr. aufrichtig geschätzt.

Die römische Fides findet man in der Münzprägung von
Lokri um 274 v. Chr. wieder (B. V. Head, *Historia Num-
morum*[2] 104); die *Devotio* des Decius bei Sentinum zog offensichtlich die Aufmerksamkeit des zeitgenössischen Historikers Duris (FGrHist 76 F 56) an; der exemplarische Ta-
del, den eine römische Matrone ihrem Sohn erteilte, wurde
von Kallimachos in seinen *Aetia* (fr. 107 Pfeiffer) angeführt.
Eratosthenes bewunderte sowohl das römische als auch das
karthagische politische System (Strabo I 4,9). Aristos von
Salamis auf Zypern, der wahrscheinlich in der Mitte des
dritten Jahrhunderts v. Chr. lebte, war, wie Arrian (VII 15,
5) berichtet, einer der beiden Historiker, die nicht nur von
einer Gesandtschaft sprachen, die die Römer zu Alexander
dem Großen schickten, sondern auch Alexander die künftige Größe Roms voraussagen ließen – so beeindruckt soll er
von den Abgesandten gewesen sein. Leider ist der Text des

Arrian bezüglich der Person, von der griechischen Sprache, der griechischen Sitten und Ansichten nicht von der Schaffung einer nationalen Literatur zu trennen, die bei aller Nachahmung fremder Muster doch sofort originell, selbstsicher und angriffslustig war. Man kann sich kaum zwei temperamentvollere Persönlichkeiten vorstellen als Naevius und Cato, der eine der Schöpfer des römischen Nationalepos und des Dramas, der andere der Schöpfer der lateinischen Kunstprosa. Bei der Schaffung dieser lateinischen Literatur waren Männer beteiligt, deren Muttersprache entweder sicher oder wahrscheinlich nicht die lateinische Sprache war: die Muttersprache des Livius Andronicus war Griechisch; bei Ennius war es Oskisch; Naevius, ein Mann von Campanien, sprach wahrscheinlich als Kind ebenfalls Oskisch; Plautus muß in einer umbrischsprachigen Umgebung aufgewachsen sein und Terenz sprach offenbar zuerst Punisch. Der Komödiendichter Statius Caecilius war von Geburt keltischsprachig, ein Insubrer aus Norditalien (Hieron. *Chron.* a. 1838 p. 138 Helm) und anscheinend der erste Schriftsteller der stolzen Stadt Mailand. Bei M. Pacuvius, einem Tragödiendichter und Verwandten des Ennius, möchte ich vorsichtiger sein. Er stammte aus Brundisium, wo eine sehr berühmte messapische Inschrift gefunden worden ist (Whatmough Nr. 474), aber Brundisium wurde im Jahre 244 v. Chr. eine latinische Kolonie und hatte alte Verbindungen mit dem griechischen Tarent, wohin sich Pacuvius schließlich zurückzog. Vielleicht sprach er nur Griechisch und Lateinisch.

Den römischen Aristokraten blieb es überlassen, Griechisch zu schreiben, sei es in Geschichtswerken oder für formelle Ansprachen. Das war kein Zufall. Die Römer hatten eine alte, bei den aristokratischen Pontifices gepflegte Überlieferung offizieller Aufzeichnungen. Nur ein römischer Aristokrat – vielleicht gleichzeitig ein Pontifex – wie Fabius Pictor konnte mit dieser Tradition brechen und seine maßgebende Fassung der römischen Geschichte der ganzen gebildeten Welt zugänglich machen, so wie es Bewohner anderer Länder taten. Dadurch, daß er Geschichte in griechischer Sprache schrieb, revolutionierte er die Geschichtsschreibung in Rom; wir dürfen nicht darüber erstaunt sein, daß er auch griechische Quellen benutzte, wenn er sie erreichen konnte, so z. B. Diokles von Peparethos über Romulus (Plut. *Rom.* 3,1; 8,9). Öffentliche Ansprachen in griechischer Sprache zu halten, war ein gewagteres Unterfangen. Wir haben Zeugnisse dafür, daß die Römer sich vor hochgebildeten griechischen Zuhörern blamierten. Das schlechte Griechisch des L. Postumius Megellus rief im Jahre 282 v. Chr. in Tarent Heiterkeit hervor und trug zu dem Ausbruch des dann folgenden Krieges bei (Dionys. Hal. XIX 5; Appian. *Samn.* 7). Doch im Lauf der Zeit kam ein sehr wichtiger Unterschied zwischen Römern und Griechen zutage. Die Römer sprachen mit den Griechen Griechisch. Flamininus (Plut. *Flam.* 6), der Vater der Gracchen (Cic. *Brutus* 20, 79) und Lutatius Catulus (Cic. *De orat.* 2,7,28) sprachen gut Griechisch. P. Licinius Crassus Dives Mucianus, dieses Muster eines unerträglichen und unglückseligen Prokonsuls, Konsul des Jahres 131 v. Chr., konnte Griechen, die Bittschriften an ihn richteten, in fünf verschiedenen Dialekten antworten (Val. Max. 8, 7, 6; Quint. *Inst. Orat.* XI 2,50). Es war Sache des Römers zu entscheiden, ob er ein griechisches Publikum in lateinischer oder in griechischer Sprache – das heißt mit oder ohne Dolmetscher – ansprechen wollte; Aemilius Paullus konnte kunstvoll von der einen zur anderen Sprache hinüberwechseln (Liv. XLV 8, 8; 29, 3). Nur im Falle Catos könnte man argwöhnen, daß er keine andere Sprache außer Latein beherrschte, obwohl Plutarch überzeugt ist, er habe Griechisch sprechen können, wenn er es nur gewollt hätte (Plut. *Cat.* 12).

Die Griechen hingegen hatten, soweit mir bekannt ist, keine Wahl. Sie konnten mit den Römern nur Griechisch sprechen, und es war Sache der Römer zu entscheiden, ob sie einen Dolmetscher brauchten. Wir müssen annehmen,

daß Kineas im Jahre 280 v. Chr. im römischen Senat Griechisch sprach und daß seine Rede von einem Dolmetscher
übersetzt wurde (Plut. *Pyrrh*. 18). Ein Dolmetscher wird
ausdrücklich anläßlich der Mission der drei Philosophen als
Vertreter Athens im Jahre 155 v. Chr. erwähnt: es war einer
der Senatoren, C. Acilius (Aul. Gell. *N. A.* VI 14, 9; Macr.
Sat. I 5, 16). Apollonios Molon wurde zur Zeit Sullas ohne
die Hilfe eines Dolmetschers angehört (Val. Max. II 2, 3).

Bei einer so unbefangenen Übernahme griechischer Kultur gab es auch keine besonderen Schwierigkeiten, wenn jemand seine Familie im Wettstreit mit den besser etablierten
‚trojanischen' Familien mit einem griechischen Stammbaum
schmückte. Fabius Pictor übernahm am Ende des dritten
Jahrhunderts v. Chr. die Tradition, daß es eine arkadische
Siedlung in Latium gegeben habe (Peter, Historicorum Ro-
manorum Reliquiae² – im folgenden mit HRR² zitiert – fr.
5). Euander hatte, wie man annahm, einen griechischen Dialekt nach Latium gebracht, der, in entarteter Form, zum Lateinischen geworden ist (Varro fr. 295 Funaioli; Dion. Hal. I
90, 1). Die Sabiner gaben sich gern als moderne, schlichte
Spartaner. Sie besorgten sich auch einen spartanischen
Stammbaum (Dion. Hal. II 49; Plut. *Num*. 1, 1). Servius zufolge erzählte Cato *ipse* die Geschichte, wie ein Spartaner
namens Sabus, ein Zeitgenosse des Lykurg, nach Latium
wanderte (HRR² fr. 51). Die sabinischen Claudier wurden
natürlich die Patrone ihrer spartanischen Verwandten (Suet.
Tib. 6, 2; vgl. Dio LIV 7, 2; Sil. Ital. 8,412). Die Fabier führten daraufhin ihren Stammbaum auf Herakles zurück. Das
erste mir bekannte Zeugnis über die besondere Zuneigung
der Fabier zu Herakles bezieht sich auf Fabius Cunctator im
Zweiten Punischen Krieg (Plin. *N. H.* 34, 40). Es ist so gut
wie sicher, daß Friedrich Münzer irrte, als er die Hercules-
Legende der Fabier für eine Erfindung eines augusteischen
Antiquars hielt (RE s. v. Fabii). Es ist hingegen richtig, daß
römische Aristokraten sehr vorsichtig mit göttlichem Ursprung umgingen. Griechische oder trojanische Vorfahren

waren völlig ausreichend, um ihren Machtansprüchen Nachdruck zu verleihen.

Ich habe natürlich nicht die Absicht, die Sache so darzustellen, als sei diese intellektuelle und, im Zusammenhang damit, politische Revolution ohne Rückschläge vor sich gegangen. Epikureische Philosophen wurden entweder im Jahre 173 oder 154 v. Chr. aus Rom hinausgeworfen (Athen. XII 547a). Im Jahre 161 gab es ein *senatus consultum*, das den Aufenthalt von Philosophen und Rhetoren in Rom verbot (Sueton, *De gramm. et rhetor.* 25 Brugnoli; vgl. Aul. Gell. *N. A.* XV 11, 1). Die widersprüchliche Haltung Catos bedarf keiner weiteren Erläuterung. Cato kannte die hellenistische Theorie auf dem Gebiet der Geschichtsschreibung, des Ackerbaus und im Militärwesen wahrscheinlich besser als irgendeiner seiner lateinischen Zeitgenossen, gestattete sich jedoch gespielte Wutanfälle gegen griechische Schriftsteller und besonders gegen griechische Ärzte: ‚Sie haben sich untereinander verschworen, alle Barbaren durch ihre Medizin zu töten‘ (‚iurarunt inter se barbaros necare omnes medicina‘) (Plin. *N. H.* 29, 14). Eine Generation früher hatte man Naevius nach einem Konflikt mit den aristokratischen Metelli zum Schweigen gebracht. Er wurde zuerst ins Gefängnis geworfen und dann gezwungen, Rom zu verlassen; es wurde berichtet, er sei in der punischen Stadt Utica gestorben, einem bemerkenswerten Aufenthaltsort für einen in Ungnade gefallenen römischen Intellektuellen (Hieron. *Chron.* a. 1816 p. 135 Helm). Die Details der Geschichte sind für eine sinnvolle Diskussion zu unsicher, doch bedeutet diese Episode, daß etwa im Jahre 200 v. Chr. ein römischer Schriftsteller sich in den Möglichkeiten getäuscht hatte, die athenische Redefreiheit des fünften Jahrhunderts in Rom einzuführen (Cic. *Verr.* Actio prima 1, 10, 29 und Ps. Asconius ad. l. p. 215 Stangl). Griechische und römische Intellektuelle hatten sich daran zu gewöhnen, daß Hellenisierung in Rom u. a. auch bedeutete, die herrschende Ordnung zu respektieren. Die meisten Schriftsteller fügten sich und wurden dafür belohnt. Der ehemalige griechische Sklave Livius Andronicus kam zu Ansehen und Einfluß; es wurde ihm gestattet, sein eigenes Kollegium zu haben – ein sehr begehrtes Privileg (Festus s. v. Scribas p. 333 M. = 446 L.). Ennius wurde von Cato aus Sardinien nach Rom gebracht, eine Nachricht (Corn. Nep. *Cato* 1, 4), deren Wertlosigkeit Professor E. Badian mir noch nicht nachgewiesen zu haben scheint (*Ennius*, Fondation Hardt Entretiens XVII [1972] 155 f.). Cicero schilderte Ennius als Freund der Scipionen (Cic. *Pro Arch*. 9, 22) und der Fulvii Nobiliores (*Tusc. Disp*. 1, 2, 3; *Brutus* 79). Terenz lebte in einem engen Vertrauensverhältnis mit Scipio Aemilianus und C. Laelius. Aus seinen Prologen zu dem *Heautontimorumenos* und den *Adelphoe* wissen wir, daß seine Konkurrenten versucht hatten, ihn deswegen zu diskreditieren. Polybios, der als Geisel seit 167 v. Chr. in Rom lebte, wurde unter ähnlichen Clientelbedingungen in den gleichen Kreis aufgenommen.

Im ganzen gesehen erfolgte die Aneignung der griechischen Kultur und Sprache leicht und schnell. Griechische Philosophen und Rhetoren wurden ein Stück römische Gesellschaftsordnung. Als jemand im Jahre 92 v. Chr. versuchte, eine Schule der Redekunst in lateinischer Sprache zu eröffnen – vermutlich, um einer ‚Volks'sache zu dienen – waren die damaligen Zensoren strikt dagegen; sie erklärten sich für griechische, und das bedeutete gegen lateinische, Rhetorik (Suet. *De gramm. et. rhetor*. 25; Cic. *De orat*. 3, 24, 93). Auch die Lehrer lateinischer Rhetorik wurden aber, wie zu erwarten, bald angesehen. Cicero erzählte jedoch einem seiner Korrespondenzpartner, daß ihm von sehr angesehenen Persönlichkeiten abgeraten worden sei, eine solche Schule zu besuchen: ‚continebar autem doctissimorum hominum auctoritate' (Suet. *De rhetor*. 26). Griechisch wurde so gut wie obligatorisch, als eine der Stützen des römischen Imperiums.

Karl Christ

Krise und Untergang der Republik

Seit den Anfängen des 2. Jahrhunderts v. Chr. nimmt in Rom jenes allgemeine Krisenbewußtsein zu, das vor allem vom älteren Cato artikuliert wurde. Zunächst weithin von Einzelphänomenen ausgehend, wie Luxus, Entartung, Korruption, Sittenverfall, Frauenemanzipation, kontrastiert es die dekadente Gegenwart mit einer verklärten Vergangenheit. Die tiefgreifenden wirtschaftlichen, gesellschaftlichen und politischen Veränderungen werden lange Zeit nicht in ihrem vollen Ausmaß und ihren Folgen erkannt; die Befangenheit in herkömmlichen Normen und Wertungen und das starre Festhalten an den alten Privilegien bewirken, daß es zur „Krise ohne Alternative" kommt.

Dabei überlagern sich Spannungen und Gegensätze: Optimatische Senatspolitiker verteidigen die Autorität der Korporation gegen die Popularen, Standesgenossen, die, gestützt auf die Volksversammlung, Reformmaßnahmen durchsetzen wollen; der Senat versucht die Inhaber der großen Militärkommandos, auf die er nicht mehr verzichten kann, in Schranken zu halten; die Okkupanten des Gemeindelandes stemmen sich gegen die Agrarreformen zugunsten der besitzlosen Freien, privilegierte römische Vollbürger gegen die Ansprüche der italischen Bundesgenossen, Sklavenbesitzer gegen revoltierende Sklaven. Zu all dem treten schwere Konflikte in den Provinzen und an den Grenzen.

Dennoch kommt es zu keiner Revolution. Die Umwandlung des noch immer von der Nobilität beherrschten Adelsstaates der späten Republik in den Principat, die spezifisch römische Form einer „verkappten Militärmonarchie" (M. Rostovtzeff), brachte am Ende weder eine gewaltsame Umstülpung der Eigentumsverhältnisse noch eine durchgehende Veränderung der sozialen Schichtung. Das Ziel der historischen Entwicklung war zudem lange Zeit nicht sichtbar.

Am folgenschwersten gestalteten sich zunächst die Entwicklungen im Bereich der Agrarwirtschaft, jenem Wirtschaftszweig, in dem schätzungsweise noch immer 90 % der italischen Bevölkerung tätig waren. Durch die Zerstörungen des 2. Punischen Krieges und die Beanspruchungen während der Feldzüge des 2. Jahrhunderts v. Chr. kam es hier zu einer außerordentlichen Schwächung und Überforderung der freien Kleineigentümer, die noch immer den Kern des römischen Heeres bildeten. Der Übergang der Großgrundbesitzer zur Weide- und Villenwirtschaft drängte sie zudem ständig weiter zurück. Bei dem neuen Typus der Villenwirtschaft handelt es sich um eine spezialisierte, rational organisierte und marktorientierte Wirtschaftsform, um mittlere Betriebe, die jeweils mit 1–2 Dutzend Sklaven vor allem Oliven und Wein produzierten, in der Nähe der Städte aber auch Gemüse, Obst und andere Nahrungsmittel, die sich leicht absetzen ließen. Die Angehörigen der Führungsschicht besaßen zumeist mehrere solcher Villen; schon im 2. Jahrhundert v. Chr. war der Landbesitz einzelner Senatoren über Latium, Kampanien, das Sabinerland, Etrurien und Lukanien verstreut. Latifundien im eigentlichen Sinne des Wortes, Großgüter mit Hunderten von Sklaven, existierten dagegen zu dieser Zeit in Italien nicht.

Voraussetzungen für diese weitreichende Veränderung der Agrarstruktur waren das starke Anwachsen der Vermögen der großen Grundbesitzer, die ständige Verfügbarkeit von Sklaven und die rücksichtslose und einseitige Ausnutzung des Gemeindelandes, des *ager publicus*. Deshalb setzten hier auch die Reformen der Gracchen (133, 123/2 v. Chr.) an, denen bewußt geworden war, daß die bisherige Gesellschafts-, Heeres- und Wirtschaftsstruktur nur durch eine Forcierung der Siedlungspolitik und der Kolonisation gewahrt werden konnte. Durch sie wurde das Volkstribunat erneut zur wichtigsten Basis und zum Instrument der Opposition gegen die Senatsmehrheit.

Schon Tiberius Gracchus sah die enge Verflechtung zwischen Agrarstruktur und Heeresverfassung. Durch die ständige Überforderung der Schicht der kleinen und mittleren Bauern und deren Frauen, die in ihrer Abwesenheit Haus und Hof zu bestellen hatten –, deren Belastungen von den Historikern aber kaum je beachtet wurden –, war es erforderlich, die Rekrutierungsbasis zunächst durch die Herabsetzung des für die Aufnahme in die Legionen erforderlichen Mindestbesitzes ständig zu erweitern und sie zuletzt selbst auf die besitzlosen Proletarier, die *capite censi*, auszudehnen. Dieser Schritt ist mit dem Namen des Marius verbunden und Teil seiner umfassenden Heeresreform.

Doch damit stellt sich jetzt auch das Problem der Versorgung der Truppen in ganz neuem Ausmaß und in neuer Schärfe. Konnten die Legionäre bisher, durch Sold und Beuteanteil entschädigt, immer wieder in ihre alte Existenz, in der Regel die des Kleinbauern, zurückkehren, so war fortan für die länger dienenden, besitzlosen Soldaten bei ihrer Entlassung von den Feldherrn eine solche Existenz erst zu schaffen. Auf diese Weise und durch diese Bindungen entstanden die großen „Heeresgefolgschaften" der späten Republik, kam es zur eigentlichen „Vermassung" der Klientel und zu einer Überlagerung der bisherigen Klientelverhältnisse. Für Marius, Sulla, Pompeius und Caesar gewann das Problem der Versorgung ihrer Heeresverbände höchste Priorität. Sie mußten diese Aufgabe entweder selbst lösen, wie Sulla und Caesar, oder wurden von Politikern abhängig, die sie zu lösen versprachen, wie Marius und Pompeius.

Gleichzeitig verschärfte sich das Bundesgenossenproblem. Zu den starken Belastungen durch die kontinuierliche römische Kriegsführung auch für die Bundesgenossen traten die Arroganz römischer Magistrate und gravierende Benachteiligungen durch die Reformen auf dem *ager publicus* sowie im Bereich des Militärstrafrechts. Nachdem Initiativen des konservativen Reformers M. Livius Drusus gescheitert waren, brachte der Bundesgenossenkrieg (91–88 v. Chr.) die große Krise. Die abgefallenen Italiker, speziell die Samniten

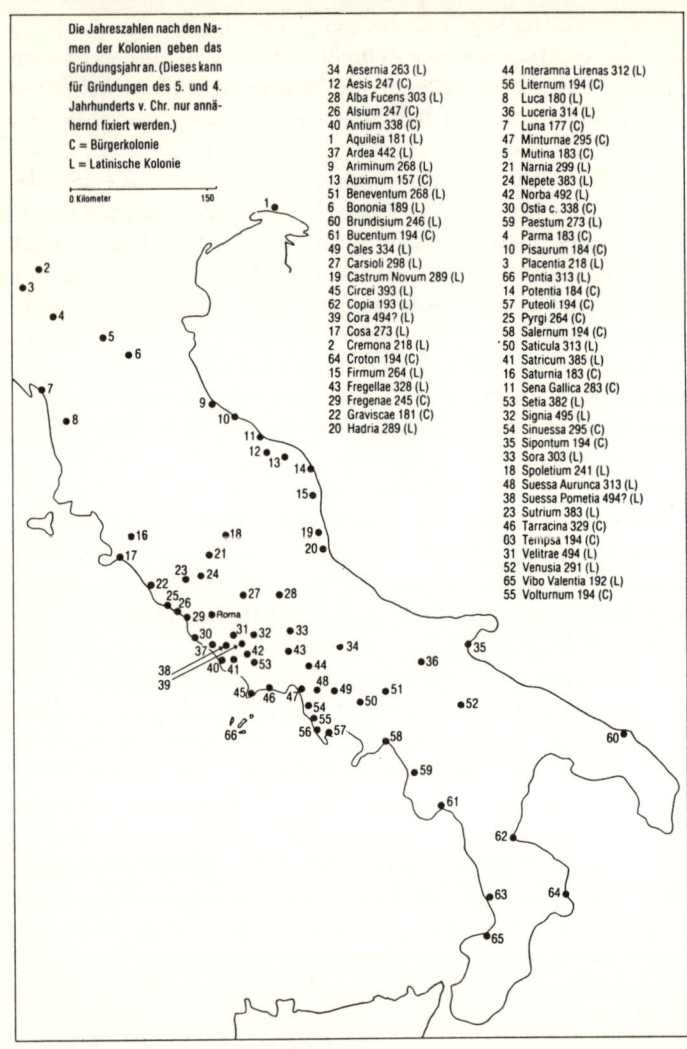

Die Jahreszahlen nach den Namen der Kolonien geben das Gründungsjahr an. (Dieses kann für Gründungen des 5. und 4. Jahrhunderts v. Chr. nur annähernd fixiert werden.)

C = Bürgerkolonie
L = Latinische Kolonie

0 Kilometer   150

34 Aesernia 263 (L)
12 Aesis 247 (C)
28 Alba Fucens 303 (L)
26 Alsium 247 (C)
40 Antium 338 (C)
1 Aquileia 181 (L)
37 Ardea 442 (L)
9 Ariminum 268 (L)
13 Auximum 157 (C)
51 Beneventum 268 (L)
6 Bononia 189 (L)
60 Brundisium 246 (L)
61 Bucentum 194 (C)
49 Cales 334 (L)
27 Carsioli 298 (L)
19 Castrum Novum 289 (L)
45 Circei 393 (L)
62 Copia 193 (L)
39 Cora 494? (L)
17 Cosa 273 (L)
2 Cremona 218 (L)
64 Croton 194 (C)
15 Firmum 264 (C)
43 Fregellae 328 (L)
29 Fregenae 245 (C)
22 Graviscae 181 (C)
20 Hadria 289 (L)

44 Interamna Lirenas 312 (L)
56 Liternum 194 (C)
8 Luca 180 (L)
36 Luceria 314 (L)
7 Luna 177 (C)
47 Minturnae 295 (C)
5 Mutina 183 (C)
21 Narnia 299 (L)
24 Nepete 383 (L)
42 Norba 492 (L)
30 Ostia c. 338 (C)
59 Paestum 273 (L)
4 Parma 183 (C)
10 Pisaurum 184 (C)
3 Placentia 218 (L)
66 Pontia 313 (L)
14 Potentia 184 (C)
57 Puteoli 194 (C)
25 Pyrgi 264 (C)
58 Salernum 194 (C)
50 Saticula 313 (L)
41 Satricum 385 (L)
16 Saturnia 183 (C)
11 Sena Gallica 283 (C)
53 Setia 382 (L)
32 Signia 495 (L)
54 Sinuessa 295 (C)
35 Sipontum 194 (C)
33 Sora 303 (L)
18 Spoletium 241 (L)
48 Suessa Aurunca 313 (L)
38 Suessa Pometia 494? (L)
23 Sutrium 383 (L)
46 Tarracina 329 (C)
63 Tempsa 194 (C)
31 Velitrae 494 (L)
52 Venusia 291 (L)
65 Vibo Valentia 192 (L)
55 Volturnum 194 (C)

Italien im Jahre 133 v. Chr.

und Marser, gaben sich eine eigene Kriegsverfassung und gründeten einen eigenen Staat. Damit hatte sich in Italien erstmals ein neuer politischer Gegenpol gegen Rom gebildet.

Die Krise konnte von der römischen Republik nur unter hohen Verlusten und durch weitgehende Zugeständnisse aufgefangen werden. Im Jahre 90 v. Chr. erhielten alle treu gebliebenen Italiker das volle römische Bürgerrecht, 89 v. Chr. auch diejenigen, welche die Waffen niederlegten. Zwar blieb die Frage der Zuweisung der Italiker in die Tribus der römischen Bürgerschaft umstritten und die praktische Ausübung des Bürgerrechts noch immer an die persönliche Anwesenheit in Rom gebunden, dennoch war jetzt der entscheidende Schritt zur politisch-rechtlichen Nivellierung des gesamten Staatsgebietes bis zum Po getan, ein Schritt, der zudem von einer Vereinheitlichung der italischen Munizipalverfassung begleitet war.

Es ist unverkennbar, daß zur Zeit der späten Republik wie einst in der Epoche des Ständekampfes die innenpolitischen Probleme dominierten. Dennoch waren sie eng mit den Entwicklungen in den Provinzen und Grenzräumen des Imperiums verflochten. Der Jugurthinische Krieg (111–105 v. Chr.), ein „numidischer Erbfolgekrieg" in Nordafrika, der die Korruption der römischen Aristokratie enthüllte, und die Kämpfe gegen die Kimbern und Teutonen (105–101 v. Chr.) führten Marius auf den Höhepunkt seiner Laufbahn. Der Krieg gegen Mithradates VI. von Pontus, der die römische Herrschaft in Kleinasien und Griechenland faktisch ausgelöscht hatte und im Jahre 88 v. Chr. Zehntausende von Römern und Italikern ermorden ließ, brachte Sulla nicht nur Ruhm, sondern auch jenes militärische Potential, das er dann im Bürgerkrieg, im Kampf gegen die Anhänger des Marius und Cinna, in die Waagschale werfen konnte.

In den langjährigen Kämpfen in Spanien gegen die Kräfte des Sullagegners Sertorius (77–72 v. Chr.) und in seinen großen Heereskommandos gegen die Seeräuber (67 v. Chr.) wie zur Neuordnung des gesamten Ostens (66–62 v. Chr.)

erwarb sich Pompeius das große Prestige des Feldherrn und Organisators wie Caesar in Gallien (58–50 v. Chr.). Daraus wird freilich auch ersichtlich, daß gerade Provinzen und Grenzräume die Dimensionen der innenpolitischen Auseinandersetzungen Roms vervielfachten. Umgekehrt rissen die Konflikte der späten römischen Republik den gesamten Mittelmeerraum in ihren Bann. Die Städte Spaniens wurden von ihnen ebenso tangiert wie der germanische Heerkönig Ariovist, Ägypten wie Athen. Für nicht wenige Verbündete Roms entschied die Parteinahme in den Bürgerkriegen über ihre Existenz. [...]

Das Wirken der Gracchen hatte die Gegensätze zwischen „Popularen" und „Optimaten" gesteigert. Allein beide Gruppen waren keine konstanten politischen Blöcke, etwa Parteien von Konservativen und Demokraten. In erster Linie handelt es sich, wie schon angedeutet, um einen Gegensatz der politischen Methodik, denn auch die Führer der Popularen waren in der Regel Aristokraten, die nicht selten von sehr starken persönlichen Ambitionen geleitet wurden. Das politische Gleichmaß aber war innerhalb der Führungsschicht schon seit dem älteren Scipio gesprengt, weder Sulla noch Pompeius oder Caesar waren auf die Dauer in seinem Rahmen zu halten.

Als besonders folgenschwer erwies sich die zunehmende Verhärtung der innenpolitischen Gegensätze und die seit den Gracchen zu beobachtende Radikalisierung der Politik. Der Appell an die Gewalt fand nur allzu starke Resonanz, Straßenkämpfe, politischer Terror und Politisierung der Justiz vergifteten die Atmosphäre. Die Proskriptionen Sullas brachten eine vorher nie gekannte Systematisierung politischer Rache, die persönliche und materielle Ausmerzung der Gegner machte Schule. Freilich bot Sullas Diktatur (82–79 v. Chr.) auch die Chance einer letzten konsequenten Restauration des traditionellen Adelsstaates. Doch wie umfassend diese große Reorganisation der Republik mit ihrer Senatserweiterung auf 600 Angehörige, ihrer Neuordnung von

Ämterlaufbahn, Provinzialverwaltung und Strafrechtspflege auch immer war, für eine langfristige Stabilisierung war es längst zu spät.

In den folgenden Jahren wurde zunächst Cn. Pompeius zur beherrschenden Figur. Allein der „Reichsfeldherr" scheiterte als Politiker, und mit dem I. Triumvirat des Jahres 60 v. Chr., als sich Pompeius, Crassus und Caesar bereits anmaßten, daß „im Staat nichts geschehen solle, was einem der drei mißfalle" (Sueton, Div. Iul. 19,2), begann bereits die Schlußphase des beschleunigten, dynamischen Prozesses der Krise der römischen Republik. Bald riß Caesar die Initiative an sich. Nach der Eroberung Galliens (58–51 v. Chr.) siegte er auch im Bürgerkrieg (49–45 v.Chr.). Die Anhänger des Pompeius und des Senats wurden in allen Reichsteilen geschlagen und zersprengt, der Diktator (zuletzt auf Lebenszeit!) entfachte eine stürmische Aktivität. Eine neue Erweiterung des Senats auf 900 Mitglieder, die Forcierung der Kolonisation und Urbanisierung in den Provinzen, großzügigste Verleihung des Bürgerrechts an seine Parteigänger, ausgedehnte Baumaßnahmen, Kalenderreform und viele andere Projekte mehr sind Zeugnisse dieses rastlosen Wirkens. Allein mochte Caesar auch noch so vielen politischen Gegnern seine *clementia* erweisen, insgesamt provozierte der Stil seiner Machtausübung, die ganz offene, nicht selten geradezu brutale Inanspruchnahme aller entscheidenden Kompetenzen, immer stärker die Gegenkräfte.

Die Jahre zwischen 60 und 44 v. Chr. stehen im Zeichen einer zunehmenden Polarisierung, denn die Errichtung der Diktatur Caesars war undenkbar ohne die Basis der großen Heeresklientel und ohne die Mobilisierung einer breiten Anhängerschaft in allen sozialen Schichten. Caesars Offizierskorps rekrutierte sich aus ganz Italien. Im Unterschied zu Pompeius, der sich insbesondere um Anhänger der alten Nobilität bemüht hatte, stellten sich Caesar viele soziale Aufsteiger, Mitglieder der erst seit kurzer Zeit im Senat befindlichen Familien, Ritter, Angehörige der italischen Municipalaristokratie, zur Verfügung. Hatten die optimatischen Führer der Senatsaristokratie dafür Sorge getragen, daß ihre Reihen geschlossen blieben – von den 61 Konsuln der Jahre zwischen 78 und 49 gehörten nur 7 nicht-konsularen Familien an –, so legte Caesar die alten Schranken nieder. Waren bisher nur die Zugehörigkeit zu den alten Familien und Patronage innerhalb der Optimaten Grundvoraussetzung für eine politische Karriere gewesen, so wurde jetzt allein Caesars Gunst maßgebend.

Für Caesar waren stets persönliche und nicht institutionelle Bindungen entscheidend. Er hatte bereits seine Herrschaft in Gallien einzig auf Personen gegründet und sich diese Personen durch Freundschaft *(amicitia)* und Gunstbezeugungen *(beneficia)* verpflichtet. Mit der Loyalität dieser Personen stand und fiel seine Macht. Nicht anders liegen die Dinge im Bereich der römischen Innenpolitik. Gewiß griff er hier die Tradition der Popularen auf, gewiß profitierte er von der Sache und vom Prestige des Marius. Aber auch hier ging es Caesar nicht in erster Linie um abstrakte Programme, um Positionen oder Institutionen, um die Interessen geschlossener sozialer Gruppen, schon gar nicht um diejenigen einer Klasse, sondern wiederum um das Gewinnen und Ausschalten von Personen.

Darüber hatte er indessen auch seine Person verabsolutiert – und zugleich isoliert. Doch das hatte zur Folge, daß auch seine Gegner die politische und soziale Krise gleichsam personalisierten und daß sie sich der Illusion hingaben, es genüge, den „Tyrannen" – dazu hatten sie Caesar in einer sehr geschickten Weise abgestempelt – zu beseitigen, um die republikanische Ordnung wiederherzustellen. Während Caesar ganz gewiß die Bedeutung und die Stärke jener republikanischen Traditionen verkannte, die er offen mit Füßen trat und die seine Gegner doch gegen ihn mobilisieren konnten, überschätzten die „Heroen" der Republik, Brutus und Cassius, und deren Sympathisanten fraglos die Tragfähigkeit der Fundamente der Nobilitätsherrschaft, mit der sie sich identifizierten. Die Verschwörer warfen die Parolen Tyrannenmord und Freiheit aus. Doch der Tyrannenmord der Iden des März (15. März 44 v. Chr.) war kein Staatsstreich und keine Machtergreifung. Die Freiheit jedoch, die diese Gruppe forderte, war keineswegs eine gleichsam demokratische Freiheit für alle römischen oder alle Reichsbürger. Sondern diese *libertas* war Freiheit gemäß den Traditionen und Interessen der Senatsaristokratie, Freiheit für die herrschende Schicht, wieder in den gewohnten Formen des Adelsstaates Politik zu treiben.

Angesichts einer von Caesar systematisch verwöhnten und korrumpierten Plebs, angesichts seiner Heeresklientel und seiner zahlreichen Anhängerschaft konnten die Verschwörer mit ihren Perspektiven keine breite soziale und politische Basis in Rom und in Italien finden. Eine Identifizierung weiter Schichten mit der Tat gelang nicht. So großartig der moralische und politische Protest der Caesarmörder erscheinen mochte, er diente einer vergangenen Sache. Die Verschwörer mußten zudem schon bald selbst zu Maßnahmen greifen, welche den Normen und dem Geist der alten Republik widersprachen. Der zunächst durch Kompromisse verzögerte Bürgerkrieg brach schließlich doch aus, erfaßte in einem raschen Wechsel von Konstellationen das ganze Reich und führte zu einer unvorstellbaren Eskalation des Terrors und der Gewalt, die nicht zu enden schien (44–30 v. Chr.). In diesen mörderischen Kämpfen zwischen den Anhängern Caesars und den Protagonisten der alten Republik, die schließlich bei Philippi (42 v. Chr.) vernichtet wurden, den Kräften Octavians und des Sextus Pompeius und schließlich Octavians und Antonius' ging die Republik zugrunde. Aus dem Paralysierungsprozeß dieser Bürgerkriege, aus einem Meer menschlichen Leids und persönlicher Katastrophen in allen Schichten der Reichsbevölkerung erwuchs schließlich eine neue, dauerhafte Ordnung, der Principat des Augustus.

Moses I. Finley

Die Sklavenkriege

Der sachliche Bericht, den wir über die Aufstände haben, ist fragmentarisch, da er uns nur in der Form byzantinischer Exzerpte vorliegt, die im zehnten Jahrhundert aus Diodors Büchern 34–36 angefertigt wurden. Es ist deshalb unmöglich, die Ereignisse chronologisch richtig darzustellen; es gibt deutliche Lücken, und die angegebenen Zahlen lassen sich nicht nachprüfen, mögen wohl auch von Anfang an auf Vermutungen beruht haben. Wir wissen nicht einmal genau, wann der erste Sklavenaufstand begann, aber das Jahr 139 v. Chr. scheint sich etwas besser begründen zu lassen als das Jahr 135, dem die modernen Geschichtsbücher meist den Vorzug geben. Er entzündete sich auf den Gütern des unermeßlich reichen Damophilos von Enna, der „in der Kostspieligkeit und im Aufwand seiner Feste sogar die Perser übertraf". Seine verzweifelten Sklaven beschlossen, ihren Herrn umzubringen. Zuerst jedoch holten sie den Rat des Eunus, eines der neuen Sklaven ein, der Eigentum eines anderen Bürgers von Enna war. Eunus stammte aus Apameia in Syrien, einer großen Stadt am Orontes und Hauptbasis des seleukidischen Königreichs, das in den östlichen Gebieten des Reichs Alexanders errichtet worden war. (Durch einen glücklichen Zufall war Apameia auch die Geburtsstadt des Philosophen und Geschichtsschreibers Poseidonios.) Wir erfahren nicht, welche Pflichten Eunus hatte, statt dessen aber viele Einzelheiten über den beachtlichen Ruf, den er als Zauberer, Prophet und Wundertäter genoß. In Träumen sprachen die Götter zu ihm, der ein glühender Verehrer der syrischen Göttin Atargatis war. Das alles verschaffte ihm im Haushalt seines Herrn eine Sonderstellung als eine Art Hofnarr, verlieh ihm aber auch einen charismatischen Einfluß auf die Sklaven, den er voll auszunutzen wußte. Bei dieser Gelegenheit nun wurde er gefragt, ob die Götter den Plan zur Ermordung des Damophilos billigten. Seine Antwort bestand darin, daß er persönlich 400 Sklaven in die Stadt führte, wo sich ihnen viele Einheimische in einem spontanen Aufruhr plündernd, mordend und schändend anschlossen. Damophilos und seine noch bösartigere Frau Megallis befanden sich in ihrem nahegelegenen Landhaus. Rasch hatte man sie herbeigeholt, und es kam zu einer Debatte im Theater. Schon begannen viele durch die Bitten des Damophilos schwankend zu werden – die Onkel Tom-Psychologie findet sich überall bei Sklavenbevölkerungen –, als zwei der führenden Rebellen kurzen Prozeß machten und ihn niederhieben. Dann wurde Eunus zum König mit unumschränkter Macht ausgerufen.

Eunus berief unverzüglich eine Volksversammlung ein und nahm die Regierungsgeschäfte ernstlich auf. Nachdem er der ebenfalls aus Apameia stammenden syrischen Sklavin, mit der er zusammenlebte (ein weiteres Anzeichen für die bevorzugte Stellung, die er unter den Sklaven einnahm), den Titel einer Königin verliehen hatte, bestand sein erster Schritt darin, über das Schicksal der Sklavenhalter in Enna zu entscheiden. Auf seinen Befehl wurde Megallis ihren Sklavinnen übergeben, die sie folterten und dann von den Mauerzinnen hinabstürzten, während ihre Tochter, die stets bemüht gewesen war, die Opfer der Grausamkeit ihrer Eltern zu schützen, unter sicherem Geleit zu Verwandten nach Catania gebracht wurde. Bei allen übrigen traf Eunus eine sehr einfache Entscheidung: wer bei der Herstellung von Waffen nützlich beschäftigt werden konnte, mußte in Ketten an die Arbeit gehen, alle anderen wurden unverzüglich hingerichtet. Inzwischen war es im Bereich von Agrigent ebenfalls zu einem Aufstand gekommen, den ein aus dem Taurusgebiet von Kilikien in Kleinasien stammender Hirte namens Kleon anführte. Eunus, der innerhalb von drei Tagen ein Heer von 6000 Mann aufgestellt hatte, das dann auf 10000 anwuchs, forderte Kleon auf, sich ihm als Oberbefehlshaber anzuschließen. Zur Überraschung und Bestürzung des Feindes zeigte Kleon soviel Verantwortungsbewußtsein, daß er prompt annahm und der Sache der Sklaven mehr als 5000 Mann zuführte. Von diesem festen Kern ausgehend, brachte Eunus schließlich außer Enna auch Morgantina und Tauromenium, dazu wahrscheinlich noch einen großen Teil des zwischen diesen Stützpunkten gelegenen Landes und noch andere Gebiete in seine Gewalt. Seine Streitmacht soll zuzeiten 200 000 Mann umfaßt haben; diese Zahl wird angezweifelt – in anderen Quellen sind es 60 000 oder 70 000 –, aber es steht fest, daß er eine Reihe von Schlachten gegen sizilische Bürgerheere gewann, die nacheinander von mehreren Statthaltern aufgestellt worden waren, und daß der Aufstand nicht vor dem Jahr 132 niedergeschlagen wurde, nachdem Rom schließlich in dem Konsul P. Rupilius einen fähigen Feldherrn gefunden hatte, der 20 000 oder noch mehr ausgebildete italische Soldaten anführte.

Am bemerkenswertesten war bei alledem, wie Eunus daranging, die seleukidische Monarchie aufs genaueste zu kopieren. Er gab sich selbst den Namen Antiochos, der in der Dynastie der Seleukiden der gebräuchlichste war (im Jahre 139 hatte Antiochos VII. den Thron von einem Usurpator zurückgewonnen), trug das Diadem und andere Insignien und ließ in Enna Kupfermünzen prägen, die den Kopf der Demeter, eine Kornähre und in Abkürzung die Aufschrift ‚König Antiochos‘ aufwiesen. Kleon trug den Titel *strategos*; es gab einen königlichen Rat und eine Leibwache, und als alles vorüber war und man Eunus in einer Höhle aufspürte, in der er sich versteckt hielt, hatte er seinen Hofmetzger, Hofbäcker, Hofbadediener und Hofpossenreißer bei sich. Das alles läßt sich nicht als verrückte Posse abtun. Die Sklaven erstrebten keine soziale Revolution; sie waren keine grundsätzlichen Befürworter der Abschaffung der Sklaverei, und es stand auch keine ‚kommunistische Internationale‘ hinter dem Übergreifen der Aufstandsbewegung auf andere Teile der mittelmeerischen Welt, wie manche Historiker einmal in allem Ernst annahmen. Man darf hinter den Zielen der Sklaven nicht allzuviel vermuten, denn es ist unwahrscheinlich, daß auch nur einer von ihnen – Eunus eingeschlossen – ein bis ins letzte durchdachtes Programm hatte. Sie wollten sich befreien und Rache nehmen und erwarteten, dann als freie Menschen in der einzigen Welt, die sie kannten, leben zu können. Einer der Anstifter des zweiten Aufstands, ein Sklavenaufseher aus Kilikien namens Athenion, soll gesagt haben, er habe in den Sternen gelesen, daß er dereinst König von Sizilien sein werde; deshalb müsse er sein Gebiet samt Ackerland und Vieh in acht nehmen. Eunus' Männern war ebenfalls befohlen worden, weder Gutshäuser niederzubrennen noch landwirtschaftliche Geräte oder Feldfrüchte zu vernichten oder Landarbeiter umzubringen. Wie also sollte ihr Sizilien unter diesen Umständen aussehen? Die naheliegende Antwort lautete: wie der Staat, in dem Männer wie Eunus aufgewachsen waren – wie eine hellenistische Monarchie. Und sie machten das gar nicht schlecht, schufen ein brauchbares Heer, das siegreich war, bis die Römer reguläre Truppen in großer Zahl entsandten; selbst dann kämpften sie noch tapfer, und viele zogen das ehrenvolle Ende durch Selbstmord der Gefangenschaft vor.

So war Eunus als König Antiochos die unerläßliche Galionsfigur, die – als Monarch und als Zauberer – das Ausmaß und die Zähigkeit des ersten Aufstands möglich machte. Die Gewißheit göttlichen Beistands, den er verhieß, seine Bemühungen, den heiligen Bezirk der Demeter in Enna vor Schaden zu bewahren, und das Festhalten am Bild der Göttin auf seinen Münzen, vielleicht auch die Bedeutung, die der ungewöhnlichen Tätigkeit des Ätna im Jahre 140 und dann wieder 135 beigemessen wurde – das alles weist darauf hin, daß weniger eine bestimmte Gottheit oder ein Kult als vielmehr eine allgemeine Frömmigkeit, ‚die Götter‘, die tragende Rolle spielten. Diese Unterscheidung ist notwendig, da manche Historiker auf Grund des Hinweises auf Atargatis die Theorie vertreten, der Aufstand sei eine einseitig religiöse und nationalistische Bewegung gewesen mit Analogien zum Messianismus, ja sogar zu den Bauernkriegen in Mitteleuropa während der Reformation. Hier scheinen Zweifel angebracht. In den Quellen ist davon nicht die Rede, und es ist bezeichnend, daß Eunus bei der Errichtung seiner seleukidischen Monarchie vor dem letzten Schritt haltmachte: er unternahm nichts in Richtung auf einen Herrscherkult. Bezeichnend ist weiter, daß der zweite Aufstand zwar das Schema des von den Göttern sanktionierten Königtums wiederholte, daß aber die Führerschaft in diesem Falle nicht einmal mehr syrisch war und daß die äußeren Attribute des Amtes ebensostark von römischen wie von hellenistischen Einflüssen geprägt waren. Die Führer des zweiten Aufstands wandten sich ebenfalls den alten einheimischen Göttern, den Paliken, zu – und es ist verwunderlich, daß diese uralten Schutzgötter Siziliens nicht schon im ersten Aufstand angerufen wurden, falls das nicht auf eine Lücke in den erhaltenen Quellen zurückzuführen ist. Zusammenfassend ist also zu sagen, daß die Sklaven sich die Unterstützung aller erreichbaren göttlichen Wesen und nicht nur die einer einzigen Gottheit zu sichern suchten. Es ist deshalb wohl nicht richtig, von einer ‚religiösen *Bewegung*‘ zu sprechen bei Unternehmungen, die in diesem Bereich weder ein spezifisches Ziel verfolgten noch einen bestimmten Kult im Auge hatten.

Wir könnten zu einem besser untermauerten Urteil kommen, wenn wir eine Vorstellung davon hätten, wie in den Jahren des Kampfes die Erzeugung von Nahrungsmitteln und die Herstellung von Waffen geregelt war. Wir erfahren lediglich, daß man auf die landwirtschaftlichen Geräte achthatte, daß Eunus die Sklavenhalter von Enna mit Rüstungsarbeiten beschäftigte und daß beim zweiten Aufstand Athenion nur die bestgeeigneten Rebellen für den Militärdienst auswählte und die anderen zur Arbeit in der Landwirtschaft zurückschickte, aber diese Hinweise reichen nicht aus. Ein bedeutender Rückgang der Produktion war unvermeidlich. Es kam zu Plünderungen, an denen die besitzlosen Freien beteiligt waren (und es sieht so aus, als wäre das ihr Hauptbeitrag zu diesen stürmischen Ereignissen gewesen). Mit der Verpflegung sah es wahrscheinlich noch schlimmer aus. Obwohl von Getreidelieferungen nach Rom nicht die Rede ist – wenn man von der unsicheren Andeutung eines Ausfalls im Jahre 138 absieht –, kann man sich schwer vorstellen, daß in den Gebieten, in denen die Aufständischen am aktivsten waren, der Zehnte regelmäßig eingezogen werden konnte, und der Prokonsul M'. Aquillius, der den zweiten Aufstand unterdrückte, mußte sogar den Städten in Sizilien Getreide vorschießen. Die Sklaven waren in keiner Hinsicht sizilische Patrioten: der Feind blieb der reiche Sklavenhalter, ob er nun Sizilianer oder Römer war – den ersten Aufstand zettelten die Sklaven des Damophilos, eines Sizilianers, an, den zweiten mehrere Banden in getrennten Aktionen, darunter die Bande eines Sizilianers aus Halicyae und eine andere unter einem römischen Ritter aus der Nähe dieser Stadt.

Irgendwie vermochten sich die Rebellen jedoch beidemale genügend Nahrung und Ausrüstung zu sichern, um mehrere Jahre kämpfen zu können – keine geringe Leistung, selbst wenn der erste Krieg kürzer gedauert haben sollte. Bemerkenswert ist, wie langsam Rom reagierte. Allerdings war es an anderen Orten in heftige Kriegshandlungen verwickelt und mußte vor allem den langwierigen Kampf Spaniens um seine Unabhängigkeit, den sogenannten Numantinischen Krieg, zu Ende bringen, während sich in Rom selbst eine schwere Krise anbahnte, die zum Ausbruch kam, als Tiberius Gracchus im Jahre 133 v. Chr. Volkstribun war. Dennoch wurden die Sklavenaufstände in Italien selbst rasch und mit äußerster Härte unterdrückt, so daß man die Erklärung des Poseidonios, die Römer hätten die Ausmaße des Aufruhrs in Sizilien unterschätzt, vielleicht als weiteren Faktor anerkennen kann. Als ihnen endlich die Augen aufgingen und ein entsprechendes Legionärsheer nach Sizilien entsandt wurde, hatten die Sklaven keine Chance mehr. Alle Hafenstädte waren unbesetzt geblieben, so daß es in dieser

Hinsicht keine Schwierigkeiten gab. Und wenn auch natürlich Festungen wie Tauromenium und Enna nicht einmal von einem römischen Heer ohne weiteres im Sturm genommen werden konnten, so fehlten doch den Sklaven alle Hilfsmittel, einen belagerten Platz zu entsetzen. Schließlich wurden beide Städte verraten. Vor diesem Schicksal waren Sklaven ebenso wenig gefeit wie Freie; so hatte Marcellus Syrakus genommen. Was dann noch zu tun blieb, war nur verhältnismäßig einfache Aufräumungsarbeit.

Die Gefangenen von Tauromenium wurden gefoltert und dann von den Zinnen hinabgestürzt. Weitere Tausende wurden in Enna umgebracht oder begingen Selbstmord, während Eunus, der vorübergehend entkommen konnte, unbegreiflicherweise im Gefängnis sterben durfte. Dann hatte es im großen und ganzen ein Ende mit solchen Racheakten, einfach deshalb, weil die Gesellschaft Sklaven brauchte, um sich zu erholen und die gewohnte Lebensweise wieder aufnehmen zu können. Wie der christliche Apologet Orosius 500 Jahre später bemerkte: „Wenn wir die unglückseligen Verluste im Kampf und die noch unglückseligeren Gewinne beim Sieg betrachten, so finden wir, daß die Verluste der Gewinner der Zahl derer entsprachen, die bei den Besiegten zugrunde gingen." Im folgenden Jahr (131) gab Rupilius seine *lex* für die Provinz heraus, die vermutlich mehr enthielt als nur die Regelung der Gerichtsverfahren. Mit Sicherheit kann verneint werden, daß sie sich mit Grundsätzlichem befaßte: die Sklaven-*latifundia* blieben bestehen, unverändert und schon bald wieder auf dem alten Stand der Produktion und des Profits, nachdem neue Eigentümer oder Pächter an die Stelle derer getreten waren, die im Aufstand das Leben verloren hatten. Kein Römer dachte an eine Gesetzgebung, die eine freie Nutzung des eigenen Reichtums oder die äußerste Ausnutzung der eigenen Sklaven untersagt hätte.

Wahrscheinlich im Jahre 104 v. Chr. schlugen die Sklaven wieder zu, als Rom, das seine inneren Schwierigkeiten noch nicht bewältigt hatte, darüber hinaus noch durch eine ernstzunehmende Bedrohung Norditaliens seitens der germanischen Kimbern und Teutonen in Anspruch genommen war. Rom erbat sich militärischen Beistand gegen diese Völker von seinem Klienten Nikomedes III., dem König von Bithynien in Kleinasien, wurde jedoch abgewiesen mit der Beschwerde, daß infolge der Tätigkeit der von den römischen Beamten und Steuerpächtern protegierten Sklavenjäger keine jungen Männer verfügbar seien. Der Senat ordnete dann die Freilassung aller ‚Bundesgenossen' an, die versklavt worden waren. Als diese Verordnung in Sizilien verkündet wurde, kam es sogleich zu chaotischen Zuständen: vor dem Statthalter in Syrakus erschien eine so große Menge von Sklaven, die ihre Freiheit verlangten, daß er, nachdem er in wenigen Tagen etwa 800 von ihnen freigelassen hatte, das Verfahren unterbrach und den übrigen befahl, zu ihren Herren zurückzukehren. Anstatt zu gehorchen, marschierten sie zum Heiligtum der Paliken und hißten die Fahne der Rebellion. Zum zweiten Mal waren es Neuversklavte, die einen bedeutenden Aufstand einleiteten.

Ein unmittelbares Echo kam von der anderen Seite der Insel, zunächst in Gestalt kleiner Banden, die unabhängig voneinander operierten, sich aber bald zu einer organisierten Bewegung zusammenschlossen. Wieder traten zwei Führer an die Spitze: der Kilikier Athenion im Gebiet zwischen Segesta und Lilybaeum, dessen erste Truppe die 200 von ihm beaufsichtigten Sklaven waren, und im Bereich von Halicyae und Heraclea ein Mann unbestimmter, vielleicht italischer Volkszugehörigkeit namens Salvius, ein erfahrener Deuter von Vorzeichen, der vielleicht selbst kein Sklave war. Salvius hatte mehr militärisches Talent als jeder andere Sklavenführer in beiden Aufständen und spielte zuerst die beherrschende Rolle. Unter dem griechischen Namen Tryphon wurde er König, ging aber später, nachdem er den Paliken geopfert hatte, zu römischen Gepflogenheiten über, indem er die Purpurtoga anlegte und Liktoren ernannte, die *fasces* trugen. Er baute sich sogar eine befestigte Hauptstadt Triocala, die man bisher noch nicht lokalisiert hat und in der Gegend von Caltabellotta oder aber an einem weiter westlich gelegenen Platz vermutet. Sie hatte von einem Graben umgebene Mauern, einen Palast und eine ausgedehnte Agora. Eine Zeitlang hatte er Streit mit Athenion und ließ ihn ins Gefängnis werfen, aber dann söhnten sie sich wieder aus und setzten den Kampf einträchtig fort. Als Salvius im Kampfe fiel, wurde Athenion sein Nachfolger auf dem Thron. So erfüllte sich die Prophezeiung, die ihm die Sterne verkündet hatten.

Obwohl das Heer der Aufständischen kleiner war als im ersten Sklavenaufstand – die höchste überlieferte Ziffer ist 40 000 –, scheinen Ausrüstung und Ausbildung besser gewesen zu sein, und der Kampf griff weiter über die Insel hinaus, so daß kaum ein Gebiet unberührt blieb. Doch auch die Römer waren besser vorbereitet und nahmen diesen zweiten Aufstand nicht wieder auf die leichte Schulter. Den Sklaven gelang es nicht, auch nur eine einzige Stadt zu erobern; ihre Angriffe auf Lilybaeum, Morgantina und Messina schlugen durchwegs fehl, und es gibt kein Anzeichen dafür, daß sie auch nur versucht hätten, Enna einzunehmen. Bei der Belagerung von Morgantina riefen sowohl die Aufständischen wie auch die Verteidiger die Stadtsklaven zum Beistand auf. Gewinner waren die Bürger, die den Sklaven als Belohnung die Freiheit anboten, ein Versprechen, das der römische Statthalter später nicht hielt. Bei dieser Belagerung sollen die Römer viele Frauen gefangengenommen haben; wenn man diesem Bericht trauen darf, ist dies – von der Ermordung der Gattin des Damophilos im ersten Aufstand abgesehen – der einzige Hinweis darauf, daß auch Sklavinnen unter den Rebellen waren.

Doch obwohl die Römer vorbereitet waren, machten ihnen die Unfähigkeit ihrer Feldherren und offenbar auch ein gewisser Mangel an Entschlossenheit schwer zu schaffen. Bei Morgantina schlug Salvius einen römischen Angriff auf sein Lager zurück und erbot sich, jeden Soldaten zu verschonen, der die Waffen niederlegte und sich ergab. Etwa

4000 Römer gingen auf das Angebot ein, und es ist sehr schade, daß wir nicht wissen, wie es ihnen erging; in dem Gefecht fielen nur 600. Schließlich nahm M'. Aquillius die Sache in die Hand, und nun ging es rasch zu Ende. Im Jahre 99 v. Chr. wurde er mit einer *ovatio* belohnt; ein Triumph wäre eine zu große Ehre für einen Sieg über Sklaven gewesen. Die ganze Tragödie hatte noch ein Nachspiel: Tausend Sklaven, die weiter aushielten, ergaben sich auf das Versprechen hin, daß ihr Leben geschont werden würde. Man hinterging sie und sandte sie nach Rom zum Kampf mit wilden Tieren. Dort sollen sie, wie Diodor unter Vorbehalt berichtet, einen ehrenhaften und heldischen Ausweg gewählt und sich im Zirkus, wo die römischen Zuschauer von ihnen unterhalten sein wollten, vor den Altären gegenseitig getötet oder Selbstmord begangen haben.

Diesmal brauchte man sich kaum den Kopf darüber zu zerbrechen, was mit den überlebenden Rebellen geschehen solle, da die meisten von ihnen im Kampf gefallen waren – 20 000 angeblich in einem einzigen Treffen. Ersatz für die verlorenen Sklaven war bald gefunden, und die einzige uns bekannte Vorsichtsmaßnahme der Römer bestand darin, daß den Sklaven das Tragen von Waffen verboten wurde, eine Anordnung, die sich damals so wenig erzwingen ließ wie zu allen anderen Zeiten. Wieder ist es kaum möglich, den Schaden abzuschätzen, aber vermutlich war er geringer als jener, den die zwei Punischen Kriege jeweils in Sizilien anrichteten. (Nach keinem der beiden Aufstände gibt es Anzeichen dafür, daß Rom sich gezwungen sah, Erleichterungen in Form eines Nachlasses beim Zehnten zu gewähren, wie ihn Catania zehn Jahre lang nach einem verheerenden Ausbruch des Ätna im Jahre 122 v. Chr. genossen hatte.) Wie so oft schon bewies die Insel auch jetzt wieder ihre unverwüstliche Lebenskraft. Als Verres im Jahre 73 v. Chr., sechsundzwanzig Jahre nach dem Ende des Aufstands, nach Sizilien kam, fand er ein reiches Land vor, das zur Plünderung reif war. Unter den Gebieten, über die Cicero in seiner detaillierten

Anklage sich sehr ausführlich äußert, befanden sich einige, die Mittelpunkte der Aufstände gewesen waren: Enna und die Heräischen Berge, Morgantina und Orte im Westen und Südwesten.

Verres sah sich bald gefährlichen neuen Spannungen sowohl unter den Sklaven wie auch unter deren Herren gegenüber. In dem Jahre, in dem er zum erstenmal das Amt des Prätors innehatte, zettelte der Gladiator Spartacus in Capua (Süditalien) einen Aufstand an, bei dem sich schließlich 90 000 Sklaven zusammenfanden. In Rom wie in Sizilien fürchtete man begreiflicherweise, daß der Funke wieder überspringen könne, vor allem, als Spartacus im Jahre 72 v. Chr. den Plan aufgegeben hatte, seine Scharen nordwärts aus Italien hinauszuführen, und sie vielmehr in Lukanien zusammenzog, von wo er in Sizilien einzufallen drohte. Laut Plutarch war er der Ansicht, daß es nur geringen Zündstoffs bedürfe, um das Feuer in Sizilien wieder anzufachen. Dieser Plan ließ sich nicht verwirklichen, weil die Seeräuber, auf die Spartacus gezählt hatte, die für das Überqueren der Meerenge erforderlichen Schiffe nicht stellten. Aber die Gefahr war tatsächlich vorhanden, und es gab immer flüchtende Sklaven, die bekämpft werden mußten. Verres traf Maßnahmen in den Häfen und kam in dieser Hinsicht seinen Pflichten voll und ganz nach. Der Senat hätte ihm sonst bei aller Duldsamkeit gegenüber seinen Veruntreuungen und bei aller Rücksichtnahme auf seine Fürsprecher die Amtszeit vermutlich doch nicht verlängert.

Spartacus wurde im Jahre 71 vernichtet, und das Zeitalter der Sklavenaufstände war vorüber. Die sizilischen und italischen Sklaven sollten jedoch bald eine letzte Gelegenheit erhalten, sich zur Geltung zu bringen, nämlich in einer ganz anderen und ungewohnten Rolle: sie stellten die Besatzungen der Flotten jenes Bürgerkrieges, in dem die Römische Republik ihr Ende fand.

Hermann Bengtson

Die Iden des März 44 v. Chr.

Die Ermordung Caesars am 15. März 44 v. Chr. ist ein Ereignis von ungeheurer Tragweite in der römischen Geschichte. Durch einen feigen Meuchelmord wurde hier ein Mann hinweggerafft, der es nach jahrelangen Kämpfen unternommen hatte, die römische *res publica* auf neue Grundlagen zu stellen. Als Caesar den Dolchen der Verschwörer zum Opfer fiel, da stand er unmittelbar vor seinem Aufbruch zum Partherkrieg, für den er die Pläne seit langem konzipiert hatte. Die Niederlage des Crassus bei Carrhae (53 v. Chr.) war noch nicht verschmerzt, Caesar aber wollte im Osten reinen Tisch schaffen – durch seinen jähen Tod ist er hierzu nicht mehr gekommen. Aber auch zahlreiche andere Probleme, insbesondere der römischen Innenpolitik, blieben ungelöst, und die Erneuerung des Römertums, die sich Caesar zum Ziel gesetzt hatte, mußte aufgeschoben werden, sie ist dann von seinem Erben Octavius, den wir Augustus nennen, in Angriff genommen und teilweise auch durchgeführt worden.

Fragt man nach den Gründen der Ermordung Caesars, so muß gesagt werden, daß der allmächtige Diktator es nicht verstanden hatte, die Masse der Nobiles für sich zu gewinnen. Zu stark und zu schroff war der Bruch mit der Tradition gewesen, und zwar gerade für die konservativen Schichten der Nobilität; sie sahen das Ideal der *res publica libera* durch Caesar nicht nur gefährdet, sondern sogar beseitigt. Was übriggeblieben war, war nicht mehr der Staat der Nobiles, sondern eine regelrechte Diktatur, die Caesar schließlich auf Lebenszeit übertragen worden war. Sehr schlimm aber war es, daß der Diktator gegenüber den altehrwürdigen Traditionen des römischen Freistaates eine geradezu souveräne Mißachtung an den Tag gelegt hatte. So hatte er Kleopatra, die ägyptische Königin und seine Geliebte, nach Rom kommen lassen, und in Rom machten Gerüchte die Runde, Caesar wolle die Hauptstadt von den Ufern des Tiber an den Nil nach Alexandrien verlegen. Das aber wäre eine Veränderung gewesen, die aller römischen Tradition ins Gesicht geschlagen hätte. Auch der römischen Plebs wäre eine derartige Entwicklung ganz unerwünscht gewesen, da sie dann um ihre Privilegien fürchten mußte.

Zu den Verschwörern gehörte eine Anzahl von Freunden Caesars, vor allem der von ihm stark geförderte M. Iunius Brutus (er nannte sich nach der Adoption durch einen Servilier offiziell Q. Caepio Brutus), dazu Decimus Brutus Albinus, C. Cassius, C. Trebonius und viele andere. Manche hatten Wohltaten von Caesar empfangen, der Diktator hatte sie in den Kreis seiner engsten Freunde aufgenommen, obwohl einige von ihnen zunächst auf der Seite des Pompejus im Bürgerkrieg gestanden hatten wie Q. Caepio Brutus. In diesem Punkt hatte die Menschenkenntnis Caesars versagt; er hatte es auch abgelehnt, sich mit einer Leibwache zu umgeben. Eine Abteilung spanischer Soldaten, die hierzu bestimmt war, hatte er wieder nach Hause geschickt. Längst ließ die Gesundheit des Diktators zu wünschen übrig. Er wurde von zahlreichen Krankheitssymptomen heimgesucht, von denen Kopfschmerz, Krämpfe und epileptische Erscheinungen die wichtigsten waren. Caesar hatte mit seiner Gesundheit vielfach Raubbau getrieben, die Anstrengungen der Feldzüge hatten ihn vor der Zeit älter werden lassen, er war nicht nur dem Lebensalter, sondern auch der Konstitution nach ein Greis *(senex)*. Aber um seine Gesundheit hatte sich Caesar immer nur wenig gekümmert, er hatte keine Zeit, müde und krank zu sein, insbesondere der Feldzug gegen die Parther – für den Aufbruch war der 18. März vorgesehen – warf seine Schatten voraus. Es blieb also für die Verschwörer nicht viel Zeit mehr, denn in der Mitte seiner Soldaten wäre Caesar für ihre Dolche unerreichbar gewesen.

Der 15. März, die Iden des März, war der Tag der *Feriae*

Annae Perennae. Die Göttin Anna Perenna ist, jedenfalls nach der wahrscheinlichsten Erklärung, die Göttin des Jahresanfangs und des Jahresschlusses, was sich daraus erklärt, daß in früherer Zeit (bis 154 v. Chr.) der 1. März (und nicht der 1. Januar) der erste Tag des Neuen Jahres gewesen war. Die Iden des März des Jahres 44 begannen mit schlechten Vorzeichen. Calpurnia, die Gattin des Diktators, bat Caesar, nicht in den Senat zu gehen, obwohl für den Vormittag eine Sitzung anberaumt worden war. Angeblich hatte Caesar wieder einen seiner Ohnmachtsanfälle erlitten, der zu Besorgnis Anlaß bot. Caesar aber verließ trotzdem sein Haus, begab sich aber erst zu Cn. Domitius Calvinus, dem Pontifex. Hier traf er den Haruspex Spurinna, der ihn einen Monat zuvor vor den Iden des März gewarnt hatte. Caesar war gut gelaunt und machte sich über Spurinna lustig, doch dieser erwiderte, die Iden seien noch nicht vorüber. Als die Opfer ungünstig ausfielen, wollte Caesar nun doch auf den Besuch im Senat verzichten, aber Decimus Brutus vermochte ihn zu überreden, dennoch in den bereits vollzählig versammelten Senat zu gehen.

Caesar gibt dem Drängen des Decimus Brutus nach, besteigt eine Sänfte und kommt um die fünfte Stunde (zwischen 10 und 11 Uhr) in den in der Curia versammelten Senat. In Caesars Begleitung befindet sich auch M. Antonius. Während Caesar die Curia betritt, wird Antonius von C. Trebonius und einigen anderen Verschworenen vor dem Eingang in ein Gespräch verwickelt, so daß es ihm nicht möglich ist, dem Diktator weiter zu folgen. Im Innern der Curia vollendet sich Caesars Geschick, er fällt unter den Dolchstößen der Verschworenen. (Nach der Aussage seines Leibarztes Antistius habe Caesar 23 Wunden empfangen, von denen jedoch nur eine einzige, ein Stich ins Herz, tödlich gewesen sei.) Die Senatoren fliehen aus Angst um ihr eigenes Leben in alle Richtungen auseinander, sie werden von Panik erfaßt, niemand ist auf den Gedanken gekommen, sich den Mördern in den Weg zu stellen. Auch in der Stadt verbreiten sich Angst und Schrecken, niemand weiß, wie alles weitergehen soll. Dies alles ereignet sich kurz vor dem Mittag des 15. März 44, wahrscheinlich gegen 11 Uhr. [...]

Die Testamentseröffnung am 19. März 44 im Hause des Antonius brachte eine große Überraschung: Haupterbe zu drei Vierteln war der Großneffe des toten Diktators C. Octavius (der spätere Kaiser Augustus), das restliche Viertel fiel an L. Pinarius und Q. Pedius, die Söhne der älteren Schwester Caesars. Die Enttäuschung des Antonius war riesengroß, denn er figurierte nur unter den *heredes secundi*, den ‚Nacherben‘, die nur dann in Funktion traten, wenn die an erster Stelle genannten Erben die Erbschaft nicht antreten konnten oder wollten. So wie die Dinge aber lagen, bedeutete dies, daß Antonius praktisch leer ausgegangen war, ebenso wie übrigens auch Decimus Brutus, der gleichfalls zu den Zweiterben gehörte. Denn es war ja nicht anzunehmen, daß die Erst-Erben, insbesondere aber Octavius, verzichten würden. Antonius aber, der sich bereits als der Nachfolger Caesars gesehen hatte, war wie vom Blitz getroffen. Hatte er sich in der Freundschaft des Diktators geirrt? Und was hatte es zu bedeuten, daß hier ein Achtzehnjähriger nicht nur zum Haupterben Caesars erklärt wurde, er war auch noch im Testament von dem Diktator adoptiert worden! Dieses Ereignis hätte niemand voraussehen können, Caesar hatte sich nie darüber ausgesprochen, und von einer besonderen Zuneigung zu Octavius, dem Sohn seiner Nichte Atia und des C. Octavius, war nicht das geringste zu bemerken gewesen. Der junge Mann weilte übrigens gar nicht in Rom und in Italien, er hielt sich in Apollonia in Illyrien auf, und bis ihn die Nachricht vom Tode des Großoheims und von dessen Testament erreichte, mußten Tage vergehen, vielleicht sogar mehr als eine Woche, denn die Seefahrt war im März noch nicht wieder voll im Gange. In der Tat ist Octavius (später Octavian oder der junge Caesar genannt) erst zwischen dem 24. und 27. März von Apollonia aufgebrochen. [...]

Die weiteren Bestimmungen des Testaments betrafen vor allem das Leichenbegängnis, das Caesars Nichte Atia ausrichten sollte. Die Wirkung des Testaments aber war geradezu ungeheuer: Antonius verstand die Welt nicht mehr, das Volk war empört, als es feststellen mußte, daß Caesar von Leuten getötet worden war, denen er in seinem Leben nichts als Wohltaten erwiesen hatte. Sogar in seinem persönlichen Testament waren sie genannt worden! So lag ein ganz gefährlicher Sprengstoff in der Luft, die Stimmung der Öffentlichkeit war ganz eindeutig gegen die Caesarmörder, die „Befreier". Diese aber verkannten ihre Lage keineswegs; sie entfernten sich aus Rom, nachdem sie ihre Häuser aus Furcht vor Plünderungen in den Verteidigungszustand gesetzt hatten. Sie wollten in Antium (Anzio) die weitere Entwicklung abwarten, in Rom schien ihnen das Pflaster zu heiß, und man konnte ja auch nicht wissen, wie sich Antonius verhalten würde.

Den Höhepunkt erreichte die Erregung in Rom am 20. März. Dies war der Tag, an dem das Leichenbegängnis Caesars stattgefunden hat. Die Vorgänge dieses Tages sind von einer unerhörten dramatischen Wucht, sie stellen alles in den Schatten, was man in vergangenen Jahrzehnten in Rom erlebt hatte. Noch nie waren die Leidenschaften des Volkes und der Veteranen so tief aufgewühlt worden wie an diesem Tage, an dem man von dem toten Caesar Abschied nehmen mußte. Die Menge war in höchster Erregung, als die Bahre mit dem Leichnam Caesars (der im übrigen unsichtbar blieb) und mit einer Nachbildung seines Körpers aus Wachs auf das Forum getragen und bei den Rostra niedergesetzt wurde. An der Spitze des feierlichen Zuges schritt Antonius, der damit dokumentierte, daß er der beste Freund des Ermordeten gewesen war. Außerdem gebührte ihm natürlich als Consul dieser Ehrenplatz. Die Quellen stimmen darin überein, daß Antonius eine ungemein geschickte Regie geführt hat. Darin war er ein Meister, er hatte Gefallen an Massenszenen, und er hat dies auch später immer wieder bewiesen. Die Stimmung der Menge hat Antonius mit allen Mitteln angeheizt, insbesondere mit seiner Leichenrede, über die vor allem bei Appian berichtet wird, aber auch mit anderen sehr drastischen Mitteln. So hat Antonius sich nicht gescheut, in dem Wachsbild des Ermordeten die Wunden nachbilden zu lassen und diese dem Volk zu zeigen. Dazu wurden Klagelieder gesungen. Dies war bei römischen Leichenbegängnissen üblich, aber Antonius hatte für beziehungsreiche Texte gesorgt: Unter den Klageliedern befand sich die berühmte Stelle aus der Tragödie *„Armorum iudicium"* des Pacuvius, die da lautet: *„men servasse, ut essent qui me perderent:* „Wahrlich, habe ich sie gerettet, damit es Leute gäbe, die mich vernichteten?" Zu diesem Tenor paßte die Leichenrede, die in sehr wirkungsvoller Weise vorgetragen wurde. Antonius ließ durch einen Herold den Text des Senatsbeschlusses verlesen, der Caesar alle Gewalt und die höchsten Ehren übertragen hatte. Auch der Eid wurde bekanntgegeben mit der anschließenden Selbstverfluchung. [...]

In den folgenden Tagen ging es um die nachgelassenen Papiere Caesars. Sie befanden sich bereits im Besitz des Antonius, aber der Senat traute dem Consul nicht, und es kam so weit, daß ein angesehenes Mitglied des Senats, der als Jurist bekannte Servius Sulpicius Rufus, beantragte, es sollten keine Verfügungen Caesars nach den Iden des März fingiert werden. Antonius aber versicherte mit unbewegter Miene, alles sei echt, und wenn man in dieser Weise den Gang der Dinge behindere, so könnten manche nützliche Verfügungen des Toten nicht durchgeführt werden. Noch ärgerlicher war es, daß der Senat von dem Consul den Nachweis über die Gelder Caesars verlangte (wozu der Senat natürlich durchaus berechtigt war). Dadurch kam Antonius in größte Schwierigkeiten, denn er hatte das gesamte Geld an sich genommen, ohne sich darüber Gedanken zu machen, daß er hierüber Rechnung ablegen müsse. Aber das Glück blieb ihm treu: Der Senat kam ihm dadurch entgegen, daß die

Rechnungsprüfung auf einen späteren Zeitpunkt verschoben wurde (angeblich auf einen Termin nach dem 1. Juni 44). Damit hatte Antonius vorerst wieder gewonnenes Spiel. Er scheute sich nicht, sich der Dienste des Faberius, des ehemaligen Geheimschreibers des Diktators, zu bedienen. Dieser fälschte eine Anzahl von Aktenstücken, die als echte Urkunden Caesars ausgegeben wurden. Bei Plutarch (Leb. d. Ant. 15) kann man nachlesen, daß Antonius nicht nur zahlreiche Magistrate und Senatoren ernannte, sondern auch Verbannte zurückrief und andere aus dem Gefängnis entließ, so als ob Caesar dies noch selbst angeordnet hätte. Der Spott der Römer bezeichnete die Leute als die Charoniten. Das griechische Wort steht bei Plutarch für die lateinische Form *Orcini,* das sind die „Leute aus dem Totenreich". Der Staatsschatz, den Caesar als seinen eigenen betrachtet hatte, war im Tempel der Ops deponiert, er belief sich auf insgesamt 700 Millionen Sesterzen. Dem Schatz entnahm Antonius, was er brauchte, angeblich 40 Millionen Sesterzen, um damit seine eigenen Schulden, die wieder einmal eine beträchtliche Höhe erreicht hatten, zu bezahlen. Aber auch das andere Geld verwandte er für eigene Zwecke, ein Teil davon ging an seine Freunde, einen anderen Teil benutzte Antonius dazu, um ein Leben in Saus und Braus zu führen, so wie er es seit eh und je gewohnt war. Über die Rechnungslegung machte er sich nur noch wenig Sorgen, sie hat in der Tat niemals stattgefunden. Mit dem fremden Geld erkaufte er sich die Gunst des Dolabella, der genauso wie Antonius bis über den Hals in Schulden steckte, auch in die Taschen des M. Aemilius Lepidus sind sicherlich einige Millionen Sesterzen geflossen. Dieser konnte sie für sein Heer gut gebrauchen. Beide, Dolabella wie Lepidus, sind von nun an Bundesgenossen des Antonius, und dieser wußte, daß er auf sie zählen konnte.

Natürlich war die Handlungsweise des Antonius absolut ungesetzlich, und wenn Cicero ihm dies in seinen späteren Reden vorgehalten hat, so hatte er natürlich vollkommen recht. Wenn man aber die Dinge vom Standpunkt des Antonius betrachtet, so kann man sein Verhalten nur als konsequent betrachten: Er brauchte in Rom einflußreiche Freunde, und diese waren nur mit Geld zu gewinnen, außerdem drängte die Zeit; inzwischen war nämlich die Kunde nach Rom gelangt, daß der Haupterbe Caesars, der junge Octavius, von Apollonia kommend bei Lupiae in Calabrien an Land gegangen war und sich auf den Weg in die Hauptstadt gemacht hatte. Obwohl vor allem sein Stiefvater L. Marcius Philippus ihn dringend gewarnt hatte, die Erbschaft anzunehmen, ließ sich Octavius hiervon nicht abhalten. Er war gewillt, das Erbe seines Großoheims anzutreten mit allen Folgerungen, die sich hieraus ergeben mußten.

Dem Antonius kam Octavius sehr ungelegen. Doch sah er in ihm keinen ernsthaften Konkurrenten, in seiner Position als Consul dünkte er sich dem jungen Mann von 18 Jahren weit überlegen. Aber Antonius hatte auch noch andere Sorgen. Er stellte zwei Anträge im Senat. Der eine betraf die Abschaffung der Diktatur auf ewige Zeiten, der andere galt der Bestimmung der Provinzen für die regierenden Consuln, für Antonius selbst und Dolabella. Insbesondere mit dem zweiten Antrag hatte sich Antonius eine vorzügliche Ausgangsposition gesichert: Er sollte nach Ablauf des Consulatsjahres die Provinz Makedonien bekommen, während Dolabella Syrien zugesprochen wurde, zugleich mit dem Auftrag, den von Caesar geplanten Krieg gegen die Parther zu führen. Wiederum hatte Antonius die Genugtuung, daß der Senat ihm Dank und Anerkennung aussprach, ein Zeichen dafür, daß er sich immer noch in voller Harmonie mit der Senatsmehrheit befand. Antonius aber war durch seine geschickte Politik zum Gipfel der Macht in Rom emporgestiegen, und zwar innerhalb der kurzen Frist von wenigen Wochen, denn die erwähnten Gesetze sind bereits zu Beginn des Monats April 44 (wahrscheinlich am 3. oder 4. des Monats) beschlossen worden. Aber es standen noch zwei wichtige Probleme im Hintergrund, die den Consul noch sehr beschäftigen sollten. Das eine Problem war die Auseinandersetzung mit den Caesarmördern, das andere war das Erscheinen des Octavius oder, wie er in Rom genannt wurde, des Octavian. Dieser aber betrat am 6. oder 7. Mai die Hauptstadt. Von diesem Zeitpunkt an hatte der tote Caesar zwei Erben, zwischen ihnen mußte letzten Endes die Entscheidung fallen.

Dacre Balsdon

Frauenemanzipation in der Spätzeit der Republik

Neu war zur Zeit der späten Republik das Geltungsbedürfnis, das manche dieser Frauen, keineswegs alle, – oft in vulgärer Form – an den Tag legten, sobald sie verheiratet waren. Eine der berüchtigtsten – trotz guter Herkunft und Kultur – war Sempronia, die Frau des Konsuls von 77 v. Chr., die Catilina als treibende Kraft bei seiner Verschwörung zum Sturz der Regierung im Jahr 63 v. Chr. gedient haben soll, wenn man Sallust vertrauen kann. Er schrieb darüber wie folgt:

Damals soll er (Catilina) sich sehr viele Menschen aller Art verbunden haben, auch einige Frauen, die zunächst ihre ungeheuren Aufwendungen durch Preisgabe ihres Körpers bestritten, darauf, als ihr Alter nur ihrem Erwerb, aber nicht ihrer Verschwendung ein Ende setzte, eine gewaltige Schuldenmasse zusammengebracht hatten. Durch sie glaubte Catilina die hauptstädtischen Sklavenmassen aufwiegeln, die Stadt anzünden, ihre Männer auf seine Seite ziehen oder umbringen zu können.

Unter ihnen aber befand sich Sempronia, die gar manche Untat von männlicher Verwegenheit begangen hatte.

Diese Frau war durch Herkunft und Schönheit, dazu durch Mann und Kinder recht vom Glück begünstigt, war in griechischer und lateinischer Literatur unterrichtet, spielte Zither, tanzte besser, als es für eine anständige Frau nötig ist, besaß noch andere Talente, die der Zerstreuung dienten.

Ihr aber war immer alles andere wertvoller als ihr Ansehen und ihre Keuschheit; ob sie ihr Geld oder ihren Ruf weniger schonte, hätte man nicht leicht entscheiden können ... Sie hatte vordem zu vielen Malen ihr Wort gebrochen, Schulden abgeschworen, von Mord gewußt und war durch Verschwendung und Mittellosigkeit in den Abgrund geraten. Aber sie besaß einen klaren Verstand: sie konnte Verse machen, scherzen, sich bald sanft und zurückhaltend, bald gefällig in der Sprache (sermo) des Salons, bald unverschämt in der Sprache des Bordells unterhalten; kurz, sie besaß viel Witz und viel Anmut.

Sallust, selbst ein Übeltäter, der dann aber das Licht geschaut und sich zum Guten bekehrt hatte, war infolgedessen, was die sogenannte Moral betraf, von geradezu pathologischer Besessenheit. Doch selbst wenn man dies in Rechnung zieht, verlangt dieser Bericht eine Erläuterung. Daß es in Rom eine Schar von bankrotten verheirateten Prostituierten der Oberschicht gab, die die Blüte ihrer Jahre schon überschritten hatten, ist bekannt; doch daß diese Frauen das geeignete Instrument gewesen sein sollen, Sklaven zur Brandstiftung aufzuhetzen, ist das Produkt wildwuchernder Phantasie. Und daß Sempronia persönlich eine Rolle bei der Verschwörung spielte, wird dadurch widerlegt, daß Sallust selbst hierüber nichts sagt, und dadurch, daß sie in keinem anderen der detaillierten Berichte über die Verschwörung, die uns erhalten blieben, erwähnt wird.

Wie mag es dann zu dieser gehässigen Schilderung der Sempronia gekommen sein? War sie der letzte Sproß eines einst edlen Geschlechts, Tochter und letztes überlebendes Kind des C. Gracchus, des rebellischen Tribuns von 123 v. Chr.? Oder war Decimus Brutus, einer der Mörder Caesars, nicht der Sohn ihres Mannes, sondern ihr illegitimer Sohn von Caesar? Dies sind die Vermutungen, zu denen sich Gelehrte in ihren verzweifelten Bemühungen, sich diese Schilderung des Sallust zu erklären, genötigt sahen. [...]

Es gab noch eine andere Frau aus dem Adel, die eine nicht unbedeutende Rolle bei der Verschwörung des Catilina spielte. Sie hieß Fulvia – ob sie verheiratet war oder überhaupt je geheiratet hat, wissen wir nicht. Mit Quintus Curius, einem Mann, der einem der besten römischen Familiennamen nicht viel Ehre machte, hatte sie seit Jahren ein ehebrecherisches Verhältnis. Die Censoren hatten ihn wegen der verschiedensten Vergehen 70 v. Chr. aus dem Senat gestoßen, und wie andere enttäuschte und erfolglose Männer hatte er sich der Verschwörung des Catilina im Jahr 63 angeschlossen. In bezug auf Fulvia kann man zumindest sagen, daß sie den Plan zur Ermordung des Konsuls Cicero für unbedacht hielt. So bewog sie den Curius – in Aussicht auf eine hohe Entlohnung, die ihm der Senat auf Betreiben seines Feindes Caesar dann doch nicht zahlte –, den Kronzeugen zu spielen und den Plan zu verraten. In einer vollkommenen Welt würde Fulvia daraus eine Lehre gezogen und den Pfad der Tugend eingeschlagen haben. Doch ach!, elf Jahre später begegnen wir ihr noch einmal in der Geschichte, diesmal als einer der Hauptbeteiligten bei einem Fest in einem Bordell, zu dem Pompeius' Schwiegervater, Q. Metellus Scipio, Konsul im Jahr 52, eingeladen war.

Es ist eben nicht alles Gold, was glänzt. Dennoch traten im öffentlichen Leben der späten Republik auch eine Reihe von großartigen Frauen in Erscheinung. Zu ihnen gehörte noch eine andere Fulvia. Möglicherweise ist sie die erste Römerin, deren Gesicht wir kennen, denn aller Wahrscheinlichkeit nach trägt die auf einer Münze aus der Zeit des Antonius abgebildete Siegesgöttin ihre Züge. Diese Amazone war nacheinander die Frau des Clodius, des jungen Curio und des Marcus Antonius. In jeder ihrer Ehen erwies sie sich als eine gute Frau und wurde Mutter von Kindern. Mit Clodius zeugte sie einen Sohn und eine Tochter Claudia, die von 43–41 mit Octavian verlobt war. Mit Curio einen Sohn, der für Antonius bei Actium kämpfte und von Octavian nach der Schlacht hingerichtet wurde. Mit Antonius zeugte sie zwei Söhne: den M. Antonius – der von Octavian dazu ausersehen wurde, Julia zu heiraten und im Jahre 36 sein Schwiegersohn zu werden, und der dann nach Actium im Jahre 31 getötet wurde – und den Jullus Antonius, der dann Octavians [Augustus'] Nichte Marcella heiratete, im Jahre 10 v. Chr. Konsul wurde und wegen seiner Verbindung mit Julia als gefährlicher Verschwörer im Jahre 2 v. Chr. umgebracht wurde. Wenn sie sich in den letzten Jahren ihres Lebens zum Mannweib entwickelte, so war sie doch zumindest als solches bemerkenswert loyal: Nach Caesars Ermordung im Jahr 44 v. Chr. stand sie Antonius getreu zur Seite, indem sie Caesars Schätze mit ihm vergeudete. Auch in Brundisium (Brindisi) im Herbst war sie bei ihm und sah zu, wie man den aufsässigen Centurionen den Kopf abschlug.

In dem Winter, als sich Antonius in Gallien befand, blieb sie in Rom und fiel als Bittstellerin den mächtigen Politikern zu Füßen, um zu verhindern, daß sie ihren Mann zum Staatsfeind erklärten. 43 v. Chr., nach der Bildung des Triumvirats, weigerte sie sich, für die vierzehnhundert Frauen der Proskribierten ein Wort einzulegen, denen die Triumvirn eine exorbitante Abgabe auferlegt hatten. Vor und nach Philippi war sie sozusagen Antonius' Vertreter in Italien, und später befehligte sie über ihren Schwager, der ihr mit Sicherheit unterstellt war, das Heer der Unzufriedenen, gegen das Octavian kämpfen mußte. Auf den Wurfkugeln, die die Belagerungstruppen nach Perusia hineinschossen, kann man noch heute eingekratzte obszöne Kritzeleien der Soldaten entziffern, und bei Martial sogar die unschönen Obszönitäten des Octavian selbst nachlesen, die er über die Amazone von sich gab, die die Belagerten befehligte. Doch als der Krieg einmal vorüber war, verhielt man sich ihr gegenüber ohne Bosheit, und in Athen traf sie dann mit Antonius zusammen. Fast unverzüglich setzte er nach Italien über, um sich mit Octavian zu verständigen. 40 v. Chr. erhielt er in Brundisium die Nachricht, daß sie in Griechenland vom Tod ereilt worden war.

Es ist nicht zu verwundern, daß die Autoren der damaligen Zeit sowie späterer Zeiten der Fulvia wenig Sympathie entgegenbrachten. Wie anders als in unflätigen Schimpfworten sollte sich Cicero über eine Frau äußern, die in erster Ehe mit Clodius und in dritter mit Antonius verheiratet gewesen war? Moderne Historiker sind kaum weniger befangen. Dennoch läßt sich ihre Bedeutung nicht leugnen. Sie war die erste, die als Herrschergattin eine Rolle in der römischen Geschichte spielte, und es war Shakespeare, der ihre Größe vielleicht besser verstand als die Historiker, antike wie moderne:

> „... Was Fulvia tat,
> Ich wünscht' euch, solch ein Geist regiert' Eur' Weib!
> Ihr lenkt der Erde Drittheil; mit 'nem Halfter
> Zügelt ihr's leicht, doch nimmer solch ein Weib."
>
> *Antonius und Cleopatra.* II, 2 (Schlegel/Tieck)

Das sagt Antonius, und Domitius Enobarbus antwortet: „Hätten wir doch alle solche Weiber, daß die Männer mit ihren Weibern in den Krieg geh'n könnten!"

Auch die extreme republikanische Partei brachte in ihrer Todesnot zwei außergewöhnliche Frauen hervor. Die erste war – durchaus passend – Catos des Jüngeren Tochter Porcia, die mit M. Calpurnius Bibulus, Caesars gar nicht in dessen Sinn tätigem Mitkonsul im Jahr 59 v. Chr., in glücklicher Ehe lebte. Aber all ihr Glück war spätestens mit dem Jahre 45 zerstört: Bis auf einen hatte sie alle Söhne verloren, und im Kampf gegen Caesar während der Bürgerkriege auch noch ihren Vater, ihren Mann und ihren Bruder. In jenem Sommer versetzte M. Brutus die römische Gesellschaft in Erstaunen, indem er sich von seiner Frau scheiden ließ, um diese Porcia zu heiraten. Als Tochter ihres Vaters trug sie wesentlich dazu bei, Brutus in seinem Beschluß zu festigen, Caesar an den Iden des März umzubringen. Einmal, als sie dieses Thema erörterten, sah Brutus, daß sie heftig blutete: sie hatte sich eine Wunde beigebracht, um ihm auf diese rührselige Weise zu demonstrieren, daß er ihr trauen konnte. Später, nach Caesars Tod, als sich die Zeit gegen die Mörder gewandt hatte, und ihr Mann im Orient war, wurde sie von ihren Freunden aufmerksam überwacht, damit sie sich nicht das Leben nähme. Da man ihr Stahl und Eisen verwehrte, nahm sie Kohlen aus dem Feuer und verschluckte sie, woran sie starb. Porcia war eine Vorläuferin jener Märtyrerinnen, der Frauen der stoischen Märtyrer, die sich später der Herrschaft der Cäsaren widersetzten.

Die bedeutendste unter den Frauen, die in der Politik der späten Republik eine Rolle spielten, war Servilia. Sie war Catos ältere und zutiefst verehrte Halbschwester, zweimal verheiratet, und sie hätte sich, vielleicht im Jahre 59, abermals verheiratet, und zwar mit keinem Geringeren als Caesar. Sie hatten eng miteinander verbunden schon lange zusammen gelebt, und der einzige Grund, daß Caesar in jenem Jahr eine andere, Calpurnia, heiratete, war der, daß Calpurnia achtzehn, Servilia hingegen vierzig Jahre alt war, und Caesar sich sehnlichst wünschte, Vater – eines Sohnes – zu werden. Seine Zuneigung zu Servilia war unter anderem das Motiv für die ihrem Sohn Brutus gegenüber geübte Großmut, der im Jahr 48 in Pharsalos gegen ihn gekämpft hatte, sowie auch für das tiefe Vertrauen, das er ihm bis zu dem Augenblick entgegenbrachte, als Brutus ihn tötete. [...]

In der Endzeit der Republik gab es noch andere Frauen – schön, intelligent und allesamt von lockerer Moral –, die ohne jegliches politische Interesse von ihren Reizen Gebrauch machten, solange sie über sie verfügten. Zu ihnen gehörten auch Clodia und Fausta. Beide hatten sie edles Blut in den Adern, denn sie gehörten zur Sippe der Metelli, die in ihrer Geschichte eine Menge von bedeutenden Konsuln aufweisen konnte. Clodia stammte väterlicherseits von den Appii Claudii her, die vom 5. Jahrhundert an in jedem Kapitel der römischen Geschichte Hervorragendes leisteten. Fausta war die Tochter Sullas. Clodia wie Fausta hatten Männer geehelicht, die im öffentlichen Leben Roms eine prominente

Stellung ausfüllten. Clodias Gatte, Metellus Celer, war ein Snob; im Jahr 60 v. Chr. wurde er Konsul, starb aber ein Jahr darauf. Faustas Mann, Annius Milo, wie Clodias Bruder (den er 52 v. Chr. umbrachte) ein lärmender, gefährlicher Bandenführer, erwarb sich auch als Politiker kein Verdienst – ein Mann, den Cicero bewunderte, sonst aber niemand.

Clodia war dreiunddreißig Jahre alt, als sich im Jahr 61 v. Chr. der sechs Jahre jüngere Dichter C. Valerius Catullus aus Verona leidenschaftlich in sie verliebte. Sie liebten sich ebenso heftig, wie sie sich stritten. Dank des Umstands, daß uns seine Gedichte an sie – seine ,Lesbia' – erhalten blieben, wurde diese nur drei Jahre während stürmische Liebe der Vergessenheit entrissen: *Vivamus, mea Lesbia, atque amemus* – „Laß uns, Lesbia, leben und uns lieben". 59 v. Chr. verstarb unvermutet Clodias Mann – von seiner Ehefrau vergiftet, wie Lästermäuler behaupteten. Clodia war gewiß alles andere als eine untröstliche Witwe, denn im gleichen Jahr wurde Catullus als Liebhaber gegen einen noch jüngeren Mann ausgewechselt, M. Caelius Rufus, den Sohn eines Ritters, der auf eine Senatoren-Karriere erpicht war. Ganze dreiundzwanzig Jahre zählte er; „Lesbia" war fünfunddreißig. Dieser Caelius war der Freund des Catullus, und dessen bittere Vorwürfe an den Treulosen sind uns erhalten geblieben.

Caelius hatte erst kürzlich sein Elternhaus verlassen und sich auf dem Palatin im Haus von Clodias Bruder eingerichtet; sein Leben mit Clodia war eine Kette ununterbrochener Vergnügungen: Badefreuden in großer Gesellschaft, Eß- und Trinkgelage, Gesellschaften mit Gesang und Musik und Schiffsfahrten. Im Jahr 57 jedoch begann Caelius die Sache zu anstrengend zu finden. Catullus hatte drei Jahre durchgestanden; ihm waren zwei schon genug. Doch wiewohl solcher Art Frauen sich das Vorrecht nehmen, ihren Liebhabern den Laufpaß zu geben, wann es ihnen paßt, rechnen sie nicht damit, daß umgekehrt der Liebhaber sie verlassen könnte. Im April 56 v. Chr. sah sich Caelius vor Gericht, wo er sich gegen phantastische Beschuldigungen, deren Anstifterin Clodia war, verteidigen mußte. Zuerst übernahm er seine Verteidigung selbst; er nannte sie eine Klytämnestra – Klytämnestra hatte ihren Mann umgebracht – und bediente sich noch vulgärerer Ausdrücke wie „Viergroschen-Klytämnestra". Weniger unflätig, doch nicht weniger wirkungsvoll, überschüttete dann Cicero sie mit Schmähungen. Sie lebte wie eine Prostituierte *(meretrix)*, ihr Haus nannte er verrufen, wüst, verbrecherisch, eine Lasterhöhle; es herrsche dort „Unzucht, Ausschweifung und aller Art noch nie dagewesene Sünde".

Diese Rede ist eine der kürzesten und besten, die Cicero je gehalten hat. Er verteidigte das Recht der Jugend – in diesem Fall seines Klienten –, über die Stränge zu schlagen, machte einige auf schwachen Füßen stehende Anklagepunkte lächerlich, und das auf heitere und amüsante Art. Darüber wird nur allzu leicht vergessen, daß für Clodia, deren Demütigungen und Groll Anlaß zu diesem Prozeß gegeben hatten, das Urteil vernichtend, ja tragisch war. Nunmehr im achtunddreißigsten Lebensjahr, begannen ihr die Dinge zu entgleiten. Wir hören nie wieder von ihr.

Caelius' moralische Qualitäten verdienen Zeit seines Lebens keine Bewunderung; doch war er gewandt, witzig und hoch intelligent. Das läßt sich den Briefen entnehmen, die er an Cicero schrieb und die uns erhalten blieben. Catullus verfügte über die gleichen Gaben; darüber hinaus war er trotz seiner Grobheit wohl ein zärtlicher, sensibler Liebhaber. Daß Clodia mit ihren glühenden Augen sehr schön war und auch schön blieb, steht außer Zweifel. Darüber hinaus aber war sie witzig, intelligent und hoch gebildet. Andernfalls hätte sie nicht einen solchen Zauber auf diese zwei Männer ausüben können, die beide beträchtlich jünger waren als sie. Sempronia, deren Wesen Sallust, wie wir sahen – ein selbstgefälliger Tugendrichter –, herabzusetzen suchte, war noch älter als Clodia; auch sie besaß nach Sallusts eigener Aussage eine hohe Intelligenz und war ein äußerst anregender Gesprächspartner. Clodia war die Witwe eines Konsuls, Sempronia die Frau eines Ex-Konsuls. Beide rebellierten gegen die abgestandenen Moralvorschriften der konventionellen Gesellschaft; sie suchten Unterhaltung und Anregung, wo sie sie nur zu finden vermochten. Sie nahmen Risiken auf sich, lebten gefährlich, und das alles, allein um der Langeweile der Wohlanständigkeit zu entgehen.

Was Fausta betrifft, soll ihr Mann Milo sie mit Sallust, dem Historiker, im Bett erwischt haben, noch vor dessen moralischer Umkehr, woraufhin er ihm fast die Seele aus dem Leib geprügelt und ihn nicht eher fortgelassen haben soll, bis er ihm eine große Summe Geldes abgenommen hatte. Milo ließ sich jedoch nicht von Fausta scheiden, und vielleicht ist diese ganze Geschichte gar nicht wahr. Von vornehmer Geburt war Caecilia Metella, Schwiegertochter des P. Lentulus Spinther, Konsul des Jahres 57 v. Chr. und Ciceros Gönner. Zu ihren Liebhabern gehörte Ciceros übel beleumundeter Schwiegersohn P. Cornelius Dolabella; und als Caecilias Mann 45 v. Chr. dazu gezwungen wurde, sich von ihr scheiden zu lassen, ehelichte sie den zügellosen Sohn des Schauspielers Äsop und half ihm, das von seinem Vater ererbte riesige Vermögen zu vergeuden.

Aus adligen Familien stammende, wohlhabende, charmante, talentierte Frauen, Frauen ohne jede moralische Hemmung, voll Hunger nach animalischer Lust oder voll Hunger nach Macht oder voll Hunger nach beidem: die breite Bühne der spätrepublikanischen Gesellschaft in Rom bot ihnen Raum. Mit der Errichtung des Kaiserreichs wurden ihre Entfaltungsmöglichkeiten auf der großen Bühne beschnitten, es sei denn, sie gehörten der kaiserlichen Familie an oder wurden in sie aufgenommen. Dann waren die Möglichkeiten für sie größer denn je, und desgleichen, wie sowohl Julia wie Messalina feststellen mußten, die damit verbundenen Risiken.

Hermann Bengtson

Der Doppelselbstmord des Antonius und der Kleopatra

Um die Bevölkerung zu täuschen, war Kleopatra mit bekränzten Schiffen und unter Siegesliedern in den Hafen von Alexandrien eingelaufen. Aber es hatte nicht lange gedauert, bis die Wahrheit über Actium bekanntgeworden war. In der Stadt machten die verschiedensten Gerüchte die Runde, Genaueres wußte niemand, aber Kleopatra war dabei, ihre Flucht aus Ägypten vorzubereiten. Sie ließ Schiffe über den Isthmos von Suez an den arabischen Golf bringen (in der Nähe von Akaba), aber die Nabatäer, die der Königin wenig freundlich gesonnen waren, verbrannten sie, und die Königin sah sich gezwungen, im Lande zu bleiben. Angeblich soll sie immer noch nicht gewußt haben, was aus dem Landheer des Antonius geworden war. Die Flucht nach Indien war damit aufgeschoben – es sollte sich bald zeigen, daß damit eine große Möglichkeit vertan war, sich dem Zugriff des Octavian zu entziehen, selbst wenn Kleopatra nur bis nach Südarabien gelangt wäre.

Aber Kleopatra war nicht die Frau, sich einer länger dauernden Resignation hinzugeben. Vielmehr erwachte in ihr noch einmal ihre bewundernswerte Aktivität: Sie kümmerte sich um die Verteidigung des Landes, vor allem um die Ausstattung der Grenzfestungen. Antonius war dagegen immer noch zutiefst deprimiert, es hielt ihn nicht mehr in der lärmerfüllten Hauptstadt Alexandrien, er ließ sich einen Wohnsitz im Meer nahe an der Insel Pharos errichten, nachdem man einen Damm im Wasser aufgeschüttet hatte. Hier aber lebte Antonius in Abgeschiedenheit und Einsamkeit, seinen Wohnsitz nannte er das Timoneion, nach dem Athener Timon, der als ein Menschenfeind aus den Komödien des Aristophanes bekannt ist. Denn auch Antonius fühlte sich von seinen Freunden schlecht behandelt und von aller Welt getäuscht und betrogen. Da traf Canidius Crassus in Ägypten ein, er brachte dem Antonius endlich zuverlässige Nachrichten über das Schicksal des Landheeres. Zugleich wußte er zu berichten, daß eine Reihe von Vasallenfürsten des Antonius, unter ihnen auch Herodes von Judäa, auf die Seite Octavians übergegangen sei. Das von Antonius errichtete Gebäude im Orient begann zusammenzubrechen, er selbst mußte den Vorgängen hilflos zusehen, da ihm die Hände gebunden waren. Aber noch einmal meldeten sich die Spannkraft und die Energie, die er in früherer Zeit immer wieder bewiesen hatte: Allmählich fand er wieder sein Gleichgewicht, eintreffende Hiobsbotschaften ließen ihn kalt, er begann wieder sein gewohntes Leben aufzunehmen. Er verließ die Einsamkeit des Timoneions und begab sich in den Königspalast zu Kleopatra. Es gab wieder Abwechslung. Kaisarion wurde in feierlicher Form in die Liste der Epheben eingetragen, Antyllos, der Sohn des Antonius und der Fulvia, der römisch erzogen worden war, erhielt die Männertoga *(toga virilis)*, bei den Feierlichkeiten wurde an nichts gespart, und die Bevölkerung der Weltstadt nahm an ihnen lebhaften Anteil. Die Gesellschaft „derer vom unnachahmlichen Leben" *(amimetóbioi)* wurde aufgelöst, an ihre Stelle setzten Antonius und Kleopatra den Verein „derer vom gemeinsamen Tod" *(synapothanoúmenoi)*. Die Mitglieder vergnügten sich mit Schwelgereien und extravaganten Vergnügungen. Wenn sie auch keinen Humor mehr hatten, so besaßen sie doch noch eine gehörige Portion Galgenhumor. Das Ganze ist nur aus der verzweifelten Stimmung zu erklären, die nicht nur Antonius und Kleopatra, sondern auch ihre nächsten Freunde ergriffen hatte. Alle sahen das Verhängnis auf sich zukommen, ohne die Möglichkeit zu besitzen, die Gefahr energisch abzuwehren. Beide aber, Antonius ebenso wie die Königin, versuchten mit dem Sieger von Actium in Verbindung zu treten. Kleopatra entsandte Euphronios, den Lehrer ihrer Kinder; sie bat darum, man möge ihr die Herrschaft über Ägypten belassen, während Antonius anfragte, ob es ihm gestattet sei, als Privatmann in Athen zu leben. Natürlich konnte der junge Caesar auf die Forderungen nicht eingehen, er hätte sich, zum mindesten was die Herrschaft über Ägypten betraf, um den Lohn des Sieges bei Actium gebracht. Und Antonius in Athen? Wer bürgte dem jungen Caesar dafür, daß es dem ehemaligen Genossen im Triumvirat ernst damit war, sein Leben in beschaulicher Betrachtung zu beschließen? Antonius war kein Lepidus – das wußte Octavian, und danach hat er auch gehandelt.

Der Königin soll der junge Caesar mitgeteilt haben, er werde es an einer freundlichen Aufnahme ihrer Person nicht fehlen lassen – wenn sie bereit sei, Antonius zu töten oder ihn doch wenigstens auszuliefern. Freilich kann man es sich schwer vorstellen, daß eine derartige Botschaft ihren Weg in den Palast Kleopatras gefunden hat. Aber wie dem auch sein mag – Antonius erhielt noch einmal eine Galgenfrist, denn Octavian konnte seinen Vormarsch gegen Ägypten nicht fortsetzen, er wurde nach Italien zurückgerufen, wo seine Anwesenheit wegen der Veteranen dringend notwendig war. Man befand sich im späten Herbst des Jahres 31, und inzwischen war es allen Beteiligten klar geworden, daß die nächsten Monate die definitive Entscheidung bringen mußten.

Im folgenden Frühjahr (30 v. Chr.) rückte das Heer des Octavian in zwei Marschsäulen von Osten und Westen gegen die Grenzen des Nillandes heran, und ganz wider Erwarten fiel die östliche Grenzfestung Pelusion. Dabei hatte der Kommandant der Kleopatra mit Namen Seleukos eine zweideutige Rolle gespielt. Kleopatra aber war so erzürnt, daß sie dem Antonius gestattete, die Frau und die Kinder des Seleukos hinrichten zu lassen – ein Fall von Sippenhaft, wie er auch im Altertum nicht selten ist. Während die Königin ihre Schätze in das neu errichtete Grabmal bringen ließ, um sie, wenn Octavian sich der Stadt bemächtigte, verbrennen zu lassen, beschloß Antonius, der auf keine Gnade von seinem Rivalen hoffen konnte, noch einmal das Kriegsglück zu versuchen. In einem Reitergefecht vor den Toren Alexandriens blieb Antonius Sieger, der Gegner wurde weit aus dem Feld geschlagen, aber natürlich vermochte Antonius gegen das Lager Octavians nichts auszurichten. Noch ganz berauscht von dem Erfolg eilte er in den Königspalast, küßte Kleopatra voll Freude und präsentierte ihr einen Soldaten, der sich als der tapferste auf dem Schlachtfeld erwiesen hatte. Kleopatra lohnte es ihm durch die Überreichung eines goldenen Brustpanzers und eines Helms – aber dies nützte nichts mehr, denn angeblich soll der hochdekorierte Soldat in der folgenden Nacht zum Feind übergegangen sein.

In die Enge getrieben, machte Antonius seinem Gegner das Angebot eines Zweikampfes, aber der junge Caesar wies ihn kühl zurück: Antonius habe genügend Möglichkeiten zu sterben. Antonius aber hatte sich wieder in der Gewalt: Er ließ sich bei seinem letzten Mahl voll einschenken, denn er wisse nicht, was der morgige Tag bringen werde und ob seine Diener dann noch ihm oder einem anderen Herrn zu Dienst sein würden, während er selbst bereits tot, eine Mumie und sonst nichts sein werde. (Man fühlt sich an die letzten Worte des Marschalls Ney vor seiner Erschießung erinnert.) In der Nacht seien in Alexandrien merkwürdige Geräusche zu hören gewesen, Stimmen und Rufe, wie sie bei den dionysischen Festen üblich waren, und man erzählte sich, daß der Gott Dionysos seinen Günstling verlasse, nachdem er ihm so viele Jahre zur Seite gestanden habe. Dies war in der Tat nur ein von Plutarch wiedergegebenes Gerücht, aber natürlich lag in der Nacht über der Hauptstadt eine knisternde Spannung, die sich am nächsten Tag entladen hat. Noch einmal griff Antonius zum Schwert: Aber weder seine Infanterie noch die Schiffsbesatzungen hielten dem Gegner stand, sie verließen Antonius und wechselten auf die Seite des Gegners über. Die Reiter folgten ihrem Beispiel, Antonius aber blieb nichts anderes übrig, als hinter die Stadtmauer zu flüchten, mit wenigen Begleitern, die ihm auch jetzt noch treu geblieben waren. Dies alles war zuviel für Antonius, er hatte völlig die Nerven verloren und schrie mit lauter Stimme, Kleopatra habe ihn an die verraten, mit denen er ihretwegen Krieg geführt habe. Und Kleopatra? Sie hielt nun den Augenblick für gekommen, sich in das Grabmal zu begeben. Ihrem Gatten ließ sie ausrichten, sie sei tot. Diese Nachricht warf Antonius völlig nieder, er forderte einen Sklaven namens Eros auf, ihn mit dem Schwert zu töten. Als dieser es nicht über sich brachte, den Befehl auszuführen, sondern sich selbst entleibte, da soll Antonius gesagt haben: „Wohlgetan, Eros, wenn du auch nicht imstande warst, es selbst zu tun, so hast du mich doch gelehrt, was ich tun muß." Mit diesen Worten umfaßte er sein Schwert und rammte es sich durch den Leib, danach sank er auf ein Ruhebett. Aber so schwer die Verwundung auch war, sie führte dennoch nicht zu einem raschen Tod, und als das Blut aufhörte zu fließen, bat er die Umstehenden flehentlich um den Gnadenstoß. Aber diese verließen fluchtartig den Raum, Antonius blieb stöhnend und sich vor Schmerzen windend zurück. Da kam, von Kleopatra gesandt, ihr Geheimschreiber Diomedes. Die nun folgenden Ereignisse werden hier nach dem Bericht Plutarchs (Leb. d. Ant. 77 ff.) wiedergegeben, sie beruhen ihrerseits mit großer Wahrscheinlichkeit auf dem Buch des Olympos, des Leibarztes der Königin. Was dagegen bei Cassius Dio (LI 7–13) zu lesen steht, geht wohl auf Livius zurück, der aber kein Augenzeuge der Begebenheiten in Alexandrien gewesen ist.

Das, was sich nun abgespielt hat, ist geradezu eine Tragödie gewesen. Antonius wollte in den Armen der Kleopatra sterben, er ließ sich zum Grabmal tragen, die beiden Dienerinnen der Königin zogen den Römer, auf einem Korb liegend, zum Fenster des Gebäudes empor, Antonius, blutüberströmt und mit dem Tode ringend, streckte der geliebten Frau die Hände entgegen, als er in die Höhe schwebte. Für die Frauen und Kleopatra war dies keine geringe Anstrengung, in ihren Gesichtern spiegelte sich die Mühe deutlich wider. Als sie ihn durch das Fenster in das Innere des

Grabmals gezogen hatten, zerriß die Königin ihre Kleider und breitete sie über den Sterbenden, sie zerkratzte ihre Brüste und benetzte ihr Anlitz mit dem Blut des Antonius, indem sie ihn ihren Herrn, ihren Gemahl und Imperator (griechisch: *autokrator*) nannte. Von dem Leid des Geliebten war sie so tief betroffen, daß sie auf eine Zeitlang ihr eigenes Ungemach vergaß. Antonius aber gebot ihr, sie möge die Klagen beenden, er bat um einen Trunk Wein, sei es, daß er Durst hatte, sei es, daß er glaubte, auf diese Weise seine Leiden abkürzen zu können. Danach riet er ihr, sich um ihre eigene Sicherheit zu kümmern, wenn ihr dies unter Wahrung ihrer Würde möglich sei. Von den Freunden Octavians empfahl er ihr vor allem Proculeius. Ihn selbst, Antonius, solle sie nicht beklagen wegen seines Unglücks, das ihn am Ende betroffen habe, sie solle ihn vielmehr glücklich preisen, weil er von allen Menschen am höchsten gestiegen sei. Und damit hauchte er seine Seele aus. Seine letzten Worte sind nach Plutarch ein Bekenntnis zum Römertum und zum römischen Nationalstolz gewesen, er hatte auch in den Armen der Kleopatra nicht vergessen, daß er ein Römer war.

Dies alles geschah am Tage, da Octavian die Stadt Alexandrien einnahm, am 1. August 30 v. Chr. Der Königin war es beschieden, noch weitere zwölf Tage zu leben. Dann aber bereitete sie sich selbst das Ende, nachdem sie bei einer Unterredung mit dem Sieger erkannt hatte, daß von diesem nüchternen und berechnenden Staatsmann keine Gnade zu erwarten sei. Sie folgte dem Antonius, ihrem Gatten, in den Tod. Als Ursache ist der Biß einer giftigen Schlange wahrscheinlich. Nach dem Glauben der Ägypter erlangte sie dadurch die Unsterblichkeit. Sie war, alles in allem, eine königliche Frau, eine würdige Repräsentantin des Ptolemäergeschlechts, dessen Regierung mit der Einnahme Alexandriens zu Ende gegangen war, nach fast dreihundert Jahren, in denen das Ptolemäerreich ein wichtiger Machtfaktor in der Geschichte des Mittelmeerraumes gewesen war.

Es bleibt nun noch übrig, zu erzählen, daß Kleopatra ihrem Gatten mit der Erlaubnis ihrer römischen Bewacher ein würdiges Begräbnis bereitet hatte. Aber da waren noch die Kinder des Antonius in Ägypten. Auf einige von ihnen wartete ein trauriges Schicksal. So ging der älteste Sohn des Antonius und der Fulvia, der gleichfalls Marcus Antonius hieß, aber im Volksmund als Antyllos bezeichnet wurde, durch die Tücke seines griechischen Pädagogen Theodoros zugrunde. Dieser nämlich hatte ihn dem Octavian überliefert, der den Sohn des Antonius alsbald umbringen ließ. Sobald als ihm die Soldaten den Kopf abgeschlagen hatten, bemächtigte sich der habgierige Grieche des wertvollen Steines, den der junge Mann an seinem Hals getragen hatte und steckte ihn in seinen Gürtel. Trotz seines Leugnens wurde Theodoros des Diebstahls überführt, er mußte den qualvollen Tod am Kreuz sterben, wie er für gemeine Verbrecher üblich war. Den Kindern des Antonius und der Kleopatra geschah kein Leid. Die Tochter Kleopatra Selene heiratete später den König Juba II. von Mauretanien, der als ein großer Gelehrter in die Geschichte eingegangen ist. Von den beiden anderen Kindern, Alexander Helios (er zierte mit Selene den Triumph Octavians) und Ptolemaios Philadelphos, findet sich später keine Spur mehr in der Geschichte. Schlimm erging es dagegen Kaisarion, er galt als der Sohn des Diktators C. Iulius Caesar, und Octavian hatte das größte Interesse daran, sich seiner Person zu bemächtigen und ihn aus der Welt zu schaffen. Kleopatra, die Mutter, hatte das Unglück vorausgesehen, sie hatte Kaisarion mit Begleitung an das Rote Meer gesandt und ihm viel Geld mitgegeben, aber der junge Mann vertraute den Versprechungen seines griechischen Lehrers Rhodon. Dieser nämlich konnte ihn zur Umkehr nach Alexandrien bewegen, angeblich deswegen, weil Octavian ihn zum Herrscher Ägyptens bestimmt habe (!). Aber dies war eine ganz grobe Täuschung, wahrscheinlich hatte sich der schlaue Grieche nur den Beifall Octavians verdienen wollen, denn sonst wäre er mit seinem Zögling, wie es die ursprüngliche Absicht war, nach Indien gefahren. Von Octavian heißt es, er habe sich mit dem Philosophen Areios in Alexandrien über die Angelegenheit beraten, dieser aber habe den Ausschlag gegeben, indem er zitierte: „Keine gute Sache sind viele Caesares!" So verfiel auch Kaisarion dem Tod durch die Soldaten, weil er als Sohn Caesars und Kleopatras dem Octavian im Wege stand.

Prinzipat

Paul Zanker

Das neue Bildnis des Augustus

Während die bedeutungsträchtigen und so einfach anmutenden Ehrenzeichen ihre Wirkung erst nach und nach entfalteten, konnte über den Gehalt der größten Ehrung, nämlich der Verleihung des Namensprädikates *augustus* von Anfang an kein Zweifel herrschen. Octavian hatte in einer früheren Phase daran gedacht, sich Romulus nennen zu lassen. Aber das paßte 27 v. Chr. nicht mehr ins neue Konzept, weil es zu sehr an Königsherrschaft erinnerte. *Augustus* dagegen war ein Adjektiv mit weitem Bedeutungsrahmen (erhaben, verehrungswürdig, heilig). Man konnte aber auch *augere* (mehren) assoziieren. War er nicht ein „Mehrer des Reiches"? Oder man konnte an den *augur*, den Zeichendeuter, denken. Hatten ihn nicht schon seine ersten Feldherrenauspizien mit dem *optimus augur* Romulus vergleichbar erscheinen lassen, woran er später selbst im Giebel des Mars-Ultor-Tempels erinnerte?

Der Name war eine geniale Wahl; denn er umgab den *Augustus* schon bei der Rückgabe des Staates mit einer Aura des Einzigartigen und Erhöhten, „als ob er schon damals allein durch den Namen vergöttlicht worden wäre" (Florus 2,34,66). Der Senat wollte schon damals den Monat *Sextilis* in *Augustus* umbenennen, was der Geehrte allerdings erst später akzeptierte. So erhielt der Ehrentitel sogar einen bleibenden Platz im Kalender.

In diesen Jahren muß das neue Bildnis des Caesar Augustus (so die jetzt oft gebrauchte Kurzform seines Namens) entstanden sein (Abb. S. 283 links). Es trat an die Stelle des pathetischen Jugendporträts und unterscheidet sich von allem, was in der Porträtkunst der späten Republik üblich war. Es bringt das veränderte Selbstverständnis des Dargestellten zum Ausdruck, zeigt, wie dieser als *Augustus* gesehen werden wollte, wie er sich mit dem neuen Ehrentitel identifizierte. Denn wer immer die Auftraggeber der einzelnen Ehrenstatuen waren, für die das neue Porträt dann tausendfach kopiert wurde, das Urbild muß mit Augustus' Zustimmung, wenn nicht in seinem Auftrag entstanden sein. Und es ist offensichtlich, daß der beauftragte Bildhauer, was Stil und Konzeption des Bildnisses anbelangt, nach klaren Vorgaben arbeitete.

Das neue Porträt unterscheidet sich von den knochigen und unregelmäßigen Formen des Octavianbildnisses durch harmonische, am klassischen Kanon orientierte Proportionen. Die erregten und angestrengten Züge des früheren Porträts und dessen auftrumpfende Art sind getilgt. Das neue Gesicht zeichnet sich durch einen ruhig erhabenen Ausdruck aus. Die momentane Kopfbewegung des Jugendbildnisses ist in eine zeitlose und distanzierte Würdehaltung überführt. Statt der heftig bewegten Stirnhaare sind die Locken bis ins letzte Detail nach dem Prinzip von Bewegung und Gegenbewegung geordnet, eine Stilisierung, die deutlich auf klassische Werke wie die Polyklets als Vorbild weist (Abb. S. 283 rechts). Das neue Bildnis ist eine durch und durch reflektierte Schöpfung, ein Kunstgesicht, in dem sich physiognomische Züge mit den klassischen Formen in raffinierter Weise mischen. Das Gesicht des Augustus erscheint in alterslose, ‚klassische' Schönheit übersetzt.

Das neue Bildnis war ein großer Erfolg. Man wiederholte es in allen Teilen des Reiches, und es prägte die visuelle Vorstellung von Augustus für alle Zeiten, obwohl es mit dessen wirklichem Aussehen wahrscheinlich nur noch wenig zu tun hatte. Als Selbstdarstellung betrachtet bringt das Bildnis einen sehr hohen Anspruch zum Ausdruck. Denn die klassischen Formen, besonders die der polykletischen Werke, stellten nach dem Verständnis der Zeit die höchste Form der Menschendarstellung überhaupt dar, verkörperten Vollkommenheit und Erhabenheit. Quintilian (5,12,20) nennt den Doryphoros Polyklets sogar *gravis et sanctus* – „voll Würde und Heiligkeit". Das entspricht genau dem, was mit dem Ehrennamen des „Erhabenen" gemeint war. Das neue Bildnis ‚verbildlicht' tatsächlich das *augustus*-Prädikat, wobei dessen höchste Bedeutungsmöglichkeiten maßgebend waren. Die Kunst definiert hier die herausragende Stellung des Princeps im Staat. Sie spricht sehr viel offener als die *Res Gestae*, gibt eine Vorstellung von dem, was Augustus dort so schlicht und altväterlich *auctoritas* nennt. Wir haben es hier wirklich mit einem Herrscherbild zu tun. Freilich mit einem ganz neuartigen, dessen Formensprache sich nur dem Gebildeten völlig erschloß, das aber auch der Durchschnittsbürger, der nichts von klassizistischer Kunsttheorie verstand, als schön, alterslos, erhaben, überlegen und distanziert lesen konnte.

Die Ehrungen des Jahres 27 v. Chr. und das neue Porträt zeigen, wie in der veränderten Situation nach der Erringung der Alleinherrschaft und nach der Wiederherstellung der *res publica* Zeichen und Bilder entstehen und rezipiert werden. An die Stelle der bedenkenlosen Selbstverherrlichung tritt ein Geflecht von Interaktionen: Der Princeps bestimmt natürlich Thema und Ausrichtung. Dabei kommt seinem Auftreten und seinem neuen politischen Stil keine geringere Rolle zu als seinem tatsächlichen Handeln. Die ‚geretteten' Bürger antworten darauf einzeln oder durch ihre Repräsentanten und Körperschaften mit Ehrungen, die sich entsprechend der neuen politischen Situation entweder mehr im Rahmen der Tradition bewegen oder die Einzigartigkeit des Princeps feiern können. Der Geehrte hält sich dabei offiziell völlig zurück. Aber er steht dem allgemeinen Willen zur Verehrung natürlich auch nicht im Wege! Er kann sich durchaus mit den seinem Selbstverständnis entsprechenden Formen und Bildern des Herrscherlobes identifizieren (Konzeption des neuen Bildnisses), ohne diese jedoch selbst zu propagieren (die Statuen mit dem neuen Porträt errichten die anderen). Mit der Wiederherstellung der *res publica* wurde keine „republikanische Scheinfassade" aufgerichtet, um

Augustus. Nach einem 27 v. Chr. entstandenen Original (links).
Teilkopie nach dem Doryphoros des Polyklet. Bronzeherme aus
der „Villa dei Papiri" (rechts).

die Römer zu täuschen, wie man so oft liest. Schon 27
v. Chr. zeigte sich, daß der neue Stil des Princeps dem Sen-
dungsbewußtsein des Augustus keinen Abbruch tat, im Gegenteil. Aber der Alleinherrscher verstand und spielte seine
Rolle jetzt anders als vorher.

Die Macht der neuen Zeichen ging also nicht von einer
Behörde aus, die mit der Verbreitung politischer Bilder und
Schlagwörter befaßt gewesen wäre und sich an einem ‚Ziel-
publikum' orientiert hätte. Ihre rasche Verbreitung beruhte
allein auf der Bereitschaft, ja dem konkurrierenden Eifer der
Städte, Stände, Gruppen und Einzelpersonen, den Augustus
zu ehren, ihm zu danken und ihn der Loyalität zu versi-
chern. Hinter dieser Spontaneität, dieser Selbstläufigkeit der
Verbreitung der Bilder, standen natürlich sehr konkrete soziale, wirtschaftliche und politische Zwänge, die sich aus der
individuellen Situation der Agierenden ergaben.

Karl Christ

Pax Augusta

Nach seinem Sieg über Antonius und Kleopatra, nach dem großen, dreifachen Triumph des Jahres 29 v. Chr., nach dem demonstrativen Übergang zu „republikanischer" Herrschaftsform und nach der innenpolitischen Konsolidierung seiner Macht, legte Octavian am 13. Januar des Jahres 27 v. Chr. seine Sondergewalt im Senat nieder und gab Provinzen, Heere und Verwaltung in die Hände des römischen Senates und Volkes zurück. Als ihm daraufhin der römische Senat, zunächst auf die Dauer von zehn Jahren, die Verantwortung für die gefährdeten oder noch nicht völlig befriedeten Räume Spaniens, Galliens und Syriens – nach römischer Terminologie als *provincia* – übertrug, da begründete diese Entscheidung zugleich die eigenartige Verfassungs- und Verwaltungsstruktur des *Imperium Romanum* unter dem Principat. Die Absprache zwischen dem Senat und Octavian wurde sogleich durch Volksbeschluß zum Gesetz erhoben, sie erhielt damit ihre denkbar breiteste juristische und politische Absicherung.

Die Entscheidung legalisierte die dominierende Stellung Octavians, der seit dem 16.1.27 v. Chr. den Ehrennamen Augustus führte, im Staate endgültig. Faktisch übertrug sie zugleich den Oberbefehl über nahezu das gesamte römische Heer an den *princeps*. Sie war das offene Eingeständnis der alten Führungsschicht, daß sich diese nicht mehr imstande sah, die komplexen Probleme des *Imperiums* ohne Octavian-Augustus, ohne dessen Anhängerschaft, ohne dessen Truppen und nicht zuletzt ohne dessen immense materielle Mittel zu lösen. Seit diesem Augenblick trat der neue Verwaltungsapparat des *princeps* neben den alten der römischen Republik, indessen konnte dies nie zur echten Konkurrenz rivalisierender Gewalten führen, da sich einmal die Princi-

patsverwaltung einseitig auf immer neue Bereiche ausdehnte, der „republikanische" Verwaltungsapparat andererseits
dagegen immer stärker vom *princeps* beherrscht und durchdrungen wurde.

Die Lösung des Jahres 27 v. Chr. war aber auch in anderer
Hinsicht ein Kompromiß. Denn auch Octavian war in seinen eigenen Möglichkeiten sowohl durch die Macht der römischen Tradition gebunden, die ihn an bestimmte Verfas-
sungs- und Verwaltungsnormen band, als auch durch die
begrenzte Zahl qualifizierter und loyaler Personen, die ihm
für seine weitgespannten Aufgaben zur Verfügung standen.
Dadurch erklären sich das Fortbestehen relativ großer Kom-
petenzbereiche der Senatsverwaltung ebenso wie die Zu-
rückhaltung vor Eingriffen in die lokalen Verfassungsstruk-
turen auf der unteren Ebene. Insgesamt gesehen wurden jedoch die Erhärtung, Erweiterung und Verselbständigung
der legal übertragenen Kompetenzen in dem neuen politischen System des Principats entscheidend. [...]

Joseph Vogt hat einst den Nachweis geführt, daß die Vorstellung, die römische Herrschaft umfasse die gesamte Oikoumene, die gesamte bewohnte und bekannte Welt, auf
griechische Konzeptionen des 2. Jahrhunderts v. Chr. zu-
rückgeht, und er hat belegt, daß die Vorstellung einer römischen Weltherrschaft, so wie sie vor allem Cicero vielfältig
artikulierte, durchaus dem römischen Selbstverständnis der
späten Republik entsprach. Wie immer die römische Herrschaft legitimiert wurde, ob als Gabe der Götter für die
peinlich genaue Respektierung ihres Willens, als Lohn überlegener römischer Moral, der sprichwörtlichen *mores maio-
rum* und der Römertugenden, oder als Folge der ausgewo-
genen Verfassung der römischen Republik, die Überzeugung der Rechtmäßigkeit dieser Herrschaft war tief gegründet und allgemein verbreitet. Die römische Vorstellung des
gerechten Krieges *(bellum iustum)*, das heißt eines Krieges,
der in rechtmäßiger Form erklärt worden war, eines Krieges, der entweder der eigenen Verteidigung, der Wahrung

eigener Rechte, der eigenen Ehre oder der Unterstützung von Verbündeten dienen sollte, trug wesentlich dazu bei, daß keine Zweifel an der Legitimität der Ausdehnung römischer Herrschaft aufkamen. Es war kein Zynismus, wenn Cicero konstatierte: „Unser Volk hat sich schon durch die Verteidigungskriege für seine Verbündeten die ganze Welt angeeignet" (de re publica 3,35).

Die Vorstellung einer römischen Weltherrschaft war indessen nicht nur ein Element der politischen Terminologie, sondern gleichzeitig ein Resultat historischer Erfahrung. Durch Pompeius „den Großen" war die Alexanderideologie wiederbelebt worden, ein römisches Heer drang unter ihm bis in den Raum des Kaspischen Meeres vor. Caesar hatte dann im Westen die Grenzen der Oikoumene erreicht, die Tore nach Britannien und Germanien aufgestoßen. Die Zerschlagung des Dakerreiches unter Burebistas und die Niederwerfung des Parthischen Reiches schienen nur noch eine Frage der Zeit zu sein. Gewiß hatte es im Osten unter Crassus und unter Antonius Rückschläge gegeben, aber es bestand kein Zweifel daran, daß das Parthische Großreich einem römischen Angriff nicht standhalten konnte, wenn nur alle römischen Kräfte für diese Aufgabe zusammengefaßt würden.

Weitgesteckte Erwartungen und nüchterne Analysen traten unter Augustus in Widerspruch. Die augusteische Literatur enthält nicht wenige Anzeichen dafür, daß auch von Caesars Erben nach 30 v. Chr. weitgespannte militärische Operationen in caesarischen Dimensionen erwartet wurden. Boten solche Feldzüge zudem nicht die beste Gelegenheit, die durch die Bürgerkriege zerrissenen Legionen gegen einen gemeinsamen Gegner zu führen und sie dadurch erneut zusammenzuschweißen? Schon die Maßstäbe und Normen der alten Führungsschicht, erst recht die hohen Erwartungen, die an die Führer der großen Heeresgefolgschaften der späten Republik gestellt wurden, schienen weitere Expansionen geradezu zu erzwingen.

Tatsächlich haben spätere *principes* in vergleichbaren Situationen solchen militärischen und außenpolitischen Legitimationszwängen nachgegeben, insbesondere dann, wenn Zweifel an ihrer Eignung bestehen konnten, wenn ihre Thronfolge problematisch war oder wenn sie sich erst in Bürgerkriegen durchsetzen mußten. Die Annexion Britanniens unter Claudius (43 n. Chr.), die Aufbauschung der Niederwerfung des jüdischen Aufstandes durch Vespasian und Titus (70 n. Chr.), die Eröffnung einer neuen Offensive in Germanien durch Domitian (83 n. Chr.), die Zerschlagung des Dakerreichs und die Besetzung Arabiens durch Trajan (106 n. Chr.), auch die neuen Offensiven des Septimius Severus in Parthien und Britannien, können in solche Zusammenhänge gerückt werden.

Allein Augustus war kein Mann der großen, visionären Feldzugspläne im Stile Caesars. Er gab nach 30 v. Chr. der innenpolitischen Stabilisierung und der Konsolidierung des *Imperiums* den Vorrang. Er konnte damit nicht nur der Friedenssehnsucht des Mutterlandes entsprechen, sondern zugleich davon profitieren, daß die Aufrechterhaltung seiner Machtstellung durch weiterhin offene und noch ungelöste militärische und politische Aufgaben besser zu begründen war. Tatsächlich wurde im römischen Senat am 13.1.27 v. Chr. auf die noch nicht bewältigten Aufgaben hingewiesen. Gleichzeitig ließ Augustus die Erringung und Sicherung des Friedens unter Einsatz aller Mittel und in allen nur denkbaren Formen als seine entscheidende Leistung feiern. Der *princeps* war damit zum Garanten des Friedens geworden, die *pax Romana*, die durch die römische Republik in ihrem Machtbereich geschaffene Friedensordnung, wurde zur *pax Augusta*, jede Opposition gegen die neue Friedensherrschaft damit aber auch zugleich als Gefährdung des Friedens schlechthin abgestempelt.

Pax ist eine relativ späte römische Abstraktion, erst Caesar setzte sie als Element der politischen Terminologie ein. Sie wurde im Jahre 44 v. Chr. erstmals auf seiner Münzprä-

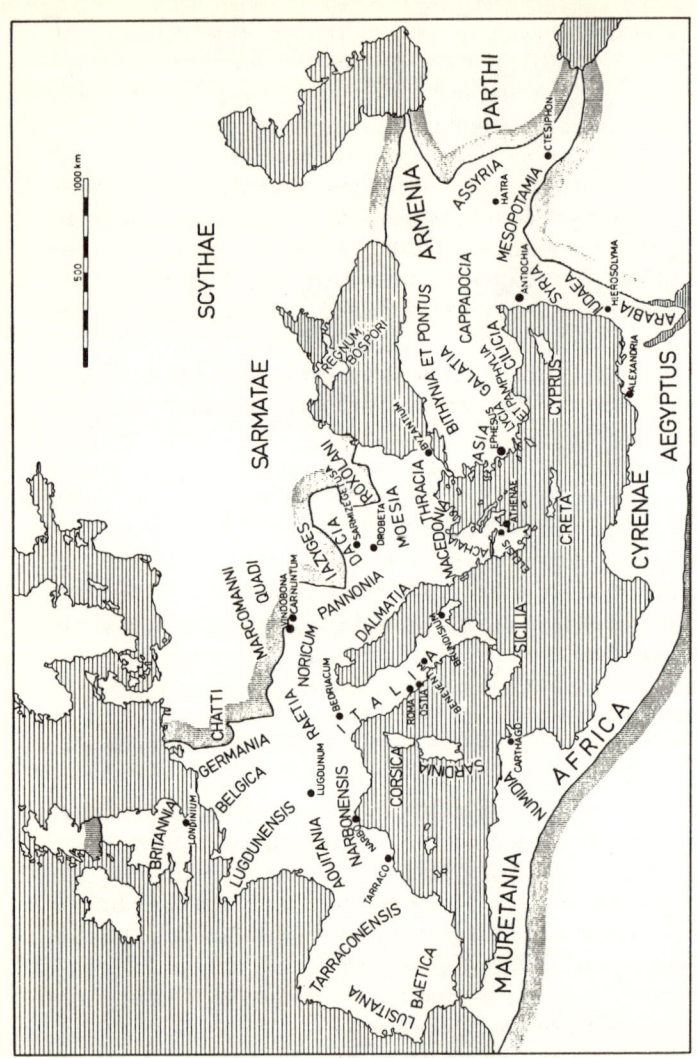

Das Imperium der Kaiserzeit

gung dargestellt, doch gibt es Anzeichen dafür, daß er den Kult der *Pax* im *Imperium* einführen wollte. Octavian feierte sie dann schon im Jahre 36 v. Chr., nach der Niederwerfung des Sextus Pompeius, mit besonderer Emphase, erneut nach seiner Rückkehr aus dem Osten, als er erstmals 29 v. Chr. den Janustempel schließen ließ, als Symbol des im ganzen Reich zu Lande wie zur See errungenen Friedens.

Frieden und Eintracht wurden somit unter den Schutz der Göttin *Pax* gestellt, die häufig durch den Heroldstab, den *caduceus*, doch auch durch Ölzweig und Füllhorn ausgewiesen wurde. Gerade in den Anfängen taucht daneben jedoch auch immer wieder das Bild der verschlungenen Hände auf, um die neue Abstraktion zu symbolisieren. *Pax* hatte somit stets zwei Dimensionen: Im Innern war sie eng mit der Eintracht aller Bürger, der *concordia*, verbunden, nach außen blieb der errungene Friede immer an die Suprematie des römischen *Imperiums* gekettet.

Gemäß der alten römischen Vorstellung der *pax deum* rückte die Erringung und Sicherung des Friedens auch Augustus in den Bereich der Götter, im griechischen Reichsteil verband sie ihn überdies mit der Alexanderideologie. Die Stiftung der *Ara Pacis Augustae* und die mannigfaltigen Variationen des Friedensgedankens bei Vergil, Tibull und Horaz dokumentieren die Macht der Vorstellung. Wenn der Festkalender von Cumae Augustus als Wächter des Römischen Reiches und des Friedens des Erdkreises feiert, als *custos imperii Romani pacisque orbis terrarum*, so bringt er zugleich *Imperium Romanum* und Friedensordnung in jene Verbindung, die sie nach römischem Selbstverständnis immer besaßen. Es ist deshalb auch kein Zufall, daß sich später selbst so verschiedene *principes* wie Nero und Vespasian diese Friedenskonzeption zu eigen machten.

Die in der historischen Situation des Jahres 30 v. Chr. angelegten Widersprüche und Spannungen zwischen Weltherrschaft und Friedensherrschaft durchzogen die gesamte Epoche des Principats, so lange, bis die grundlegenden außenpolitischen Veränderungen seit dem letzten Drittel des 2. Jahrhunderts n. Chr. die Lage durchgreifend umgestalteten und das *Imperium* in die Defensive drängten. Aber Ideologeme, Fiktionen und Illusionen hielten die Weltherrschaftsvorstellung aufrecht und brachten sie zur Deckung mit der *pax Augusta*. Gerade die Synthese der so konträren Elemente nahm der Principat für sich in Anspruch. Eine primär defensive und integrative Politik ist dabei nicht nur von quietistischen *principes* vom Schlage eines Antoninus Pius vertreten worden, sondern auch von erfahrenen Militärs mit Weitblick vom Range eines Tiberius und Hadrian.

Selbstverständlich war die *pax Augusta* identisch mit der Konservierung des neuen politischen Systems des Principats, mit der Wahrung der bestehenden Sozial- und Wirtschaftsstruktur, mit der Sicherung des römischen Primats. Aber sie war keineswegs nur das Produkt von Täuschung und Ausbeutung. Sie wurde in nahezu allen Gliedern des *Imperiums* jahrhundertelang deswegen akzeptiert und bejaht, weil sie eine effektive und stabile Rechtsordnung bot, weil sie über den lokalen und regionalen Interessengegensätzen und Partialkonflikten stand, sich mit den Alltagsquerelen nicht abgab, nicht zuletzt aber deswegen, weil sie nach der aristokratischen Willkür der republikanischen Provinzialverwaltung und nach den Exzessen der Bürgerkriege wie eine Erlösung wirken mußte. Die nüchterne Anerkennung der römischen Leistungen, der permanenten militärischen Sicherung, der hohen Verwaltungseffizienz, der korrekten Rechtsprechung und Steuerpolitik trugen zur Identifikation mit dieser Ordnung mehr bei als die panegyrische, kultische und ideologische Beeinflussung des Bewußtseins. Das Römische Reich als Ordnungsmacht war keine Erfindung von Ideologen, sondern eine Erfahrung des Alltags, die *pax Augusta* nicht nur eine propagandistische Formel, sondern weithin Realität.

Dacre Balsdon

Neros Muttermord

Nachdem C. Vipstanus und C. Fonteius das Konsulat angetreten hatten, beschloß Kaiser Nero, Sohn der Agrippina, die Ausführung eines schon lange gehegten verbrecherischen Plans. Im Laufe seiner langen Regierungszeit seit dem Jahr 54 n. Chr. hatte sich seine Dreistigkeit noch verstärkt, und erst recht seine Liebe zu Poppaea. Da Poppaea wußte, daß Nero, so lange Agrippina noch lebte, sich nie von Octavia scheiden lassen und sie selbst heiraten würde, zog sie ihn oft auf und nannte ihn im Scherz „ein unmündiges Kind auf dem Thron"; er gehorche den Befehlen anderer und übe nicht nur keine Herrschermacht aus, er sei noch nicht einmal selbständig: „Warum heiraten wir nicht?" meinte Poppaea. „Hast du gegen mein Äußeres etwas einzuwenden? Oder gegen meine mit Triumphen geehrten Ahnen? Oder fürchtest du, daß ich keine Kinder bekomme? Oder glaubst du nicht an die Aufrichtigkeit meiner Liebe? Ich weiß den wahren Grund: du fürchtest, wenn ich erst einmal deine Frau bin, werde ich dir die Augen öffnen für die Beleidigungen der Senatoren durch deine Mutter und für die allgemeine Erbitterung über ihren Hochmut und ihre Habsucht. Wenn Agrippina nur eine Schwiegertochter zu ertragen vermag, die gegen ihren eigenen Sohn arbeitet, dann möchte ich wieder zu Otho zurückkehren; schließlich ist er mein Mann." Lieber würde sie meilenweit von Rom entfernt leben, wo sie von der schmachvollen Behandlung des Kaisers nur durch Hörensagen erfahre, sie aber nicht selbst mit ansehen müsse und auch nicht in die ihm drohende Gefahr mit hineingerate. Geschickt in Tränen ausbrechend als raffinierte Frau, die sie war, traf sie ins Schwarze. Und niemand wandte sich gegen sie, weil sich alle einig waren, daß der mütterliche Einfluß gebrochen werden müsse. Denn auf den

Gedanken, daß sich Neros Haßgefühle gegen seine Mutter bis zum Mord steigern könnten, kam niemand.

Agrippinas Entschlossenheit, von ihrer Gewalt über ihren Sohn nicht zu lassen, war so groß, daß sie, wie der Historiker Cluvius Rufus überliefert, verschiedentlich mitten am hellichten Tag in großem Make-up, wenn Nero durch Essen und Trinken ein wenig beschwipst war, in unmißverständlich inzestuöser Absicht in seinem Hause erschien. Sie küßte ihn voll unangebrachter Leidenschaft und herzte ihn schmeichelnd, um ihn ihren Absichten geneigt zu machen. Anderen an der Tafel entgingen diese Zärtlichkeiten nicht, und so suchte Seneca gegen die weiblichen Verführungskünste Hilfe bei einer anderen Frau, dem Mädchen Acte, deren Vater noch Sklave gewesen war und die seine Sorge hinsichtlich der Gefahr für die eigene Person wie auch für die Gefahr, in der Nero schwebte, teilte. Er veranlaßte sie, Nero mitzuteilen, die Blutschande sei schon überall bekannt, da seine Mutter damit prahle, und die Truppen wären nicht bereit, den Oberbefehl eines solchen Kaisers zu dulden. Fabius Rusticus bestätigt sogar, nur der List dieser Freigelassenen sei es zu verdanken gewesen, daß diese Absichten der Agrippina hintertrieben wurden. Auch berichtet er, nicht Agrippina, sondern Nero habe diesen ungeheuerlichen Wunsch erkennen lassen.

Auch andere Autoren bestätigen die Version des Cluvius, und so wurde sie denn auch allgemein überliefert. Agrippina mag in der Tat diesen anstößigen Plan gehegt haben, oder, anders ausgedrückt, ihrer Vergangenheit nach zu urteilen, gab es keine sexuelle Abartigkeit, die ihr nicht zuzutrauen gewesen wäre. Schon als junge Frau war es der Ehrgeiz gewesen, der sie getrieben hatte, die Geliebte des Lepidus zu werden, aus dem gleichen Grund hatte sie alles getan, um die Wünsche des Pallas zu befriedigen; und die Ehe mit ihrem Onkel war, was dies betrifft, die beste Vorbildung gewesen.

So war Nero darauf bedacht, niemals mit ihr allein zu sein

und lobte sie, wenn sie in ihre Gärten oder aufs Land ging –
nach Tusculum oder Antium (Anzio) –, wo sie sich ja der
Muße hingeben könne. Doch zuletzt wurde ihm immer
deutlicher, daß sie für ihn eine unerträgliche Belastung darstellte, wo immer sie sich aufhalten mochte, und er beschloß, sie zu beseitigen, wobei er sich nur noch überlegte,
ob durch Gift oder Dolch oder irgendein anderes Gewalt-
mittel. Zuerst war er für Gift. Doch dagegen sprach vieles.
Wenn man es ihr beim Essen an der Tafel des Kaisers verab-
reichte, würde die Welt ihren Tod kaum für einen Zufall
halten, nachdem Britannicus auf solche Weise ums Leben
gekommen war. Es mit Hilfe der Diener zu versuchen, erschien auch nicht geraten, da sie durch eigene Erfahrungen
auf diesem Gebiet auf der Hut war. Auch hatte sie durch regelmäßige Einnahme von Gegengiften ihren Körper immun
gemacht. Sie mit dem kalten Stahl zu erledigen, hatte auch
seine Schwierigkeiten. Niemand wußte, wie man das Attentat in aller Stille ausführen konnte. Auch fürchtete Nero,
daß der Attentäter, auf den die Wahl fiel, vor einem Mord
von solcher Bedeutung zurückschrecken würde.

Schließlich stellte der Freigelassene Anicetus, Flottenbe-
fehlshaber in Misenum, seine Erfindungsgabe für die Lösung dieses Problems zur Verfügung. Er war Neros Jugend-
erzieher gewesen, und er und Agrippina haßten sich gegenseitig. Man könne ein Schiff so bauen, schlug er vor, daß ein
Teil desselben durch eine künstliche Vorrichtung mitten auf
dem Meer auseinanderbreche. Sie werde ins Wasser fallen,
und niemand würde etwas ahnen. „Auf See", sagte er, „ist
keine Art Unfall unmöglich. Wer wird denn so ungerecht
sein, einem Verbrechen zuzuschreiben, was Wind und Wel-
len verschuldet haben? Als Kaiser wirst du der Verstorbenen
einen Tempel und Altäre weihen und auch sonst in jeder
Hinsicht deine Kindesliebe bezeugen."

Diese raffinierte Idee fand Billigung. Sie kam gerade im
rechten Moment. Denn in diesen Tagen pflegte Nero nach
Baiae zu fahren, um dort das Fest der Minerva (19.–23.

März) zu begehen. Nun überredete er seine Mutter, sich dort mit ihm zu treffen. Um Vertrauen in eine Versöhnung zu verbreiten, die Agrippina bei der optimistischen Gläubigkeit der Frauen auch schlucken würde, äußerte er hie und da, ein Mann müsse sich den Zornesausbrüchen seiner Eltern beugen und sich wieder aussöhnen. Als sie zu Schiff von Antium ankam, ging er ihr an den Landungssteg entgegen, reichte ihr beim Aussteigen die Hand, umarmte sie und geleitete sie nach Bauli, einer Villa unmittelbar am Meer zwischen dem Vorgebirge Misenum und der Bucht von Baiae gelegen. Eines der Schiffe, die hier vor Anker lagen, war schöner ausgestattet als die anderen, was den Eindruck erweckte, daß dies der Ehre seiner Mutter dienen sollte, die sonst auf einem Kriegsschiff mit einer Besatzung von Flottensoldaten zu reisen pflegte.

Sie wurde zur Tafel geladen, damit das Verbrechen im Dunkel der Nacht verhüllt werden konnte. Es ist ziemlich sicher, daß ein Verräter im Spiel war, der Agrippina verriet, daß ein Anschlag gegen sie geplant sei, doch war sie unschlüssig, ob sie dem Glauben schenken sollte oder nicht. Immerhin ließ sie sich in einer Sänfte nach Baiae bringen. Der warme Empfang, der ihr dort zuteil wurde, besiegte ihre Besorgnis. Nero begrüßte sie zärtlich und wies ihr den Platz an seiner Seite an. Mit lebhaften Gesprächen, indem er mal in kindlicher Vertrautheit, mal in ernsthaftem Ton mit ihr redete, als handele es sich um wichtige Dinge der Politik, zog er das Mahl in die Länge. Erst spät brach man auf, und er gab ihr noch das Geleit und blickte ihr innig in die Augen und umarmte sie zärtlich. Er spielte seine heuchlerische Rolle bis zum bitteren Ende – oder vielleicht ging ihm der letzte Blick auf seine in den Tod gehende Mutter trotz seiner Unmenschlichkeit wirklich nahe.

Als wollte sie das Verbrechen nicht im Dunkeln lassen, bescherte die Vorsehung eine sternenhelle Nacht und eine ruhige See. Zwei Freunde aus dem Kreis ihrer Vertrauten begleiteten Agrippina, Crepereius Gallus, der in der Nähe des Steuerruders stand, und Acerronia, die, über die Füße der ausgestreckt daliegenden Agrippina geneigt, sich freudig über Neros Sinneswandel und die Versöhnung zwischen Mutter und Sohn erging. Das Schiff hatte erst eine kurze Strecke zurückgelegt, als auf ein verabredetes Zeichen das mit viel Blei belastete Verdeck über ihnen einstürzte. Crepereius wurde erdrückt und starb auf der Stelle. Agrippina und Acerronia wurden durch die Seitenwände des Ruhebettes geschützt, die zufällig stark genug waren, um die Belastung auszuhalten. Das Schiff brach denn auch nicht auseinander, weil in dem allgemeinen Tohuwabohu die vielen, die nicht in das Komplott eingeweiht waren, denen im Wege waren, die Bescheid wußten.

Die Ruderer hielten es für geraten, auf die eine Seite zu treten und so das Schiff zum Umkippen zu bringen, doch konnten sie sich bei dem schnellen Ablauf des Geschehens nicht rasch genug einigen. Währenddessen stemmte der andere Teil der Mannschaft sich dagegen, so daß das Schiff nur langsam im Meer versank. Acerronia war so unklug, in ihrer Not zu schreien: „Ich bin Agrippina, helft der Mutter des Kaisers!" Daraufhin wurde sie mit Stangen und Rudern und was sonst gerade an Schiffsgeräten zur Hand war, erschlagen. Agrippina hielt den Mund und fand daher nur geringe Beachtung. Sie kam mit einer einzigen Verwundung an der Schulter davon. Nun begann sie zu schwimmen, bis sie von herbeisegelnden Kähnen aufgenommen wurde. Sie brachten sie bis zum Lucriner See und von dort in ihr Landhaus.

Nun erst erkannte sie die wahre Bedeutung der trügerischen Einladung: Darum also hatte man sie mit besonderen Ehren bedacht. Das Schiff war in der Nähe der Küste bei völliger Windstille, ohne auf Klippen getrieben zu sein, vom Deck an eingestürzt wie bei einem Bühnentrick. Angesichts der Ermordung der Acerronia und zugleich auf ihre eigene Wunde blickend, kam sie zu der Erkenntnis, daß die beste Vorbeugung gegen einen weiteren Anschlag darin bestehen würde, so zu tun, als habe sie die Sache nicht durchschaut.

Und so schickte sie ihren Freigelassenen Agerinus zu Nero, um ihm zu berichten, daß sie dank der Gnade der Götter und dank seinem eigenen Glück dem Tode entronnen sei. Sie bitte, so sehr ihn die Gefahr, in der seine Mutter schwebte, erschreckt haben möge, seinen Besuch bei ihr zu verschieben, da sie im Augenblick der Ruhe bedürfe. Sie selbst war darauf bedacht, keine Angst zu verraten: Scheinbar sorglos verband sie ihre Wunde und nahm ein Heilmittel. Was Acerronia betraf, so brauchte sie sich nicht zu verstellen, sie befahl, das Testament der Acerronia herbeizuschaffen und ließ deren Besitz versiegeln.

Statt der Nachricht vom Gelingen des Attentats, die er erwartet hatte, traf die Botschaft bei Nero ein, daß sie mit einer leichten Verwundung davongekommen war und dem Schauplatz nahe genug, um sich keinem Zweifel hinzugeben, wem dieser Unfall zuzuschreiben war.

Außer sich vor Angst rief Nero aus: „Gleich wird sie herbeieilen, um Rache zu nehmen, das schwöre ich euch. Sie wird ihre Sklaven bewaffnen, sie wird Soldaten aufhetzen. Sie wird sich an den Senat und an das Volk wenden. Und wenn sie wegen des Schiffbruchs, ihrer Verwundung und der Ermordung ihrer Freunde Anklage erhebt, wo finde *ich* dagegen Unterstützung?" Seine Hoffnung waren nun Burrus und Seneca.

Ob sie schon vorher eingeweiht gewesen waren oder nicht – offensichtlich nicht oder warum hätten sie sonst geschlafen –, er ließ sie wecken und sofort kommen. Lange Zeit sagten beide kein Wort. Sie wollten ihm nicht vergebens abraten, was er sich in den Kopf gesetzt hatte, und vielleicht glaubten sie tatsächlich, die Lage sei so verzweifelt, daß Nero sterben müsse, wenn man nicht Agrippina erledige.

Seneca sprach zuerst. Er sah Burrus in die Augen und stellte ihm eine Frage: ob man den Soldaten die Ermordung der Agrippina befehlen könne? Burrus entgegnete: „Die Prätorianer sind dem gesamten Haus der Caesaren verpflichtet und werden sich im Gedanken an Germanicus weigern, gegen seine Tochter die Hand zu erheben. Anicetus machte ja seine Versprechungen, er hätte sie besser in die Tat umsetzen sollen."

Anicetus forderte denn auch ohne Zaudern, daß man ihm die direkte Durchführung überlasse. Daraufhin sagte Nero: „Erst mit dem heutigen Tag werde ich wirklich der Kaiser, und diese Beförderung habe ich einem Freigelassenen zu danken. Mache dich eiligst auf und nimm Leute mit, die ohne Zaudern tun, wie ihnen befohlen wird." Als Nero hörte, Agerinus sei eingetroffen mit einer Botschaft von Agrippina, inszenierte er seinerseits einen Anlaß zu einer Beschuldigung: Während Agerinus seinen Auftrag vorbrachte, warf ihm Nero ein Schwert zwischen die Füße und befahl, ihn in Fesseln zu legen, als ob er auf frischer Tat ertappt worden wäre. Damit wollte er den Anschein erwecken, als habe seine Mutter die Ermordung ihres Sohnes geplant und aus Scham über die Entdeckung dieses Verbrechens sich selbst das Leben genommen. Unterdessen hatte sich die Nachricht von dem – vermeintlich zufälligen – Unglück Agrippinas verbreitet, und viel Volk kam zum Strand gelaufen. Die einen stiegen auf die Hafendämme, andere in die vor Anker liegenden Schiffe, manche wateten sogar so weit ins Meer, wie es ihre Körpergröße zuließ. Manche breiteten die Arme aus. Die ganze Küste hallte wider von Stimmengewirr, Klagen, Beten, Geschrei und Fragen, auf die niemand Antwort wußte. Eine riesige Menschenmenge strömte mit Fackeln herbei, und als bekannt wurde, daß Agrippina gerettet war, machte man sich auf den Weg, sie zu beglückwünschen. Doch dann sahen sie sich einer bewaffneten, drohenden Schar Soldaten gegenüber und liefen auseinander.

Anicetus hatte das Landhaus mit Posten umstellt, schlug die Tür ein und ließ die Sklaven, die sich ihm entgegenstellten, abführen. Er drang bis an die Tür des Schlafzimmers vor, bei der nur wenige Diener standen – alle anderen waren aus Angst davongelaufen. Das Schlafzimmer war nur schwach beleuchtet; Agrippina befand sich mit einer einzigen Dienerin allein in ihm. Ihre Unruhe wuchs, weil noch niemand, nicht einmal Agerinus, von ihrem Sohn gekommen war, und sie überlegte, wenn alles gutgegangen wäre, hätte eine andre Atmosphäre geherrscht. Kein Mensch war da, nun dieses plötzliche Lärmen, Anzeichen schlimmsten Unheils! Als auch die Sklavin weglief, rief sie ihr nach: „Verläßt auch du mich?", und als sie sich umblickte, sah sie Anicetus in Begleitung eines Centurio der Flottenmannschaft mit Namen Obaritus und des Trierarchen Herculeius und sagte: „Wenn du gekommen bist, um nach mir zu sehen, dann melde, daß ich mich erholt habe. Bist du aber gekommen, um mich zu töten, dann weigere ich mich zu glauben, daß mein Sohn den Mord an seiner Mutter befohlen hat." Die Mörder umstellten das Bett. Zuerst schlug ihr der Trierarch mit einem Knüppel auf den Kopf. Als der Centurio zum Todesstoß sein Schwert zückte, streckte sie ihm den Schoß entgegen und rief: „Dort stoß zu!"

Man schlug so lange auf sie ein, bis sie tot war.

Über diese Vorgänge besteht kein Zweifel; ob aber Nero tatsächlich seine leblose Mutter angeschaut und ihre körperliche Schönheit gepriesen hat, darin divergieren die Überlieferungen. Noch in der gleichen Nacht wurde sie auf einem Speisesofa verbrannt und armselig bestattet. Solange Nero an der Macht war, bekam ihre Asche kein angemessenes Grab. Sie hatte es der Fürsorge ihres Gesindes zu verdanken, daß sie einen bescheidenen Grabhügel an der Straße nach Misenum, unweit des Landhauses des Diktators Caesar, ganz oben auf der Höhe mit Blick hinab auf die Bucht erhielt.

Als man den Scheiterhaufen in Brand gesteckt hatte, gab sich einer ihrer Freigelassenen namens Mnester mit einem Dolch den Tod, ob aus Anhänglichkeit an seine Herrin oder aus Angst vor der Hinrichtung, ist nicht bekannt.

Schon jahrelang hatte Agrippina ein gewaltsames Ende vorausgeahnt, doch war es ihr gleichgültig gewesen. Denn als sie die Astrologen wegen Nero befragte, erhielt sie die

Antwort: „Nero wird herrschen und seine Mutter ermorden." Darauf hatte sie entgegnet: „Mag er mich umbringen, wenn er nur Kaiser wird!"

Villy Sørensen

Senecas Tod

Seneca war als Freund des Calpurnius Piso verdächtigt worden, was Piso Tacitus zufolge dazu veranlaßte, auf der Hut zu sein, und was zur Verschwörung gegen Nero führte. Offensichtlich bestätigten die Ereignisse Senecas Worte, wonach die Furcht das Gefürchtete hervorruft. Die Verschwörer wollten zwar durchaus Rom von Neros demütigendem Auftreten, seiner Zügellosigkeit und Grausamkeit befreien, das naheliegendste Motiv war jedoch die Gefahr, die ihnen selbst drohte, nachdem Nero begonnen hatte, alle, von denen er sich bedroht fühlte, aus dem Weg zu räumen.

Tacitus weiß nicht, wer die Initiative zu der Verschwörung ergriff, nur daß Calpurnius Piso deren wichtigste Figur war. In einem vermutlich zu Lob und Preis dieses Piso geschriebenen Gedicht, *Laus Pisonis,* wird er von einem jungen Mann, der Piso gern zum Mäzen haben wollte, als Redner, Dichter und Brettspieler gerühmt; Piso hatte offenbar auch eine recht enge Beziehung zu Nero. Er entstammte einer vornehmen Familie, war leutselig und freigebig, schön und leichtsinnig, er sang, spielte die Leier und konnte zuweilen ein etwas ausschweifendes Leben führen; es fehlte ihm an Ernst und Selbstbeherrschung, kurz, er erinnerte so seltsam an Nero, bevor dieser völlig außer Rand und Band geriet, daß es einen erstaunen mag, daß die Verschwörer ihn statt Nero auf den Thron setzen wollten, um so mehr, als sich unter ihnen mehrere harte Soldaten befanden.

Dio Cassius nennt als Rädelsführer nur den Prätorianerpräfekten Faenius Rufus und – Seneca. Als die Verschwörung aufgedeckt worden war, weil sich ein paar der Beteiligten in den Augen ihrer Sklaven verdächtig benommen hatten
und angezeigt und verhaftet worden waren, denunzierte einer von ihnen namens Antonius Natalis Piso und Seneca,
„mag dieser nun der Mittelsmann zwischen ihm und Piso
gewesen sein, oder wollte er die Gunst Neros gewinnen,
dem, da er über Seneca erbost war, jedes Mittel zu dessen
Sturz recht war". Tacitus nimmt also zur Frage von Senecas
tatsächlicher Beteiligung an der Verschwörung nicht Stellung, führt aber ein Gerücht an, wonach der Prätorianertri-
bun Subrius Flavus mit den Centurionen verabredet hätte,
daß man im rechten Augenblick „insgeheim, aber nicht ohne
Senecas Wissen" Calpurnius Piso ausschalten und Seneca
zum Kaiser machen wolle, so als seien sie selbst schuldlos,
wenn ein wegen seiner Tugenden berühmter Mann auf den
Thron gesetzt würde.

Es mußte für die aufrührerischen Prätorianer ein nahelie-
gender Gedanke sein, sich im kritischen Augenblick hilfesu-
chend an Seneca zu wenden. Ist es jedoch denkbar, daß Seneca, der den Staatsdienst mit so großer Erleichterung aufgegeben hatte, sein „Otium" aufgeben und die Regierungs-
last auf seine Schultern nehmen wollte, überredet von seinem Neffen Marcus wie Thyestes von seinen Söhnen? Denn
auch Lukan war in die Sache verwickelt, und es ist unwahrscheinlich, daß Seneca von dem finsteren Vorhaben überhaupt nichts gewußt hat, einem Vorhaben, dessen Scheitern
Lukan, Seneca und dessen beide Brüder das Leben kostete.
Tacitus berichtet über die letzten Stunden von Senecas Leben: „Es folgte die Ermordung des Annaeus Seneca, die von
dem Princeps mit besonderer Freude begrüßt wurde, nicht
etwa, weil er von dessen unleugbarer Beteiligung an der
Verschwörung erfahren hatte, sondern er wollte mit dem
Schwerte wüten, wo das Gift keinen Erfolg hatte. Denn Natalis war der einzige, der Aussagen machte, aber nur soweit,

daß er zu dem kranken Seneca geschickt worden sei, um ihm einen Besuch zu machen und sich darüber zu beklagen, daß er es Piso verwehrte, zu ihm zu kommen. Besser wäre es, wenn sie ihre Freundschaft in vertrautem Verkehr pflegen würden. Seneca habe geantwortet, gegenseitige Aussprachen und häufige Unterredungen seien keinem von beiden nützlich. Im übrigen hänge seine eigene Existenz von der Pisos ab. Der Tribun der Prätorianerkohorte Gavius Silanus erhielt den Befehl, diese Aussagen des Natalis dem Seneca zu überbringen und zu fragen, ob er sich zu den Worten des Natalis und zu einer Erwiderung bekenne. Seneca war zufällig oder absichtlich an diesem Tage von Campanien zurückgekehrt und war vier Meilen von Rom auf seinem Landsitz abgestiegen. Dorthin kam der Tribun gegen Abend und sperrte das Landhaus durch Abteilungen von Soldaten ab. Dann gab er Seneca, der gerade mit seiner Gattin Pompeia Paulina und zwei Freunden speiste, die Aufträge des Imperators bekannt.

Seneca antwortete, allerdings sei Natalis zu ihm geschickt worden und habe sich im Namen Pisos darüber beschwert, daß er seinen Besuch ablehne. Er selbst habe sich mit der Rücksichtnahme auf seine Gesundheit und mit dem Wunsch nach Ruhe entschuldigt. Das Wohl eines Privatmannes seiner eigenen Existenz vorzuziehen, dazu habe er keine Veranlassung gehabt. Auch habe er keine Veranlagung zu Schmeicheleien. Das wisse niemand besser als Nero, der öfter mit dem Freimut Senecas als mit seiner Unterwürfigkeit Bekanntschaft gemacht habe. Als dies von dem Tribunen in Anwesenheit von Poppäa und Tigellinus berichtet wurde – sie waren des rasenden Princeps engste Berater –, fragte Nero, ob Seneca Vorkehrungen treffe zu einem freiwilligen Tode. Darauf versicherte der Tribun, er habe keine Zeichen von Furcht, keine Spur von Niedergeschlagenheit in seinen Worten oder in seiner Miene entdecken können. Und so erhielt er den Befehl, nochmals hinzugehen und ihm den Tod anzukündigen. Fabius Rusticus überliefert, der Tribun sei nicht auf dem gleichen Weg zurückgekehrt, auf dem er gekommen war, sondern habe einen Umweg gemacht zu dem Präfekten Faenius, dem er die Befehle des Caesars dargelegt und den er gefragt habe, ob er sie befolgen solle. Dieser habe ihn aufgefordert, sie zu vollziehen. Das Schicksal wollte es, daß sie alle sich feige benahmen. Auch Silanus gehörte ja zu den Verschworenen und vermehrte die Verbrechen, zu deren Bestrafung er seine Zustimmung gegeben hatte. Doch ersparte er es sich, mit Seneca persönlich zu sprechen und ihm vor Augen zu treten. Er schickte zu ihm einen von den Centurionen, der ihm ankündigen sollte, daß seine letzte Stunde gekommen sei.

Seneca verlangte unerschrocken, die Niederschrift seines Testaments zu bringen. Als dies der Centurio ablehnte, wandte er sich an seine Freunde mit den Worten, da er ja gehindert werde, ihnen für ihre Verdienste den schuldigen Dank abzustatten, hinterlasse er ihnen das nunmehr einzige, jedoch auch das Schönste, das er besitze, das Bild seines Lebens. Wenn sie dies im Gedächtnis behielten, würden sie den Ruf einer edlen Bildung als Lohn für ihre so unerschütterliche Freundschaft davontragen. Zugleich suchte er durch allerlei Gespräche und dann wieder nachdrücklich im Tone der Zurechtweisung ihrem Weinen Einhalt zu gebieten und sie zu einer festen Haltung zurückzuführen, indem er fragte, wo denn die Lehren der Philosophie geblieben seien, wo die in so vielen Jahren geübte Einstellung auf drohende Gefahren. Wem sei die Grausamkeit Neros nicht bekannt gewesen? Es sei Nero ja nach der Ermordung seiner Mutter und seines Bruders nichts anderes übriggeblieben, als auch seinen Erzieher und Lehrer umzubringen.

Als er dieses und ähnliches, gleichsam für die Allgemeinheit berechnet, gesprochen hatte, umarmte er seine Gemahlin, und weil er jetzt um sie fürchtete, etwas weicher gestimmt, bat er sie inständig, ihren Schmerz zu mäßigen und sich ihm nicht ewig hinzugeben, sondern in der Betrachtung seines der Tugend gewidmeten Lebens die Sehnsucht nach dem Gatten durch tröstende edle Gedanken zu mildern. Seine Frau dagegen beharrte darauf, daß auch ihr der Tod bestimmt sei, und forderte die Hand des Mörders. Da sagte Seneca, der ihrem rühmlichen Entschluß nichts in den Weg legen wollte, zugleich in der Furcht, er müsse die von ihm einzig Geliebte Mißhandlungen überlassen: ‚Ich habe dir die Mittel gezeigt, die das Leben erträglicher machen, du ziehst es vor, rühmlich zu sterben. Ich werde diesem deinem löblichen Entschluß nichts in den Weg legen. Mögen wir beide die gleiche feste Haltung bei diesem tapferen Sterben zeigen und dein Ende rühmlicher sein!‘ Darauf öffneten sie sich beide gleichzeitig die Pulsadern. Weil bei Senecas durch Alter und spärliche Nahrung geschwächtem Körper das Blut nur langsam abfloß, öffnete er auch die Adern an den Schenkeln und Kniekehlen. Von schweren Schmerzen erschöpft, riet er seiner Gattin, um nicht ihre mutige Haltung durch seine Schmerzen zu erschüttern und seinerseits durch den Anblick ihrer Qualen in den Zustand des Schwachwerdens zu verfallen, in ein anderes Gemach zu gehen. Und da ihn auch im letzten Augenblick seine Beredsamkeit nicht im Stich ließ, rief er seine Schreiber herbei und diktierte ihnen längere Ausführungen, die im Wortlaut veröffentlicht worden sind, weshalb ich mir es erspare, sie umgeformt wiederzugeben.

Aber da Nero keinen persönlichen Haß gegen Paulina hegte und er vermeiden wollte, daß die Empörung über seine Grausamkeit weiter um sich greife, befahl er, ihren Tod zu verhindern. Auf Zureden der Soldaten verbanden die Sklaven und Freigelassenen ihre Arme und stillten das Blut, wobei man nicht weiß, ob sie es bemerkte. Denn bei der Neigung der großen Masse, immer das Schlechtere anzunehmen, glaubten manche, solange sie Neros Unversöhnlichkeit gefürchtet habe, sei ihr der Ruhm eines gemeinsamen Todes mit ihrem Manne erwünscht gewesen, dann aber, als sich die Aussicht zeigte, gelinder davonzukommen, seien die Verlockungen des Lebens über sie Herr geworden. Sie lebte dann noch einige Jahre in löblichem Gedenken an ihren Mann mit so bleichem und fahlem Gesicht und Körper, daß man deutlich sah, wieviel sie von ihrer Lebenskraft eingebüßt hatte.

Indessen bat Seneca, da bei ihm das Verbluten nur langsam vor sich ging und das Sterben sich verzögerte, seinen lange bewährten treuen Freund und Arzt Statius Annaeus, das schon lange vorgesehene Gift zu holen, mit dem in Athen die von einem staatlichen Gericht Verurteilten hingerichtet wurden. Man brachte es, und er trank es, doch ohne daß es wirkte. Denn seine Glieder waren schon erkaltet, und der Körper nahm das Gift nicht mehr in sich auf. Zuletzt stieg er in ein Bassin mit heißem Wasser, und während er die zunächst stehenden Sklaven bespritzte, sagte er, er weihe dieses Naß Jupiter, dem Befreier. Dann ließ er sich in das Dampfbad bringen, wo er erstickte. Darauf wurde er ohne jede Leichenfeier verbrannt. So hatte er es in seinem Testament angeordnet schon zu einer Zeit, da er als ein ungeheuer begüterter und einflußreicher Mann für sein Lebensende vorsorgte.«

Ernst Künzl

Der Triumph des Jahres 71 n. Chr.

Im Jahr 70 n. Chr. wurde der jüdische Tempel in Jerusalem zum zweiten Mal und seitdem endgültig zerstört. Die Römer beendeten damit eine für sie demütigend lange jüdische Insurrektion. Der siegreiche Feldherr Titus und sein Vater, Kaiser Vespasianus, feierten 71 den Triumph in Rom, während ihre Armee in Palästina noch dabei war, die letzten Widerstandszentren zu zerstören. Belagerung und Fall der Burg Masada am Toten Meer im Jahr 72, ein Jahr nach dem

Triumph, markierten für die Römer einen letztlich zwangsläufigen Sieg über ein kleines Volk.

Der Flaviertriumph von 71 war der letzte Triumphzug, an dem ein Feldherr, Titus, der nicht zugleich Kaiser *(princeps)* war, als Hauptperson teilnahm. Danach wurde der Triumph ein ausschließlich kaiserliches Vorrecht. Durch einen Zufall der Geschichte haben wir von diesem Ereignis einen ausführlichen Bericht, den ausführlichsten von einem antiken Triumphzug überhaupt. Verfasser ist der jüdische Historiker Flavius Iosephus, der für die Tragödie des jüdischen Aufstandes unsere Hauptquelle ist, wenngleich er Partei war: Er stand bereits auf der Seite der Römer und nicht mehr auf der seines Volkes.

Die Lobeshymnen des Flavius Iosephus auf den römischen Sieg über sein eigenes Volk wirken auf uns etwas peinlich, es fehlte deshalb auch nicht an sarkastischen Anmerkungen: „Daß Kaiser Vespasianus", so Mommsen, „ein tüchtiger Soldat, es nicht verschmäht hat wegen eines solchen unvermeidlichen Erfolgs über ein kleines längst untertäniges Volk als Sieger auf das Capitol zu ziehen..., gibt keine hohe Vorstellung von dem kriegerischen Sinn dieser Zeit. Freilich ersetzte der tiefe Widerwille, den die Okzidentalen gegen das Judenvolk hegten, einigermaßen was der kriegerischen Glorie mangelte, und wenn den Kaisern schon der Judenname zu schlecht war, um ihn so sich beizulegen wie den der Germanen und der Parther, so hielten sie es nicht unter ihrer Würde dem Pöbel der Hauptstadt die Schadenfreude dieses Triumphes zu bereiten."

Zumindest die militärische Leistung wird man heute anders beurteilen. Die Eroberungen Jerusalems (70) und Masadas (72) waren bemerkenswerte militärische Operationen. Nehmen wir deshalb die Schilderung des zum römischen Bürger gewordenen Juden Flavius Iosephus einfach als ergiebigen Bericht eines römischen Triumphzuges, der es uns erleichtert, die historischen und archäologischen Informationen besser zu verstehen.

Flavius Iosephus, Der jüdische Krieg *(De bello Iudaico)* 7, 3–7 (einige angefügte Erläuterungen stehen in eckigen Klammern):

3. Titus setzte dann, wie vorhergesehen, den Marsch nach Ägypten fort, durchquerte auf schnellstem Wege die Wüste und kam nach Alexandria. Da er nun beschlossen hatte, nach Italien zu fahren, entließ er die beiden Legionen, die seinem Befehl bisher unterstellt waren, jede an ihren Standort, von dem sie zu ihm gestoßen war: die fünfte nach Mösien und die fünfzehnte nach Pannonien. Aus den Gefangenen aber wählte er zunächst einmal die Anführer Simon und Johannes sowie eine Zahl von weiteren 700 Männern aus, die sich durch besonders hohen Wuchs und körperliche Schönheit auszeichneten, und befahl diese unverzüglich nach Italien zu schaffen, da er sie an seinem Triumphzuge vorzuführen gedachte. Nachdem die Fahrt für ihn ganz nach Wunsch verlaufen war, holte ihn die Stadt Rom zum Empfang mit den gleichen Ehren ein, wie damals seinen Vater [Vespasianus]. Insofern war freilich der Einzug für Titus noch besonders glorreich, als der Vater selbst ihm entgegenkam und ihn willkommen hieß. Der Menge der römischen Bürger aber wurde es dabei beschert, mit geradezu gottbegeistertem Entzücken den Anblick der drei [Vespasianus, Titus, Domitianus] nun miteinander Vereinten zu erleben. Nur wenige Tage vergingen, da faßten sie den Beschluß, nur einen einzigen gemeinsamen Triumph ihrer siegreich vollbrachten Taten zu feiern, obwohl der Senat einem jeden der beiden seinen eigenen Triumph zugebilligt hatte. Da der Tag, an dem der Festzug für den Sieg stattfinden sollte, schon vorher öffentlich angekündigt worden war, blieb an ihm kein einziger von dieser unermeßlichen Menschenmenge in der Stadt zu Hause. Alle rannten auf die Straßen hinaus und besetzten jedes Fleckchen, auf dem man irgendwie noch stehen konnte, so daß gerade nur noch soviel Platz übrig blieb, als zu dem mit soviel Schaulust erwarteten Durchzug unbedingt erforderlich war.

4. Es war noch dunkle Nacht, als bereits das ganze Heer in Reih und Glied unter seinen Offizieren ausgerückt war und um die Tore stand, und zwar nicht um die des oberen Palastes [auf dem Palatin], sondern um die in der Nähe des Isistempels [im Marsfeld], denn dort hatten die Feldherrn während jener Nacht geruht. Als die Morgenröte gerade aufging, traten Vespasianus und Titus heraus.

Sie waren schon mit Lorbeer bekränzt, aber noch mit den herkömmlichen Purpurgewändern angetan und begaben sich so zu den Hallen der Octavia. Dort erwarteten nämlich der Senat, die Spitzen der Behörden und die Vornehmsten aus dem ritterlichen Stand ihre Ankunft. Vor den Säulenhallen aber war eine Bühne aufgebaut, auf der elfenbeinerne Sessel für sie bereitstanden. Auf diese schritten sie zu und setzten sich nieder, worauf das Heer sofort in jauchzenden Beifall ausbrach und ihnen alle Soldaten in vielstimmigem Chor ihr Heldentum rühmend bezeugten. Auch die Soldaten trugen übrigens keine Waffen, sondern waren mit Seidengewändern bekleidet und mit Lorbeer bekränzt. Nachdem nun Vespasianus ihre Huldigungen entgegengenommen hatte und sie immer noch nicht mit dem Beifall aufhören wollten, gab er ihnen das Zeichen zu schweigen. Da trat dann allerdings eine tiefe Stille ein, und Vespasianus erhob sich, verhüllte sich mit dem Überwurf seines Gewandes das Haupt fast ganz und verrichtete die vorgeschriebenen Gebete; ebenso betete auch Titus. Nach dem Gebet wandte sich nun Vespasianus mit einer kurzen Ansprache an die ganze Versammlung und entließ dann die Soldaten zu dem Morgenimbiß, der ihnen bei dieser Gelegenheit herkömmlicherweise von den Imperatoren bereitgestellt wurde. Er selbst entfernte sich zu dem Tore, durch das schon seit alten Zeiten die Triumphzüge geleitet wurden, woher es auch seinen Namen bekommen hat *[porta triumphalis]*. Hier nahmen die Fürsten noch vorher eine Stärkung zu sich. Danach legten sie die Gewänder des Triumphes an, opferten den Göttern, deren Standbilder neben dem Tore errichtet waren, und gaben endlich den Befehl zum Aufbruch für den Triumphzug; und zwar ließen sie ihn seinen Weg durch die Theater nehmen, um den Volksscharen die Sicht zu erleichtern.

5. Man ist außerstande, die Vielzahl jener Sehenswürdigkeiten und die Pracht aller jener nur erdenklichen Gegenstände nach Gebühr zu schildern, seien es nun Kunstwerke, Luxusgegenstände oder Naturseltenheiten. Fast alles Staunenswerte und Kostbare nämlich, was begüterte Menschen jeweils nur zum Teil in ihren Besitz gebracht hatten und was bei jedem Volke verschiedenartig war, wurde an jenem Tage zusammengetragen, um die Größe des römischen Reiches zu veranschaulichen. Denn die vielen Geräte aus Silber, Gold und Elfenbein in den mannigfaltigsten Formen nahmen sich nicht sosehr als Teile eines Festzuges aus, sondern flossen, so möchte man sagen, einem ununterbrochenen Strome gleich dahin:

es folgten Gewebe vom seltensten Purpur und solche, die nach babylonischer Art mit bis ins Einzelne durchgearbeiteten Darstellungen bestickt waren. Auch funkelnde Edelsteine, teils in goldene Kronen eingelassen, teils andersartig verarbeitet, wurden in einer solchen Menge vorübergetragen, daß jeder die bisherige Annahme, es handle sich dabei doch um seltene Kostbarkeiten, als Irrtum erklären mußte. Auch die Statuen der bei ihnen verehrten Götter von erstaunlicher Größe, künstlerisch hervorragend gearbeitet und alle ohne Ausnahme aus kostbarem Material, wurden vorbeigetragen. Außerdem wurden Tiere der verschiedensten Gattungen im Zuge mitgeführt, jedes mit dem ihm zukommenden Schmuck versehen. Selbst die vielen Träger all der Kostbarkeiten waren mit purpurnen, golddurchwirkten Gewändern bekleidet; die zum Geleit des Festzuges Auserwählten aber trugen einen besonders erlesenen und überwältigenden Schmuck. Sogar an der Schar der Gefangenen vermißte das Auge nicht den Schmuck; denn hier sollte die Pracht und Schönheit der Kleidung die unangenehmen Eindrücke körperlicher Mißhandlung dem Blick der Zuschauer entziehen. Das meiste Staunen aber erregte der Aufbau der getragenen Schaugerüste; ihre Größe rief nämlich für die Sicherheit der Ladung die Befürchtung wach, sie könnten zusammenstürzen. Unter ihnen gab es nämlich viele von drei und vier Stockwerken; dabei konnte sich der Zuschauer über die Pracht der Ausstattung nur mit Erschütterung freuen. Es waren nämlich viele Gerüste mit golddurchwirkten Geweben umwickelt und an allen waren goldene und elfenbeinerne Kunstwerke befestigt. Vom Krieg selbst aber wurde durch viele Nachbildungen ein eindrückliches Bild seiner immer wieder wechselnden Gestalt gegeben. Da konnte man sehen, wie gesegnete Landstriche verwüstet wurden, wie sämtliche Schlachtreihen der Feinde dahinsanken; man sah die einen auf der Flucht, die anderen auf dem Weg in die Gefangenschaft, das Zusammenbrechen gewaltig hoher Mauern unter dem Ansturm der Belagerungsmaschinen, die Zerstörung der Widerstandskraft der Festungen und die Einnahme starkbemannter Stadtmauern von oben her. Weiter konnte man sehen, wie sich das Heer in die Stadt [Jerusalem] ergoß, überall Tod verbreitend; dargestellt waren auch Gruppen wehrloser Menschen, die mit erhobenen Händen um Gnade flehten, Heiligtümer, die man gerade in Brand gesteckt hatte, und Häuser, die über ihren Bewohnern zusammenstürzten. Dann, nach vielen Bildern der Verwüstung und Trostlosigkeit, folgten Darstellungen von Flüssen. Diese durchzogen aber nicht bebaute Felder, auch spendeten sie keine Labsal für Menschen oder Vieh, sie strömten vielmehr durch noch ringsum brennendes Land – denn alle diese Leiden hatten sich die Juden, als sie sich auf diesen Krieg einließen, zugezogen. Die künstlerische Ausgestaltung und die Großartigkeit der Gerüste führten die Ereignisse denen, die sie nicht gesehen hatten, so lebendig vor Augen, als wären sie selbst dabeigewesen. Auf jedem Gerüst hatte man dem Befehlshaber der jeweils eroberten Stadt in derselben Verfassung, in der er in Gefangenschaft geraten war, seinen Platz angewiesen. Es folgte eine Reihe von Schiffen. Als Beute nunmehr wurde das übrige haufenweise vorbeigetragen; unter allem zeichnete sich das am meisten aus, was man im Tempel in Jerusalem genommen hatte: ein viele Talente schwerer goldener Tisch und ein ebenfalls aus Gold gefertigter Leuchter, in seiner Ausführung aber ganz verschieden von der Art, wie sie bei uns gewohnt ist. Mitten aus dem Sockel ragte nämlich ein Schaft empor, der nach Art des Dreizacks in dünne, nebeneinanderstehende Äste verlief; jeder dieser Äste trug an seiner Spitze eine aus Erz getriebene Lampe. Es waren deren sieben, um die von den Juden der Siebenzahl entgegengebrachte Hochschätzung zu veranschaulichen. Als Abschluß der Beutestücke wurde das Gesetz [die Thorarolle] der Juden vorbeigetragen. Außerdem zogen viele Männer mit Statuen der Siegesgöttin [Victoria] vorüber, die alle aus Gold und Elfenbein angefertigt waren. Danach zog als erster Vespasianus vorbei, und Titus folgte ihm, während Domitianus daneben ritt – er selbst mit glänzendem Schmuck ausgestattet – auf einem Roß, das der Bewunderung wert war.

6. Das Ziel des Festzuges war der Platz beim Tempel des Iuppiter Capitolinus; dort angelangt, hielt man an. Es war nämlich eine alte, von den Vätern ererbte Sitte, an dieser Stelle zu warten, bis ein Bote den Tod des feindlichen Feldherrn meldete. In diesem Fall war es Simon, der Sohn des Giora, der soeben den Triumphzug als Gefangener hatte mitmachen müssen; jetzt wurde er, einen Strick um den Hals, unter ständigen Mißhandlungen von seinen Henkern auf den Platz oberhalb des Forums geschleift, wo nach römischem Recht die zum Tode verurteilten Verbrecher hingerichtet wurden. Als nun sein Tod gemeldet wurde, brachen alle in lauten Jubel aus, und die Triumphatoren begannen mit den Opfern. Nachdem sie diese mit den vorgeschriebenen Gebeten unter günstigen Vorzeichen vollendet hatten, begaben sie sich in den Palast. Sie baten ihrerseits einige Festteilnehmer zur Tafel, während für alle übrigen zu Hause Fest-

mahlzeiten zubereitet waren. Denn diesen Tag feierte die Stadt Rom als Siegesfest für den Feldzug gegen die Feinde, darüber hinaus als Ende ihrer inneren Wirren und als Anfang der Hoffnungen, die man auf eine glückliche Zukunft setzte.

7. Nachdem die Feierlichkeiten des Triumphs vorüber waren, und Vespasianus die Lage im römischen Imperium vollkommen gesichert hatte, beschloß er, der Friedensgöttin einen Tempelbezirk auszubauen; überraschend schnell war er vollendet, und seine Ausführung übertraf alle menschlichen Erwartungen. Er setzte einen phantastischen Aufwand von Reichtum ein und schmückte außerdem den Bau mit Werken der Malerei und Bildhauerkunst aus, die in alter Zeit geschaffen worden waren. In diesem Tempel wurde alles gesammelt und aufgestellt: früher mußten die Leute zu dessen Besichtigung durch die ganze Welt reisen, wenn sie sehen wollten, was bis dahin an diesem und jenem Ort verstreut lag. Hierhin ließ er auch die goldenen Weihegeräte aus dem Heiligtum der Juden bringen, auf die er stolz war. Ihre Thorarolle und die purpurnen Vorhänge des Allerheiligsten befahl er im Palast niederzulegen und zu bewachen.

Karl Christ

Das Adoptivkaisertum

Noch am Tage der Ermordung Domitians, am 18. September 96 n. Chr., wurde M. Cocceius Nerva zum neuen *princeps* ausgerufen. Nerva war keiner der Hauptakteure der Verschwörung, nicht einmal die erste Wahl der Attentäter und der in das Komplott eingeweihten Senatoren, sondern ein schwacher Mann und ein Lückenbüßer, der sich deshalb auch sogleich mit allen wesentlichen politischen Gruppen zu arrangieren suchte. Der aus Narnia in Umbrien stammende Aristokrat hatte einst am neronischen Hof eine nicht unbedeutende Rolle gespielt. Nero feierte ihn wegen seiner gefälligen Dichtungen als den Tibull seiner Epoche und zeichnete ihn auch wegen nicht näher bekannter Verdienste um sein Regime durch die *ornamenta triumphalia* und zwei Ehrenstatuen aus; Belohnungen, wie sie gleichzeitig nur dem berüchtigten Prätorianerpräfekten Tigellinus zuteil wurden.

Danach hielt sich Nerva betont zurück, gab sich stets vorsichtig und korrekt, so daß er bald auch unter den Flaviern Karriere machte und in den Jahren 71 und 90 n. Chr. das Konsulat bekleidete. Ob er freilich zum *princeps* qualifiziert war, mußte sich erst zeigen, denn über militärische Erfahrungen verfügte Nerva nicht. Er war auch kein ausgesprochener Senatskaiser, sondern nach dem *fait accompli* vom römischen Senat nicht zuletzt deshalb akzeptiert worden, weil von dem kinderlosen, über 65 Jahre alten Manne keine Gründung einer neuen Dynastie zu befürchten, die entscheidende Machtfrage somit lediglich vertagt war.

Die römische Öffentlichkeit und auch der Senat konzentrierten ihr Interesse nach Domitians Ermordung zudem weniger auf den neuen *princeps* als auf die verhaßten Repräsentanten des alten Systems. Im ersten Befreiungstaumel wurden eine ganze Reihe von Agenten Domitians erschlagen, auch zahlreiche Sklaven und Freigelassene hingerichtet, die ihre Herren denunziert hatten. Doch zu einer systematischen Säuberung der Führungsschicht kam es nicht. Veiento, Frontin, der jüngere Plinius und viele andere Senatoren verstanden es auch jetzt, sich anzupassen und politisch zu überleben, so wie das zuvor auch Nerva selbst getan hatte.

Dieser wandte sich zunächst ganz der inneren Politik zu. Natürlich ließ auch er prononciert die *libertas restituta* feiern und rühmte sich der Tat, deren bloßer Nutznießer er war. Gleichzeitig propagierten seine Münzen bezeichnende neue und alte Werte, so die *salus, iustitia* und *aequitas Augusti,* die das Verantwortungsbewußtsein und die Rechtlichkeit des neuen *princeps* feiern sollten. Und tatsächlich blieb es nicht bei diesen Schlagworten. Von allen Einzelmaßnahmen, die mit Nervas Namen verbunden sind, dürfte die Institution der *alimentatio* die wichtigste sein, obwohl sie private Vorstufen hatte und dann erst unter Trajan ihre entscheidende Verbreitung in ganz Italien erfuhr. Dabei handelte es sich um eine modern anmutende Verknüpfung von Kapitalanlage und Sozialmaßnahmen. Der Fiscus gab italischen Grundbesitzern und Bauern bis zur Höhe von ¹⁄₁₂ ihres Vermögens günstige Hypotheken zu bevorzugten Zinssätzen (5%). Der daraus zu entrichtende Zins wurde dann an die jeweils zuständigen Municipien überwiesen, und diese wiederum hatten aus jenen Geldern Beihilfen zur Erziehung von Kindern aus bedürftigen Familien freier Bürger zu leisten.

Auch andere Initiativen Nervas zielten auf eine Verbesserung der wirtschaftlichen Lage in Italien ab. So wurde die lästige Verpflichtung, Gespanne für die staatliche Dienstpost zur Verfügung zu stellen, abgeschafft und unter einem ritterlichen *praefectus vehiculorum* ein spezieller Kurierdienst der Reichsadministration aufgebaut. Gleichzeitig ließ Nerva für 60 Millionen Sesterzen Land aufkaufen und an ärmere Bauern verteilen. Für Prozesse von Privatpersonen gegen den Fiscus wurde eine neue juristische Instanz geschaffen, ein *praetor,* der oft genug den Klägern recht gab. Nervas Verwaltungsreorganisation beschränkte sich indessen nicht auf Italien: Eine Münzlegende *„fisci Iudaici calumnia sublata"* räumt zwar indirekt ein, daß es in der Verwaltung des *fiscus Iudaicus* Mißstände gegeben hatte, verkündet jedoch deren Beseitigung.

Trotz dieser durchaus sinnvollen Reformmaßnahmen erwuchsen Nerva bald ernste Schwierigkeiten und Gefahren. Durch einen Eid, keinen Senator hinrichten zu lassen, einen Eid, der faktisch bedeutete, daß die Senatoren der Kriminalgerichtsbarkeit des *princeps* entzogen wurden, war es Nerva gelungen, den Senat zunächst zu beschwichtigen. Als indessen sichtbar wurde, wie schwach dieser *princeps* tatsächlich war, machte sich bald Unzufriedenheit breit. Schon der Konsul des Jahres 96 n. Chr., Titus Catius Fronto, konstatierte, daß eine Anarchie noch schlimmer sei als eine Tyran-

nis. Die erheblichen finanziellen Belastungen durch die erhöhte Besoldung des Heeres, die großzügigen Spenden zu
Regierungsbeginn und die neu eingegangenen Verpflichtungen führten bald zu einer ernsten Finanzkrise, die nur teilweise zu meistern war, so daß eine aus fünf Senatoren beste-
hende Sparkommission eingerichtet werden mußte.

Weitaus gefährlicher war für das neue Regiment jedoch
von Anfang an die reservierte Haltung der Armee und speziell der Prätorianer. Wichtiger als Gerüchte über Unruhen
bei den Grenzheeren und die Entdeckung einer ersten Verschwörung gegen Nerva wurde die Prätorianererhebung des
Jahres 97 n. Chr., die wohl deren Präfekt Casperius Aelia-
nus, der dieses Amt schon unter Domitian bekleidet hatte,
schürte und deckte. Jedenfalls setzten die Prätorianer damals
nicht nur die Tötung der Mörder Domitians durch, jener
Männer, denen Nerva den Thron verdankte, sondern sie
zwangen den *princeps* auch noch, der Garde für ihre Tat zu
danken. Das Chaos schien jetzt nicht mehr aufzuhalten zu
sein, ein neuer Bürgerkrieg bevorzustehen.

Unter dem Einfluß einer zum Handeln entschlossenen Se-
natorengruppe, zu der wohlprofilierte und angesehene Männer wie L. Licinius Sura, Iulius Ursus Servianus, Iulius
Frontinus, Vestricius Spurinna und andere gehörten, trat
Nerva jedoch die Flucht nach vorne an. Während eines zufällig notwendigen Danksagungsaktes vor dem Altar des
Juppitertempels auf dem Kapitol verkündete er am 27. Oktober 97 n. Chr. die Adoption des M. Ulpius Traianus, der
damals als Statthalter von Obergermanien eines der nächsten
und eines der schlagkräftigsten Heere kommandierte, eines
Mannes, der nach einer langen militärischen Laufbahn zudem über vielfältige Verbindungen in der Armee verfügte
und offensichtlich großes Ansehen genoß. Durch diese Adoption wurde Nervas Herrschaft konsolidiert und bald alle
Spannungen überwunden. Trajan selbst wurde sogleich zum
Mitregenten Nervas und zum *Caesar* ernannt, der Senat verlieh ihm ein *imperium proconsulare maius* und die *tribunicia*

potestas. Als Nerva dann schon am 28. Januar 98 n. Chr., nach einer noch nicht einmal eineinhalbjährigen Regierungszeit, starb, ging der Principat reibungslos an Trajan über. Der Vorgänger wurde konsekriert und im Augustusmausoleum beigesetzt.

An die Adoption Trajans durch Nerva knüpft die moderne wissenschaftliche Periodisierung des „Adoptivkaisertums" oder auch, allgemeiner gefaßt, des „humanitären Kaisertums" an. Jene Form des Principats, die sich zunächst aus dem historischen Zufall ergab, daß keiner der *principes* zwischen Nerva und Antoninus Pius einen leiblichen Sohn besaß, sodann aber auch dadurch, daß eine schwere politische Krise eine neue Stilisierung des Principats erzwang. Der römische Principat kennt Phasen, in welchen die Kontinuität der politischen und gesellschaftlichen Strukturen betont wurde, wobei Kontinuitätsvorstellungen in der römischen Tradition ohnehin stets überwogen. Doch der Principat kennt auch andere Phasen, in denen gerade die Diskontinuität, zumindest der Werte, Formen und des Stils, herausgestellt wurde, obwohl in vielen Bereichen die Kontinuität weiterbestand, so nach der Ermordung Caligulas und nach dem Tode Neros.

Für Nerva und Trajan aber war die Distanzierung vom „Tyrannen" Domitian fundamental. Das Ideologem der „Adoption des Besten", so wurde die Adoption des starken Mannes alsbald stilisiert, diente zugleich der Sicherung der Macht. Eine zunächst durchaus bestreitbare und problematische Nachfolgeregelung wurde somit ideologisch überhöht, im *„Panegyricus"* des jüngeren Plinius sogar zu einem göttlichen Willensakt erhoben und damit scheinbar jeder menschlichen Kritik entzogen. Nerva sollte lediglich ein Werkzeug, ein *minister* der Götter gewesen sein.

Wie schon früher gezeigt wurde, ist das Mittel der Adoption im Principat von Anfang an als Instrument der Nachfolgeregelung gewählt worden. Allerdings wurden die Adoptierten des julisch-claudischen Hauses dabei stets der Verwandtschaft der *domus principis* entnommen. Erst die Adoption Pisos durch Galba bedeutete einen Bruch mit dieser Tradition, so daß es sich Tacitus geradezu aufdrängen mußte, die Schilderung jenes Vorgangs in seinen „Historien" im Lichte der Argumentationen des Jahres 97 n. Chr. nachzuzeichnen. Da Augustus die Nachfolgefrage im Principat zu seinen Lebzeiten, wenigstens bis zu einem gewissen Grade, in rechtlicher Hinsicht offengelassen hatte, konnte der Senat glauben, daß ihm selbst das Recht der Wahl des *princeps* zustehe. Die *principes* der Folgezeit sahen sich deshalb gezwungen, diesem theoretischen Wahlanspruch des Senats eine konsequente dynastische Politik, wie die der Flavier, oder eine Adoptionspolitik, wie die Galbas und Nervas, entgegenzusetzen. Tatsächlich bedeuteten kinderlose Herrscher stets ein hohes Maß von Unsicherheit für den Principat.

Die Adoption an sich war so weder ein neues noch ein besonders imponierendes Phänomen. Die Angehörigen der römischen Führungsschicht dürften sich im Jahr 97 n. Chr. daran erinnert haben, daß das Mittel der Adoption nicht nur Piso, sondern auch Tiberius und Nero beschert hatte. Um so mehr kam es deshalb darauf an, das qualitativ Neue der Adoption Trajans ideologisch zu propagieren. Vor allem im *„Panegyricus"* des jüngeren Plinius aus dem Jahre 100 n. Chr. wie in den „Kleinen Schriften" und in den „Historien" des Tacitus, aber auch in Inschriften und Münzen sind die Elemente der Ideologie des Adoptivkaisertums noch in weitem Umfang zu fassen. Mag die Funktion der Principatsideologie gerade in den Anfängen jedes neuen Principats stets besonders wichtig gewesen sein, so gewinnt sie hier doch eine Bedeutung, welche an jene der Ideologeme des Jahres 27 v. Chr. heranreicht.

An die Stelle der Verwandtschaft mit dem *princeps* oder wenigstens mit Angehörigen der *domus principis* sollten jetzt Leistungs- und Qualifikationskriterien treten. Die Zeit sollte vorüber sein, da das Imperium die Erbschaft einer Familie war. Mehr noch, als prägnante Alternative zur Dynastie der

Flavier sollte die Adoption den Besten finden und im Unterschied zu den Erhebungen durch Heeresgruppen oder Prätorianer einen friedlichen Weg zur Herrschaft eröffnen. Doch so viele Worte auch über „den neuen und unerhörten Weg zum Principat" verloren wurden, die entscheidende Frage, wer den Besten zum *princeps* wähle, wurde ebensowenig öffentlich erörtert wie die andere, warum eine solche Wahl ausgerechnet mit Hilfe der Adoption erfolgen müsse. Eine verfassungsrechtliche Regelung der Prozedur, etwa unter Einbeziehung von Senat und Volk, erfolgte auch nicht. Das letzte Resultat der Adoptionsideologie war nichts Geringeres als die endgültige Ausschaltung des Senates aus der Nachfolgeregelung. Ihm blieb künftig lediglich eine rein akklamatorische Funktion.

Die Konzeption des Adoptivkaisertums mußte, konsequent durchgeführt, zu Lasten der Familie des jeweiligen *princeps,* insbesondere seiner Frau, realisiert werden. Doch gerade hier gab es nun von Anfang an die schärfsten Widersprüche. Schon der jüngere Plinius mußte in seinem *„Panegyricus"* auf Trajan mit der Möglichkeit rechnen, daß dem neuen *princeps* doch noch ein Sohn geschenkt würde, und er konnte gar nicht anders, als diese Möglichkeit für äußerst erwünscht zu erklären. Doch die Dinge nahmen einen anderen Verlauf. Sobald sich, einige Zeit nach 100 n. Chr., herausstellte, daß Trajan von seiner Frau Pompeia Plotina keine Kinder erhalten würde, wurde diese, ebenso wie Ulpia Marciana, die Schwester Trajans, demonstrativ zur *Augusta* erhoben. Marciana aber besaß in diesem Augenblick bereits eine Tochter und zwei Enkelinnen, von denen die eine mit Hadrian verheiratet war. Als Marciana dann im Jahre 112 n. Chr. starb, wurde sie sogleich konsekriert. Im übrigen wurden diese beiden *Augustae* der Regierung Trajans auch auf archäologischen Denkmälern deutlich herausgestellt. Da *Augusta*-Erhebung und Konsekration auch in Zukunft übliche Auszeichnungen der Frauen der *principes* blieben, ist deren Stellung in der Epoche des Adoptivkaisertums faktisch keineswegs geschmälert, sondern im Widerspruch zur Ideologie gerade gestärkt und weiter erhöht worden.

Mindestens ebenso wichtig wie die angeblich neue Qualität der Adoption Trajans aber wurden im ideologischen Bereich andere Elemente. Die bewußte Distanzierung von Domitian erlaubte es, Fehlentwicklungen und Angriffspunkte des politischen Systems gleichsam zu personalisieren und doch zugleich die Strukturen dieses Systems aufrechtzuerhalten. Jetzt wurde eine neue Form des Principats herausgestellt, wurden neue Akzente gesetzt, neue Tugenden, Eigenschaften und Verhaltensweisen des *princeps* in den Vordergrund gerückt. Statt der autoritären Arroganz eines Tyrannen wurden Leitbegriffe wie *moderatio, modestia, comitas, munificentia, temperantia, mansuetudo, humanitas, magnanimitas* beschworen, vor allem jedoch *civilitas*, die Qualität der Bürgerlichkeit schlechthin, und alle diese Normen kommen denn auch als Maßstäbe einer maßvollen, zutiefst humanen und allen Bürgern verpflichteten Principatsidee bei Tacitus wie bei Sueton, beim jüngeren Plinius wie in Trajans eigenen Briefen vor. Selbst Martial, der zuvor Domitian in panegyrischer Weise als *dominus et deus* gefeiert hatte, rühmte nun den neuen Stil Trajans:

„Schmeicheleien, ihr kommt umsonst noch zu mir,
jammervoll und mit wundgesprochenen Lippen.
Keinen Herren und Gott hab ich zu preisen.
Keine Stätte mehr habt ihr in der Stadt hier.
Geht jetzt fern zu den Parthern mit der Kappe,
und voll Schmach und erniedrigt und in Demut
küßt die Sohlen der buntgeputzten Herrscher.
Hier ist nicht mehr ein Herr, doch ein Gebieter,
ein Senator, gerecht wie sonst kein anderer,
der vom stygischen Sitz die schlichte Wahrheit
mit dem unparfümierten Haar zurückrief.
Bist du klug, unter diesem Fürsten hüt' dich,
Rom, in früherer Weise noch zu reden"

(Martial, „Epigramme" 10,72 – Übertragung von R. Helm).

Hand in Hand damit ging ein differenziertes Zeitbewußtsein, die Überzeugung, daß die Gegenwart ihre eigenen spezifischen Anforderungen stelle und daß es nicht genüge, alte Formen und Traditionsbestandteile unverändert zu übernehmen und fortzusetzen. Der in der Literatur der Epoche wie in den amtlichen Bekundungen auffallend häufige Gebrauch von Formeln wie der *diversitas, mutatio* oder *necessitas temporum* und nicht zuletzt Trajans prägnante Formulierung des *„nec nostri saeculi est"* dokumentieren diesen Zug des Selbstverständnisses zur Genüge. [...]

Die neue ideologische Fundierung des Principats ist freilich nur die eine Seite der politischen Realität. Zunächst ist zu unterstreichen, daß weder der Notwehrakt Nervas noch die Regierungspraxis und -stilisierung Trajans primär als Anwendung neuer politischer Theorien oder Verfassungsnormen zu begreifen sind. Was die Adoption durch Nerva anbetrifft, so hielt sich Trajans *pietas* gegenüber dem Adoptivvater in bescheidenen Grenzen. Münzen für den *Divus* Nerva wurden erst über ein Jahrzehnt nach dessen Tode geprägt, und wie stark Trajans Bindung an den leiblichen Vater war, zeigt am besten die Tatsache, daß er auch ihn im Jahre 113 n. Chr. zum *Divus* erheben und an ihn, gleichrangig mit Nerva, durch seine Münzprägung erinnern ließ.

Die Stilisierung des Geschehens mit Hilfe der neu akzentuierten Ideologie bedeutete darüber hinaus für Trajan selbst eine schwere Hypothek. Denn er hatte nun als erster den Nachweis zu führen, daß er tatsächlich „der Beste" war; er wurde unter einen denkbar hohen Legitimations- und Leistungsdruck gesetzt und somit geradezu zum Aktionismus provoziert. Sodann aber hatte er sein Verhältnis zum römischen Senat in einer diesen voll befriedigenden Weise zu klären, denn der Senat war durch den Adoptionsvorgang wieder einmal vor vollendete Tatsachen gestellt worden. Daran, dem Senat größere Rechte und neue Kompetenzen einzuräumen, hat Trajan indessen nie gedacht. Was sich gegenüber Domitian jedoch diametral veränderte, waren Formen, Gesten und demonstrative Verneigungen, die dem Selbstgefühl der Senatoren um so mehr schmeichelten, als sie viele Jahre hindurch nur den schroffen autoritären Stil des letzten Flaviers erlebt hatten. Trajan dagegen ließ bei seinem Regierungsantritt sofort erklären, daß er, wie Nerva, Leben und Stellung jedes Senators nicht antasten werde. Später zog er in bewußt bescheidener Weise zu Fuß in Rom ein, begrüßte jeden Senator mit einem Kuß, war in der Lage, selbst jeden Ritter namentlich anzusprechen, leistete vor dem amtierenden Konsul stehend seinen Eid. Trajan schaltete den Senat wenigstens äußerlich in diplomatische Vorgänge und Friedensschlüsse ein, obwohl die Entscheidungen selbst längst feststanden. Wichtiger als seine Anredeformel „*collega*" für Magistrate war die Tatsache, daß auch unter Trajan das *consilium principis* seine alte Funktion behielt und daß der *princeps* kein einziges seiner Rechte aufgab.

Da in der Anfangsphase von Trajans Herrschaft in den Bereichen der Grenz- und Außenpolitik, allen Erwartungen zum Trotz, praktisch alles beim alten blieb, mußte die ideologische Stilisierung des Principats mit besonderer Emphase erfolgen, mußten der neue Stil und die neuen Formen des Adoptiv- oder humanitären Kaisertums besonders grell beleuchtet, der *princeps* auch als Hoffnungsträger und Garant des Friedens herausgestellt werden. Dies alles änderte sich schlagartig, als nach dem Zweiten Dakerkrieg (105/106 n. Chr.) und nach der Annexion Arabiens (106 n. Chr.) Trajans Stellung durch überragende militärische und außenpolitische Erfolge endgültig legitimiert war. Nun brauchte nicht mehr die Synthese von *principatus* und *libertas* beschworen zu werden, jetzt konnte sich Trajan mit seinen Siegerbeinamen brüsten, dem titularen *Germanicus, Dacicus,* zu dem bald auch noch das problematische *Parthicus* treten sollte, eine Reihe, wie sie kein früherer *princeps* aufzuweisen hatte. Jetzt war er im Besitz einer unerschütterlichen Autorität, wie sie Domitian nie besaß. 114 n. Chr., ein Jahrhundert nach dem Tode des Augustus, ließ er sich dann auch noch offiziell als der *optimus princeps* feiern. [...]

Aus dem Rückblick wird so deutlich, daß die endgültige Absicherung des Principats und der geschichtliche Erfolg des Adoptivkaisertums durch das Zusammentreffen von zwei Faktoren zu erklären sind. Zur Stabilisierung des Systems trug die Ideologie eines gemäßigten, humanitären, im Einklang mit idealen Normen griechischer Philosophie stehenden Adoptivkaisertums, das den Anspruch erhob, den Besten an die Spitze des Imperiums zu stellen, ebenso bei wie die erneute Realisierung der altrömischen *virtus*-Vorstellung im imperialen Rahmen und wie das Pathos der im *princeps* konzentrierten Siegesideologie. Daß das zweite Element dann langfristig auch zu neuen Überhöhungstendenzen führen mußte, war wohl unvermeidlich und ist in Ansätzen schon bei Trajan zu erkennen.

Harald Mielsch

Der Tagesablauf eines römischen Villenbesitzers

Eine zusammenhängende Schilderung des Tagesablaufes auf einer römischen Villa besitzen wir erst in den Briefen des jüngeren Plinius. Die dort genannten Tätigkeiten finden sich jedoch auch in den gelegentlichen Bemerkungen wieder, die wir aus früheren Quellen, vor allem den Briefen Ciceros, haben. Plinius schreibt (IX 36):

Du fragst mich, wie ich auf meinem Tuscum im Sommer den Tag einteile? Ich wache auf, wann es mir beliebt, meistens mit Tagesanbruch, oft früher, selten später: die Fenster bleiben geschlossen. Denn es ist zum Verwundern, wie durch die Stille und das Dunkel der Geist genährt wird. Von allem, was zerstreut, abgezogen und frei und mir selbst überlassen, folge ich nicht den Augen mit dem Geiste, sondern dem Geiste mit den Augen, die sehen, was der Geist sieht, so oft sie nicht etwas anderes sehen. Ich denke nach über das, was ich eben unter den Händen habe, denke darüber nach, als ob ich es Wort für Wort niederschriebe und daran verbesserte: bald weniger, bald mehr, je nachdem es sich schwer oder leicht verfassen oder behalten läßt. Ich rufe meinen Schreiber, lasse das Tageslicht herein, diktiere ihm, was ich entworfen; er geht, wird zurückgerufen und wieder entlassen. Um zehn oder elf Uhr – denn ich binde mich an keine bestimmt abgemessene Zeit – begebe ich mich, je nachdem das Wetter es gestattet, in den Garten *(xystus)* oder in die Wandelhalle *(cryptoporticus)*, überdenke das übrige und diktiere es. Nun steige ich in den Wagen. Auch hier beschäftige ich mich ebenso wie im Gehen oder Liegen. Die geistige Anstrengung dauert fort, durch die Veränderung selbst wieder aufgefrischt; ich schlafe wieder ein wenig, dann gehe ich spazieren; hierauf lese ich eine griechische oder lateinische Rede laut und mit Anstrengung, nicht sowohl der Stimme, als des Magens wegen, wiewohl auch jene zugleich dadurch an Festigkeit gewinnt. Nun gehe ich wieder spazieren, salbe mich, nehme eine Körperübung vor und bade. Während der Mahlzeit, die ich mit meiner Gattin oder in kleiner Gesellschaft einnehme, lasse ich mir vorlesen; nach Tische stellen sich die Schauspieler oder ein Lyraspieler ein. Hierauf mache ich einen Spaziergang mit meinen Leuten, unter denen es auch literarisch Gebildete *(eruditi)* gibt. Auf diese Art wird der Abend unter mancherlei Gesprächen zugebracht, und selbst der längste Tag vergeht mir schnell. Zuweilen wird etwas an dieser Tagesordnung abgeändert. Denn wenn ich lange gelegen oder spazieren gegangen, so fahre ich, nachdem ich geschlafen und gelesen habe, nicht im Wagen, sondern reite, was weniger Zeit kostet und schneller geht. Dazwischen hinein kommen Freunde aus den nächstgelegenen Städten und beanspruchen einen Teil des Tages für sich; indes kommen sie mir, wenn ich erschöpft bin, manchmal mit dieser Unterbrechung sehr gelegen. Auch gehe ich zuweilen auf die Jagd, doch nicht ohne Schreibtafel, um, wenn ich auch nichts fange, doch etwas heimzubringen. Auch meinen Gutsleuten widme ich einige Zeit, nach ihrer Meinung freilich nicht genug, und ihre bäuerischen Klagen machen mir aufs neue Lust zu meinen Studien und städtischen Geschäften.

Die literarische Beschäftigung, sei es nun das Lesen von Literatur, das Diktieren oder Einüben von Reden oder die Komödie nach dem Essen, bildet offensichtlich die Hauptbeschäftigung des Plinius auf seiner Villa. Er steht damit in der Tradition, die bis zu den Anfängen der Villa im Scipionenkreis zurückreicht. Zumindest als Anspruch muß diese literarische Gestaltung des *otiums* allgemein verbindlich gewesen sein. Das zeigt sich nicht nur in den Villen selbst, die zu einer Bildungslandschaft umgestaltet sind und sich so vom Alltagsleben der Oberschicht in Rom abheben, sondern auch bei den Reflexen in breiteren Schichten des Publikums, die wir in Pompeji und in den satirischen Anspielungen des Petronius und Martial fassen können. Man wird sich aber auch bei der Senatorenschicht eine solche literarische Tätigkeit nicht allzu intensiv vorstellen müssen. Schon die literarische Produktion des Plinius, deren ständige Betonung fast zwanghaft wirkt, beschränkt sich im wesentlichen auf die Abfassung von Reden und Briefen. Dabei spielt die geschickte Wahl des Ausdrucks, die gekonnte Abwandlung eines hergebrachten Schemas zwar eine viel größere Rolle, als wir uns dies nach modernen Verhältnissen vorstellen können, aber die „Werke" des Plinius dienen doch überwiegend praktischen Zwecken der Politik, der Rechtsprechung und des sozialen Lebens. Den gleichen Eindruck hat man, wenn man in der Korrespondenz des Marc Aurel mit seinem Lehrer Fronto die Äußerungen zur Literatur und die an den Lehrer gesandten Musterstücke verfolgt.

In der Zeit der späten Republik, als die römische Oberschicht erst begann, sich die griechische Literatur und Philosophie als neue Denk- und Ausdrucksmöglichkeit zu erschließen und anzueignen, war die Intensität der literarischen Tätigkeit sicherlich größer. In seiner Zeit war aber auch Cicero eher eine Ausnahme als ein Normalfall. In der Art, wie er vor allem in seinem Buch „Über den Redner" (de oratore) in die Rahmenhandlung des Gespräches Anspielungen auf Platons Phaidros und die Platanen am Ilissos, auf die Akademie und das Lykeion in Athen einführt, die als passende Atmosphäre für das Gespräch dienen sollen, wird deutlich, daß es sich hier noch nicht um eine formelhafte

Verwendung handelt, sondern um eine Neuerung, an der er vielleicht selbst maßgebend beteiligt war (de orat. I 28, I 98, II 21).

Sehr wichtig für Plinius war auch die Pflege der Gesundheit während seines Aufenthaltes auf seiner Villa. Er läßt sich im Wagen spazierenfahren, was als körperliche Betätigung galt, bei der die rüttelnde Bewegung eine heilsame Wirkung ausübt, oder er ersetzt dies bei Zeitmangel durch Reiten. Den gleichen Effekt suchten andere in der Sänfte zu erzielen (Sen. ad Luc. 55,1). Zu den sonstigen Körperübungen in Zusammenhang mit dem Bad gehört sicherlich das Ballspielen, für das es in der Villa in Laurentum wie in den Tusci einen eigenen Platz gab (Plin. ep. II 17,12; V 6,27). Auch sonst gehört das Ballspielen zu den beliebtesten Übungen (Horaz Sat. I 5,48 f). Schließlich wird das Spazierengehen nach dem Gastmahl erwähnt. Dafür wurden gelegentlich außer den üblichen Portiken der Peristylhöfe oder den Kryptoportiken auch spezielle Anlagen errichtet. In der Villa Hadriana ist dies die sogenannte Stoa Poikile, eine zweiseitige Säulenhalle von 232 m Länge, die in Ost-West-Richtung verläuft, so daß man wahlweise in der Sonne oder im Schatten gehen konnte. Die auffällige Verbreiterung der Säulenhalle an den Enden auf Zweidrittelkreise könnte sogar vermuten lassen, daß hier auch ein Spazierenfahren im Wagen möglich sein sollte, wie es Plinius beschreibt. Kleiner (145 m) als diese Portikus ist eine ähnlich angelegte in einer Villa von Stabiae, bei der die Südseite der Portikus als *porticus fenestrata* mit zahlreichen Fenstern versehen ist, die auf einen Garten blicken, während die Nordseite Säulen besitzt. Auch Schwimmbecken sind auf den Villen nicht selten. Plinius besitzt in seiner Villa in Laurentum sogar ein heizbares Becken, von dem aus man die Aussicht aufs Meer genießen kann (Ep. II 17,2).

Eine große Anlage kennen wir aus der Villa von Centroni am Westrand der Albaner Berge. Diese *natatio* aus augusteischer Zeit ist in den einzelnen Abschnitten unterschiedlich tief und war durch zwei Treppen begehbar. Es ist im Einzelfall oft nicht klar erkennbar, ob andere Becken wie etwa das bei der Poikile der Villa Hadriana auch als Schwimmbecken dienten.

Eine wichtige Rolle spielt beim Aufenthalt des Plinius in seinem Tuscum auch die Jagd. Er setzt sie sogar einmal gleichgewichtig neben seine schriftstellerische Tätigkeit: *„ego in Tuscis et venor et studeo"*, ‚ich jage und studiere in meinen Tusci' (ep. V 18). Die Jagd gehört zumindest in Gegenden, wo es Wild gibt, zur selbstverständlichen Betätigung. Die Juristen rechnen die dabei beschäftigten Sklaven, die *venatores,* zum *instrumentum domesticum,* zur Ausstattung mit Geräten (u. Sklaven) (Dig. XXXIII 7,7 § 12). Während der späten Republik wird die Jagd von den Villen aus gelegentlich erwähnt, so etwa für Marius (Appian, bellum civ. I 104), der von seiner Villa in Cumae aus jagte und auch segelte, was auch später von Traian überliefert ist (Plinius, Paneg. 81,4). Erst unter Traian wird die Jagd zum selbstverständlichen Bestandteil des *otiums* oder wird zumindest regelmäßig erwähnt. Die Kaiser des 2. Jahrhunderts gingen wie der Privatmann Plinius regelmäßig auf die Jagd. Traian besaß eine Villa im Quellgebiet des Aniene bei Arcinazzo, die nur für die Jagd bestimmt gewesen sein kann.

Von der Villa aus, die er bei Centumcellae (Civitavecchia) angelegt hatte, gingen Antoninus Pius und Marc Aurel in einem *vivarium* auf die Jagd (Fronto I 172 H.). Auch die Villa des Antoninus Pius in Lanuvio diente wohl als Ausgangspunkt für Jagden, war zumindest mit mehreren Gruppen von Hunden und Jagdwild geschmückt.

Die kaiserliche Jagd erscheint in der Propaganda geradezu als Verkörperung der übelabwehrenden Macht des Kaisers und als Garantie seiner persönlichen Tüchtigkeit (Plinius, Paneg. 81, 1–3). Dies wird natürlich von der Umgebung des Kaisers, von Leuten wie dem jüngeren Plinius, übernommen.

Angeblich nur widerwillig beschäftigt sich Plinius mit den

ökonomischen Problemen der Villa, d. h. der Landwirtschaft, die von Pächtern ausgeübt wird. Über die Klagen seiner Pächter oder die Schwierigkeiten, überhaupt solche zu finden, berichtet er auch an anderer Stelle. Die Einführung neuer Methoden, die im 1. Jahrhundert v. Chr. eine wichtige Rolle gespielt hatte, kommt bei Plinius nicht mehr vor. Selbst Cicero war gelegentlich bereit, sich mit solchen Problemen zu befassen. Die Regelung der finanziellen Fragen im Bereich der Villa und damit die Sicherung der Existenzgrundlage muß für den Angehörigen der römischen Oberschicht stets eine sehr wichtige Rolle gespielt haben. Sie kommt in den Quellen wohl nicht in gleichem Maße zum Ausdruck, aber selbst Cicero diskutiert ausführlich die Probleme bei der Vermietung der zahlreichen Läden, die zu seiner Villa bei Puteoli gehörten und die ihm beträchtliche Gewinne einbrachten. Eine ähnliche Anlage kennen wir in Pompeji, wo die Villa delle Colonne a Mosaico vor dem Herculaner Tor eine lange Reihe von Ladenlokalen besitzt, über denen sich auf einer Terrasse die *villa urbana* erhebt.

Nur bei einer Gelegenheit betätigten sich die späteren Villenbesitzer noch selbst, und zwar bei der Weinlese. Sie stellte traditionell den Mittelpunkt eines Festes dar. Plinius nahm daran eher wie an einer lästigen Pflicht teil und schnitt hin und wieder eine Traube ab, besichtigte die Kelter, kostete von dem Most und überwachte seine städtischen Sklaven, die die Aufsicht führten (ep. IX 20). Auch Fronto nahm an der Weinlese teil (I 212 H.). Antoninus Pius beteiligte sich daran besonders intensiv (Fronto I 150; I 174; Hist. Aug. Pius 11,2,5). Er pflegte sogar im *torcularium*, dem Preßraum, zu speisen, um sich an den Scherzen der *rustici* zu belustigen (Fronto I 182).

In der Beschreibung seines Tuscums (ep. V 6,45) sagt Plinius, daß er hier ein geruhsameres und sicheres *otium* genieße, es nicht nötig habe, die Toga anzulegen und diese Villa deshalb Tusculum, Tibur und Praeneste vorziehe. An diesen Orten war es also öfter notwendig, örtliche Würdenträger oder auch Kollegen aus Rom zu empfangen. Selbst für das Tuscum kann man dies voraussetzen, denn Plinius war schon in sehr jungen Jahren zum *patronus* der nahe gelegenen Stadt Tifernum gewählt worden (ep. IV 1,1).

Lokale und auch römische Politik muß in den Villen von jeher gepflegt worden sein. Aus Ciceros Briefen ergibt sich ein lebhaftes Bild der gegenseitigen Besuche der führenden Politiker während der Saison am Golf von Neapel, wo in ungezwungenerer Atmosphäre als in Rom Absprachen und Bündnisse möglich waren. Die Verbindungen zu den lokalen Größen sind weniger häufig bezeugt, müssen aber bei den Großgrundbesitzern wie etwa den Volusii Saturnini einen bedeutenden Teil des *otiums* erfordert haben, wenn sie ihren „Stammsitz" besuchten. Selbst bei den sehr kurzen Aufenthalten in den Villen in der unmittelbaren Umgebung von Rom spielten amtliche oder halbamtliche Tätigkeiten eine große Rolle. Plinius beschreibt als Gegenstück zu dem Tagesablauf in seinen Tusci das Leben in Laurentum, das 17 Meilen von Rom entfernt war und nach Ablauf der Tagesgeschäfte erreicht werden konnte (ep. IX 40; II 17). Er beschäftigt sich hier auch mit seinen Akten und seinen Gerichtsplädoyers. Das literarisch-philosophisch bestimmte *otium*, das uns einige Dialoge Ciceros und der zitierte Plinius-Brief schildern, war also wohl immer mehr ein Ideal als Wirklichkeit.

Dacre Balsdon

Die Kaiserin Julia Domna und ihre Söhne

Julia Domna war mit ihrem runden Gesicht und ihren syrischen Zügen nicht gerade eine vollendete Schönheit; doch zeichnete sie sich durch hohe Intelligenz und großen Mut aus, und ihr Einfluß und ihre persönliche Eigenart waren im ganzen Reich zu spüren. Die Lebensstationen keiner anderen Kaiserin wurden so häufig auf Inschriften und Münzen verewigt. Sie war sogar eine noch ausgeprägtere Gestalt als Plotina und die herrischste Kaiserin, die Rom je erlebt hatte. Eine Fülle von meist vorher nie dagewesenen Titeln wurde für sie erfunden, denen wir häufig auf Inschriften und sogar auf Münzen begegnen. Schon im Jahr 196, als Septimius die Adiabener besiegte, wurde sie zur „Mutter des Heeres" *(Mater Castrorum)* erklärt, wie einst die jüngere Faustina. Doch zu guter Letzt wurde sie „Mutter" von vielem mehr: die Widmung auf dem Bogen der Geldwechsler auf dem Forum boarium in Rom aus dem Jahr 204 nennt sie „Mutter der Augusti" (Caracalla und Geta) und „des Heeres"; bei der Revision der Inschrift, nach Getas Tod, wurde sie „Mutter unseres Augustus (Caracalla) und des Heeres und des Senats und des Landes" – *Matri Aug. n. et castrorum et senatus et patriae.*

Nach einigen Jahren wachsender Spannung kämpfte und verlor sie ihren ersten großen Kampf. Der Kreis der Berater des Kaisers erwies sich als für sie und den unerhört mächtigen Präfekten der Garde C. Fulvius Plautianus, der als Landsmann, vielleicht gar als Verwandter des Severus, das Übergewicht hatte, als zu klein. Er war ein seltsam unausgeglichener Mann, der darauf hielt, daß seine Frau ständig im Frauengemach lebte. Um seinen Einfluß auf Kosten Julias zu festigen, nahm Plautianus wissentlich ein großes Risiko auf sich – und mit Erfolg. Im Jahr 201 vermutlich lancierte er eine Anklage – oder ließ zu, daß es so aussah, als sei er im Begriff, sie zu erheben – gegen die Kaiserin wegen Ehebruchs, was angesichts ihres hohen Ranges dem „Hochverrat", wie Augustus es einst formulierte, gleichkam. Von Octavia, jenem armen, geplagten Wesen, Neros Gattin, abgesehen, war noch nie eine Kaiserin so schmachvoll beleidigt worden, und man kann sich unschwer vorstellen, welche Bestürzung diese Angelegenheit hervorrief. Wenn der Fall tatsächlich vor Gericht gekommen ist, so muß Julia entlastet worden sein – womit Plautianus vermutlich auch gerechnet haben mag –, doch für den Augenblick war ihre Macht über ihren Gatten gebrochen. Der Stern des Plautianus war im Aufstieg: im Jahr darauf wurde seine Tochter Plautilla mit dem Sohn des Kaisers und voraussichtlichen Thronfolger Caracalla vermählt. Daß Caracallas Haß auf seine Ehefrau Plautilla ebenso groß war wie Julias Haß, sie als Schwiegertochter zu sehen, konnte nur ein schwacher Trost für sie sein.

Die unbezähmbare Julia Domna versuchte nun ihre Persönlichkeit und ihren schützenden Einfluß in einer anderen Sphäre zu behaupten, in der sie sich wohl kaum der eifersüchtigen Rivalität des Prätorianerpräfekten gegenübersehen würde: sie umgab sich mit Literaten und Philosophen und gründete einen „Salon". Zu den Schriftstellern, für die sie sich einsetzte, gehörte auch Cassius Dio, und es war daher wenig anständig von ihm und noch dazu unzutreffend, sie als Frau aus plebejischer Familie zu bezeichnen. Der berühmte Philostratos diente ihr als Sekretär, und sie war es, die ihn beauftragte, die erhaltenen Aufzeichnungen über Apollonios von Tyana zu sammeln – dieses in seiner Mischung aus Fanatismus, Asketentum, Wunderglauben und Nüchternheit einmaligen Mannes, der ein Jahrhundert zuvor gelebt hatte – und als Biographie zu veröffentlichen. „Der Bericht beruht auf dem Tagebuch des Damis, eines Jüngers des Apollonios, das angeblich in die Hände der Julia Domna gekommen sei, die es wiederum dem Philostratos zu Bearbeitung und Herausgabe aushändigte. Der Bericht weist auffallende Parallelen zum Neuen Testament auf, sein Stil ist indes anspruchsvoller und auch wirklich besser, der Tenor durchweg gebildeter, der ganze Inhalt weit mehr mit Wundern durchsetzt." Für Philostratos war die Kaiserin „Julia, die Philosophin". Unter seinen Briefen befindet sich auch einer an sie.

In einer modernen Severusbiographie heißt es: „Wir sollten bedenken, daß die weltweite Popularität der Kaiserin, die ihr die allgemeine Verbreitung und Billigung ihrer Meinungen sicherte, der Verbindung von westlicher Kultur und östlicher Mentalität in ihrem Wesen zu verdanken war. Im privaten Leben muß sie einen starken, gebieterischen Charakter gezeigt haben und dennoch tief durchdrungen gewesen sein von jenem gläubigen, typisch östlichen Mystizismus, der in ihrem dank philosophischer Bildung rationalen Denken sein Gegengewicht fand. Die Bezeichnung ‚Philosophin‘ war wohl keineswegs ein leeres oder unverdientes Kompliment.“

Das Schwinden ihres politischen Einflusses dürfte drei Jahre gedauert haben. Aber im Jahr 204 wohnte sie persönlich den Spielen zur Jahrhundertfeier bei, was vor ihr noch keine Kaiserin getan hatte. Im Jahr darauf wurde der Geld- und Machtgier, der Grausamkeit und Maßlosigkeit des Plautianus, dessen Stellung im Staat jetzt schon der eines Kaisersohnes gleichkam, ein Ende gesetzt. Denn der Bruder des Kaisers, P. Septimius Geta, sagte auf dem Totenbett gegen ihn aus, und Caracalla schloß sich den Beschuldigungen an. Des Hochverrats angeklagt, wurde Plautianus am 22. Januar im Palast ermordet. „Einer rupfte ihm die Barthaare am Kinn aus und brachte sie Julia und Plautilla, die eben beisammen waren und von dem Vorfall noch nichts ahnten, mit den Worten: ‚Da habt Ihr Euren Plautian‘, wodurch er die eine in Trauer, die andere in Freude versetzte.“ Ob Julia in diesem Augenblick Mitleid für Plautilla empfand, wer will das wissen? Plautillas Mann zumindest hatte keines. Er ließ sich von ihr scheiden, und sie wurde nach Lipara verbannt.

Die großen Worte „*Aeternitas*“ – Ausdruck der Hoffnung auf Fortbestand des Herrscherhauses, mit dem nach menschlichem Ermessen zu rechnen war, da Severus zwei Söhne hatte – und „*Concordia*“ auf den römischen Münzen konnten Julia wohl nicht über den tiefen Haß zwischen Caracalla und Geta hinwegtäuschen, der sie zutiefst beunruhigt haben mag. Wenn die ganze Familie im Jahre 208 nach Britannien reiste, wo Septimius einen Feldzug unternehmen wollte, geschah es in der verzweifelten Hoffnung, daß man die Brüder versöhnen könne. Dort beging ihr Vater 211 auf dem Sterbelager die außerordentliche Torheit, beiden das Reich zuzusprechen, und drängte sie, sich zu einigen. Doch keiner von beiden wurde von Pietät bewegt; sie brachten seine Asche nach Rom, doch ohne sich auszusöhnen. Herodian zufolge kamen sie auf den Gedanken, das Reich unter sich zu teilen; jeder sollte eine Hälfte regieren. Im Februar 212 machte Caracalla dann überraschend den Vorschlag, sich in Anwesenheit ihrer Mutter Julia zu treffen und den Streit beizulegen. Geta erschien, desgleichen im Auftrag Caracallas einige Centurionen. Als Geta bei ihrem Anblick zu seiner Mutter flüchtete, erstachen sie ihn in ihren Armen und brachten in der Verwirrung auch ihr eine Verwundung bei. Geta wurde öffentlich geächtet, sein Name auf den unzähligen Inschriften, die man ihm und seinen anderen Familienangehörigen gewidmet hatte, gelöscht. Er stand in seinem dreiundzwanzigsten Lebensjahr, als er starb. Möglicherweise mag er ein wenig liebenswerter gewesen sein als sein Bruder. Doch Julia, sich unter genauer Beobachtung wissend, mußte ihrer eigenen Sicherheit wegen den Anschein erwecken, als teile sie die Genugtuung Caracallas über den Mord. Daß eine der überlebenden Töchter Marc Aurels, Cornificia, ihr einen Kondolenzbesuch machte, hielt Caracalla für einen ausreichenden Grund, sie hinrichten zu lassen; durch Adoption war sie übrigens seine Tante. Ihre letzten Worte, die eines Hadrian würdig gewesen wären, sind uns erhalten: „Arme Seele, in dem armseligen Körper eingeschlossen, tritt heraus, werde frei und zeige der Welt, wenn sie's auch nicht sehen will, daß du des Marcus Tochter bist!" Caracalla sandte auch nach Lipara Befehl, seine Frau umzubringen. Julia indes war vor ihm sicher. Mochte er auch schlecht sein, so schlecht wie Nero war er nicht.

Caracalla war dann noch sechs Jahre Kaiser. Denkwürdig ist seine Regierung dadurch, daß er durch Gesetz das römische Bürgerrecht im Jahr 212 auf alle freien Bewohner des

Römischen Reiches ausdehnte. Im übrigen waren ihm die Administration und ihre Probleme nur Ablenkung von seinen wahren Interessen, der Armee, den Gladiatoren und den Wagenlenkern, und so war er nicht unzufrieden, daß Julia, die ihn mit größtem Nachdruck zu bewegen suchte, seine Regierungspflichten ernster zu nehmen, gerade jenen Einfluß auf ihn gewann, den auf ihren Ehemann zu nehmen Plautianus sie einst zu hindern gesucht hatte. Infolgedessen standen sie in guten Beziehungen zueinander – so guten, daß auch sie durch den Schmutz der römischen Gosse gezogen wurden, wie üblich auf die gleiche einfallslose Weise: man flüsterte von Inzest. Ein andermal, und im Hinblick auf die Tatsache, daß Caracalla seit seinem neunzehnten Jahr ohne Frau oder Konkubine lebte, hieß es, er sei impotent.

Die furchtbare Schmeichelei jener Zeit fand in den Protokollen der Arval-Brüder für das Jahr 213 Niederschlag. Dieses hoch angesehene Männerkollegium, das sich aus prominenten Persönlichkeiten des römischen öffentlichen Lebens zusammensetzte und seit seiner Wiederbegründung durch Augustus ohne Unterbrechung bestand, brachte an Jahrestagen und anderen wichtigen Anlässen Opfer dar. Auch pflegten die Mitglieder gemeinsam zu speisen – in diesem Jahr dreimal –, nach dem Mahl den Mund aufzutun und in laute Rufe auszubrechen: Im Jahr 213 riefen sie alle im Chor: „Heil, heil dir, du Siegreicher, heil. Glücklich sind wir, dich Kaiser zu sehen. Möge Gott unser Leben um Jahre kürzen und sie dem Deinen hinzufügen. Germanicus der Größte, Gott bewahre dich. Britannicus der Größte, Gott erhalte dich. Wenn du heil bist, sind auch wir heil und gesund. Glücklich ist der Senat, der dich zum Kaiser hat. Augustus, möge Gott dich für immer bewahren. Jung an Triumphen, besitzt du als Heerführer die Weisheit des Alters. Du bist größer als Augustus; möge Gott dich bewahren. Augustus! Augustus! Heil dir, Julia Augusta, Mutter des Augustus. Dir, Augusta, verdanken wir es, daß wir den Augustus sehen. Gott bewahre euch beide, Augustus und Augusta, für alle Zeiten."

Julia hielt sich in Bithynien auf, während Caracalla sich 214–215 und noch im Jahr danach im Osten auf dem armenischen und parthischen Kriegsschauplatz befand. Er setzte in sie so großes Vertrauen, daß er ihr die Annahme und Beantwortung fast aller an ihn gerichteten Bittschriften und amtlichen Schreiben überließ, und seine Berichte an den Senat ergingen in ihrem Namen wie in dem seinen und dem des Heeres.

Auf dem Wege von Edessa nach Carrhae, wo er opfern wollte, wurde Caracalla im April 217 ermordet. Julia erhielt die Nachricht in Antiochia, und, ebenso wie einst die Gattin des Verus, Lucilla, außerstande, sich mit dem Verlust ihrer Position als Ranghöchste am Römischen Hof abzufinden, wollte sie sich das Leben nehmen. Niemand beleidigte sie mit dem Hinweis, daß sie ihn niemals geliebt hatte und gar keinen Schmerz über seinen Tod empfand. Als aber Macrinus, der Nachfolger Caracallas, ihr einen verbindlichen Brief schrieb, daß er ihr die Ehrenwachen und andere Zeichen ihres Ranges belassen werde, regten sich ihre Lebensgeister wieder. Und Macrinus mag nicht zu unrecht von dem Verdacht befallen worden sein, daß sie mit dem Gedanken spielte, ihrerseits die Macht an sich zu reißen. Deshalb hörten die verbindlichen Briefe auf; statt dessen erhielt sie den kurzen Befehl, Antiochia so schnell wie möglich zu verlassen. Ihr tapferer und stolzer Geist war nun gebrochen. Zwar war die Welt voll von Inschriften, die ihren vergangenen Ruhm verkündeten, und die Münzen, die noch in unzähligen Geldbeuteln klimperten, trugen noch immer ihr Bildnis. Doch was hatte ihr dieses Leben mit all seinem Kampf und seiner Entschlossenheit gebracht? Vielleicht hatte sie wenigstens einigen Literaten geholfen; und da mögen ein oder zwei dankbare Philosophen gewesen sein, denen sie einen Lehrstuhl verschaffte. Ihr Horoskop hatte nicht gelogen: es hatte ihrem Mann Macht versprochen, nicht aber ihr ein glückliches Leben.

Sie litt schon einige Zeit an Krebs. Doch das ging ihr zu langsam. So hungerte sie sich zu Tode.

Krise und Zerfall
des spätrömischen Reiches

Hermann Bengtson

Die Soldatenkaiser

Die Geschichte der fünfzig Jahre vom Tode des Severus Alexander bis zum Regierungsantritt des Diokletian (235 bis 284) erhält außenpolitisch ihr Gepräge durch den Zweifrontenkrieg Roms gegen die Neuperser am Euphrat und gegen die Germanen an Rhein und Donau. Bemerkenswert ist die vorübergehende Absplitterung Galliens und Palmyras unter eigenen Herrschern. Im Innern verschärft sich der Kampf gegen das Christentum. Die Wirtschaft, durch unorganische Eingriffe getroffen, stagniert zusehends, Handel und Wandel beginnen zu stocken, die Geldentwertung nimmt immer größere Ausmaße an. Das Schlimmste ist jedoch die fehlende Kontinuität in der Spitze des Reiches: Von den vielen Kaisern des halben Jahrhunderts hat kein einziger länger als acht Jahre regiert, gerade die besten und tüchtigsten unter ihnen sind nach kurzer Regierung durch einen gewaltsamen Tod abberufen worden. Die wirklichen Herren des Reiches sind die großen Generäle, die, gestützt auf ihre Soldaten, über das Wohl und Wehe des Reiches und seiner Bewohner verfügen. Der römische Senat versinkt immer mehr in Bedeutungslosigkeit, der Primat Italiens geht verloren, es sind vor allem die Illyrer, die unter den Offizieren und Soldaten eine hervorragende Rolle spielen. Während die Zeit der Severer immerhin noch einen beachtlichen bürgerlichen Wohlstand zeigt, neigt sich die Kurve bereits in der Regierung des Maximinus Thrax (235–238) nach unten. Die Wohlhabenden werden durch kostspielige Leiturgien zur Ader gelassen, die Vermögensverluste sind groß, die Inschriften und Papyri sprechen mit ihren Klagen und Beschwerden eine unmißverständliche Sprache. Die Reichsgrenzen mit ihren starren Verteidigungslinien, die hundert Jahre zuvor der griechische Rhetor Aelius Aristides hoch gepriesen hatte, erweisen sich als brüchig, sie werden immer wieder überrannt, und es dauert geraume Zeit, bis endlich (unter Gallienus) eine mobile Reservearmee in Oberitalien geschaffen wird. In Verbindung mit dem sich verstärkenden Regionalismus der Provinzen macht sich die Unordnung breit, die Verwaltung ist vielfach den schwierigen Aufgaben nicht mehr gewachsen. An bemerkenswerten geistigen Leistungen ist kaum noch etwas zu verzeichnen, mit der einzigen Ausnahme der Schriften des Plotinos (204–270).

Die Zahl der Kaiser in dem halben Jahrhundert ist sehr groß. Sieht man von denjenigen unter ihnen ab, die keine allgemeine Anerkennung gefunden haben, so bleiben immer noch zweiundzwanzig übrig, die meisten von ihnen sind als Offiziere emporgestiegen, die Gunst der Soldaten hat ihnen die Krone verschafft, manche haben sich durch blutigen Mord den Weg zum Thron gebahnt. Es ist eine bunte Reihe, die ihresgleichen in der Geschichte des Römerreiches nicht findet. Am Anfang steht der Barbar Maximinus Thrax (235 bis 238), ihm folgen, in einem einzigen Jahr (238), noch fünf andere Kaiser: Gordian I. und Gordian II., zwei Großgrundbesitzer aus Nordafrika, danach die Senatskaiser Balbinus und Pupienus, die beide zugleich auch das Amt des Pontifex maximus bekleideten, schließlich noch Gordian III. (238–244), der auf einem Perserfeldzug umgekommen ist. Sein Nachfolger, Philippus Arabs, der aus der Trachonitis stammte, regierte gleichfalls nur wenige Jahre (244–249), er verlor bei Verona im Kampf gegen Decius, den ersten pannonischen Kaiser, Schlacht und Leben. Decius (249–251) wiederum starb im Kampf gegen die Goten den Soldatentod. Seine Nachfolger Trebonianus Gallus (251–253), Volusianus (251–253) und Aemilianus, der übrigens nur wenige Monate regierte (etwa Juli bis September 253), sind alle eines gewaltsamen Todes gestorben. Valerian (253–260) geriet auf einem Feldzug in persische Gefangenschaft. Sein Sohn Gallienus (Alleinherrscher von 260 bis 268) fiel einem Attentat zum Opfer. Sein Nachfolger war der Illyrer Claudius mit dem Beinamen Gothicus (268–270); er starb zu Sirmium an der Pest. Sein Bruder Quintillus regierte nur wenige Monate (etwa April bis Mai 270); ob er durch die Soldaten getötet worden ist oder ob er sich selbst den Tod gegeben hat, ist ungewiß. Auch der bedeutende Kaiser Aurelian (270–275) wurde durch einen feigen Mord hinweggerafft. Danach trat der Senat noch einmal in Funktion und wählte Tacitus zum Kaiser (275–276), er wurde nach kurzer Regierung von den Soldaten erschlagen. Sein Nachfolger, der ehemalige *praefectus praetorio* Florianus, fiel in Tarsus unter den Streichen seiner eigenen Soldaten (276), nach einer Regierung von ungefähr drei Monaten. Auch sein Rivale und Nachfolger Probus (276–282), ebenso wie Aurelian ein Illyrer, fiel einem Soldatenaufstand zum Opfer. Carus (282–283) kam auf einem Perserfeldzug, wahrscheinlich durch Blitzschlag, ums Leben. Von seinen Söhnen wurde Numerian (283–284) ermordet, auch Carinus (283–285) fiel nach siegreichem Kampf gegen Diokletian durch den Dolch eines Attentäters.

Abgesehen von diesen allgemein anerkannten Kaisern hat es noch eine Anzahl von Teilherrschern gegeben, im Westen (in Gallien), im Osten (in Palmyra), aber auch in den Donauländern und in anderen Gegenden des Imperiums. Der Wirrwarr war gelegentlich so groß, daß der römische Bürger nicht wußte, welcher Kaiser als der legitime zu gelten hatte. Die *Historia Augusta* erzählt von den ‚30 Tyrannen‘ in der Zeit des Kaisers Gallienus. Eine Anzahl von ihnen ist wenig bekannt, und bei manchen dieser von der *Historia Augusta* genannten Usurpatoren muß man sich fragen, ob sie auch wirklich existiert haben. [...]

Es ist fast wie ein Wunder, daß gerade in der größten Notzeit des Imperiums unter Kaiser Gallienus eine Renaissance des Hellenentums zu verzeichnen ist. Wie einst der Kaiser Hadrian, so hat sich auch Gallienus, unterstützt von seiner Gemahlin, der Kaiserin Salonina, einer Griechin aus Bithynien, um die Erneuerung des hellenischen Geisteslebens bemüht. In seine Regierung fällt nicht nur eine letzte

Blütezeit der eleusinischen Mysterien, sondern auch die Begründung des letzten großen philosophischen Systems des Altertums. Es ist mit dem Namen des Plotinos (204 bis 270) für immer verbunden. Gallienus ließ sich in die Mysterien von Eleusis einweihen, er bekleidete außerdem das Archontat von Athen. Auf seinen Münzen ließ er sich unter der Gestalt der Göttin Demeter abbilden mit der Legende *Galliena Augusta* – doch wurde die Gleichsetzung des Kaisers mit einer weiblichen Gottheit in jener Zeit nicht mehr verstanden. Die besondere Gunst des Kaisers und der Kaiserin galt dem Philosophen Plotinos aus Lykopolis in Ägypten, einem Schüler des Ammonios Sakkas und des Christen Origenes in Alexandrien. Nachdem Plotinos den Kaiser Gordian III. auf seinem Perserfeldzug begleitet hatte, ließ er sich in Rom nieder. Seine Schriften, 54 an der Zahl, hat Plotins Schüler, Porphyrios von Tyros, herausgegeben, sie wurden zu Enneaden gruppiert. Der äußeren Form nach sind dies Kommentare zu den Meinungen der Platoniker, Aristoteliker und Stoiker, im Anschluß daran entwickelt Plotinos seine eigenen Ansichten. Der Philosoph vertritt einen Eklektizismus, das Ziel des Philosophierens ist die Erhebung der Seele aus den Tiefen der sensiblen Welt zu der Höhe der intelligiblen Welt, um sich dort mit dem höchsten Wesen zu vereinigen. Es wird ewig rätselhaft bleiben, wie dieser Mann, umgeben von Mord und Brand, von Krieg und Seuchen, die innere Ruhe gefunden hat, sich mit den ewigen Problemen der menschlichen Seele zu beschäftigen. Gallienus wollte den Schülern Plotins in einer kleinen Stadt Campaniens einen Mittelpunkt schaffen – infolge des jähen Todes des Kaisers ist es hierzu nicht mehr gekommen. Manche unter den Schülern Plotins haben am Staatsleben aktiven Anteil genommen, mit wechselndem Erfolg. So ist Cassius Longinus, Ratgeber der Königin Zenobia von Palmyra, auf Befehl des Kaisers Aurelian hingerichtet worden, weil dieser in ihm den eigentlich Schuldigen für den Abfall der Karawanenstadt gesehen hat. Dem Biographen Plotins, Porphyrios von

Tyros, verdankt die Wissenschaft ein hervorragendes chronologisches Werk, das Eusebios von Caesarea benutzt hat, obwohl er für den Verfasser wenig Sympathien empfand.

Mit der Leistung Plotins können sich die übrigen literarischen und philosophischen Werke dieser Periode nicht im entferntesten messen. Am bedeutendsten ist noch der christliche Rhetor Cyprian aus Africa, der im Jahre 258 der valerianischen Verfolgung zum Opfer gefallen ist. Cyprian hat eine ganze Fülle von Werken und Briefen hinterlassen, von denen die Schrift „Ad Donatum" ein eindrucksvolles Bild vom Sittenverfall der Gesellschaft des römischen Kaiserreichs entwirft. Mit vollem Recht gilt der Afrikaner als der bedeutendste Kirchenlehrer vor Augustin.

Von den vielen Kaisern des halben Jahrhunderts zwischen Severus Alexander und Diokletian hat nur ein einziger dauernde Spuren in der Stadt Rom hinterlassen: *Aurelian* (270 bis 275). Dieser Herrscher hat die Ewige Stadt mit einer riesigen Mauer umgeben, sie sollte Rom vor den drohenden Einfällen der fremden Völker schützen. Das Befestigungswerk schloß jedoch keineswegs die gesamte Stadt ein. So ist etwa das Vaticanische Feld außerhalb der ungefähr 19 km langen Befestigung geblieben, während der gleichfalls am rechten Tiberufer liegende Janiculus mit seiner Burg durch zwei Mauerzüge, die sich an der Porta Aurelia trafen, miteinbezogen worden ist. Um einen fortifikatorisch möglichst günstigen Verlauf der großen Mauer herbeizuführen, mußten zahlreiche Gebäude und Gartenanlagen beseitigt werden, gelegentlich wurden sie aber auch, wie der Komplex des Prätorianerlagers im Nordosten der Stadt, mit hineingebaut. Im übrigen arbeitete man in großer Eile, die Mauer wurde zunächst auf eine durchschnittliche Höhe von 7,80 m gebracht, das Material bestand aus alten ausgetrockneten Ziegelsteinen, denen eine besonders große Härte eigen war. Mehr als 350 Türme überragten die große Mauer. Vollendet hat das Befestigungswerk erst der Kaiser Probus (276–282). Zu Anfang des 4. Jh. wurde die Mauer noch beträchtlich erhöht, wahrscheinlich unter dem Kaiser Maxentius. Doch hat die Aureliansmauer nicht das geleistet, was sich ihr Erbauer erhofft hatte: Alarich (410), Geiserich (455), Ricimer (472) und der Ostgote Witigis sind trotzdem in die Ewige Stadt eingedrungen, der erste durch die Porta Salaria im Norden, Ricimer durch die Porta Aurelia am Janiculus vom Westen her. Von Anfang an hat es in Rom an Streitkräften gefehlt, um den riesigen Mauerring zu besetzen und zu verteidigen. Die Frage, woher der Kaiser Aurelian die Mittel und die Arbeitskräfte genommen hat, um dieses gewaltige Befestigungswerk aufzuführen, ist schwer zu beantworten. Ist es Aurelian gewesen, der die Berufsverbände (collegia, corporationes) verstaatlicht hat? Wenn sich der Kaiser in einem (wahrscheinlich apokryphen) Dokument rühmt, für die Versorgung der Ewigen Stadt neue *collegia* in Rom und in Alexandrien gebildet zu haben, so ist dies kein Beweis. Daß aber die Baumaßnahmen des Aurelian ein wichtiger Schritt auf dem Wege zum antiken Zwangsstaat gewesen sind, kann nicht gut bezweifelt werden.

Während der Münzreform des Aurelian keine langdauernde Wirkung beschieden gewesen ist – erst Diokletian und vor allem Constantin, dieser durch die Schaffung des Solidus, haben das römische Münzwesen auf eine neue Grundlage gestellt –, übte die von ihm eingeführte Verehrung des *Sol* einen nachhaltigen Einfluß auf die religiösen Vorstellungen der Zeit aus und wurde zu einer wichtigen Vorstufe der christlichen Religion. Den henotheistischen Bestrebungen des Zeitalters entsprechend, wurde der Sonnengott mit zahlreichen anderen Gottheiten identifiziert, mit Apollo, Sarapis, Baal und Mithras. Zu Sol hatte Aurelian übrigens ein ganz persönliches Verhältnis: seine Mutter war eine Priesterin des Gottes gewesen. Auf dem Marsfeld erstand ein neuer Tempel des Sol, ihm wurde eine eigene Priesterschaft, die *pontifices Solis*, zugeordnet. Sie waren unabhängig von den übrigen Priesterkollegien, blieben jedoch dem Kaiser als *pontifex maximus* unterstellt. Nach dem Willen Aurelians sollte der Kult des Sonnengottes zum Reichskult werden, die Verbindungslinie zu Elagabal wird hier ganz deutlich. Infolge des frühen Todes des Herrschers ist jedoch auch diese Absicht Stückwerk geblieben. Auch sonst erscheint Aurelian als ein tief religiöser Mensch: so hat er bei einem Germaneneinfall die sibyllinischen Bücher befragen lassen, gegenüber den römischen Heiligtümern hat er stets eine offene Hand bewiesen. Der Kaiser fühlte sich geradezu als der Beauftragte des Sonnengottes auf Erden, seine Untertanen verehrten ihn als einen lebenden Gott, in den Inschriften wird er gelegentlich als *deus Aurelianus* bezeichnet. Interessant ist die Annäherung, die zwischen dem Gott Hercules und dem Kaiser auf einer Inschrift aus Pisaurum vollzogen worden ist: *Herculi Augusto consorti Domini nostri Aureliani invicti Augusti.* Auch auf den Münzen findet sich Hercules des öfteren abgebildet, zweifellos im Hinblick auf die Hilfe, die er dem Kaiser in den Kriegsnöten hatte zuteil werden lassen. Aurelian ist einer der Kaiser des 3. Jh., die sich im Glanz der Strahlenkrone abbilden ließen, von Aurelian schlägt sich ein weiter Bogen zu Constantin: Auch dieser Kaiser ist ein Verehrer des Sonnengottes gewesen, bevor er sich dem Christengott zugewandt hat.

Jacob Burckhardt

Die diokletianische Christenverfolgung

Nun behalte man wohl im Auge, wie die Verfolgung anfing. Eusebius und Lactantius stimmen darin überein, daß einige Zeit vor den großen allgemeinen Maßregeln einstweilen die Christen aus der Armee gestoßen wurden. Es findet, vielleicht schon im Jahr 298, oder auch früher, eine Musterung statt, bei welcher den christlichen Soldaten die Wahl gelassen wird, ob sie Heiden werden und ihren Dienst behalten oder denselben verlieren wollen, worauf die meisten ohne Besinnen das letztere vorziehen; einige sollen darob schon damals das Leben eingebüßt haben. – Es leuchtet ein, daß man zu einem solchen Schritte sich nur ungern und gezwungen verstand, indem gute Soldaten und Offiziere damals der höchste Besitz des Reiches waren. Ferner möchten wir den Schluß wagen, daß diese Säuberung des Heeres keine religiöse, sondern eine politische Grundursache gehabt habe, indem sonst eben so gut bei allen andern Ständen hätte begonnen werden können, zum Beispiel mit einer plötzlichen Verhaftung aller Bischöfe, wie sie dann später wirklich eintrat. Die Kaiser fühlen sich entweder unter christlichen Truppen nicht mehr persönlich sicher, oder sie glauben sich auf deren Gehorsam im Kriege wie im Frieden nicht mehr verlassen zu können. Die Weigerung des heidnischen Opferns, wo sie als Grund der Verabschiedung angegeben wurde, konnte nichts als ein Vorwand sein, nachdem anderthalb Jahrzehnte hindurch der Kriegsdienst der Christen sich durchaus von selbst verstanden hatte. Man könnte zwar sagen, die Kaiser hätten aus teuflischer Bosheit das Heer epuriert, um es bei der bevorstehenden Verfolgung ohne Widerrede gegen die Christen brauchen zu können. Das Gegenteil hievon läßt sich um so weniger beweisen, als wir nicht einmal den Zeitraum genau kennen, welcher zwischen der Epuration und der Verfolgung lag. Verstrichen aber wirklich mehrere Jahre, so schwindet auch diese Probabilität außerordentlich zusammen. Große Bluttaten mögen lange vorbedacht und vorbereitet werden, allein mit so auffallenden Rüstungen, *wenn* sie nichts als das sind, darf man doch erst im Augenblick vor der Ausführung ans Licht treten. Und am Ende handelt es sich hier um schwer zu unterscheidende Übergänge. Wenn Diocletian eine rein heidnische Armee wollte, so wollte er sie wegen des Gehorsams überhaupt, wahrscheinlich ohne sich genau Rechenschaft zu geben, wozu er sie eventuell in den äußersten Fällen gebrauchen würde. Merkwürdig genug, daß Diocletian doch seinen ganzen christlichen Hof bis in die Verfolgung hinein um sich behielt, vielleicht weil er hier auf ein altgewohntes persönliches Vertrauen erst so spät als möglich verzichten wollte.

Mit diesem allen halte man zusammen, was Euseb halb zugesteht und halb vertuscht, daß nämlich um den Anfang der Verfolgung an zwei Orten, in der cappadocischen Landschaft Melitene und in Syrien, Aufstände ausbrachen. Die Reihenfolge der Ereignisse ist bei diesem Schriftsteller nie ganz zuverlässig, allein wir sind hier auf ihn beschränkt. Er hat die Publikation des Edikts, dann den Anfang der Verfolgung in Nicomedien, und zwar im kaiserlichen Palast erzählt und den standhaften Tod der christlichen Pagen und Kammerherrn geschildert; darauf ist von den Feuersbrünsten im Palast und den bei diesem Anlaß getöteten Christen, sowie von der Ausgrabung der hingerichteten Pagen die Rede; und nun heißt es weiter: „Da nicht lange hernach andere in der Gegend, die Melitene heißt, und wiederum andere in Syrien das Herrschertum an sich zu reißen suchten, so erging ein kaiserliches Gebot, daß überall die Vorsteher der Gemeinden verhaftet und gefesselt werden sollten". Mit Recht oder Unrecht schrieb man also diesen Usurpationsversuchen einen christlichen Ursprung zu und griff deshalb auf die Bischöfe; die unmittelbaren Täter aber müssen zum Teil Soldaten gewesen sein, ohne welche in dieser Zeit keine Usurpation denkbar ist, und zwar, wenn es Christen waren, abgedankte Soldaten. Man kann nun einwenden, diese Usurpationen seien wohl erst aus der Verzweiflung wegen der bereits befohlenen Verfolgung hervorgegangen, allein mit derselben Wahrscheinlichkeit ließe sich auch behaupten, daß die Kaiser von einer Gärung unter abgedankten Soldaten bereits Kunde gehabt haben müßten. Wenn sich die Aussage Eusebs auf Zeiten und Ereignisse bezöge, die uns nur wissenschaftlich interessant und sonst gleichgültig wären, so würde die Kritik ohne Schwierigkeiten zugeben, daß die Kaiser hier eine schon gerüstete politische Gegnerschaft vorfanden und bekämpften.

Endlich ist der Inhalt des Ediktes selber, soweit man ihn kennt, nicht direkt auf Vertilgung, sondern auf eine durchgehende Degradation der Christen berechnet, wodurch man sie zum Übertritt bewegen wollte. Ihre gottesdienstlichen Versammlungen sollten verboten sein, ihre Kirchen niedergerissen, ihre heiligen Schriften verbrannt werden; diejenigen, welche Ehrenstellen und Würden besaßen, sollten dieselben verlieren; gegen Christen jeden Standes sollte bei gerichtlichen Untersuchungen die Folter angewandt werden dürfen; die Wohltaten des gemeinen Rechtes sollten ihnen entzogen sein, die christlichen Sklaven aber, solange sie Christen blieben, nie freigelassen werden können. Das waren ungefähr die Vorschriften, welche den 24. Februar des Jahres 303 zunächst in Nicomedien, der damaligen Residenz des Diocletian und des Galerius, und dann im ganzen Reiche durch öffentlichen Anschlag bekannt gemacht wurden.

Schon am vorhergehenden Tage, auf welchen das Fest der Terminalien fiel, hatte in Nicomedien selbst die Verfolgung begonnen, indem der Gardepräfekt in Begleitung von Offizieren und Beamten die große Kirche durch seine Prätorianer plündern und demolieren ließ.

Nach der Publikation des Ediktes fiel als erstes Opfer ein angesehener Christ, der dasselbe abriß und zerfetzte, mit dem spöttischen Bemerken, es seien wieder einmal Goten- und Sarmatensiege angeschlagen gewesen. Er wurde verbrannt. Ein solcher Trotz wäre übrigens ganz sinnlos, wenn man nicht annehmen will, daß noch in jenem kritischen Augenblicke eine geheime Hoffnung auf allgemeinen Widerstand vorhanden war.

Das Nächste, was erwähnt wird, ist die grausame Tortur und Hinrichtung mehrerer Palastbeamten und Pagen, von welchen Petrus, Dorotheus und Gorgonius mit Namen genannt werden. Euseb sagt zwar nur ganz kurz, sie hätten um ihrer Frömmigkeit willen gelitten, allein von dieser Seite hätte sich das Gesetz mit ihrer Degradation begnügt. Woher nun diese Grausamkeit gegen solche, die bisher trotz ihres bekannten Christentums von den Kaisern „wie Kinder des Hauses" waren behandelt worden? Die Kaiser glaubten offenbar einem Komplott auf der Spur zu sein.

Zwischenhinein kömmt zweimal im Palast zu Nicomedien Feuer aus. Nach Lactantius hätte Galerius es anlegen lassen, um die Schuld auf die Christen zu schieben, welche diese Missetat mit den Eunuchen des Hofes abgeredet haben sollten, und Diocletian, der sich immer so klug dünkte, hätte wirklich den wahren Sachverhalt nicht gemerkt, sondern sich sogleich einer grenzenlosen Wut gegen die Christen überlassen. Hierüber ist mit einem Tendenzschriftsteller unmöglich zu rechten; wer aber die Geschichte Diocletians studiert, wird ihm den Verstand zutrauen, vorkommendenfalls einen so plumpen Betrug zu durchblicken. Das Feuer war in demjenigen Teile des Palastes ausgebrochen, wo Diocletian selbst wohnte, Galerius aber wäre der letzte gewesen, der ihm das Haus über dem Kopf angezündet hätte. Die höchste Wahrscheinlichkeit spricht dafür, daß bedrohte christliche Hofleute die Schuldigen waren, mochte auch ihre Absicht nur etwa auf superstitiöse Einschüchterung, nicht auf Tötung des Oberkaisers gerichtet sein. Auf die ungeschickteste Weise hat Constantin, der damals in Nicomedien weilte, bei späterm feierlichem Anlaß jedermann zu disculpieren gesucht, indem er behauptete, der Blitz habe den Palast entzündet, als ob ein Blitzstrahl nicht deutlich von jeder andern Brandursache zu unterscheiden wäre. Die beiden Herrscher waren freilich von der Schuld der Christen überzeugt, und die Kriminaluntersuchung im Palaste nahm einen sehr blutigen Gang. „Da wurden auch die mächtigsten Eunuchen getötet, die einst den Palast und den Kaiser beherrscht hatten." Es wäre nicht zu verwundern, wenn unter dem Eindruck dieser Erbitterung jetzt erst das allgemeine Edikt in vollster Schärfe wäre gehandhabt und durch weitere Befehle ergänzt worden.

Bald darauf erfolgten die schon erwähnten christlichen Aufstände im Orient, welche das zweite Edikt, den Ver-

haftsbefehl gegen alle Vorsteher der Gemeinden, hervorrie-
fen.

Vielleicht empfindet der Leser ob dieser Untersuchung einigen Widerwillen. Sollte es nicht überaus unbillig sein, aus
der Verfolgung auf eine Verschuldung zu schließen? So hat
es die fanatische Partei in Frankreich 1572, so diejenige im
Veltlin 1620 gemacht; um ihr schreckliches Blutvergießen zu
rechtfertigen, hat sie nachher den unterlegenen Gegnern ein
blutiges Komplott angedichtet, welchem sie habe zuvor-
kommen müssen.

Allein fürs erste wird hier niemand von einer allgemeinen
christlichen Verschwörung gegen die Regenten oder gar gegen die Heiden überhaupt reden wollen. Die Vermutung beschränkt sich ungefähr auf folgende Umrisse: Einige, vielleicht nur sehr wenige christliche Hofleute und einige christliche Kriegsbefehlshaber in den Provinzen glaubten mit einem voreiligen Gewaltstreich das Imperium in christliche
oder christenfreundliche Hände bringen zu können, wobei
sie vielleicht der kaiserlichen Personen zu schonen gedach-
ten. Es ist möglich, daß in der Tat Galerius der Sache früher
auf die Spur kam als Diocletian, und daß dieser sich wirklich
nur mit Mühe überzeugen ließ.

Fürs zweite wird man nicht leugnen können, daß es unter
den Christen damals Leute gab, die für solche Staatsstreiche
nicht zu gewissenhaft waren. Eusebs Charakteristik redet
hierüber deutlich genug. Andererseits aber ist die Macht auf
Erden, sobald sie sich gefährdet sah, noch niemals gelinde
verfahren.

Das große Unglück bestand nun darin, daß die Herrscher
das Geschehene verallgemeinerten und gegen die Christen
als mitverantwortliche Partei einzuschreiten anfingen, und
daß das damalige Recht so rasch mit der Folter und den
gräßlichsten Todesstrafen bei der Hand war. Nur müßte
man bessere Urkunden vor sich haben, als die Akten der
Märtyrer in der Regel sind, um die einzelnen Fälle richtig
beurteilen zu können. Jedenfalls bequemte sich eine sehr

große Mehrzahl mit der Zeit zum Opfern, und die letzten Edikte Diocletians beruhten vielleicht schon auf der Voraussetzung, daß der Erfolg im Großen und Ganzen erreicht und nur noch ein Rest von Widerstand zu überwinden sei. Die Auslieferung der heiligen Schriften sollte der Gemeinde auch den geistigen Halt auf immer benehmen.

Allein es war des Kampfes noch mehr als genug übrig, um alles in Aufregung zu erhalten. Von den Mitregenten ging der Augustus Maximian mit Eifer auf die Verfolgung ein, während der milde, monotheistische Cäsar Constantius Chlorus in seinen Ländern Gallien und Britannien sich mit der Schleifung der Kirchen begnügt haben soll; jedenfalls behielt er an seinem Hofe zu Trier oder York Christen, und ebenso in Kriegswürden. Um so härter ging es in den übrigen Teilen des Reiches her. Aus den vielen Foltern und Martern erhellt, daß die Untersuchung zum Teil in die schlechtesten Hände gefallen war, doch kann man sich auch des Gedankens nicht erwehren, daß die Richter einen politischen Prozeß vor sich zu haben glaubten, bei welchem es auf Erpressung von Geständnissen ankam. Übrigens war das Benehmen der Beamten sehr verschieden. In Afrika, wo der politische Verdacht vielleicht ganz wegfiel, und wo es sich also wesentlich nur um die Auslieferung der heiligen Schriften handelte, gab man den Christen mehrfach zu verstehen, daß es auch damit nicht so ernstlich gemeint sei. Aber viele erklärten nun absichtlich, sie hätten heilige Schriften in Verwahrung, die sie nie ausliefern würden, und erlitten dieses Trotzes wegen den Tod; andere lieferten auf das allgemeine Gebot hin sogleich aus, was sie hatten, und wurden später mit dem Namen Traditores, Auslieferer, gebrandmarkt. Überhaupt offenbarten sich die verschiedensten Sinnesarten, von der feigsten Schwäche bis zur schwärmerischen Herausforderung, und in der Mitte fehlten auch nicht herrliche Beispiele ruhiger, besonnener Standhaftigkeit. Wir lernen hier auch die untern Schichten der christlichen Gemeinde kennen; da gab es Leute, welche mit Verbrechen beladen waren und diese durch einen christlichen Martertod abbüßen wollten, ganz im Sinne jener Tausende von Räubern und Mördern, welche den ersten Kreuzzug mitmachten; andere waren dem Staat unerschwingliche Steuern schuldig oder hatten große Privatschulden und suchten sich diesem Elend durch den Tod zu entziehen; oder sie hofften durch ihr Dulden auf der Folter und in der Gefangenschaft reiche Christen zur Beihilfe zu rühren; endlich fanden sich ganz arme, verkommene Leute, die im Kerker ein besseres Leben hatten als draußen, weil die Christen ihre gefangenen Mitbrüder ganz furchtlos mit mehr als dem Notwendigen zu versehen pflegten. Solchen Mißbräuchen gegenüber hatte der Bischof Mensurius von Karthago den Mut und die Konsequenz, zu verlangen, daß solche, die sich zum Martyrium ohne Not gedrängt, nicht als Märtyrer verehrt werden dürften.

Inzwischen hatte sich der Prozeß in nicht viel mehr als einem Jahr zu einer wirklichen allgemeinen Christenverfolgung verschärft. Vom zweiten Edikt, welches die Verhaftung der Geistlichen befahl, war man zu einem dritten fortgeschritten, wonach die Gefangenen, wenn sie opferten, freigelassen, sonst aber auf alle Weise zum Opfern gezwungen werden sollten; noch im Jahre 304 folgte ein viertes Edikt, welches das letztere Gebot auf alle Christen überhaupt ausdehnte und faktisch ein Todesurteil in sich begriff. In dieser Strenge dauerte die Verfolgung im Osten etwa vier Jahre fort, und dann mit Schwankungen noch weitere fünf Jahre; im Westen hatte sie schon früher aufgehört.

Die Kirchengeschichte hat es von jeher als eine heilige Pflicht betrachtet, das Andenken an die schönsten und erbaulichsten unter den Martyrien dieser blutigen Zeit aufrecht zu halten. Wir müssen uns begnügen, für das einzelne auf Euseb und auf die Legendensammlungen zu verweisen. Was auch die historische Kritik an den einzelnen Umständen und ganz besonders an den hinzugefügten Wundern mit Recht aussetzen möge, es bleibt immerhin ein historisches Schauspiel erster Größe, diese neue Gesellschaft mit ihrer neuen Religion und Weltanschauung gegen den gewaltigsten aller Staaten mit seinem Heidentum und seiner tausendjährigen Kultur kämpfen und durch den Untergang siegen zu sehen.

Wahrscheinlich demoralisierten sich die Verfolger erst dann völlig, als Diocletian und sein Mitkaiser ihre Würde niederlegten (305), Galerius neben Constantius zum Augustustitel vorrückte und Severus und Maximinus Daza als Cäsaren an ihre Stelle traten. Von da an verwildert der Kampf namentlich in den Gebieten des letztern – dem Südosten des Reiches – zu einem wahren Vertilgungskriege, dessen über die Maßen scheußliche Henkerszenen dem Leser erspart bleiben mögen.

Jacob Burckhardt

Constantin gründet das christliche Rom

Es gingen der neuen Gründung wunderbare Entschlüsse und Versuche voraus. Außer Sardica hatte der Kaiser auch Thessalonich, dann Chalcedon, auf der asiatischen Seite des Bosporus, im Auge gehabt. Der erste feste Entschluß aber galt keiner andern Örtlichkeit als der Gegend des alten Troja, von wo einst durch Äneas die Auswanderung nach Latium und mittelbar die Gründung Roms ausgegangen. Von historischer Sentimentalität darf hier nicht die Rede sein, bei Constantin so wenig als einst bei Cäsar und bei Augustus, welche denselben Plan gehegt hatten. Es kamen gewiß sehr bestimmte Gründe heidnischer Superstition in Betracht, über welche der Kaiser keineswegs hinaus war. Ilion ist die heilige alte Heimat der Römer; durch irgend einen Schicksalsspruch, den wir nicht mehr kennen, waren sie angewiesen, den Sitz der Herrschaft einst wieder dahin zu verlegen, von wo ihre Anfänge entstammten. Constantin begab sich in Person nach dem berühmten Gefilde, wo an den Grabhügeln der Helden Homers schon seit tausend Jahren geopfert wurde; beim Grab des Aiax, an der Stelle des griechischen Lagers, begann er selbst die Umrisse der künftigen Stadt zu zeichnen. Bereits waren die Tore gebaut, als ihm eines Nachts Gott erschien und ihn ermahnte, eine andere Stätte zu wählen; darauf entschloß er sich für Byzanz. Noch hundert Jahre später sahen die bei Troja Vorüberfahrenden vom Meer aus den Bau, den er unvollendet gelassen. – Wer in dieser Erzählung einen Kampf der heidnischen und der christlichen Umgebung des Kaisers erkennen will, dem kann man wenigstens nicht widersprechen. Es ist wohl denkbar, daß die Hofgeistlichen alle Mittel des Widerstandes in Bewegung setzten, als sich Constantin mit wesentlich heidnischen Zeremonien und Orakeln beschäftigte.

Aber auch bei der Gründung von Constantinopel ging es ohne dergleichen nicht ab. Für die Adler, welche beim vorgeblichen Neubau von Chalcedon Meßschnüre oder Steinchen rauben und über den Bosporus nach Byzanz tragen, mögen sich Zonaras und Cedrenus verantworten; ähnlicher Art sind mehrere andere Züge, die nur das Bedürfnis der Zeitgenossen nach übermenschlichen Beziehungen großer Ereignisse ausdrücken. Allein Constantin hätte schon der heidnischen Bevölkerung des Reiches wegen sich auf die Superstition einlassen müssen, und wahrscheinlich war er auch in seinem Innern durchaus nicht frei davon. Er selber spricht sich unbestimmt monotheistisch und dabei sehr geheimnisvoll aus: „wir haben die Stadt auf Gottes Befehl mit einem ewigen Namen beschenkt". Welches ist dieser ewige Name? Wahrscheinlich nicht Constantinopolis, vielleicht nicht einmal Neurom (νέα Ῥώμη), sondern Flora oder Anthusa, die Blühende, welches auch der priesterliche Geheimname Roms war. Der Gott aber, welcher diese Benennung befahl, war schwerlich der Christengott. Auch das Traumgesicht, womit spätere Chronisten den Kaiser beehren – ein zerlumptes Weib bittet ihn um Kleidung – hat durchaus keinen christlichen Charakter.

Die feierliche Grundlegung der westlichen Ringmauer fand statt den 4. November des ersten Jahres der 276. Olympiade, das heißt des Jahres 326, als die Sonne im Zeichen des Schützen stand, der Krebs aber die Stunde beherrschte. Kurz vorher war der Thronerbe, vielleicht auch schon die Kaiserin hingerichtet worden. Es war die Zeit, da Constantin sich mit dem Neuplatoniker Sopater enge befreundet hatte, und diesen finden wir auch bei der Gründung als Telesten tätig, das heißt er vollzog gewisse symbolische Handlungen, welche das Schicksal der neuen Stadt magisch sichern sollten. Außer ihm wird auch ein Hierophant Prätextatus, wahrscheinlich ein römischer Pontifex, namhaft gemacht. Es ging später eine Sage, unter der Porphyrsäule auf dem Forum von Constantinopel, welche das Standbild des neuen Gründers trug, liege das Palladium, welches er insgeheim aus Rom weggenommen. Dies wäre ein wahres Telesma gewesen, dergleichen zur Abwendung von Plagen und Bannung des Glückes im Altertum so manche waren vollzogen worden; nach Apollonius von Tyana zum Beispiel hatte man gerade in Byzanz durch solche Mittel dem Austreten des Flusses Lycus, den lästigen Flöhen und Mücken, dem Scheuwerden der Pferde u. a. Übeln abgeholfen.

Diesmal handelte es sich aber für die Stadt des Byzas nicht mehr um solche Kleinigkeiten, sondern um das Weltschicksal, welches an diese Stätte gefesselt werden sollte. Die ältere Geschichte der Stadt, auf welche man jetzt mit gesteigertem Interesse hinblickte, die alten Mythen und Orakel, welche sich auf sie deuten ließen, alles schien voller Ahnungen einer großen, der Erfüllung sich nähernden Zukunft. Noch durch das kräftige Aufraffen aus dem schweren Unglück unter Septimius Severus und Gallienus, namentlich durch die heldenmütige Verteidigung gegen den erstern hatte Byzanz die Augen der Welt auf sich gezogen; jetzt war es zu ihrer Herrscherin bestimmt.

Wir wollen es nicht versuchen, die alte oder die neue Stadt zu beschreiben; nur was für Constantin selber bei diesem großen Unternehmen charakteristisch ist, darf hier in Kürze erwähnt werden.

Er selber bezeichnete, einen Speer in der Hand, den Lauf der Ringmauer. Eine Sage, die sich hier anschließt, ist vielleicht nicht ganz zu verwerfen; seine Begleiter fanden, er schreite zu weit aus, und einer wagte die Frage: „wie weit noch, Herr?" – worauf er antwortete: „bis der stehen bleibt, der vor mir her geht", als sähe er ein überirdisches Wesen vor sich herwandeln. Es ist wohl möglich, daß er es für zweckmäßig fand, wenn die andern solches glaubten oder zu glauben vorgaben. Ob die übrigen Zeremonien wirklich nichts anderes waren als eine Wiederholung der bei Roms Gründung vorgekommenen, wie sie Plutarch im elften Kapitel des Romulus schildert, mag dahingestellt bleiben. Vierthalb Jahre später, den 11. Mai 330, erfolgte unter abermaligen großen Festlichkeiten und prächtigen Zirkusspielen die Einweihung des Neubaues und die Namengebung: Constantinopolis. Daß Constantin die Stadt der Gottesmutter Maria geweiht habe, ist entschieden eine spätere Erdichtung. Beim Lichte betrachtet, weihte er sie vor allem sich selber und seinem Ruhm. Es genügte ihm nicht, daß schon der Name, daß jeder Stein an ihn erinnerte, daß mehrere Prachtdenkmäler ihm ausdrücklich gewidmet waren; alljährlich am Einweihungstage sollte eine große vergoldete Statue, welche ihn vorstellte mit der Tyche, das heißt dem Schutzgenius der Stadt, auf der ausgestreckten rechten Hand, in feierlichem Fackelzuge durch den Zirkus gefahren werden, wobei der jeweilige Kaiser von seinem Sitz aufstehen und vor dem Bild Constantins und der Tyche sich niederwerfen mußte. Wer wollte es da den Leuten wehren, wenn auch die oben erwähnte Porphyrsäule mit dem Constantinskoloß allmählich einen gewissen Kultus erhielt, wenn man Lichter und Weihrauch davor anzündete und Notgelübde tat? Der Arianer Philostorgius gibt dies (II,17) den Christen Schuld und kann damit gegen alle Widerrede recht haben, denn wo der Welt-herrscher mit einem Beispiel wie jenes voranging, durften Christen und Heiden ungescheut seine Vergötterung selbst bei lebendigem Leibe aussprechen.

Dieser nämliche Geist drückt sich auch in der Art und Weise aus, wie die neue Stadt zwangsweise bevölkert und bevorzugt wurde. Ihre Gleichberechtigung mit Rom wurde ganz buchstäblich aufgefaßt, und demgemäß erhielt sie die-selben Einrichtungen, Behörden und Vorrechte; hatte sie doch auch sieben Hügel wie das Rom an dem Tiber! Vor al-lem einen Senat mußte sie haben, auch wenn man nicht wußte, wozu; höchstens brauchte etwa der Hof Figuranten bei Prozessionen. Eine kleine Anzahl römischer Senatoren ließ sich allerdings durch äußere Vorteile, durch Paläste und Landgüter zur Übersiedelung bewegen; und wenn eine spä-tere Sage recht hätte, so wäre sogar dies nur durch die fein-ste Zuvorkommenheit möglich geworden, indem sie der Kaiser durch identische Wiederholung ihrer römischen Vil-len und Paläste am Ufer des Bosporus überraschte. Auch ein prächtiges Senatslokal baute er ihnen; allein weder die Bilder der Musen, welche einst auf dem geweihten Helikon aufge-stellt gewesen, noch die Statuen des Zeus von Dodona und der Pallas von Lindos, die jetzt an der Pforte des Gebäudes prangten, waren imstande, der Nichtigkeit der neuen Kor-poration abzuhelfen.

Außer den Hofleuten, Offizieren, Beamten und Senatoren mußte die neue Stadt auch eine ihrer würdige Volkzahl be-kommen. Der heilige Hieronymus bemerkt zum Weihejahr: „Constantinopel wird eingeweiht, während fast alle Städte entblößt werden". Dies gilt zunächst in bezug auf die Bevöl-kerung. Sei es, daß Constantin die Erschütterung aller Ver-hältnisse in dem besiegten licinischen Orient zu Zwangsan-siedelungen benützte, oder daß er durch schlechte Lockun-gen anderer Art sich ein Residenzvolk sammelte – jedenfalls erreichte er, was er wünschte. Dieser Wunsch, in der grellen und boshaften Fassung des Heiden Eunapius, lautet folgendermaßen: „aus den unterworfenen Städten führte er nach Byzanz ein Volk zusammen, damit recht viele Betrunkene im Theater abwechselnd ihm klatschen und den Wein von sich geben möchten; es gefiel ihm der Jubelruf von Leuten, die ihrer Sinne nicht mächtig waren, und er hörte sich gerne nennen von denen, welche überhaupt an keinen Namen denken, wenn er sich ihnen nicht durch tägliche Gewohnheit aufdrängt". Es gehört dies zu der bedenklichen Frage über die Eitelkeit und Lobsucht großer Männer, welche so schwer zu entscheiden ist, wenn nicht ganz ausgezeichnete Quellenaussagen vorliegen. Bei Constantin könnte das auffallend eitle, pomphafte Auftreten, über welches mehrere Schriftsteller sich aussprechen, gar wohl eine bewußte politische Seite gehabt haben. In seinem Innern verachtete er sicherlich die Constantinopolitaner.

Die Worte des Hieronymus haben aber noch einen andern Sinn. Das Reich mußte mehr oder weniger gedrückt werden, um die Kosten der neuen Anlage aufzubringen. Constantin soll sechzig Millionen Franken unseres Geldes aufgewandt haben, eine Annahme, welche gewiß eher zu niedrig als zu hoch erscheint, wenn man die Masse und Kostbarkeit der Neubauten erwägt. Eine fortlaufende schwere Ausgabe bildete dann die seit 332 geregelte Verteilung von Korn, Wein und Öl, ohne welche diese Menschenmenge gar nicht hätte existieren können. Eunapius klagt, daß alle Kornflotten Ägyptens, Kleinasiens und Syriens diesen Pöbel kaum zu sättigen imstande seien. Als er schrieb, im fünften Jahrhundert, war freilich die Stadt schon volkreicher als Rom.

Endlich wurden vielen Städten des Reiches ihre Kunstschätze geraubt, was für Menschen griechischer Bildung immer das schmerzlichste sein mußte. Von dem Raub und dem Einschmelzen der Statuen aus kostbarem Stoffe ist schon die Rede gewesen; außerdem handelt es sich um den schändlichsten und massenhaftesten Kunstraub der ganzen Geschichte, zum Behuf der Ausschmückung einer neuen Hauptstadt.

Hier ist Constantin weder Heide noch Christ – denn er beleidigte beide Religionen durch das Verschleppen der Götterbilder nach Byzanz –, sondern ein selbstsüchtiger Plünderer zur Verherrlichung seines eigenen Namens. Es gibt für denjenigen, welcher die alte Kunst kennt, keine schmerzlichere Lektüre als jene Verzeichnisse der durch und seit Constantin in Byzanz aufgestellten Kunstwerke, zumal wenn man sich ihres Unterganges bei Anlaß des vierten Kreuzzuges erinnert. Zwar darf man nicht immer an die wirklichen Originalien der betreffenden Tempelbilder denken, wenn zum Beispiel bei Euseb von dem pythischen und dem sminthischen Apoll, anderswo von der samischen Hera, dem olympischen Zeus u. dgl. die Rede ist, aber der Verlust eines griechischen Kunstwerkes überhaupt ist unersetzlich, und dann sind auch jene Urbilder ohnedies nicht mehr vorhanden. Die Häufung des Ungleichartigen, zum Beispiel unter den 427 Statuen vor der Sophienkirche, muß von roher und abscheulicher Wirkung gewesen sein; in einzelnen Fällen wurde auch auf ganz barbarische Weise an den Statuen geändert, wie denn Constantin einem Apollskoloß seinen eigenen rundlichen Porträtkopf aufsetzte, damit er auf der schon früher genannten großen Porphyrsäule prange. Von Rom holte man unter anderem eine Anzahl Kaiserstatuen herüber; es traf sich vielleicht zufällig, daß eine des Maxentius mit darunter war und alsbald von den Heiden der neuen Hauptstadt etwas tendenziös angebetet wurde, worauf Constantin das Bild weggenommen und die Andächtigen getötet haben soll. Bei weitem das meiste aber kam aus Griechenland und dem vordern Kleinasien. Einst hatten römische Prokonsuln und Kaiser dieselben Gegenden geplündert, und man kann es ihnen nachsehen, weil Rom und seine Kultur auf eine Ergänzung und Verklärung durch die griechische Kunst welthistorisch angewiesen war; Byzanz dagegen will nur das Schönste verschlingen, damit die Provinzen es nicht mehr besitzen; es weiß seinen Statuen keine andere Ehre mehr anzutun als durch abergläubische Erklärungen und

Anekdoten und durch lahme Nachahmungen antiker Epigramme.

Von den Gebäuden der Constantinopolis, welche ebenfalls zum Teil aus Raub, nämlich aus Säulen älterer Bauten der Nachbarschaft errichtet wurden, können wir uns trotz der reichlich vorhandenen Nachrichten keinen Begriff mehr machen. Die Baukunst lag in jenem Augenblick in einer Krisis; der Gewölbebau mit seinem verhältnismäßig neuen statischen Organismus war eben im entscheidenden Kampfe begriffen gegen die ohnmächtigen, abgestumpften Formen des einstigen griechischen Tempelbaues. Eine bunte, wunderliche Pracht muß der vorherrschende Charakter der constantinischen Anlagen gewesen sein; Kuppeln, Nischen, runde Hallen, kostbare Inkrustationen, Vergoldungen, Mosaik sind die wesentlichen Elemente dieses reichen und unruhigen Ganzen. Constantins eigene Ungeduld sprach sich gar deutlich in der raschen, unsoliden Ausführung aus, welche sich durch baldigen Ruin mehrerer Gebäude rächte und große Reparaturen nach sich zog.

Unter seinen Bauten befinden sich neben vielen und prachtvollen Kirchen unleugbar auch zwei heidnische Tempel. Der eine, zum Zirkus gehörig, war den Dioskuren Castor und Pollux geweiht, der andere war das Tycheion, das Heiligtum der Tyche oder Schutzgöttin der Stadt. Wir sind bereits der alljährlichen Weiheprozession im Zirkus begegnet, wobei die Statue Constantins mit einer kleinen Tyche auf der ausgestreckten Rechten einherfuhr. Außerdem werden noch mehrere andere Bilder dieser Göttin erwähnt, deren eines aus Rom hergebracht worden. Offenbar war dieser Götterraub mehr als ein bloßes Symbol, er sollte magisch die Übertragung der Weltherrschaft auf die neue Stätte besiegeln. Der Kaiser machte wohl die merkwürdigsten Versuche, der Tyche ihre rein heidnische Bedeutung zu benehmen; sie erhielt zum Beispiel ein Kreuz auf die Stirn; ja schon bei dem großen Weihefeste im Jahr 330 ging die Anbetung der Tyche und das *kyrie eleison* sonderbar durcheinander – aber das heidnische Grundgefühl war und blieb das vorherrschende. Sogar einem öffentlich aufgestellten Kreuz wurde ein Schicksalsamulett eingefügt. Über dem Prachtbau des Milliariums nämlich sah man die Statuen Constantins und Helenas, welche zusammen ein Kreuz trugen, in dessen Mitte eine Kette bemerklich war; an dieser sollte ein Zauber haften, welcher dem neuen Rom den Sieg über alle Völker und die Sicherheit vor allen feindlichen Angriffen zuwege-bringen sollte – und auch diese Kette nannte man die Tyche der Stadt. Es ist möglich, daß dieser ganze Schmuck neuern Ursprungs war und daß die Bedeutung der Kette bloß in der Phantasie der Byzantiner existierte, aber Constantin hat ge-wiß durch magische Begehungen Anlaß zum Entstehen sol-cher Sagen gegeben.

Die Reaktionen hiegegen von Seite der christlichen Hof-leute und Geistlichen haben wir bereits in dem Sturz und der Hinrichtung des Sopater zu erkennen geglaubt. Aus der Zeit unmittelbar vor der Einweihung wird noch der Unter-gang eines andern heidnischen Philosophen, Kanonaris, be-richtet. Dieser trat öffentlich auf und rief dem Kaiser zu: überhebe dich nicht über die Vorfahren, weil du die Vorfah-ren (das heißt ihre Sitte und Religion) zu nichte gemacht hast! – Constantin ließ ihn vor sich kommen und ermahnte ihn, von seinen heidnischen Predigten abzulassen; Kanona-ris aber rief laut, er wolle für die Vorfahren sterben, und wurde darauf enthauptet.

Alexander Demandt

Der Zerfall des spätrömischen Reiches

So wie die Republik und die hohe Kaiserzeit, so beginnt auch die Spätantike mit einer Aufbauphase. Die Stabilisierung des in der Reichskrise der Soldatenkaiser erschütterten Imperiums setzt ein mit Aurelian (270–275). Er schlug die Barbaren in Pannonien und Italien, besiegte Zenobia und gliederte erst deren palmyrenisches, dann auch das gallische Sonderreich dem Reichsganzen wieder ein. Eine Münzreform und die Einführung eines Reichskultes für *Sol Invictus*, den unbesiegten Sonnengott, weisen in die Zukunft. Die entscheidende Festigung war jedoch erst das Verdienst von Diocletian (284–305) und Constantin (306–337). Äußere Voraussetzung ihres Erfolges war die Regierungsdauer. Zusammen haben diese beiden Kaiser länger regiert als alle Soldatenkaiser miteinander. Innere Voraussetzung war die Tatkraft der Reformkaiser. Diocletian hatte sich aus einfachsten Verhältnissen bis zum Gardekommandanten emporgedient und entfaltete nach seiner Machtübernahme eine Aktivität, für die allein die 1200 bezeugten Gesetzeserlasse sprechen.

Das erste Problem, das er anging, war die Eindämmung der Kaisermacherei. Das durch die Wirren des 3. Jahrhunderts geschwächte Kaisertum erhielt durch zeremonielle Überhöhung nach östlichem Vorbild neuen Glanz. Die Rede von einem spätantiken Absolutismus ist indessen irreführend, denn neue Rechte erhielt der Kaiser damals nicht, und an wirklichem Durchsetzungsvermögen stand er hinter den früheren Kaisern vielleicht sogar zurück. Weil der fortwährende Kriegszustand entlang der gesamten Nordgrenze die kaiserliche Präsenz an mehreren Stellen zugleich erforderte, konnte man auf das Mehrkaisertum nicht verzichten, aber man konnte es legalisieren. Auf ältere Vorbilder gestützt, hat Diocletian ein legales Doppelkaisertum, später eine Viererherrschaft, die Tetrarchie, eingeführt. Zwei Oberkaiser *(Augusti)* mit je einem Unterkaiser *(Caesares)* regierten die Reichsteile. Die Kandidaten wurden aus den Reihen bewährter Offiziere gewählt und nach dem Beispiel der hohen Kaiserzeit adoptiert. Diocletians Versuch, das dynastische Erbkaisertum wieder durch ein Adoptivkaisertum zu ersetzen, wie es im 2. Jahrhundert bestand, schlug allerdings fehl.

Constantin, selbst Sohn eines regulären Tetrarchen, usurpierte nach dem Tode seines Vater 306 den Purpur und stützte sich dabei auf das dynastische Empfinden der germanischen Hilfstruppen. Im Zuge der Ausschaltung seiner Mitkaiser Maxentius (312) und Licinius (324) erhob er seine Söhne zu *Caesares* und füllte so den von Diocletian übernommenen Rahmen mit Familienangehörigen, denen, soweit sie zum Regieren zu jung waren, tüchtige Beamte zur Seite gestellt wurden. Die Vermehrung der Kaiser erforderte die Errichtung neuer Residenzen: unter Diocletian erhielten Nikomedeia, Thessalonike, Mailand und Trier Kaiserpaläste. Constantin verließ Nikomedeia zugunsten von Byzanz. Rom war fortan nur Ehrenhauptstadt, die veränderte Verkehrslage machte ein Regieren von hier aus unmöglich. Die Erneuerung des Kaisertums durch Diocletian und Constantin war so erfolgreich, daß es keinem dynastiefremden Usurpatoren mehr gelungen ist, sich zu behaupten.

Zum anderen wurde von den Reformkaisern die Verwaltung den Zeiterfordernissen angepaßt. Die Sonderstellung von Italien, Ägypten und den alten senatorischen Provinzen verschwand. Die somit gleichgeschalteten Provinzen wurden aufgeteilt und dann in Vicariate und Reichspräfekturen zusammengefaßt. Die *Praefecti praetorio* erhielten kaiserliche Kompetenz in Rechtsfragen. Seit Constantin sind sie nicht mehr Kommandanten der Leibwache, sondern die höchsten Zivilbeamten des Reiches. Ihre Bedeutung war so groß, daß geradezu von einer spätrömischen Präfekturenverfassung gesprochen werden kann. Militärische und zivile

Befugnisse waren fortan getrennt, die gesamte Bürokratie wurde streng hierarchisch geordnet. Gegen die mit der Vermehrung der Stellen zunehmende Korruption ergingen zahlreiche Gesetze.

Diocletian reorganisierte das gesamte Steuerwesen; dessen Grundlage war die Größe des bebauten Landes und die Zahl der Arbeitskräfte (daher *capitatio-iugatio*); alle fünf, später alle fünfzehn Jahre wurde neu veranlagt (*indictio*). Die verschiedenen Provinzialprägungen verschwanden zugunsten einer einheitlichen Reichsmünze. Diocletians Versuch, die durch staatliche Geldvermehrung geförderte Inflation aufzuhalten, scheiterte; sein Höchstpreisedikt von 301 ist für uns aber eine wertvolle Quelle für das große Warenangebot und das Gefüge von Preisen und Dienstleistungen. Eine erfolgreiche Münzreform gelang erst Constantin, der die erschöpften Edelmetallreserven durch Beschlagnahme der heidnischen Tempelschätze aufbesserte.

Gegen die bedrohliche Fluktuation in lebenswichtigen Produktionszweigen (Landwirtschaft, Transportwesen, Stadtbäckereien etc.) erschienen gesetzliche Bestimmungen. Die freie Berufswahl war damit eingeschränkt. Die Tendenz der Gesetzgebung Diocletians ist durch Klassizismus, die Constantins durch Volksrecht gekennzeichnet. Hatte Diocletian die Senatoren noch stärker zurückgesetzt als seine Vorgänger, so begann Constantin mit dem Aufbau eines neuen Senatorenstandes, der im Verlaufe des 4. Jahrhunderts an Bedeutung gewann, sich aber ganz auf den Zivilsektor beschränkte.

Das ungeklärte Verhältnis der Religionen im Reich untereinander und des Staates zu ihnen wurde neu geregelt. Mit gleichartigem Interesse haben Diocletian und Constantin hier jedoch entgegengesetzte Wege eingeschlagen. Der Grund für ihre Maßnahmen ist in zwei Eigentümlichkeiten der antiken Religion zu suchen. Zum ersten war das Kultwesen im Altertum weniger Sache des Einzelnen als Sache der Gemeinschaft. Die Götter wurden um Sieg und Schutz angegangen, und darum hatte die Religion politische Bedeutung. Die Vielzahl der Religionen wiederum schloß den Anspruch auf Alleingeltung einzelner von ihnen aus. Seit dem Hellenismus verbreitete sich ein neuer Religionstypus, die orientalischen Erlösungsreligionen. Sie genossen im Imperium grundsätzlich Duldung, soweit sie nicht als sittenwidrig (Bacchanalien!) und politisch gefährlich (Druiden!) galten. Diese beiden Vorwürfe liegen den Christenverfolgungen zugrunde. Diocletian versuchte ein letztes Mal, die altrömische, capitolinische Religion zu Ansehen zu bringen, und ist damit gescheitert. Constantin hat sich nach kurzem Experimentieren mit dem Sonnenkult dem Christentum geöffnet und es zur führenden Religion erhoben. In Eusebios von Caesarea fand er einen christlichen Hofideologen, der seine politische Theologie unter das Motto stellte: ein Gott, ein Reich, ein Kaiser. Hatte Diocletian das Christentum für unvereinbar mit dem Einstehen für den römischen Staat gehalten, so betrachtete Constantin es als geeignete Stütze für die Macht des Reiches.

Der vierte Reformpunkt nach Kaisertum, Verwaltung und Religion betraf das Heerwesen. Bereits unter Gallienus wurden die Senatoren, die ja bloß noch Salonoffiziere waren, vom Heereskommando ausgeschlossen. Die Rekrutierungszonen schoben sich über die Reichsgrenzen hinaus, in zunehmendem Maße wurden Barbaren, allen voran Germanen, ins Heer eingestellt. Unter den Reichsinsassen aller Schichten wuchs die Abneigung gegen den Wehrdienst, während Barbaren gegen Gold und Nahrung leicht zu haben waren. Unter Diocletian erreichte der erste Germane Generalsrang; in der Zeit nach Constantin war vielleicht der größere, sicher der bessere Teil des Heeres germanischer Abkunft. Constantin hat in den neugeschaffenen Heermeistern (*magistri militum*) für Reiterei und Fußvolk dann jene Positionen geschaffen, deren Inhaber in den Zeiten der Kinder- und Kammerkaiser Armee und Reich regieren konnten. So gewiß die Germanen tüchtige Streiter waren und der Landbevölkerung die Wehrpflicht abnahmen, so bedenklich waren auf längere Sicht jedoch die dabei kaum vermeidbaren Zwiste zwischen Römern und Barbaren. Sie haben im fünften Jahrhundert zu schweren inneren Konflikten geführt. Für die Provinzialen machte sich die Vermehrung der Soldaten in den erhöhten Steuerquoten fühlbar. Das Heer im Dominat war doppelt so stark wie das im Principat und forderte entsprechenden Unterhalt.

Neben den inneren Reformen und den Thronkämpfen bleibt die äußere Geschichte unter Diocletian und Constantin ereignisarm. Die Unruhen an den Grenzen dauerten allenthalben fort, doch kam es nicht zu nennenswerten Siegen oder Niederlagen. Einige Aufstände und Usurpationen waren rasch bewältigt. Erst mit dem Tode Constantins 337 gab es wieder größere Bewegungen. Die von ihm testamentarisch vorgesehene gemeinsame Herrschaft seiner Söhne mißlang ebenso wie das tetrarchische Nachfolge-System Diocletians zuvor. Die Teilherrscher strebten jeweils nach dem Ganzen. Es folgten Bruderkriege, Usurpationen und Germaneneinbrüche, bis Constantius II. im Jahre 353 schließlich das gesamte Reich wieder in seiner Hand vereinigt hatte. Die fortwährenden Angriffe an Euphrat, Donau und Rhein sowie die daraus erwachsende Usurpationsgefahr nötigten jedoch auch Constantius, zum Mehrkaisertum constantinischen Typs zurückzukehren. Die drei Grenzpräfekturen *Oriens, Illyricum* und *Galliae* wurden mit regionalen Heermeistern ausgerüstet; der Osten erhielt 351 in Constantius' Vetter Gallus einen Caesar, und nach zwei Pronunciamientos in Gallien erklärte Constantius Gallus' Bruder Julian zum Caesar für Gallien. Julians Erfolge gegen die Westgermanen führten zu seiner Ausrufung zum Augustus, der Tod von Constantius II. 361 verhinderte den Bürgerkrieg. Julian versuchte, die heidnische Religion wieder zum Staatskult zu erheben, jedoch erfolglos. 363 fiel er auf einem Zuge gegen die Perser.

Nach dem Zwischenspiel des Winterkaisers Jovianus erhob

das Heer 364 den tüchtigen pannonischen Offizier Valentinian I. Er übernahm die Herrschaft des Westens und übergab den Osten seinem Bruder Valens. Der Kriegszustand dauerte an allen Fronten unvermindert an. Valentinians Nachfolger im Westen 375 wurde sein sechzehnjähriger Sohn Gratian. 376 überschritten Westgoten, die ihrerseits unter dem Druck der Hunnen standen, zu vielen Zehntausenden die untere Donau. Valens hatte ihrer Aufnahme ins Reich in der Hoffnung zugestimmt, die bevölkerungsschwachen Grenzprovinzen mit kriegstüchtigen Siedlern zu verstärken, doch verloren die römischen Behörden die Kontrolle über die Einwanderung. Valens erschien mit dem Orientheer, 378 kam es bei Adrianopel zu einer vernichtenden Niederlage der Römer, der Kaiser selbst kam um. Seitdem waren die Balkanländer einschließlich Griechenlands den germanischen und hunnischen Kriegszügen ausgesetzt. Zwischen den Ost- und den Westteil des Reiches schob sich ein Keil barbarischer Vorherrschaft, der nicht mehr zu beseitigen war.

Gratian ernannte 379 zum Nachfolger des Valens in der Osthälfte des Reiches den Spanier Theodosius I., einen fähigen Kaiser, der für seine energische Christianisierung des Reiches den Beinamen des Großen erhielt. Theodosius vermochte 382 die Goten durch einen Siedlungsvertrag vorübergehend zu beruhigen, doch erlag Gratian bereits 383 der von Britannien ausgehenden Usurpation des Maximus. Theodosius hat sich zunächst mit diesem illegitimen Westkaiser abgefunden, erst 388 warf er ihn nieder. Als legitimer Nachfolger regierte dort fortan der junge Valentinian II., der Sohn seines gleichnamigen Vaters. Mit Gratian und Valentinian II. beginnt die Reihe der Kinderkaiser, die sich gegenüber ihren Militärs nicht zu behaupten wußten. Auch Valentinian II. konnte sich nicht durchsetzen. 392 erhob der fränkische Heermeister Arbogast in Eugenius einen Gegenkaiser, unter dem es zum letzten Aufleben des Heidentums in Rom kam. 394 stürzte Theodosius auch diesen Prätendenten, starb selbst jedoch bereits Anfang 395.

Die Herrschaft im Osten erhielt sein älterer Sohn Arcadius († 408), die im Westen dessen jüngerer Bruder Honorius († 423). Eine länger dauernde Vereinigung des Imperiums unter einem einzigen Szepter ist danach nicht mehr vorgekommen, darum wird 395 als das Jahr der Reichsteilung betrachtet. Das ist insofern unrichtig, als das Mehrkaisertum unter wechselnden Formen schon seit Diocletian die Regel, die Alleinherrschaft einzelner Kaiser dagegen die Ausnahme war. Als Staat blieb das Imperium vorher wie nachher eine Einheit: man datierte nach denselben Consuln, es galten die gleichen Gesetze und dieselben Münzen, es wurden Beamte und Truppen ausgetauscht, und im Falle des Interregnums in einem Teilreich ernannte der Kaiser des anderen Teils den Nachfolger.

Die Söhne des Theodosius waren jung und unfähig. Die Regentschaft lag im Osten bei wechselnden Hofbeamten, im Westen bei dem germanischen Heermeister Stilicho. Als die Goten von Pannonien her Italien bedrohten, mußten Truppen aus Britannien und vom Rhein über die Alpen geholt und die Residenz Ende 402 von Mailand in das besser geschützte Ravenna verlegt werden. Die nach Italien eindringenden Germanen vermochte Stilicho in mehreren Schlachten zu besiegen, doch konnte er nicht verhindern, daß 406 Vandalen, Alanen und Sweben in großer Zahl über den Rhein nach Gallien einwanderten. Fortan waren die Germanen auch hier nicht mehr zu verdrängen. Diese Pattsituation führte zu neuen Usurpationen in Gallien, unter denen diejenige von Constantin III. bemerkenswerte Anfangserfolge zeitigte. Spannungen zwischen den römischen und den germanischen Truppen in Italien bewirkten 408 den Sturz Stilichos. Zwei Jahre später, 410, eroberte Alarich, der Westgotenkönig, die Stadt Rom.

Im Osten war 408 Theodosius II. seinem Vater gefolgt, auch er ein persönlich schwacher Kaiser, der aber dank tüchtiger Beamter seinem Reichsteil eine vergleichsweise ruhige Zeit schenken konnte. Die Abwehr der Perser im

Osten gelang, gegen die Hunnen auf dem Balkan jedoch war man wehrlos. Immerhin blieb Kleinasien geschützt, nicht zuletzt wegen der zur Festung ausgebauten Stadt Konstantinopel. In die Rechtsgeschichte ist der Kaiser eingegangen wegen seiner Gesetzessammlung: 438 erschien der *Codex Theodosianus,* eine nach Sachgruppen geordnete Zusammenstellung von über 2500 kaiserlichen Erlassen seit dem Jahre 312. Er wurde 439 auch im Westen förmlich in Kraft gesetzt.

Das durch den Tod Stilichos ledige Heereskommando im Westen erhielt nach langer Vorherrschaft germanischer Heermeister wieder ein Römer aus dem Donauraum, Flavius Constantius. Er vermochte die Verhältnisse in Gallien einigermaßen zu ordnen. Constantin III. wurde besiegt, die Westgoten bekamen Land in Aquitanien, in Spanien hatten sich inzwischen Sweben und Vandalen angesiedelt. Constantius erhielt die Nichte und Haustochter des großen Theodosius Galla Placidia zur Frau und wurde 421 bis zu seinem Tode noch im gleichen Jahr sogar zweiter Augustus im Westen. 423 starb auch Honorius. Während Konstantinopel zögerte, erhob der Hof in Ravenna Johannes Primicerius zum neuen Westkaiser. Galla Placidia floh in den Osten und betrieb die Beseitigung des Johannes. Eine byzantinische Armee unter dem Heermeister Ardabur eroberte 425 Ravenna, wo hinfort Galla Placidia für ihr Söhnchen Valentinian III. regierte.

Der starke Mann im Westen war der Pannonier Aetius. Gegen den Willen der Kaiserin erzwang er seine Ernennung zum Patricius und ersten Heermeister. Nachdem 429 die Vandalen von Spanien aus Nordafrika besetzt und die Seeherrschaft im westlichen Mittelmeer übernommen hatten, suchte Aetius wenigstens Gallien zu sichern. Er siedelte die von den Hunnen am Rhein geschlagenen Burgunder in Savoyen an und zwang 451 mit der Schlacht auf den Katalaunischen Gefilden Attila zum Rückzug aus Gallien. Britannien ging jedoch verloren, es geriet nach 449 in die Gewalt der einwandernden Angeln und Sachsen, die mit der vorgefundenen Kultur so gründlich brachen, daß selbst das Christentum wieder verschwand. 454 wurde Aetius von seinem eifersüchtigen Kaiser erstochen, dieser selbst fiel ein Jahr später der Rache zweier Gefolgsleute des Heermeisters zum Opfer.

Die Lage im Osten hatte sich durch Attilas Abzug nach Gallien entspannt. Bereits 450 war in Marcian wieder ein tatkräftiger Kaiser zur Macht gekommen. Er verstand es, die Grenzen an allen bedrohten Stellen zu sichern, und erneuerte auf dem Konzil von Chalkedon 451 den Kirchenfrieden zwischen Rom, Alexandria und Konstantinopel, das nun kirchenpolitisch in den zweiten Rang hinter Rom aufstieg. Nach Marcians Tod 457 ließ der oströmische Heermeister Aspar, ein Sohn des oben genannten Ardabur, den Offizier Leon zum Kaiser erheben. Erben der 454 zerfallenen Hunnenherrschaft über den Balkan wurden die Ostgoten, deren einzeln operierende Gruppen bald mit dem Kaiser, bald gegen ihn arbeiteten. Eine Expedition gegen die Vandalen 468 scheiterte; Aspar, der sich gegen das Unternehmen ausgesprochen hatte, fiel 472 einem Anschlag des Kaisers zum Opfer. Damit war auch im Osten die germanische Regentschaft beseitigt. Der Preis dafür war freilich eine Anlehnung an die Isaurier, reichsangehörige Barbaren aus Kleinasien, die nun die Kerntruppe stellten. Ihr Anführer Zenon stieg zum wichtigsten Mann empor und wurde 474 Leos Nachfolger. Als Kaiser vermochte sich Zenon nur mit Unterbrechungen zu behaupten, der Aufstand des Basiliskos vertrieb ihn 475/476 aus Konstantinopel, und auch die folgende Regierungszeit bis 491 wurde durch schwere Bürgerkriege erschüttert. Immerhin blieben dem Osten größere Angriffe von außen erspart, so daß territoriale Einbußen zunächst nicht eintraten.

Inzwischen hatten sich die Ereignisse im Westen überstürzt. Noch 455, im Jahre des Todes Valentinians III., erschien Geiserich mit seiner Flotte und plünderte Rom. In der Folgezeit löste ein Kaiserkandidat den anderen ab. Von den letzten zehn Westkaisern starb nur einer natürlichen Todes. Als bestimmende Mächte erscheinen einerseits Byzanz und andererseits die germanischen Heermeister, vor allem der Swebe Ricimer (457–472). Beide Seiten versuchten jeweils ihren Kandidaten auf den Thron zu heben, bis schließlich Odoakar mit diesem ganzem System brach, sich selbst 476 zum König ausrufen ließ, Romulus Augustulus, den letzten Westkaiser, absetzte, und die Insignien mit der Bemerkung nach Konstantinopel schickte, man brauche keinen Kaiser im Westen mehr. Die Soldzahlungen an die Grenztruppen wurden eingestellt, die römische Militärmacht erlosch. Nur im zentralen Gallien behauptete sich unter dem Heermeister Aegidius und seinem Sohne Syagrius noch ein Rest römischer Autorität, bis diese 486 durch den Sieg Chlodwigs bei Soissons endgültig beseitigt wurde. In der Folge baute Chlodwig seine salfränkische Monarchie systematisch aus. Sie wurde die wichtigste Folgemacht des römischen Reiches im Westen.

Die politische Einheit des Imperium Romanum hatte sich damit aufgelöst. Wenn Zenon 488 die Ostgoten unter Theoderich gegen Odoakar schickte, so änderte dies an der Barbarenherrschaft über Italien nichts, und selbst die Kriegszüge Justinians brachten keine Wiedervereinigung. Nach dem Sieg über die Vandalen 534 gab es in Nordafrika nochmals römische Statthalter bis zum Einmarsch der Araber um 650. Italien fiel nach der Überwindung der Ostgoten 552 schon 568 bis auf wenige Enklaven an die Langobarden unter Alboin, und die byzantinische Präsenz in Spanien schrumpfte auf einige Hafenstädte im Süden zusammen. Mit dem Beginn der slavischen Einwanderung unter Justinian wurde der byzantinische Einfluß auch in Griechenland auf wenige Städte und Klöster zurückgedrängt.

Die Aufsplitterung des Imperium Romanum hat sich schrittweise vollzogen und schließt kurzfristig gegenläufige Bewegungen ein. Mit der Einheit des Reiches ist es in der zweiten Hälfte des 5. Jahrhunderts für immer vorbei. Im Westen hatten sich auf dem Boden des Imperiums selbständige germanische Königreiche gebildet, der Osten wurde durch die Ausdehnung der Slawen, Araber und Türken zunehmend eingeengt. Nachdem im frühen 7. Jahrhundert dort das Griechische zur Amtssprache erhoben wurde, verlor die römische Tradition an Stringenz, auch das byzantinische Reich war einer der vielen Nachfolgestaaten des Imperium Romanum.

Abbildungsverzeichnis

Verzeichnis der Karten

Autoren- und Quellenverzeichnis

Alle genannten Werke sind im Verlag C. H. Beck, München, erschienen.

MICHEL AUSTIN, geb. 1943, Schüler Moses Finleys, lehrt heute Alte Geschichte an der Universität St. Andrews (Schottland).
Werke: Gesellschaft und Wirtschaft im alten Griechenland (zus. mit Pierre Vidal-Naquet). 1984.

Aus: Gesellschaft und Wirtschaft im alten Griechenland, S. 50–57.

DACRE BALSDON (1901–1977) lehrte Altertumswissenschaft in Oxford.
Werke: Die Frau in der römischen Antike. 1979.

Aus: Die Frau in der römischen Antike, S. 50–60, S. 118–124, S. 169–173.

HERMANN BENGTSON (1909–1989) lehrte Alte Geschichte an der Universität München. Er war Mitglied mehrerer wissenschaftlicher Akademien des In- und Auslandes.
Werke: Herrschergestalten des Hellenismus. 1975; Marcus Antonius. 1977; Einführung in die Alte Geschichte. [8]1979; Die Flavier. 1979; Kaiser Augustus. 1981; Römische Geschichte. Republik und Kaiserzeit bis 284 n. Chr. [5]1985; Griechische Geschichte. [7]1986; Die Diadochen. 1987. Griechische Staatsmänner des 5. und 4. Jahrhunderts v. Chr., 1987.

Aus: Griechische Staatsmänner des 5. und 4. Jahrhunderts v. Chr., S. 140–146; Die Diadochen, S. 11–12; Marcus Antonius. Triumvir und Herrscher des Orients, S. 72–86, S. 246–251; Römische Geschichte, S. 332–343.

HELMUT BERVE (1896–1979) war Professor für Alte Geschichte in München, Leipzig und Erlangen.
Werke: Die Tyrannis bei den Griechen. 2 Bde., 1967.

Aus: Die Tyrannis bei den Griechen Bd. 1, S. 3–12.

Jacob Burckhardt (1818–1897) studierte Theologie, Geschichte und Kunstgeschichte und war seit 1858 Professor für Geschichte und Kunstgeschichte in Basel.
Werke: Die Zeit Constantins des Großen. 1982; Über das Studium der Geschichte. 1982, Sonderausgabe 1987.

Aus: Die Zeit Constantins des Großen, S. 230–237, S. 325–332.
© 1978 Schwabe & Co Verlag, Basel/Stuttgart.

Karl Christ, geb. 1923, ist emeritierter o. Professor für Alte Geschichte an der Philipps-Universität Marburg.
Werke: Römische Geschichte und deutsche Geschichtswissenschaft. 1982; Die Römer. ²1984; Geschichte der römischen Kaiserzeit. Von Augustus bis Konstantin. 1988.

Aus: Die Römer, S. 12–24, S. 45–55, S. 62–69; Geschichte der römischen Kaiserzeit, S. 285–292.

Manfred Clauss, geb. 1945, ist Ordinarius für Alte Geschichte an der Freien Universität Berlin.
Werke: Sparta. Eine Einführung in seine Geschichte und Zivilisation. 1983; Geschichte Israels von der Frühzeit bis zur Zerstörung Jerusalems. 1986.

Aus: Sparta, S. 34–58.

Alexander Demandt, geb. 1937, ist o. Professor für Geschichte an der Freien Universität Berlin.
Werke: Metaphern für Geschichte. Sprachbilder und Gleichnisse im historisch-politischen Denken. 1978; Der Fall Roms. Die Auflösung des römischen Reiches im Urteil der Nachwelt. 1984; Handbuch der Altertumswissenschaft, Abt. III, 6: Die Spätantike. Römische Geschichte von Diocletian bis Justinian 284 bis 565 n. Chr. 1989.

Aus: Der Fall Roms, S. 23–29.

Kenneth J. Dover, geb. 1920, ist Rektor der Universität Oxford. Von 1978 bis 1980 war er außerdem Präsident der British Academy. Werke: Homosexualität in der griechischen Antike. 1983.

Aus: Homosexualität in der griechischen Antike, S. 140–147.

Moses I. Finley (1912–1986) hatte bis zu seiner Emeritierung 1979 den Lehrstuhl für Alte Geschichte in Cambridge inne.
Werke: Das antike Sizilien. 1979; Die Sklaverei in der Antike. 1981; Die frühe griechische Welt. 1982; Die Griechen. ²1983; Das politische Leben in der antiken Welt. 1986; Geschichte Siziliens und der Sizilianer (zus. mit Denis M. Smith und C. J. H. Duggan). 1989.

Aus: Die Griechen, S. 9–15; Das antike Sizilien, S. 177–187.

Hermann Fränkel (1888–1977) war Professor für griechische Literatur, Philosophie und Metrik u. a. in Stanford/USA, Freiburg und Göttingen.
Werke: Noten zu den Argonautika des Apollonios. 1968; Wege und Formen des frühgriechischen Denkens. ³1968; Grammatik und Sprachwirklichkeit. 1974; Dichtung und Philosophie des frühen Griechentums. ³1976.
Aus: Dichtung und Philosophie des frühen Griechentums, S. 387–398.

Egon Friedell (1878–1938) lebte als Kabarettist, Schauspieler, Kritiker und Übersetzer in Wien, war vor allem aber als Schriftsteller und Essayist berühmt.
Werke: Die Kulturgeschichte Ägyptens und des Alten Orients. 1980; Kulturgeschichte der Neuzeit. 1984; Kulturgeschichte Griechenlands. 1984.
Aus: Kulturgeschichte Griechenlands, S. 12–25, S. 308–319, S. 163–177.

Helga Gesche, geb. 1942, Promotion 1967 und Habilitation 1972 im Fach Alte Geschichte; seit 1978 Inhaberin des althistorischen Lehrstuhls an der Universität Gießen.
Werke: Rom – Welteroberer und Weltorganisator. 1981.
Aus: Rom – Welteroberer und Weltorganisator, S. 30–38.

Andreas Graeser, geb. 1942, studierte in Gießen, Bern, Frankfurt und Princeton, N. J., und ist seit 1979 Ordinarius für Philosophie an der Universität Bern; er wirkte als Gastprofessor an der University of Texas-at-Austin (1986) und an der Columbia University, N. Y. (1989).
Werke: Die Philosophie der Antike 2: Sophistik und Sokratik, Plato und Aristoteles (= Geschichte der Philosophie, hrsg. von W. Röd). 1983.
Aus: Die Philosophie der Antike 2, S. 192–199.

UVO HÖLSCHER, geb. 1914, ist Gräzist an der Universität München. Seine Veröffentlichungen zur archaischen und klassischen Dichtung und Philosophie der Griechen gelten vornehmlich der Erschließung frühgriechischen Denkens. Weitere Schriften befassen sich mit der Rezeption durch Hölderlin und Nietzsche und der heutigen Krise des Humanismus.
Werke: Die Odyssee. Epos zwischen Märchen und Roman. ²1989.
Aus: Die Odyssee, S. 42–48.

ROBERT J. HOPPER ist emeritierter Professor für Alte Geschichte an der Universität Sheffield.
Werke: Handel und Industrie im klassischen Griechenland. 1982.
Aus: Handel und Industrie im klassischen Griechenland, S. 141–145.

FRANK KOLB, geb. 1945, ist o. Professor für Alte Geschichte an der Eberhard-Karls-Universität in Tübingen. Er veröffentlichte zahlreiche Arbeiten zu verschiedenen Themen der griechischen und römischen Geschichte.
Werke: Die Stadt im Altertum. 1984.
Aus: Die Stadt im Altertum, S. 115–120.

ANTJE KRUG ist promovierte Archäologin und am Deutschen Archäologischen Institut in Berlin tätig.
Werke: Heilkunst und Heilkult. Medizin in der Antike. 1985.
Aus: Heilkunst und Heilkult, S. 39–46.

ERNST KÜNZL ist Direktor für Römische Archäologie am Römisch-Germanischen Zentralmuseum – Forschungsinstitut für Vor- und Frühgeschichte in Mainz.
Werke: Der römische Triumph. Siegesfeiern im antiken Rom. 1988.
Aus: Der Römische Triumph, S. 9–13.

HARALD MIELSCH ist Professor für Klassische Archäologie an der Universität Würzburg.
Werke: Die römische Villa. Architektur und Lebensform. 1987.
Aus: Die römische Villa, S. 128–133.

ARNALDO MOMIGLIANO (1908–1987) war o. Professor für Alte Geschichte an der Scuola Normale Superiore di Pisa, Alexander-White-Professor an der Universität von Chicago und Prof. em. für Alte Geschichte an der Universität London.

Werke: Hochkulturen im Hellenismus. Die Begegnung der Griechen mit Kelten, Juden, Römern und Persern. 1979.

Aus: Hochkulturen im Hellenismus, S. 25–32.

HERBERT J. ROSE (1883–1961) war Professor am United State College of St. Salvator, St. Leonard und an der Universität von St. Andrews.
Werke: Griechische Mythologie. Ein Handbuch. [7]1988.
Aus: Griechische Mythologie, S. 232–238.

CARL SCHNEIDER (1900–1977) war Privatdozent und Professor an den Universitäten Leipzig, Springfield (USA), Melbourne (Australien), Riga und Königsberg; sein Arbeitsgebiet war die Antike und das Frühe Christentum.
Werke: Geistesgeschichte des antiken Christentums. 2 Bde. 1954; Kulturgeschichte des Hellenismus. 2 Bde. 1967/69. Geistesgeschichte der christlichen Antike. 1970; Die Welt des Hellenismus. Lebensformen in der spätgriechischen Antike. 1975.
Aus: Kulturgeschichte des Hellenismus 2, S. 907–912.

ALFRED SÖLLNER, geb. 1930, ist ordentlicher Professor für Römisches Recht, Bürgerliches Recht, Arbeits- und Sozialrecht an der Universität Gießen und Richter des Bundesverfassungsgerichts.
Werke: Einführung in die römische Rechtsgeschichte. [4]1990; Grundriß des Arbeitsrechts. [9]1987.
Aus: Einführung in die römische Rechtsgeschichte, S. 34–58.

VILLY SØRENSEN, Dr. h. c., geb. 1929, lebt in Dänemark und gilt als einer der bedeutendsten dänischen Schriftsteller der Gegenwart. Sein Werk umfaßt Erzählungen sowie Bücher über literarische, philosophische und politische Themen, u. a. über Nietzsche, Kafka, Schopenhauer. 1974 erhielt er in Lübeck den Henrik-Steffens-Preis.
Werke: Seneca. Ein Humanist an Neros Hof. [2]1985.
Aus: Seneca, S. 283–286.

PIERRE VIDAL-NAQUET, geb. 1930, lehrt Sozialgeschichte der griechischen Antike an der École pratique des Hautes Études in Paris. Er ist nicht nur als Historiker international angesehen, sondern er ist auch als mutiger politischer Publizist über die Grenzen seines Landes hinaus bekannt geworden.

Werke: Gesellschaft und Wirtschaft im alten Griechenland (zus. mit Michel Austin). 1984.

Aus: Gesellschaft und Wirtschaft im alten Griechenland, S. 50–57.

PAUL ZANKER, geb. 1937, ist seit 1976 Professor für Klassische Archäologie an der Universität München. Seine Hauptarbeitsgebiete: Kunst und Kultur der hellenistischen Welt, der späten römischen Republik und der frühen Kaiserzeit sowie das römische Porträt.
Werke: Augustus und die Macht der Bilder. 1987.

Aus: Augustus und die Macht der Bilder, S. 103–106.

Die Antike im Verlag C.H. Beck

Jan Assmann
Das kulturelle Gedächtnis
Schrift, Erinnerung und politische Identität in frühen Hochkulturen
1992. 344 Seiten. Leinen
C.H. Beck Kulturwissenschaft

Egon Friedell
Kulturgeschichte Griechenlands
Leben und Legende der vorchristlichen Seele
1994. 361 Seiten. Leinen
Beck's Historische Bibliothek

Roman Herzog
Staaten der Frühzeit
Ursprünge und Herrschaftsformen
1988. 331 Seiten mit 16 Abbildungen. Gebunden

Werner Huß
Die Karthager
2., überarbeitete Auflage. 1994. XII, 438 Seiten. Leinen
Beck's Historische Bibliothek

Theodor Mommsen
Römische Kaisergeschichte
Nach den Vorlesungsmitschriften von Sebastian
und Paul Hensel 1882/86
Herausgegeben von Barbara und Alexander Demandt
1992. 634 Seiten. Leinen
C.H. Beck Kulturwissenschaft

Verlag C.H. Beck München

Beck's Archäologische Bibliothek

Horst Blanck
Das Buch in der Antike
1992. 246 Seiten mit 121 Abbildungen. Broschiert

Volkmar Fritz
Die Stadt im alten Israel
1990. 177 Seiten mit 60 Abbildungen und 2 Tabellen im Text.
Broschiert

Antje Krug
Heilkunst und Heilkult
Medizin in der Antike
2., durchgesehene und erweiterte Auflage. 1993. 246 Seiten
mit 96 Abbildungen. Broschiert

Annegret Nippa
Haus und Familie in den arabischen Ländern
Vom Mittelalter bis zur Gegenwart
1991. 244 Seiten mit 105 Abbildungen und 1 Karte. Broschiert

Carola Reinsberg
Ehe, Hetärentum und Knabenliebe
im antiken Griechenland
2., unveränderte Auflage. 1993. 242 Seiten mit 120 Abbildungen.
Broschiert

Renate Tölle-Kastenbein
Antike Wasserkultur
1990. 231 Seiten mit 122 Abbildungen und 6 Tabellen. Broschiert

Verlag C.H. Beck München